4
2019
第4辑
总第56辑

Nomocracy Forum

法治论坛

广州市法学会 / 编

中国法制出版社
CHINA LEGAL PUBLISHING HOUSE

目录 CONTENTS

Nomocracy Forum

知识产权专题

新型网络侵财犯罪专题

案例分析

实务研究

知识产权专题

涉外定牌加工商标侵权司法判定新路径

——兼评“本田”案

刘宁元　闫　飞*

【内容提要】2019 年“本田”案中，最高人民法院以关于“涉外定牌加工”“商标使用行为”及“容易导致混淆”三项要素的构成分析为路径，完成商标侵权认定，该案具有积极意义。首先，在案件定性问题上，最高人民法院再审判决认可了二审法院的意见，即应当以客观证据链为基础，判定被诉行为是否属于涉外定牌加工。其次，运用整体解释的方法，最高人民法院延伸了商标使用行为模式及相关公众的范围，进而以“容易导致混淆”为判定要素，重述商标侵权的无过错责任归责原则，并完成商标侵权认定。但“本田”案的司法判定新路径并非完璧，诸如商标使用行为扩张解释的限度等问题仍然有待商榷。

【关键词】涉外定牌加工　商标侵权　“本田”案

涉外定牌加工长久以来始终是中国东南沿海地区生产者重要的出口贸易模式之一，伴随着“一带一路”倡议受到广泛响应以及中国企业“走出去”的步伐加大，涉外定牌加工模式在中国继续担当“世界制造工厂”角色的过程中占有不可替代的地位。与此同时，涉外定牌加工的情况也日趋复杂。近年来，涉外定牌加工商标侵权案件持续增加，受到了广泛关注。然而，在我国最高人民法院及各级地方人民法院的司法实践中，对于涉外定牌加工商标侵权的认定尚未形成统一的司法判定路径。

* 刘宁元——华东政法大学教授，博士研究生导师，主要研究领域：国际私法、国际反垄断法等。闫飞——华东政法大学国际法博士研究生，研究方向：国际私法、国际投资法。

涉外定牌加工涉及使用境外委托人提供的商标，如果该境外商标与中国注册商标相同或相似，则此类商标使用的行为是否侵犯中国商标权利人的商标专用权？这个问题长久以来备受关注，也颇具争议。涉外定牌加工商标侵权案件具有以下几项显著的特点：其一，案件具体情况复杂，涉外定牌加工商标侵权纠纷案件个性化因素较多，往往一个案件各类因素混杂，如涉外因素、贸易因素、行业产品因素等，因此，相关案件改判、两次改判的情况屡见不鲜[1]。其二，总体上说，此类案件多发生在东南沿海经济发达地区，但是各省市案件数量分布并不均衡，全国各地、不同层级的人民法院存在同类案件裁判结果不一致的情况。其三，涉外定牌加工商标侵权案件的司法裁判受到法律法规修订、司法政策导向等多方因素影响。

2019年9月23日，最高人民法院就再审申请人本田技研工业株式会社（以下简称“本田公司”）与被申请人重庆恒胜鑫泰贸易有限公司（以下简称“恒胜鑫泰公司”）、重庆恒胜集团有限公司（以下简称“恒胜集团公司”）侵害商标权纠纷一案作出判决[2]，认定涉外定牌加工方恒胜鑫泰公司及恒胜集团公司构成商标侵权，撤销云南省高级人民法院二审判决[3]，维持云南省德宏傣族景颇族自治州中级人民法院判决[4]（就该案一审、二审及再审，本文统称“本田”案）。“本田”案是继2014年“PRETUL”案及2016年“东风”案以来，最高人民法院第三次就涉外定牌加工商标侵权纠纷案件作出判决，且该案与早前两案判定结果存在较大不同。此外，最高人民法院在判决中清晰地阐述了涉外定牌加工商标侵权案件司法判定的路径，具有较高创新意义和理论及实务研究价值。

本文由讨论“涉外定牌加工”的定义展开，意图厘清理论、实践中的涉外定牌加工商标侵权判定要素，分析“本田”案中各级人民法院如何利用既有的和创新的方法形成完整的涉外定牌加工商标侵权的司法判定新路径。同时，针对“本田”案的司法判定，尤其是其司法判定新路径的未尽之处进行剖析，并讨论应对方案。

一、“涉外定牌加工”的司法及学理：实然性与应然性的统一

“涉外定牌加工”是一个横跨贸易、法律领域的概念，其伴随着中国出口型

1　例如，在最高人民法院再审的关于涉外贴牌加工商标侵权案件的三个典型案例中，均存在改判情况。

2　参见最高人民法院（2019）最高法民再138号民事判决书。

3　参见云南省高级人民法院（2017）云民终800号民事判决书。

4　参见云南省德宏傣族景颇族自治州中级人民法院（2016）云31民初52号民事判决书。

经济增长所取得的巨大成就而为人熟知。但在中国成文法层面，尚未有“涉外定牌加工”的具体法律概念。早在涉外定牌加工商标侵权民事判决“第一案”——2014年“PRETUL”案中，莱斯公司就答辩指出，涉外定牌加工这一概念并非法律上的规范概念，没有法律法规给予明确规定[5]。因此，对于“涉外定牌加工”定义的讨论主要集中在司法实践及理论研讨层面。

（一）司法实践中的定义：注重实然性

当前，具有指导意义的“涉外定牌加工”定义主要首先体现在人民法院的司法裁判中。“PRETUL”案一审法院认为：所谓涉外定牌加工，一般指国内加工方接受境外委托方的委托，按境外委托方指定的商标生产产品，并将产品全部交付境外委托方并由其在境外销售，境外委托方向境内加工方支付加工费的一种贸易方式，其性质实为承揽合同关系[6]。该定义符合实际经贸活动的情况，体现了司法定义的实然性。第一，主体要素清晰，明确了涉外定牌加工的相关主体，为概念归入提供了良好的判断依据。第二，行为内容明确，将涉外定牌加工明确限定在出口的业务模式下。第三，该定义明确了符合涉外定牌加工概念的模式必须同时满足主体及行为内容涉外模式，符合中国法下判断涉外因素的主体、客体、内容三要素[7]。因此，这一定义在嗣后的司法实践与理论研究中得到广泛认可。

在2016年“东风”案中，最高人民法院认为，涉外定牌加工是指在来料加工、来样加工、来件装配业务中，我国加工企业接受境外商标权人或商标使用权人的委托，按照其要求加工产品，贴附其提供的商标，并将加工的产品全部交付给境外委托人，境外委托人根据约定向国内加工企业支付加工费，贴牌加工的产品不在境内销售的一种国际贸易形式[8]。在基本秉承了与“PRETUL”案

5 参见最高人民法院（2014）民提字第38号民事判决书。该案系由最高人民法院审理的第一起涉外定牌加工商标侵权民事案件，该案经过一审、二审，再审改判最终认为该案中的涉外定牌加工使用相关被诉侵权商标的行为在中国境内仅属物理贴附，不能认定为《商标法》意义上的商标使用行为。就该案一审、二审及再审，本文统称“PRETUL”案。

6 参见浙江省宁波市中级人民法院（2011）浙甬知初字第56号民事判决书。

7 《最高人民法院关于适用〈中华人民共和国涉外民事关系法律适用法〉若干问题的解释（一）》第一条。

8 参见最高人民法院（2016）最高法民再339号民事判决书。该案系由最高人民法院审理的第二起涉外定牌加工商标侵权民事案件，该案经过一审、二审，再审改判最终同样作出不构成商标侵权判决，认为被诉涉外定牌加工并未构成用于识别或区分来源的商标使用行为，不对商品或服务来源产生误导或引发混淆，因此不构成《商标法》意义上的侵权。就该案一审、二审及再审，本文统称“东风”案。

相一致的基础上，“东风”案的判决试图更为具体地列举涉外定牌加工的各类情况。然而，从涉外定牌加工实务角度看，“东风”案中人民法院对涉外定牌加工业务类型的列举并不完整。事实上，判决列举的“来料加工、来样加工、来件装配业务”仅能代表定牌加工部分形式，即 OEM（Original Equipment Manufacturer）业务模式，却并未包含 ODM（Original Design Manufacturer）业务模式。在 ODM 模式中，中国生产者除完成传统意义上的生产加工工序之外，更提供了产品的设计研发。ODM 模式也涉及商标授权使用问题，但同时可能并不涉及任何来料、来样或来件。伴随着中国先进制造业创新能力的提升，中方主体的涉外 ODM 业务正显著增加。因此，“东风”案中的定义列举不甚周全。由上述人民法院的定义可见，具体案件裁判文书中确认的法律概念，往往仅针对该案被诉商标侵权行为的具体情况，个案因素较强。

（二）学理定义对司法定义的进一步阐释：应然与实然的统一

有学理观点基本接受“PRETUL”案中人民法院的定义，认为涉外定牌加工是指国内加工企业接受境外委托人委托为其加工产品，并按照境外委托人要求贴附商标，产品全部出口到境外销售的行为[9]。

在基本接受人民法院对于涉外定牌加工给出实然性定义的基础上，也有学者尝试对该定义进行剖析。例如，有学者认为，除了上述定义之外，涉外定牌加工还应当符合以下几项条件：第一，国外定作方在产品出口目的国享有商标权。第二，国内加工企业与国外定作方有合法有效的委托协议。第三，国内加工企业按照委托方要求加工贴牌产品并全部出口交付定作方[10]。值得注意的是，最新的司法实践正是通过分析类似的构成，以完成涉案行为关于涉外定牌加工概念的归入分析。在“本田”案中，二审法院认定被诉行为属于涉外定牌加工并获再审支持，其主要依据如下：第一，恒胜鑫泰公司、恒胜集团公司与买方签订的《销售合同》符合定牌加工的定作条件；第二，涉案产品全部交付定作方；第三，委托方在缅甸享有涉案“HONDAKIT”的注册商标权；第四，恒胜集团公司（恒胜鑫泰公司的控股母公司）已经获得了商标授权。由此可见，“本田”案的论证依据与学者观点基本一致。

作为实务属性明显的概念，涉外定牌加工的定义在具体的社会经济环境下可以进行感性认识，再经过上述司法判定、学理论证，其定义逐渐清晰。本文

9 李扬：《商标法基本原理》，法律出版社 2018 年版，第 245 页。

10 罗晓霞：《涉外定牌加工商标侵权纠纷法律问题探讨——兼评〈商标法〉第 57 条》，载《法学杂志》2019 年第 5 期。

总结：涉外定牌加工是指境内主体接受境外委托人委托，在其生产加工的产品上按要求贴附商标，且该等产品不在境内销售的经济行为。司法判定中的概念归入，应当判断境外商标权、授权委托、出口情况等诸多方面的条件是否满足且形成完整的证据链。

二、涉外定牌加工商标侵权案件司法判定路径探索及理论争鸣

尽管在司法实践及理论研究中，针对涉外定牌加工的定义已经比较明确，但这只是开启了涉外定牌加工商标侵权司法判定路径的“冰山一角”。事实上，诚如前文提及的，具体案件事实认定及法律适用结果并不稳定，长期以来人民法院的审判实践案例尚未形成稳定的判定路径，甚至出现一些分歧，不同案件中时常采用不同、甚至相冲突的裁判方法，这无疑降低了涉外定牌加工商标侵权案件结果的可期待性。

所谓司法判定路径，是指审判机关在具体案件中选择并分析一项或多项关键要素而形成的审判方法。在不同的司法判定路径引导下，商标侵权认定结果的不同并不意外。根据对相关案件裁判文书的分析，本文认为法院在判定路径上的不同实践主要源于其对不同要素的组合及同一要素的判断存在差异。

（一）单一要素的司法判定路径

单一要素判定的路径，是以孤立要素为核心完成涉外定牌加工商标侵权的司法判定。常见的单一要素主要有：“地域性原则”“商标使用行为”等。

例如，“地域性原则”的单一路径在2013年《商标法》之前尤为普遍，其主要是强调商标专有权保护的地域性，并严格适用形式意义上的判定方法[11]。此类案件倾向于以保护中国商标权为核心，认定涉外定牌加工侵权。具体而言，法院在考察侵权客体的过程中，以商标权的地域保护为原则，判定域外注册的商标仅在其本国拥有商标的专用权利，且并不能因此排除在中国持有注册商标的权利人之商标权。这种司法认定忽略了涉外定牌加工模式自身的特点，机械地解释法律及法理，伴随着2013年《商标法》的修正及社会对商标专用权“地域性原则”的认识提高而被摒弃。

又如，以是否构成商标法意义上的商标使用行为为核心要素的判定路径在2009年上海高级人民法院的民事判决中即有体现。在2013年《商标法》之后，

11　参见山东省高级人民法院（2011）鲁民三终字第156号民事判决书；珠海市中级人民法院（2011）珠中法知民初字第1号民事判决书；浙江省高级人民法院（2012）浙知终字第285号民事判决书。

该路径被更多地方法院所采纳。其观点认为，涉案产品全部出口至外国，不在中国境内销售，中国的相关公众在国内不可能接触到涉案产品，故不构成中国法意义上的“商标使用行为”[12]。这种倾向性观点在“PRETUL”案中被最高人民法院所采纳[13]，其论证更明确地将涉外定牌加工过程中于产品之上贴附商标的行为识别为“在中国境内仅属物理贴附行为”[14]。该路径的适用系对2013年《商标法》第四十八条文义的严格解释，将“商标使用行为”限定在流通环节，因而排除了涉外定牌加工商标侵权的可能性。即使涉外定牌加工可能构成侵犯注册商标专用权的行为模式，也不对该行为进行具体判定[15]。此类认定在涉外定牌加工所涉模式简单，中方、外方当事人角色固定的一定历史时期内，能够体现促进经济贸易的政策导向。

然而，这种司法判定路径随着其所依附的经济贸易形势发生显著变化而遭遇挑战。在“PEAK”案中，中国公司的“PEAK”注册商标在海外遭遇近似商标“抢注”，涉外定牌加工方在国内生产的“PEAK SEASON”商标产品是否构成商标侵权行为成了焦点问题，上海市浦东新区人民法院一审的不侵权认定被二审改判[16]。足见随着国家保护知识产权的力度加强，并伴随着越来越多“非典型”涉外定牌加工的出现，“商标使用行为”作为单一要素进行判定的司法、政策效能将极大削弱。

此外，单一要素判断路径之所以“孤立”，不仅在于其以单一要素为核心的形式上，而更在于其在适用法律的过程中普遍采取严格保守的解释方法以避免扩大解释。诚然，为了保证法律及司法的严肃性，有必要在司法实践中恪守文义解释，但司法者应当尽量以不变的法律应对千变万化的社会[17]，并充分利用法律解释来实现法律适用实效。如果能够进行适当的演化解释（evolving inter-

12 参见上海市高级人民法院（2009）沪高民三（知）终字第65号民事判决书。

13 有学者认为，最高人民法院“PRETUL”案判决中采用了“使用→混淆两步法”的判定思路，参见李慧惠：《“东风”案后，再议贴牌加工之商标侵权判定》，载《中国专利与商标》2019年第1期。浙江省宁波市中级人民法院在该案判决书中并未展开论证，本文倾向认为此案并未采纳综合要素判定之路径。

14 参见最高人民法院（2014）民提字第38号民事判决书。

15 参见2013年《商标法》第五十七条，该条规定了侵犯商标专用权的具体行为模式，在2019年《商标法》中未作修改。

16 参见上海市浦东新区人民法院（2014）浦民三（知）初字第1131号民事判决书；上海知识产权法院（2016）沪73民终37号民事判决书。

17 陈金钊：《法律如何调整变化的社会——对“持法达变”思维模式的诠释》，载《清华法学》2018年第6期。

pretation)，可以实现方法论上的与时俱进，最终裨益司法正义[18]。

相较上述列举的单一要素，诸如损害后果、商标混淆等要素在目前的司法实践中鲜有作为单一要素的判定依据。

（二）综合要素的司法判定路径

诚如前文所述，以某项单一要素为路径进行涉外定牌加工商标侵权判定的方法并不符合现实需求，以“东风”案为代表的综合要素判断方法提供了另一种路径。“东风”案的不侵权判决结果十分清晰，学界对该案中江苏省高级人民法院二审及最高人民法院再审的司法判定路径总结如下：两级人民法院采用了同样的判定路径，即所谓“合理注意义务 + 实质性损害”标准[19]。在实际案件中，由于涉外定牌加工民事侵权案件往往来源于海关行政执法查处[20]，其“实质性损害”往往尚未发生。同时，“合理注意义务”的司法认定主观性较强，且受制于管辖法院的外国法查明、理解能力，在实践中的可期待性很弱[21]。在该路径中，所谓“合理注意义务”与“实质性损害”两项构成要素的结合实际上提高了涉外定牌加工商标侵权的门槛。

另外，将“混淆可能性”与“商标使用行为”作为综合要素判定路径，在学理讨论中也有所提及。其观点主要从比较法视野出发，否定商标使用作为商标侵权的前置条件。美国《兰哈姆法》与欧盟的《欧洲理事会协调成员国商标法一号指令》并未将商标使用作为商标侵权的前置条件。《欧盟商标条例》第九条规定，商标侵权中的行为是与商标和服务相关的标志使用（use of sign)，并未要求被控行为必须为商标使用行为[22]。

---

18 演化解释，也有称之为“演变解释”或“动态解释”，其普遍运用于国际条约的解释中，可参见韩逸畴：《时间流逝对条约解释的影响——论条约演变解释的兴起、适用及其限制》，载《现代法学》2015 年第 6 期；Draft conclusion on subsequent agreements and subsequent practice in relation to the interpretation of treaties, with commentaries 2018, Yearbook of the International Law Commission, 2018, vol. II, Part Two.

19 李慧惠：《“东风”案后，再议贴牌加工之商标侵权判定》，载《中国专利与商标》2019 年第 1 期。

20 权利人通过海关知识产权保护系统完成商标权利备案，各地海关通过关务系统依据权利人备案进行关键字段检索，获得海关知识产权行政执法线索。涉案当事人因发现疑似侵权线索而向人民法院提起涉外定牌加工商标侵权诉讼案件，包括“本田”案在内的多数案件均属类似情况。

21 参见：浙江高级人民法院（2016）浙民再 121 号民事判决书；广东省深圳市中级人民法院（2016）粤 03 民终 7603 号民事判决书；广东省高级人民法院（2011）粤高法民三终字第 467 号民事判决书。

22 李扬、李晓宇：《涉外定牌加工中商标侵权判定的检视与再思考》，载《社会科学研究》2019 年第 5 期。

综合要素判定路径相较于单一要素判定路径的优势在于其更为全面、完备，能够较好地适应不同的具体案件情况，符合实体正义的价值取向。但是，近年来，尽管涉外定牌加工商标侵权案件频发，实践中各人民法院却并未形成一致的综合要素判定路径。

三、“本田”案关于涉外定牌加工商标侵权判定路径的创新

不同于“PRETUL”案及“东风”案，最高人民法院在“本田”案的二审判决中采取了清晰的“三步走”的综合判定路径，其三项要素为：“涉外定牌加工”“商标使用行为”“容易导致混淆”。

首先，“涉外定牌加工”的归入分析确认了该案应当适用与一般的销售、出口不同的商标侵权判断方法。其次，“商标使用行为”要素判断用以明确涉外定牌加工模式中的商标贴附仍然受到中国商标法的规制。最后，最高人民法院对“容易导致混淆”具体认定的论述明确了此类商标侵权案件的归责原则是无过错责任原则。三项要素之间按照由抽象至具体排列，要素间相互作用，形成了有机的逻辑整体。

（一）“涉外定牌加工”归入分析及意义

“本田”案中，一审法院认定：“无法确认其（恒胜鑫泰公司及恒胜集团公司）行为系受美华公司授权的定牌加工行为”，这项认定似乎否定了本案系涉外定牌加工[23]。本案系争的本田公司“HONDA”系列商标在全球拥有极高知名度，缅甸“HONDAKIT”商标显然属于“傍名牌”行为。在此背景下，一审人民法院是否应当参考“东风”案，对国内的生产者作出不侵权认定？一面是最高人民法院既有判决，另一面是本案清晰的是非曲直，如不参照前者，则有上诉改判之顾，如不顾后者，则有违背实体正义之虞，一审法院陷入两难境地。一审中，本田公司也有意追求避免“东风”案认定不侵权的结果对本案的影响，在诉讼请求中主张两被告的行为不属于“涉外定牌加工”。最终一审法院采用了较为中性的表述方法，并未将本案中的被诉侵权行为归入“涉外定牌加工”的范畴，但也没有否定，进而直接援引“容易导致混淆”的要素完成商标侵权的判定。试想，如果“本田”案一审法院沿用“东风”案的司法判定路径，则本案很难最终认定两被告侵权。从上述论证过程可以看出，“东风”案对于本案一审法院的影响可见一斑。

关于“涉外定牌加工”的归入，“本田”案二审、再审法院均认定恒胜鑫

23　参见云南省德宏傣族景颇族自治州中级人民法院（2016）云31民初52号民事判决书。

泰公司及恒胜集团公司的业务模式符合涉外定牌加工的模式，应当予以认定。事实上，二审法院在完成“涉外定牌加工”归入分析后，仍然面对一审法院同样的两难境地。从判决结果上看，二审法院参照了“东风”案的司法判定路径，作出了相似的裁判。

再审中，最高人民法院采纳二审法院对于“涉外定牌加工”归入分析的正确裁判，并在后续两项环节尝试了创新的解释方法，得出了与“东风”案不同的结论。

（二）“商标使用行为”要素的延伸

以“商标使用行为”作为判定要素符合商标侵权法律判定的基本逻辑，即如果一项行为在商标法下不构成一项商标使用行为，是否仍需要根据商标法而对其进行评价呢？“本田”案的二审法院认为应当。在二审判决中，云南省高级人民法院认为，商标保护的本意在于保护商标在商业活动中用于识别商品的来源，本案的涉外定牌加工在中国境内并未起到识别商品来源的作用，故不能构成一项商标使用行为[24]。在确认了该案涉外定牌加工并未构成中国境内的商标使用后，二审法院并没有直接认定不侵权，而是仍然继续进行“容易导致混淆”的论述。由此可见，至少在本案二审法院意见中，“商标使用行为”“容易导致混淆”等二要素共同成为判断涉外定牌加工是否侵犯商标专用权的关键条件，但“商标使用行为”要素的判定结果并不必然决定侵权判定走向。

此外，尽管在之前，认定涉外定牌加工不构成商标使用的司法裁判成为主流，但在“本田”案中，最高人民法院并未采纳该观点。最高人民法院认定，商标使用是一种客观行为，通常包括多环节，如物理贴附、市场流通等，不应各列一个行为而只看某个环节[25]。该观点在2014年浙江省高级人民法院审理类似案件中亦有适用但并未得到严格论证[26]。在本案中，最高人民法院在审理涉外定牌加工案件中首次使用整体解释的方法，直接将物理贴附判定为商标使用行为，进而推翻了“PRETUL”案及“东风”案确立的物理贴附不属于商标使用行为之意见。

同时，最高人民法院在认定“相关公众”过程中，大胆地将司法解释中的“与商标所标识的某类商品或者服务有关的消费者和与前述商品或者服务的营销有密切关系的其他经营者”概念范围加以延伸[27]。其将被诉商品运输环节的经

---

24 参见云南省高级人民法院（2017）云民终800号民事判决书。

25 参见最高人民法院（2019）最高法民再138号民事判决书。

26 参见浙江省高级人民法院（2014）浙知终字第25号民事判决书。

27 参见《最高人民法院关于审理商标民事纠纷适用法律若干问题的解释》第八条。

营者列入相关公众[28]，实现了相关公众范围的扩展，这与前文提及的商标使用行为认定做法有“异曲同工”，体现了最高人民法院司法判定的变化。最高人民法院也在“本田”案中将境外回流国内市场商品的接触者、出国旅游和消费的众多中国消费者列入相关公众的范畴[29]，在一定程度上突破了传统的商标专用权保护地域性原则。

由此，最高人民法院在本案的判定中，通过从行为模式和相关公众两个维度上对商标使用行为概念进行延伸。

（三）“容易导致混淆”及无过错责任原则之回归

商标之识别效果，是其最主要的功能价值，因此，国际公约及各国商标法广泛采纳“导致混淆”作为重要的判定因素。《TRIPS协议》规定：只要存在混淆可能性，注册商标所有人就有权防止任何第三方未经许可而在贸易中使用与注册商标相同或近似的标记去标识相同或类似的商品或服务[30]。美国《商标法》则把“混淆可能”作为判定侵权的必要条件，从而建立了一套非常复杂的“混淆”理论体系来解释是否构成商标侵权[31]。在中国，2013年修正的《商标法》引入“混淆”的要素作为判断商标侵权的标准指引。在本案中，最高人民法院认为，判定是否构成“混淆”应当采纳无过错责任原则。由此可见，最高人民法院并未对被诉侵权人的主观侵权意愿进行分析判断，而是仅从其使用商标的形式进行客观判断。

客观判断所考察的角度还包括是否容易造成相关公众混淆。最高人民法院实际上是将“导致混淆”的要素替换成“容易导致混淆”的要素进行判断。据此，最高人民法院的司法判定实质上延展了涉外定牌加工具体案件中构成商标侵权的可能性。尽管在“PRETUL”案中，“容易导致混淆”也被作为重要的司法判定要素，但是彼时的最高人民法院并未实际运用客观标准及无过错责任原则进行审判。

如果单独论之，上述三项判定要素都不是涉外定牌加工商标侵权纠纷中的创新，然而，“本田”案中，最高人民法院再审首次综合运用“涉外定牌加工”“商标使用行为”“容易导致混淆”三要素形成新的判定方法，实属创新。

---

28 参见最高人民法院（2019）最高法民再138号民事判决书。

29 参见最高人民法院（2019）最高法民再138号民事判决书。

30 世界贸易组织：《与贸易有关的知识产权协议（TRIPS）》第十六条。

31 邓宏光：《商标混淆理论的扩张》，载《电子知识产权》2007年第10期。

四、“本田”案涉外定牌加工商标侵权司法判定路径的未及之处

（一）涉外定牌加工“商标使用行为”的解释问题

最高人民法院在“本田”案再审判决中倾向性认为商标使用行为是一种客观行为，并基于此对商标使用行为模式及相关公众的范畴进行了解释，该认定意见在一定程度上扩张了“商标使用行为”的范围，使涉外定牌加工的商标使用几乎必然地被纳入中国《商标法》的规制范围内，这种司法判定虽符合当前的知识产权司法政策导向，却仍值得商榷[32]。

在进行扩张解释的同时，应当坚持适当克制的解释方法。一方面，过度扩张地将涉外定牌加工的商标使用行为都识别为商标法意义上的商标使用行为本就忽略了涉外定牌加工商贸模式的特殊性质，使其似乎与一般国内商标侵权案件别无二致。另一方面，过度扩张的解释方法将显著增加境外商标权利人的业务风险，同时为境内定牌加工方分配更重的尽职审查义务。在中国人口劳动力成本逐年提升，制造业订单向印度、东南亚等地区外流的大背景下，对涉外定牌加工商标使用行为的认定范围进行适当限缩也符合经济政策需求。

为了解决这个问题，本文认为首先应当针对涉外定牌加工业务中的不同主体采取有区别的商标使用行为定性，体现归责的比例原则。定牌加工产品生产商主要通过组织加工生产获得经济收入，相关出口贸易商通过组织国际贸易出口的环节赚取代理差价，二者的商标使用行为目的、获得的经济利益水平不同。在“本田”案中，生产商、出口商均为同一集团及实际控制人旗下的法律主体，因此人民法院认定二者承担连带的侵权赔偿责任。实际上，多数情况下，被诉侵权的生产商只参与低毛利率的生产，而出口贸易商仅从事较高毛利率的贸易代理服务，且无共同侵权的行为表现，如果适用同样的解释方法对二者都进行扩张解释，则生产商所需要承担的尽责义务过重。因此，在个案中，应当针对不同的责任主体进行分别的定性与责任比例认定，适当引入比例原则将有利于实现涉外定牌加工商标侵权案件的实体正义。

此外，“本田”案最高人民法院再审意见中以“中国消费者旅游和消费的人数众多……也存在接触和混淆的可能”作为相关公众认定的一项论据值得商榷。在本案中列举的情况下，中国消费者在境外接触被诉侵权产品，并将其与该消费者在中国所认知的相同或相似中国注册商标发生混淆，其本质原因似乎在于

---

32 《最高人民法院将“司法主导、严格保护、分类施策、比例协调”确立为知识产权司法保护的基本政策》，载 https：//www. chinacourt. org/article/detail/2018/12/id/3594390. shtml，最后访问于 2019 年 10 月 24 日。

该消费者并不了解商标专用权具有地域性的特性。如果因中国消费者在境外接触相同或类似商标而将其纳入相关公众的范畴，则相当于赋予了中国注册商标以域外排他权，这不符合商标法基本原理。尽管越来越多的中国消费者在新的经济形势下可能在域外接触到与中国注册商标相同或类似的外国商标，此类商标性权益的保护或规制应当以国际法制、东道国当地法制为基础进行调整。

（二）涉外定牌加工商标侵权定责的主观方面认定

对于被诉侵权主体主观方面的判断，在早前的判决中业已有之，但其主要集中在判断涉外定牌加工方是否履行了合理注意义务[33]或必要的注意义务[34]，重视构成侵权环节的主观判断，而忽视侵权恶意、责任程度判定过程中的主观方面认定。这种倾向在“本田”案中并没有得到纠正。

“本田”案一审法院并未展开论证侵权行为人的主观过错、侵权情节及获利可能性等因素，造成一审中在事实认定（即是否构成涉外定牌加工）不准确的基础上认定侵权，并酌情以本田公司主张金额的10%确定侵权经济损失。然而，在最高人民法院再审中，尽管支持了二审法院关于推翻一审法院否定本案属于涉外定牌加工案件的意见，却仍然维持了一审法院酌定的侵权经济损失数额[35]，其逻辑耐人寻味。如果一审法院对该案系争的商业模式定性这一根本问题发生错误，则其酌情判断的侵权数额是否可能准确？

从裁判文书看，人民法院在一审、二审及再审中均未深入剖析侵权主体的主观恶意程度，因此，其认定的30万余元人民币经济赔偿中是否已经考虑了恒胜鑫泰公司及恒胜集团公司“傍名牌”的侵权主观恶意，最终不得而知。然而，作为商标侵权案件，对于侵权的定性与侵权赔偿金额的判定在实践中同等重要，而侵权赔偿金额的确定无法脱离侵权责任人主观方面的判断与认定。

（三）涉外定牌加工商标侵权定责的经济赔偿认定

该问题与前文讨论的主观方面认定问题息息相关，事实上，在多数涉外定牌加工商标侵权案件中，侵权线索来源于海关部门的知识产权保护行政执法行动，侵权产品的出口环节尚未实际完成，因此很难确定最终的侵权获利金额。与此同时，侵权产品销往海外，人民法院也无从掌握历史的侵权获利情况。这都为商标权利人通过司法审判获得有效的实质性赔偿增加了困难。从“本田”

---

33 参见广东省深圳市中级人民法院（2016）粤03民终7603号民事判决书。

34 参见广东省高级人民法院（2011）粤高法民三终字第467号民事判决书。

35 参见最高人民法院（2019）最高法民再138号民事判决书。

案分析，本田公司作为注册在境外的中国商标权利人，自2016年6月30日从昆明海关下属的瑞丽海关处获悉侵权事件，直至本案于2019年9月23日最高人民法院再审认定恒胜鑫泰公司及恒胜集团公司商标侵权之日，共经历了39个月的漫长维权诉讼，成本想必巨大，其所付出的维权成本必然显著高于最终判赔的经济损失人民币30万余元。

因此，尽管在侵权行为定性上应当坚持客观侵权的标准，但在认定商标侵权构成后，有必要具体论证各侵权责任人的主观方面，以确认侵权严重程度。一旦主观恶意确定，可以通过恶意侵权的判定来有效增加侵权打击（经济赔偿）力度。

随着国家保护知识产权的意识、力度的加强，国家明确建立知识产权侵权惩罚性赔偿制度[36]，该制度在涉外定牌加工商标侵权案件中也必将有所落实。为了配合这一举措，人民法院在审理此类案件中，有必要加强对定牌加工方主观恶意的判断。主观恶意的判断仍然应当以当事人的客观行为表现为基础，并对参与涉外定牌加工不同主体（生产制造商、出口商）的责任进行区别判断，以求准确确定侵权责任比例。

结语

判例并非中国司法的正式法律渊源，最高人民法院的“本田”案裁判结果及其针对涉外定牌加工所涉商标侵权判定之新路径能否为各级人民法院嗣后实践所稳定沿用？换言之，在多大程度上得以沿用？这些问题都将留待后续考察。

持积极观点者会看到最高人民法院从2014年“PRETUL”案到2016年“东风”案，再到2019年“本田”案，至今已经形成了一套司法裁判路径的理论与实践，进而对上述问题给出肯定的答案。持消极观点者会从晚近的司法实践出发，2014年“PRETUL”案及2016年“东风”案并未使该问题的司法裁判结果趋于稳定，进而给出否定答案。相较之下，从中国对外经贸及涉外民事案件司法审判所取得的长足进步角度来看，本文更倾向于前者。

在可预见的未来，出口依然是中国经济增长的主要推动力之一，基于科技创新能力的提升并伴随着中国企业自主品牌“走出去”的步伐，中国品牌遭遇境外主体的“抢注”，而“抢注”者利用涉外定牌加工模式在中国生产并向境外输出侵权产品的风险将逐步增大。同时，随着人口红利竞争优势的逐渐减少，外方寻求中国生产者进行定牌加工的成本将显著提高，进一步创造良好的法治环境、完善相关法律问题的司法指引成为当务之急。

---

36 2019年《优化营商环境条例》第十五条。

不仅如此，涉外定牌加工商标侵权相关的域外实践甚少，可借鉴的就更是凤毛麟角。尽管涉外定牌加工的经济模式并非中国始创，应属舶来品，但纵观经济史、环顾世界各国，从未有一个国家或地区将其发挥到中国同等规模、比例的水平，也未有哪个国家或地区的司法部门面临着像中国法院这样庞大的案件数量以及复杂的案件情况之机遇与挑战，因此对于涉外定牌加工商标侵权问题的司法实践之完善，应当有赖于中国的司法部门、司法者们进行创造性探索、思考。

商标共存的裁判规则探究

——基于典型案例的类型化分析

欧阳福生*

【内容提要】 商标共存是指不同主体在相同或类似的商品上使用相同或近似商标，主要有未注册商标与注册商标共存、注册商标与注册商标共存以及近似商标基于协议而共存三种类型。从司法判决来看，认为商标共存需要以“不发生混淆”、保护消费者利益以及经营者具有“善意”为条件的观点均属对商标共存认识的误区。商标共存作为一种特殊现象，是司法机关出于利益平衡，对已发生共存事实的尊重，以实现各方经营者利益包容性增长。因此，共存事实的发生以及一方经营者无攀附另一方经营者商誉恶意才是商标共存的客观和主观要件。

【关键词】 商标共存　不发生混淆　共存事实　主观恶意

商标权为排他性专有权利，权利人有权禁止他人未经许可在相同或类似商品上使用与其注册商标相同或近似的商标。两个相同或近似商标不能在市场上长期共存，这是由商标权的基本属性所决定的。然而，现实中却存在商标共存现象。我国《商标法》未明确承认商标共存，对于实践中出现的因商标共存引发的纠纷，司法机关不能因为缺乏具体法律规定而拒绝裁判，相反，裁判者为平衡各方利益，需要积极发挥司法智慧，设法对相关案件妥善处理。司法不仅是法律的适用，而且是立法的延伸和继续，也即法律“应时而立”，但“尚没有完成”。[1]

---

* 欧阳福生——华东政法大学知识产权专业博士研究生，广州市越秀区人民法院知识产权庭副庭长。

1 孔祥俊：《论我国商标司法的八个关系——纪念〈商标法〉30周年》，载《知识产权》2012年第7期。

商标立法和司法的关系同样如此，在商标法对商标共存没有规定、规定不清晰或者有裁量空间时，裁判者应当运用法律方法发现、解释法律，通过裁判案件来澄清和解决问题。商标共存是商标司法裁判中的一种特殊现象，对其进行研究也应当立足于实践，并回应司法的需要。最高人民法院公布的“启航考研”案、“鳄鱼”案、“良子”案等典型案例为研究商标共存提供了绝好的素材，类型化分析这些案例，探究类案裁判规则，并运用商标法原理予以阐释，对深入理解和认识商标共存现象很有必要。

一、典型案例阐发的商标共存类型

商标共存是指不同主体在相同或类似的商品上使用相同或近似商标。从最高人民法院公布的典型案例[2]分析，商标共存主要有如下几种类型：一是未注册商标与注册商标的共存；二是注册商标与注册商标的共存；三是近似商标基于协议而共存。

《商标法》第四条确定了商标注册制，商标因注册取得排他性权利。对于未注册但在先使用且有一定影响力的商标，《商标法》第五十九条规定了先用权制度，在先使用人可在原使用范围内继续使用未注册商标，注册商标专用权人无权禁止。未注册商标中的“商标”不能作狭义理解，像企业名称、字号、商品名称、包装、装潢等能区分商品或服务来源的商业标识均应纳入未注册商标的范围。先用权制度为在先未注册商标与注册商标的共存创设了规范性基础。在“启航考研”案[3]中，中创公司是第 1985953 号“启航学校 Qihang School”注册商标专用权人。启航考试学校及启航公司成立时间早于第 1985953 号商标注册时间，启航考试学校及启航公司在公务员考试和考研范围内使用企业名称和字号。法院认为启航考试学校、启航公司在经营活动中使用“启航考研”的行为符合《商标法》第五十九条第三款的适用要件，未构成对注册商标专用权的侵犯。据判决结论，“启航考研”作为启航考试学校及启航公司的未注册商标可以与中创公司的注册商标“启航学校 Qihang School”在市场上共存。同类型的案例还有“张小泉”案[4]、“狗

2　本文选取的作为研究样本的案例，有入选为最高人民法院公布的年度十大知识产权案件、十大创新性知识产权案件，也有入选为最高人民法院知识产权案件年度报告公布的案例，还有刊载于最高人民法院民三庭编《知识产权审判指导与参考》的典型案例。

3　参见北京知识产权法院（2015）京知民终字第 588 号民事判决书。

4　参见上海市高级人民法院（2004）沪高民三（知）终字第 27 号民事判决书。

不理”案[5]、“秋林”案[6]、“维纳斯”案[7]、“红河红”案[8]。

注册商标与注册商标共存的司法案例首推拉科斯特公司诉新加坡鳄鱼公司的“鳄鱼”案[9]。拉科斯特公司于1980年在中国注册“鳄鱼图形”商标，其产品于1984年正式进入中国，1994年正式开设专柜和专卖店，该商标核定使用商品为第25类、第18类。1993年新加坡鳄鱼国际公司在中国大陆申请“CARTELO及图”商标，其产品于1994年进入中国市场，商标核定使用范围也是第25类和第18类。两公司商标均使用了鳄鱼图形。最高法院认为，尽管两商标在构成要素上近似，但并不必然导致两者不能共存，综合多种因素考虑，新加坡鳄鱼国际公司使用被诉商标不会对拉科斯特公司的注册商标造成损害。注册商标与注册商标共存的典型案例还有“散列通”案[10]、“鸭王”案[11]、“五叉星标识”案[12]。

还有一种商标共存类型是两个或两个以上的民事主体通过签订协议，就近似商标如何同时使用达成共识，使得两个或多个近似商标在市场上和平共存。与商标共存协议有关的司法案件，既有商标审查过程中因商标局不接受商标共存协议引发的行政案件，也有民事案件，法院审理商标侵权是否成立时，应对商标共存协议效力以及共存协议是否影响侵权进行认定。“良子”案[13]是研究商标共存协议不可绕开的司法案例。史某与朱某在2001年前相互就对方在第42类商品上注册“良子”商标的申请提出过异议，2001年，双方签订商标共存协议，约定不得再就对方含有“良子”字样的商标注册申请提出异议或撤销注册申请。2002年，朱某违反约定对史某注册含有“良子”字样的商标提出撤销申请。国家商标评审委员会认为，两商标构成近似，商标共存协议与本案无关，裁定撤销争议商标。史某提起行政诉讼，案件经一审、二审和再审，最高人民法院一锤定音，认为共存协议是双方当事人真实意思表示，朱某提出撤销商标的申请，违反了共存协议约定和诚实信用原则。前述“鳄鱼”案中也有商标共存协议，法院认为双方当事人1983年签订的和解协议对争议商标地域不涉及中国境内进行了约定，该协议可以作为认定诉争标识可以共存的重要考

---

5 参见最高人民法院（2008）民三监字第10－1号民事裁定书。

6 参见最高人民法院（2009）知行字第15号驳回再审申请通知书。

7 参见最高人民法院（2004）民三终字第2号民事判决书。

8 参见最高人民法院（2008）民提字第52号民事判决书。

9 参见最高人民法院（2009）民三终字第3号民事判决书。

10 参见最高人民法院（2009）行提字第1号行政判决书。

11 参见最高人民法院（2012）知行字第9号行政裁定书。

12 参见最高人民法院（2011）民申字第223号民事裁定书。

13 参见最高人民法院（2011）知行字第50号行政判决书。

量因素。[14]此外，“UGG”案[15]以及“真的常想你”案[16]涉及商标共存协议效力审查，如果共存协议有效，争议的商标就可在市场上共存。

二、商标共存的裁判规则评析

（一）“不发生混淆”是否为商标共存的客观要件

世界知识产权组织（WIPO）对商标共存的定义是：“不同企业使用相同或近似商标销售产品或服务，而不损害他人的营业。”[17]基于该定义，有学者认为，商标共存现象的立足点是商标功能论，只要不损害商标功能的发挥，即可以实现商标共存。[18]商标功能在于识别商品或服务的来源，故该观点的核心意思是，商标共存以不发生商品或来源的混淆为前提。从我国的司法判决来看，“不发生混淆”已被视为商标共存的前提要件。如法院在“鳄鱼”案中指出：“诉争商标虽然在构成要素上近似，但综合考量相关因素，仍不能认定足以造成市场混淆”[19]，“鸭王”案判决也有同样的裁判观点，认为相关消费者能够将上海鸭王与北京鸭王餐饮服务区分开来，北京鸭王和上海鸭王可以在市场上共存。

当然，学界也存在不同观点，商标共存必然意味着商标之间存在混淆可能性和冲突，以不存在混淆可能性为条件的商标共存概念属于商标共存的认识误区。[20]笔者赞同这一观点，认为两近似商标使用在相同或类似商品上会存在一定程度的混淆，“不发生混淆”并非商标共存的客观要件。商标保护范围与混淆的认定有关，商标权的扩张，主要是通过不断增加混淆种类来实现的。商标侵权以禁止仿冒行为为开端，当时的仿冒是指冒用商业标识导致的鱼目混珠，即商品混淆，此后混淆概念扩张，先后出现了来源混淆、关联关系混淆，甚至近年来出现了售后混淆和初始关注混淆。[21]《商标法》第四十八条将商标使用界定为“识别商品来源”的行为，《商标法》第五十七条第二款规定未经注册商标

---

14 参见最高人民法院（2009）民三终字第3号民事判决书。

15 参见北京市高级人民法院（2012）高行终字第1043号行政判决书。

16 参见北京市高级人民法院（2014）高行（知）终字第3024号行政判决书。

17 载http://www.wipo.int/wipo_magazine/cn/2006/06/article_0007.html，最后访问于2019年10月3日。

18 黄武双、刘维等著译：《商标共存：原理与判例》，法律出版社2013年版，第6页。

19 参见最高人民法院（2009）民三终字第3号民事判决书。

20 王太平：《商标共存的法理逻辑与制度构造》，载《法律科学（西北政法大学学报）》2018年第3期。

21 孔祥俊：《论我国商标司法的八个关系——纪念〈商标法〉30周年》，载《知识产权》2012年第7期。

权人许可，在同一种商品上使用与其注册商标近似的商标，或在类似商品上使用与其注册商标相同或者近似的商标，容易导致混淆的，属于商标侵权行为。《商标法》第五十七条第一款未明确规定在同一种商品上使用相同商标的“假冒”行为是否以混淆为要件，基于《商标法》第四十八条对商标使用的界定，存在“假冒”行为可推定商品来源发生了混淆。因此，我国《商标法》已规定混淆为商标侵权的构成要件。《最高人民法院关于审理商标民事纠纷案件适用法律若干问题的解释》第九条第二款规定：“……易使相关公众对商品的来源产生误认或者认为其来源与原告注册商标的商品有特定的联系”，即司法实践将误认混淆和关联关系混淆均纳入“混淆”的范畴。显然，司法解释扩大了“混淆”的种类，体现了拓宽商标权保护范围的意图，目的是加强制止商标侵权行为的力度。

商标共存是与商标侵权相关的概念，两近似商标可共存，意味着不构成商标侵权。既然“混淆”是商标侵权的要件，可否以此推断“不发生混淆”就是商标共存的要件？误认混淆是指相关公众误认侵权商品来源于商标权人，即相关公众未能通过商标将来源于不同经营者的商品区分开；关联关系混淆的相关公众对商品来源没有发生误认，但认为商品与商标权人有关联，如为商标权人授权生产、与商标权人存在合营关系等。显然，关联关系混淆的范围比误认混淆的范围要宽广得多。如果将“不发生混淆”作为商标共存的客观要件，近似商标几乎不存在共存的余地。如“鳄鱼”案中，新加坡鳄鱼国际公司与拉科斯特公司使用的商标在构成元素上近似，均含有“鳄鱼”，即使如最高人民法院所称，考虑双方商标长期共存和使用的市场格局，消费者可对各自指示的商品来源进行区分，但能否排除双方存在关联关系呢？两商标均使用“鳄鱼”图案，消费者很容易认为两公司存在联营、委托生产或加工等关联关系。又如“张小泉”案，法院基于历史原因及市场格局，认为消费者对二者的商品来源不会发生混淆，但对于消费者是否会产生关联关系的混淆，法院未明确认定，事实上是很难否认的。基于协议共存的两个近似商标，商标权人互相包容，协同发展，通过附加适当标识消除来源混淆已属不易，消除关联关系混淆或许更难做到。众多司法判决都将“不发生混淆”作为商标共存的裁判规则，判决说理上也就如何不混淆着墨较多，裁判者似乎极力论证和说明，相关公众对近似的共存商标所指示的商品来源不会产生混淆。然而，混淆是一种客观存在，相关公众基于一般注意力，很难避免对近似商标指示的商品来源不产生误认或认为经营者之间不存在关联。故此，将“不发生混淆”作为商标共存的客观要件，存在认识上的误区，不符合商标共存的实然状况。

（二）商标共存的判断是否需要考虑消费者利益

商标法立法宗旨的总体取向在很大程度上决定着商标共存的法律命运，不同的立法宗旨不仅影响着商标法对商标共存的基本态度，也影响着商标共存制度的具体设计。[22]《商标法》第一条规定："为了加强商标管理，保护商标专用权，促使生产、经营者保证商品和服务质量，维护商标信誉，以保障消费者和生产、经营者的利益，促进社会主义市场经济的发展，特制定本法。"可见，保护商标权和保障消费者利益是商标法的立法宗旨。从立法文义上分析，商标权和消费者利益具有一致性，商标权不被侵害，商品质量和商业信誉有保证，自然而然就保护了消费者利益。可是，司法判决蕴含的观点认为，商标共存对商标权人的权利保护和消费者的利益保护却有冲突，如果允许商标共存就会妨碍消费者利益。例如，在第6044562号"艾利"商标驳回复审案件中，北京市高级人民法院认为："诉争商标与引证商标近似度极高，在此种情况下，如果考虑到商标共存协议的因素允许诉争商标注册，将会损害共存关系的利害关系人之一——消费者的利益，故美艾利尔瑞士公司提交的商标共存协议不能成为诉争商标获准注册的当然理由。"[23]

商标共存容许一定程度的商品来源混淆，是否意味着允许消费者受欺骗，纵容消费者利益被侵害？这需要厘清基本概念，即何谓消费者利益。最高人民法院在"红牛"案[24]中认为消费者很难区分两个"红牛"商标指示的商品来源，从维护公共利益角度出发，撤销了其中一个知名度较低的"红牛"商标。《商标评审规则》第八条指出，在不损害社会公共利益、第三方权利的前提下，当事人之间可以以书面方式达成和解，即签署商标共存协议。此处的公共利益，实际上包括消费者利益。不难发现，商标管理和司法实践中的消费者利益，是指消费者对商品来源的区分。从这一层面来说，保障消费者利益需立足于"不发生混淆"，即只要两个近似商标指示的商品来源"不发生混淆"，就不会损害消费者利益。照此逻辑分析，"不发生混淆"与消费者利益保护具有相同的含义，商标共存案件中，尤其是涉及商标共存协议的认定，如果审查了是否存在商品来源混淆，就无必要考虑消费者利益是否受侵害。然而，商标法的立法宗旨贯穿于整个商标立法，是商标管理、商标司法的指针。商标共存案件的审理也应当考虑消费者利益是否受侵害，否则就违背了立法宗旨。因此，对于消费者利益的理解，需摆脱既有分析路径，否则，就会出现消费者利益无须考虑的尴尬境地。

---

22 王太平：《商标共存的法理逻辑与制度构造》，载《法律科学（西北政法大学学报）》2018年第3期。

23 王国浩：《考量商标共存协议时如何平衡私权与公众利益》，载《中国知识产权报》2018年5月4日，第6版。

24 参见最高人民法院（2011）知行字第28号行政裁定书。

商标不仅仅具有识别来源作用，还具有质量保障功能。商标的质量保障功能是指商标向消费者传递了这样一种消息：使用相同的商标或服务具有相同的质量。[25]假设A1、A2商标共存于市场，消费者不能明确区分二者商品来源，但如果A1、A2商品质量俱佳，此时消费者无论是购买A1商品，还是A2商品，均不会使其利益遭受侵害。为此，笔者得出这样的结论：在商标共存的情形下，共存的商标权人能保证各自生产、经营商品的质量，就可实现保障消费者利益的目的。商标可否共存需要考虑消费者的利益，但消费者利益之保障与商品来源混淆与否无多大关联，重要的是消费者不会因为商标指示作用而购买到质量堪忧的商品。涉及商标共存的案件，倘若裁判者能查实各方经营者生产、销售的商品质量大体相同，品质类似，或通过共存协议确保商品的质量，就可据此认定两近似商标在市场上同时存在不违反公共政策，也不会损害消费者利益。

（三）"善意"是否为商标共存的主观要件

民法上的"善意"与"不知晓"是同义语。例如，善意取得中的"善意"，是指受让人不知出让人是无处分权人。学界有观点认为，商标共存可以分为善意商标共存和恶意商标共存，但恶意商标共存并非终局意义上的共存类型，因为权利人可以基于《商标法》或《反不正当竞争法》的相关规定对恶意共存予以制止。[26]然而，从司法裁判阐发的前述三种商标共存类型来看，并非所有的商标共存均是基于"善意"而产生。"鳄鱼"案中，拉科斯特公司早在1980年就在中国注册了"鳄鱼图形"商标，其产品也于1984年进入中国市场。新加坡鳄鱼国际公司1993年在中国大陆申请"CARTELO及图"商标，其产品于1994年进入中国市场。在长达10余年的时间内，作为同业经营者的新加坡鳄鱼国际公司不可能不知道拉科斯特公司"鳄鱼图形"商标的存在及产品经营情况，新加坡鳄鱼国际公司在后注册并使用近似商标，主观上难言"善意"。又如，基于共存协议而发生的商标共存，经营者就各自商标使用范围、方式达成了一致意见，实现两商标同时在市场上存在的效果，很难否认一方经营者对另一方经营者商标注册或使用的事实不知情，在后注册或使用商标的经营者要求签订共存协议，也不能说其主观上存在"善意"。

据《商标法》第五十九条第三款规定的先用权制度分析，真正意义上需要以"善意"为主观要件的，似乎就只能存在于在先未注册商标与注册商标这一商标共存类型了。因为未注册商标先于注册商标使用，未注册商标使用人不可

25　王迁：《知识产权法教程（第四版）》，中国人民大学出版社2014年版，第377页。

26　黄武双、刘维等著译：《商标共存：原理与判例》，法律出版社2013年版，第6页。

能知道注册商标的出现，其基于商标在先长期使用而主张商标共存，主观上具有“善意”。“张小泉”案中，杭州“张小泉”商标注册时间晚于上海“张小泉”企业名称的使用，上海“张小泉”使用其企业名称主观上具有“善意”。不过，如果从注册人角度思考，可能会得出不一样的结论，很难断定商标注册人对在先使用的未注册商标不知情。实践中也确实存在恶意抢注未注册商标，造成恶意商标共存的情形。[27] 杭州“张小泉”注册商标在后，其主观上是否知悉上海“张小泉”未注册商标的存在，其实很难认定。“张小泉”案的出现有历史因素，实质上是在计划经济体制下取得的民族传统品牌及老字号在市场经济条件下应当如何规范使用和公平竞争的案件。[28] 法院认定两商标可以共存，考量更多的是其历史因素，而非当事人主观上有无“善意”。

三、商标共存主客观要件再认识

（一）国外立法及判例关于商标共存要件的启示

《德国商标法》第五条第四项、美国《兰哈姆法》第二条第四款以及《日本商标法》第三十二条均对商标共存的条件进行了规定。《德国商标法》以商标异议成功与否作为商标共存的依据，即在先商标注册人如果认为后注册的商标与其商标构成相同或近似，可以提出异议，若异议被驳回，或异议期经过，则不能阻止在后商标注册。《德国商标法》对商标共存并未设立主观要件，客观要件方面重点在于判断商标是否构成相同或近似。同时《德国商标法》第三十一条规定，不论商标以何种方式改变，只要足以在交易中引起混淆，就可认定构成相同或近似。美国《兰哈姆法》就商标共存规定了两方面要件：其一，“不发生混淆”，即相同或近似商标连续使用不会造成混淆、误认或欺骗；其二，共存使用的历史事实，即两商标已在商业上合法并行使用。对于混淆的认定，美国司法判例表明要综合商标使用的地域、客观的市场格局等因素来判断，这一方面是因为美国采用使用取得商标权制度，另一方面与商标地域性有关。如在1918年“Rex”案中[29]，法官认为同样的商标完全处于独立、距离遥远的两个市场时，先占使用不能阻止后使用同样商标，除非使用该商标的行为会对在先

27　例如，基于商标审查员的疏忽，他人成功抢注有一定影响力的未注册商标，未注册商标使用人未及时提出异议或申请宣告注册商标无效，导致恶意抢注的注册商标与未注册商标共存。

28　刘德权总主编，王松本卷主编：《最高人民法院司法观点集成知识产权卷》，中国法制出版社2017年版，第542页。

29　United Drug Corporation V. Theodore Rectanus Corporation Co. NO. 27. Decide Dec. 9，1918. 248 U. S. 90，39 S. Ct. 48，转引自黄武双、刘维等著译：《商标共存：原理与判例》，法律出版社2013年版，第89页。

使用人利益有损。1959年“甜甜圈”案采用相同的判断标准，认为地理上完全分隔的贸易领域内在零售层面不可能产生混淆，同一地区的零售和批发这两个不同市场层面同时使用也不可能产生混淆。[30]对于商标共存的主观要件，强调商标使用人是否具有主观恶意，如“通用电气”案[31]的法官指出，只要商标的使用之初无欺诈故意，即使由于之后不可归责于商标专用人恶意或其他过错情形，产生商品的欺诈风险，法律上仍然保护该商标。《日本商标法》就商标共存规定了如下条件：其一，先于注册商标在先使用；其二，主观上不是出于不正当竞争目的；其三，在先使用的商标已为消费者知晓。日本商标共存制度有如我国的商标先用权制度，强调在先使用的事实以及使用人主观上无不正当竞争恶意。

从前述各国法律或判例内容可知，德国和美国均要求商标共存要以“不发生混淆”为条件，但在混淆的判断标准上，两国规定不尽一致。德国法规定的“混淆”标准接近于我国的法律规定，美国司法判例更强调商标实际使用事实和状况。主观要件方面，日本商标法提出在先使用人不能具有不正当竞争意图，美国司法判例强调商标使用人不能有欺诈的故意。可见，两国均未规定经营者主观上有“善意”，而是从反面规定，即经营者不能有不正当竞争的恶意。

（二）我国商标共存的客观要件再认识

两近似商标在市场上已形成共存之事实为商标共存的客观要件。司法机关判决支持两近似商标共存，不是认为两商标可以在市场上区分各自商品来源，划清市场界限，而是基于利益平衡原则，尊重已发生的共存事实，使得各方经营者利益在市场上实现包容性增长。

既有司法判决在论及商标共存时，多数观点认为“不发生混淆”乃商标共存的客观要件。然而，如前所述，“混淆”包括商品误认混淆和关联关系混淆等类型，两个近似商标共存于市场，如果使用在相同或类似商品上很难不产生混淆，至少相关公众会因近似商标的指示作用而产生关联关系混淆。因而，绝对不混淆，即相关公众完全能区分两近似商标指示的商品来源，是不存在的，以“不发生混淆”作为商标共存客观要件值得商榷。当然，相关判决也出现了“区别开来”“可区别”等认定“不发生混淆”或与之含义类似的词句，比如“鸭王”案提到：“相关消费者能够将上海淮海鸭王与北京鸭王餐饮服务区别开来”，

30　黄武双、刘维等著译：《商标共存：原理与判例》，法律出版社2013年版，第98页。

31　General Electric Co. v. General Electric Co. Ltd. ［1972］，转引自黄武双、刘维等著译：《商标共存：原理与判例》，法律出版社2013年版，第115页。

“鳄鱼”案中也认定“两者在中国市场内已有各自的相关公众，在市场上均已形成客观的划分，已成为可区别的标识”。笔者认为，前述词句的出现是在考虑商标共存事实后，从不构成商标侵权或不成立商标异议的角度上进行的结果性认定。我国《商标法》对商标侵权与商标异议之成立规定了类似要件，即被诉商标或争议商标与权利商标存在混淆性近似。司法裁判者需围绕法律规定的构成要件对事实进行认定，这是法律方法使然，故而关于商标侵权或注册商标异议的判决出现“不发生混淆”或与之类似含义的词句，符合“三段论”的司法裁判逻辑。如果据此认定商标共存需以“不发生混淆”为要件，未免显得牵强。

商标共存的本质是商标权的共存。经营者或基于长期使用而取得权益，当然这种权利并非法定化的权利，主要是未注册商标经过长期使用产生的财产性利益，具有法律应予保护的排斥力；或基于注册取得商标专用权，此为法定权，有排他性。近似商标之所以能够共存，要么基于权利人相互妥协，要么基于司法机关裁决。无论是权利人相互妥协，还是司法机关裁决，都不能忽略对两商标在市场上共存事实的考虑。这些客观事实包括两近似商标使用历史状况、既有市场格局、消费者已形成的观念等。最高人民法院公布的若干典型案例表明，共存事实才是判断两商标可否共存的关键条件。如在“鳄鱼”案中法院指出：“双方诉争标识在亚洲部分国家和地区已经长期形成共存和使用的国际市场格局。”“鸭王”案判决也有类似观点：“根据我国商标法的立法精神，从维护企业的经营和市场秩序，保护生产力的角度，充分尊重市场实际，注重维护已经形成和稳定的市场秩序。”又如在“散列通”案中，罗须公司1987年11月授权西南药业公司使用“散利通”商标，1991年12月授权使用期限届满。1992年3月，西南公司注册“散列通”商标，罗须公司提出异议。法院认为，我国相关法律规定禁止在药品上使用未注册商标，故“散利通”在“散列通”注册商标之前的使用，不是未注册商标的使用，罗须公司提出的商标异议缺乏权利基础。“散利通”与“散列通”在音、形上近似，属于近似商标，两者又使用在相同商品上，消费者基于一般注意力很难在市场上对两者指示的商品进行区分，但最高法院考虑商标实际使用状况、形成过程、现实市场格局，作出两者可以共存的裁判。

至于商标共存可能引发一定程度混淆的后果，商标权人在签署共存协议时能预计到，系各自对权利的处分和适度让步，或考虑市场格局、实际使用状况等现实状况，以实现与竞争者利益在市场上包容性增长。最高人民法院的司法政策也提倡既要加强商标权保护，培育和维护知名品牌，又要积极促进包容性增长。[32]

---

32 参见《最高人民法院关于充分发挥知识产权审判职能作用推动社会主义文化大发展大繁荣和促进经济自主协调发展若干问题的意见》。

当然，商标共存只能容忍一定程度的混淆，事实上，在市场竞争机制作用下，完全混淆的两个商标也不会形成共存。即使因为历史原因，产生了商标共存的市场格局，立法及司法裁判可要求一方经营者添加适当的区别标识，以确保近似商标的混淆发生在一定范围内。

尽管我国《商标法》及司法实践未直接承认商标共存，但《商标法》第五十九条第三款的先用权制度导致在先未注册商标和注册商标共存。从该规定内容也可推断出既有共存事实为商标共存之客观要件。一方面，未注册商标在先使用具有一定影响力，形成了共存的事实基础。《商标法》第五十九条第三款规定先用权制度是为了平衡商标在先使用人和注册商标专用权人之间的利益而新增加的内容。[33]权利是法定化的利益，未被法定化的利益是否给予保护，需符合一定条件。法律没有赋予未注册商标使用人排他性权利，其使用的未注册商标只有具有一定影响力时，才能产生法律可保护的利益。如果未注册商标不能给在先使用人带来利益，注册商标权没有为其留下共存空间的必要。故此，“有一定影响力”是评判未注册商标可否与注册商标共存之关键。“有一定影响力”的取得，需要结合未注册商标使用时间、消费者认知、市场格局等客观事实认定。在“张小泉”案和“狗不理”案中，最高人民法院对未注册商标“上海张小泉”“狗不理猪肉灌汤包”的历史形成过程、既有使用状况等因素进行了分析，并认定使用人享有法律可保护的利益，对前述未注册商标的使用不侵犯注册商标人的权利。另一方面，未注册商标与注册商标可以混淆，但需控制在一定程度内，实现包容性增长。未注册商标人的利益不能对抗注册商标权，对商标使用人的利益应当给予保护，保护程度却不能过高，以免冲击到商标注册制这一商标管理的基本制度。为此，未注册商标只能在原使用范围内继续使用，且基于注册商标权利人的请求，法院可要求商标使用人附加适当的标识。

（三）商标共存的主观要件再认识

商标的价值最终体现为商誉。商标可否共存不仅要看是否存在共存事实，还要考量经营者有无“傍名牌”“搭便车”等攀附他人商誉，实施不正当竞争行为之恶意。可想而知，为攀附商誉而形成的商标共存局面，虽然近似商标在市场上同时存在一定时间，出现了共存事实，但是经营者主观上的恶意导致商标共存缺乏正当性基础。这样的恶意共存实属商标侵权或不正当竞争行为，如不予以遏制无疑会严重损害商标权人利益，违背立法宗旨。故此，无不正当竞争之恶意乃商标共存的主观要件。

---

33 郎胜主编：《中华人民共和国商标法释义》，法律出版社 2013 年版，第 113 页。

经营者有无不正当竞争之恶意，可综合商标使用或注册时间、使用范围、使用方式等客观因素予以推定。首先，未注册商标在先使用时间点的确定，对于判断商标使用人主观状态具有重要作用。[34]一般而言，先于注册人使用商标，可推定使用人主观上无恶意，商标注册之后才开始使用，可推定使用人具有侵权的恶意，但仍然有例外，需考量使用人具体情况。如“大宝”案生效判决书指出：“大宝日化厂成立时将‘大宝’作为企业字号使用不具有恶意是当事人均认可的事实，因而不能简单以该字号晚于‘大宝’系列商标注册的时间为由，否认大宝日化厂使用‘大宝’字号的合理性。”[35]其次，经营者擅自改变商标使用范围也可推定存在攀附商誉的恶意。使用的未注册商标应当与注册商标构成近似或相同，且先于注册人使用。以“启航考研”案为例，“启航考研”与“启航学校 Qihang School”构成近似，启航学校对启航考研的使用在先，“启航考研”作为在先使用的未注册商标可以与注册商标“启航学校 Qihang School”共存。但“启航教育”“启航及图”等与“启航学校 Qihang School”近似的商标，在“启航学校 Qihang School”注册后才开始使用，超出了启航学校在先使用权的范围，属于侵权性使用，不能与“启航学校 Qihang School”商标共存。最后，商标权人不规范使用商标，利用注册商标实施不正当竞争，应认定为商标侵权，而不是商标共存。《商标法》第五十六条规定，注册商标专用权以核准注册的商标和核定使用商品为限，商标注册人应规范使用商标，不得擅自改变注册商标。实务中，存在商标权人不规范使用商标的情形。2017年6月，广东高级人民法院就香港荣华诉苏氏荣华、苏国荣侵害商标权和擅自使用知名商品特有包装、装潢案作出判决，认为苏氏荣华公司存在故意改变注册商标图案、文字，攀附香港荣华公司商誉的行为。苏氏荣华公司是“荣华”带圈商标的权利人，实际使用过程中，将“荣华”从其商标的圆圈中拆解出来突出使用，使得其商标与香港荣华注册商标构成近似，足以使相关公众误认和混淆两家生产的月饼，攀附香港荣华公司的商誉。此情形下，苏氏荣华公司实际使用的商标与香港荣华注册商标有共存事实，但系侵权行为，不能认定为商标共存。

结语

商标共存实质上是商标权利共存。基于商标权的排他性，商标共存是一种不常见的例外现象。西方法谚有云：“法律不理会琐碎之事。”立法不宜“理

34　佟姝：《商标先用权抗辩制度若干问题研究——以最高人民法院公布的部分典型案例为研究范本》，载《法律适用》2016年第9期。

35　参见最高人民法院（2012）民提字第166号民事判决书。

会”商标共存，但裁判者应发挥智慧，通过司法判决确定符合商标法原理的裁判规则。从既有司法判决间接认定的商标共存案件来看，近似商标共存并不能完全避免“不发生混淆”。“不发生混淆”是商标侵权构成要件，不能照搬适用于商标共存。否则，实践中就不会发生商标共存现象。近似商标可否共存应注重考虑两方面：一是商标使用时间、使用方式、市场格局等已发生的共存事实；二是经营者无不正当竞争之恶意。如果两商标已经形成了事实上的共存，且一方经营者无攀附另一方经营者商誉的恶意，两商标就可以在原有范围内继续共存。可以这么认为，近似商标共存对现行商标制度造成了冲击，但司法裁判机关基于利益平衡原则，尊重已发生的共存事实，作出符合现实情况的司法判决，以实现各方经营者利益的包容性增长。

知识产权民事侵权与行政确权交叉案件审理机制困境及进路

赵　咏*

【内容提要】知识产权保护是国际竞争力的核心，破解制约知识产权审判发展的体制机制障碍是深入贯彻国家知识产权战略的必然要求。在商标、专利民事侵权案件中，被诉侵权人往往会针对诉争的商标权、专利权提出抗辩，并通过向商标评审委员会、专利复审委员会提出宣告无效申请，由此造成民事侵权与行政确权案件产生交叉，引发诸如处理结果冲突、案件审理周期长、易出现循环诉讼等司法问题。基于此，本文通过两个类型化案例引出此种交叉案件的审理问题，分析司法正义与司法效率价值导向不同侧重下处理方式所带来的困境以及成因，在比较、借鉴日本、我国台湾地区、德国、美国等国家和地区的司法制度及应对方式下提出了确立民事侵权案件中对权利效力的司法审查制度、改革知识产权确权行政案件审判机制以及审级制度两种改革方向，以期对我国的知识产权审判体制改革创新有所裨益。

【关键词】知识产权行政确权　民事侵权　交叉审判机制

引言

在当今全球一体化背景下，知识产权保护日益凸显其重要性，是国际竞争力的核心要素。我国近年来积极探索关于知识产权审判体制的改革创新，并取得了一系列成果。最高人民法院院长周强在对《关于在北京、上海、广州设立知识产权法院的决定（草案）》议案进行说明时指出："要努力解决审判实践中

* 赵咏——广州市越秀区人民法院知识产权庭法官。

因诉讼程序交叉影响案件及时审结等问题，切实提高我国知识产权司法保护水平。”最高人民法院2018年发布的《关于加强知识产权审判领域改革创新若干问题的意见》也提出，要推进符合知识产权诉讼规律的裁判方式改革，依法加强对知识产权行政行为的司法审查，促进知识产权行政执法标准与司法裁判标准的统一，着力破解知识产权案件审理“周期长”的问题。本文尝试就商标、专利民事侵权案件中因被诉侵权人或案外人对诉争权利效力提出行政确权请求从而导致民事侵权与行政确权产生交叉的情形下出现的相关问题及其成因、解决路径、改革方向进行探析。

一、两个案例：知识产权民事侵权与行政确权交叉问题的提出

（一）“孔内深层强夯法”专利案

司炳文于1992年12月18日就名称为“孔内深层强夯法”的发明专利提出申请（申请号92114452.0），该专利于1994年8月31日授权公告。司炳文于1996年就刘清洁、于仪民涉嫌侵犯其上述专利权提起诉讼，一审判决败诉后司炳文提出上诉，二审裁定发回重审。在此期间刘清洁、于仪民向专利复审委员会申请宣告该专利无效，专利复审委员会于2001年6月20日作出审查决定，宣告该专利无效。[1]司炳文随后就该决定提起行政诉讼，一审法院于2002年6月13日作出判决，判决撤销上述审查决定。[2]刘清洁、于仪民不服判决，提出上诉，二审法院于2002年9月19日作出二审判决，判决撤销一审判决、撤销审查决定并限期专利复审委员会重新作出决定等。[3]此后，专利复审委员会又作出宣告专利无效的审查决定，司炳文又提起行政诉讼，又经一审、二审，最终于2004年判决撤销审查决定。

（二）“熊猫盼盼”商标案

邓辰龙于2006年4月经核准注册第3853821号商标（带有亚运吉祥物熊猫盼盼图案），其于2016年12月就佛山市顺德区欧德宝电器制造有限公司涉嫌侵犯其该注册商标专用权提起诉讼。佛山市顺德区欧德宝电器制造有限公司在诉讼过程中向商标评审委员会申请宣告该商标无效，并以此为由申请中止审理。一审法院于2017年9月作出判决，认为该案审查的是民事侵权行为，不涉及行政授权效力事宜，所提出的商标无效宣告不影响案件处理，遂判决佛山市顺德

---

1 参见国家知识产权局专利复审委员会第3415号无效宣告请求审查决定书。

2 参见北京市第一中级人民法院（2001）一中知初字第290号行政判决书。

3 参见北京市高级人民法院（2002）高民终字第587号行政判决书。

区欧德宝电器制造有限公司停止侵权、赔偿损失等。[4]佛山市顺德区欧德宝电器制造有限公司不服判决，提出上诉。二审法院认为应当以商标评审委员会的处理结果为依据，在案件审理过程中裁定中止诉讼。此后商标评审委员会于2018年5月作出裁定，宣告该商标无效，二审法院遂于2018年9月作出裁定，认为该商标已被宣告无效，邓辰龙起诉的权利基础不复存在，故裁定撤销一审判决，驳回邓辰龙的起诉。[5]

以上两个案件都是在商标、专利民事侵权诉讼中，被诉侵权人通过向行政主管部门（商标评审委员会及专利复审委员会）提出宣告相关商标、专利无效从而导致民事侵权与行政确权[6]产生交叉。此种情形并非罕见，以专利民事侵权诉讼为例，有数据显示自2010年至2016年期间法院公布的民事裁判中涉及专利无效抗辩的案件数量分别为122件、135件、111件、142件、207件、200件、174件。[7]由此引发了诸如民事侵权与行政确权处理结果冲突、诉讼审理周期长、易出现循环诉讼等司法问题。

二、两种困境：司法正义与司法效率价值导向的抉择

在此种情况下，一般而言有两种处理方式，其一是中止民事侵权诉讼，待行政确权结果确定后再对民事侵权诉讼进行处理；其二是不等待行政确权结果，径直根据现有证据对民事侵权诉讼进行处理。但无论采取何种处理方式似乎通常都会陷入两难的困境。

“孔内深层强夯法”专利案在专利行政确权流程结束后再对民事侵权作出处理，单纯从案件处理结果而言固然稳妥，在专利权效力争议都尘埃落定后再审理民事侵权，可以最大限度确保实体正义，而且从民事侵权的构成要件以及审理逻辑来看，一般而言也是先认定原告对诉争商标、专利是否享有权利再认定被告是否构成侵权。但不可忽视的是这一系列确权纠纷历时八年有余，考虑到专利权的保护期限，以及在此漫长过程中权利人支出的各项成本，尤其对于权利经济化利益的损害更是难以估量，可谓“迟来的正义即是非正义”。可见在此类案件中以绝对司法正义为价值导向容易带来司法效率低下的弊端。

4 参见广东省佛山市禅城区人民法院（2016）粤0604民初13046号民事判决书。

5 广东省佛山市中级人民法院（2017）粤06民终12866号民事裁定书。

6 本文中的行政确权是狭义上的概念，主要指相关知识产权行政主管部门根据请求对已授权知识产权效力进行再审查确定，主要包括商标评审委员会的商标异议复审、商标撤销复审，专利复审委员会对于宣告专利无效决定以及由此产生的行政诉讼。

7 唐仪萱、聂亚平：《专利无效宣告请求中止侵权诉讼的问题与对策——基于2946份民事裁判文书的实证分析》，载《四川师范大学学报（社会科学版）》2018年第2期。

“熊猫盼盼”商标案的一审处理则恰恰相反，其在被告已向商标评审委员会申请宣告无效的情况下，并未中止诉讼等待行政确权结果，而是根据商标权利的现有权利状况直接作出判决。此种处理方式的优势在于无须等待行政确权的漫长流程，但弊端也显而易见，二审过程中涉案商标已被商标评审委员会宣告无效，一审判决被撤销，就结果而言，一审判决与最终的事实无疑是相左的，不符合实体正义。再作进一步假设，倘若二审未裁定中止，而是维持一审判决并履行完毕，即便此后涉案商标最终被宣告无效，根据商标法的规定，对于该判决也不具有追溯力，那么对于民事侵权案件的被告而言是蒙受了不公。故而在此类案件中以司法效率为主要价值导向则有可能产生司法不公。

三、三个成因：两难困境的原因分析

造成以上困境之根源在于我国历来沿用的是商标权、专利权的行政确权程序与民事侵权程序二元分立制度，而该二元分立制度主要基于以下几个原因考量：

（一）商标权、专利权的行政色彩

商标权与专利权又统称为工业产权，虽然同样是对特有的智力成果、商誉等客体享有的权利，但与著作权自作者创作完成作品之时即自动享有并受法律保护所不同，商标权、专利权必须经特定国家机关加以认定方能得到法律保护，即通常所称的行政授权来源，因此行政授权实质上是一种行政确认行为[8]，基于行政行为的公定力，在被有权机关撤销之前，即便不具有合法性和正当性，任何人亦不得以自己的判断否认其效力[9]，正是因为如此，在对于权利产生争议时，权利的确定也应当由特定国家机关来进行，即通过行政确权方式予以确认。

（二）公法、私法二元分立

虽然知识产权属于私权，但如前所述，商标权、专利权带有一定的行政色彩[10]，对于商标权、专利权权利争议最终的呈现是对于特定国家机关授权确权行为的合法性、正当性的质疑，属于公法范畴，应当通过相应的行政申请、行政诉讼等救济程序处理解决。而商标权、专利权的侵权纠纷则无疑是平等民事

---

8 杜颖、王国立：《知识产权行政授权及确权行为的性质解析》，载《法学》2011年第8期。

9 王天华：《行政行为公定力概念的源流》，载《当代法学》2010年第3期。

10 甚至一度有观点认为商标权、专利权由国家授权，带有行政权性质，但知识产权属于私权这一定义仍是为人们普遍认可，TRIPS开宗明义指出知识产权属于私权。

主体之间的民事权利义务之争议，属于私法范畴，应当通过民事诉讼程序处理解决。与之对应的，行政确权是行政机关的行政权职能范围，民事侵权则是司法机关司法权职能范围。两者虽有交叉，但仍是泾渭分明。

（三）现有管辖制度

行政授权确权所形成确立的商标权、专利权是对世权，所影响的主体是普遍的、广泛的，而民事侵权则是相对的，往往只是规范、约束权利人与侵权人之间的法律关系，所影响的主体是特定的、有限的。这点也反映在我国现行的司法管辖制度中，对于商标权争议的审查确定机关是商标局、商标评审委员会，对于专利权争议的审查确定机关是知识产权局、专利复审委员会，相应的行政诉讼当下的一审法院均是北京知识产权法院，二审法院则是北京市高级人民法院或最高人民法院知识产权法庭，可见因行政确权行为引起的行政诉讼管辖法院是高度集中、确定的。而民事侵权诉讼则不然，对于发明专利、实用新型专利的二审案件现统一由最高人民法院知识产权法庭审理，而一审法院则遍布全国各地。此外，商标权、外观设计专利权民事纠纷的一审、二审法院则更是如此，因此民事侵权诉讼的管辖法院是相对分散、不确定的。

四、三条路径：其他国家或地区的应对方式与制度设计

（一）在民事侵权案件中直接认定对诉争的商标权、专利权不予保护

日本的专利授权及确权由专利局实施，其中专利局特许厅负责专利授权，专利局审判部则负责专利无效宣告（相当于我国的专利复审委员会）。当事人对于专利局审判部作出的决定不服的，可以向东京高等法院提起诉讼（2005年知识产权高等法院设立后由知识产权高等法院受理），并可上诉到日本最高法院。[11] 而专利民事侵权则是地方法院—高等法院—最高法院的审级体系，与行政确权程序是相互独立分离的，应该说日本的这种专利确权程序设置以及行政确权、民事侵权分立体制与我国现行的制度是基本一致的。但日本最高法院2000年在Fujitsu v. Texas Instruments "kilby" 275号专利侵权一案判决中认为"如果专利权显然存在无效理由，可以预见其会被认定无效，这种情况下，即使专利无效裁决还未生效，审理侵权诉讼的法院也能够对专利权是否明显存在无效理由进行判断，如果结论是肯定的，则基于该专利权的停止侵害赔偿损失等请求属于

11 夏佩娟：《日本专利局简介》，载《中国发明与专利》2007年第12期。

权利滥用行为，不应予以支持”[12]。日本在该案例中首次提出了专利权若存在明显无效情形的，则法院在针对该专利权的民事侵权案件中可以基于禁止权利滥用原则而直接驳回权利人的诉讼请求。此后日本在2004年修改的《专利法》第一百零四条第三款进一步明确：“在侵犯专利权诉讼中，如果该专利属于理应被裁判无效，或该专利权的存续期间延长登记属于理应被裁判无效，则不得向对方当事人行使其权利”，从立法层面确立了在民事侵权诉讼中可以直接对专利权效力进行审查认定。同样，日本《商标法》第三十九条规定了商标法可以参照适用《专利法》第一百零四条的规定，即意味着在商标民事侵权案件中也同样可以直接对商标权效力进行审查认定。

我国台湾地区在2007年颁布的“智慧财产案件审理法”第十六条规定：“当事人主张或者抗辩智慧财产权有应当撤销、废止的原因，法院应就其主张或抗辩有无理由自为判断，不适用民事诉讼法等有关停止诉讼程序之规定。法院认为有撤销、废止的原因时，智慧财产权人于该民事诉讼中不得对于他造主张权利。”该规定与日本修订后的专利法及商标法的内涵是相通的，都规定法院可以在民事侵权案件中直接认定权利是否有效，而无须等待行政确权的最终结果，极大提升了此类案件的审判效率。但也应当注意的是，无论是在日本还是在我国台湾地区的制度下，民事侵权案件中的权利效力是基于个案进行审查认定，更多的是规范该案件中当事人的法律关系，而权利最终的效力状况仍然应当经过行政确权程序予以解决。

（二）司法确权为主，行政确权为辅的双轨制确权体系

在美国的司法制度下，无论是在专利侵权诉讼中还是在宣告专利无效诉讼中，法院均可以对专利的效力进行审查认定，只不过两者的前提有所不同，专利侵权诉讼中通常是被控侵权人提出专利确权请求，法院根据该请求先认定专利的有效性，再对是否侵权作出裁判。美国最高法院在Cardinal Chemical 125Co. v. Morton International Inc. 案件中认为，维持无专利侵权的判决不能构成不审查有关专利有效性的充足理由[13]；而宣告专利无效诉讼则类似于确认不侵权诉讼，其前提条件一般是原告实施了涉嫌侵权行为且被告发出了侵权警告或原告有理由认为被告将提起侵权诉讼。这类案件由联邦地区法院一审，巡回上诉法院二审，二审通常只审查法律问题，而不审查事实问题；部分涉及专利法的解释、上诉法院或不同司法巡回区的法院对联邦法的解释存在分歧等情形的，

12　参见最高裁平成12年4月11日第三法庭判决：《民事集54卷4号》。

13　王虎：《专利确权制度研究》，西南政法大学2016年博士学位论文。

由联邦最高法院终审。需要指出的是，与日本以及我国台湾地区的民事侵权案件中对于权利效力认定只及于该案的体系有所不同，在University of Illinois Foundation v. Blonder－Tongue Labs. 一案中，专利权人先后在艾奥瓦州南区联邦地区法院和伊利诺伊州北区联邦地区法院提起专利侵权诉讼，根据被诉侵权人提出的专利无效抗辩，艾奥瓦州南区联邦地区法院认定专利无效，伊利诺伊州北区联邦地区法院则认定专利有效。经过系列诉讼程序，最终联邦最高法院认为艾奥瓦州南区联邦地区法院以及其二审的第八巡回上诉法院所作出的专利无效判决对于后面的法院判决具有既判力。[14] 自此确立了民事诉讼中认定专利无效具有对世性效力，即等同于我国当下的行政确权认定无效的效力。

然而在该司法确权制度下，美国专利局授予专利权的有效性逐渐受到质疑，且法院关于专利无效的判决相当于重新颁发了一个新的专利，这种做法鼓励了昂贵专利诉讼的产生[15]，行政确权制度在此背景下应运而生，在经历了单方再审程序（美国专利商标法1980年修正案）—双方再审程序（2000年美国发明者保护法）—授权后重审和双方重审程序（2011年美国发明法案）的历史沿革后，由专利审判和上诉委员会负责授权后重审以及双方重审程序，当事人对结果不服的，可以上诉至联邦上诉巡回法院，联邦上诉巡回法院针对法律适用是否正确进行审理，并且通常是重新审查法律问题。[16] 应当注意的是，在此程序中，联邦上诉巡回法院是作为二审程序进行审理，即专利审判和上诉委员会的决定是类似于一审司法程序的，也就是通常所称的“准司法机构”，专利审判和上诉委员会的裁判者也被称为“行政法官”。[17] 在此制度下，实际上相当于缩减了行政确权诉讼的审级程序。

（三）将行政确权机构变更为司法机构，确权诉讼实质上的一审制

德国专利局原先下设申诉委员会和无效委员会，分别负责处理专利授权异议请求和专利无效宣告请求。但针对无效委员会作出的决定不服可以诉至帝国高等商事法院，而针对申诉委员会作出的决定不服则没有救济途径。[18] 直至1959年联邦行政法院在BVerw GE8，350案件的判决中指出无效审查结论的终局性不符合宪法规定的法律救济原则，必须接受司法审查，行政法院具有撤销

---

14 参见国家知识产权局学术委员会：《美日授权后程序研究报告》。

15 Carole Kitti，“Patent Invalidity Studies：A Survey”，The Journal of Law and Technology，20 IDEA 55，1979，p. 56.

16 张鹏：《美国专利再审查制度评析》，载《比较法研究》2014年第6期。

17 刘银良：《我国知识产权法院设置问题论证》，载《知识产权》2015年第3期。

18 参见国家知识产权局学术委员会：《欧洲及韩国专利授权后程序研究》。

权。[19] 此后 1961 年 3 月颁布的《为修改及过渡工业产权保护领域的法律规定的第六部法》将申诉委员会与无效委员会独立出来成立联邦专利法院，专门处理对专利管理部门作出行政行为的司法审查。对联邦专利法院作出裁判不服的，可以上诉至联邦最高法院终审。从德国的变革历程来看，实际上是在机构及人员不变的情况下，仅改变名称与定性，将原先属于行政确权的机构变更为司法机构，从事实上缩减了诉讼审级。

此外，对于联邦专利法院作出裁判的上诉不同于普通案件的上诉，而是具有一定的限制的。当事人可以就裁判中允许的针对特定的法律问题提起上诉或者是有以下情形的才可以提起上诉：原则性法律问题存在争议、一审诉讼程序存在缺陷、法律变化可能导致裁判结果错误。[20] 同时，联邦最高法院二审通常仅对法律适用问题进行审理，而不对事实问题重复审理。[21] 正是由于向最高法院上诉有限制，并充分尊重联邦专利法院一审在事实上的判断，实际上大多数案件在联邦专利法院的一审环节就结束了，这样德国的专利确权程序很大部分就变成了事实的一审制。[22]

五、两种探索：我国对于此类案件审理制度的改革方向

以上三条路径的解决方式都有其形成的特定历史沿革和时代背景，是当地司法理念和社会需求综合影响下的产物，不同的路径选择各有优劣，也并不一定都适合我国的实际状况。基于我国目前知识产权专门法院体系的设立和日益完善，以及商标、专利行政确权行政案件管辖统一的背景和趋势，笔者认为可从以下两方面对审理制度改革进行探索：

（一）确立民事侵权案件中对权利效力的司法审查制度

司法审查制度是指对于明显具有无效或可撤销情形的商标权、专利权，法院可在民事侵权案件中予以直接驳回原告诉讼请求，无须等待行政确权最终结果。日本与我国台湾地区与我国类似，都是施行民事侵权与行政确权二元分立体制，因此我国确立该制度具有较高的现实基础和可行性，是在现有法律架构内的一种修正。以专利纠纷为例，根据我国《最高人民法院关于审理专利纠纷

---

19 参见国家知识产权局学术委员会：《欧洲及韩国专利授权后程序研究》。

20 参见国家知识产权局学术委员会：《欧洲及韩国专利授权后程序研究》。

21 张韬略、黄洋：《〈德国专利法之简化和现代化法〉评述——浅析德国专利法律的最新修改》，载《电子知识产权》2009 年第 10 期。

22 王虎：《专利确权制度研究》，西南政法大学 2016 年博士学位论文。

案件适用法律问题的若干规定》第九条第二项规定，人民法院受理的侵犯实用新型、外观设计专利权纠纷案件，被告在答辩期间内请求宣告该项专利权无效的，人民法院应当中止诉讼，但被告提供的证据足以证明其使用的技术已经公知的，可以不中止诉讼。这里的“被告提供的证据足以证明其使用的技术已经公知的”实际上就是专利具有明显无效的情形，在此情形下，人民法院可以不中止诉讼而径行裁判的司法理念与我们现在探讨的在民事侵权案件中对于权利效力进行审查是相契合的。适用该规则裁判民事侵权案件，无须等待行政确权最终结果，必然极大提升了司法效率。

而且在司法实践中，我国已经进行了该方面的有益探索。在柏万清与成都难寻物品营销服务中心、上海添香实业有限公司侵害实用新型专利权纠纷申请再审案中（“防电磁污染服”实用新型专利案），一审、二审均驳回了柏万清的诉讼请求，在柏万清向最高人民法院申请再审时，最高人民法院认为“准确界定专利权的保护范围，是认定被诉侵权技术方案是否构成侵权的前提条件。如果权利要求的撰写存在明显瑕疵，结合涉案专利说明书、本领域的公知常识以及相关现有技术等，仍然不能确定权利要求中技术术语的具体含义，无法准确确定专利权的保护范围的，则无法将被诉侵权技术方案与之进行有意义的侵权对比。因此，对于保护范围明显不清楚的专利权，不应认定被诉侵权技术方案构成侵权”[23]，据此驳回柏万清的再审申请。该案入选“2012 年中国法院知识产权司法保护十大创新性案件”，其创新意义在于“本案体现了最高人民法院合理强化民事程序对纠纷解决的优先和决定地位，促进民行交织的知识产权民事纠纷的实质性解决的政策导向，对类似案件的处理有一定的指导意义”。与此相应，在 2013 年第三次全国法院知识产权审判工作会议上最高人民法院进一步指出：“合理强化民事程序对纠纷解决的优先和决定地位，促进民行交织的知识产权民事纠纷的实质性解决。对于明显具有无效或者可撤销理由的知识产权，权利人指控他人侵权的，可以尝试根据具体案情直接裁决不予支持，无须等待行政程序的结果，并注意及时总结经验。”以及最高人民法院发布的《中国知识产权司法保护纲要（2016—2020）》也提出：“进一步明确在专利和商标民事诉讼中人民法院对专利和注册商标效力进行审查的职能。”可见司法层面已经注意到知识产权民事侵权与行政确权交叉的问题，且有在民事侵权诉讼中对权利效力进行审查的改革倾向。

1. 司法审查的相对性原则和有限性原则。如前所述，在我国商标权、专利权民事侵权与行政确权、授权二元分立的制度背景未予变革的情况下，确立在

---

23 参见最高人民法院（2012）民申字第 1544 号民事裁定书。

民事侵权案件中对权利效力的司法审查制度仍不应突破该制度框架，对于权利效力的认定仍应以行政确权为原则，司法审查为例外，因而应当秉持司法审查相对性原则和有限性原则。相对性原则是指人民法院基于解决纠纷、提升效率的目标，针对民事侵权纠纷个案作出的审查认定，只约束该案的当事人，并不具有对世效力，权利的最终效力仍然是通过行政确权程序予以解决；有限性原则是指该种在民事侵权纠纷中审查认定权利效力是有严格限制的，仅适用于诉争权利存在明显无效或可撤销事由的情形。[24]

2. 以立法形式明确司法审查的适用范围。现有立法及司法体系下，并未对司法审查的适用范围作出明确规定，因此是否在民事侵权案件中进行司法审查都是法院在个案中通过自由裁量进行决定，而在我国目前的管辖制度下，特别是商标权以及外观设计专利权民事侵权纠纷的管辖法院是高度分散、不确定的，由此很容易产生不同法院之间裁判标准、裁判结果不一以及民事裁判与最终行政确权结果相冲突的情形。因此有必要以立法形式对司法审查的适用范围予以明确。以商标权为例，可以对商标明显不具有显著性、商标内容违反法律强制性规定、恶意抢注、不以使用为目的注册、损害他人在先权益等情形以列举的方式进行明确。虽然在具体适用上对于是否属于以上情形的认定标准会因人而异，但可以为法院在审理民事侵权案件中适用司法审查提供直接的法律依据，并在一定程度上限缩法院的自由裁量权。

3. 建立司法审查认定权利无效数据中心。虽然司法审查有其相对性原则，并非全盘否定权利人的知识产权，但仍应力争不同法院对同一权利的司法审查认定结果统一，与行政主管部门的评定结果一致。考虑到司法管辖法院分散、不确定，有必要通过数据中心的方式对于此类案件进行汇总整合。可考虑以中国裁判文书网为基础，增设司法审查认定权利无效专栏，人民法院在适用司法审查认定权利无效的民事侵权案件审结、裁判文书生效后，在裁判文书上网的同时以涉案的权利名称、编号、认定理由及结果上传至该专栏。如此一来，各地法院在审理相关民事侵权案件时可以以涉案权利名称或编号为关键词进行检索[25]，查看有无同一权利的类似案件处理结果。与此同时，商标评审委员会以及专利复审委员会在进行评定时也可登录该数据系统查看和参照。

---

24 朱理：《专利民事侵权程序与行政无效程序二元分立体制的修正》，载《知识产权》2014年第3期。

25 应当指出的是，中国裁判文书网目前搜索引擎的关键词检索功能并不能满足日常的检索需求，期待有关技术部门的改进完善。

（二）改革知识产权确权行政案件审判机制以及审级制度

前述司法审查制度的确立是从民事侵权诉讼的维度出发，可以想见确实能够极大提升行政确权与民事侵权交叉案件的司法效率，但基于该制度下权利效力审查的相对性和有限性，仅有部分诉争权利具有明显无效或可撤销情形的案件才得以适用，因此还需通过行政确权的维度予以解决。我国自 2014 年设立知识产权法院起，对于商标、专利授权确权行政案件统一由北京知识产权法院一审，北京市高级人民法院二审。而根据《最高人民法院关于知识产权法庭若干问题的规定》，自 2019 年 1 月 1 日起，专利授权确权行政案件二审由最高人民法院知识产权法庭负责审理。根据数据显示，北京知识产权法院设立以来审理的知识产权确权行政案件数量多、审理时间长，而二审改判、发回重审比例较低[26]，在实践中部分当事人穷尽诉讼救济程序，虽然在外观要件上看是行使其诉讼权利，但实质上不乏滥用权利，恶意拖延之主观故意。基于此，可参照德国诉讼制度的规定，明确以下两个做法：

1. 行政诉讼二审中只审查法律适用问题，不再重复审查事实问题。我国现行的行政诉讼法下，二审中应当对一审裁判以及被诉行政行为合法性进行全面审查，包括事实是否清楚、法律适用是否正确以及程序是否合法。但就商标、专利行政确权而言，商标评审委员会、专利复审委员会作出的确权决定相较一般行政机关作出的行政行为具有更高的专业性和较成熟的制度体系。同样，北京知识产权法院作为统一的确权行政案件一审专门法院，其专业审判水准以及司法能力应予认可。在此情况下，二审再对确权决定以及一审裁判中的事实部分再行重复审查意义不大，反而加重了二审负担，阻滞司法效率，因此可以确立二审只审查法律适用，除非在二审过程中出现新的事实或者一审中确实遗漏重要事实会直接影响审判结果的，不再重复审查事实问题的二审审判机制。从国外经验来看，美国、德国、英国等国均采取该种审判机制，相较而言二审可以将绝对重点集中在法律适用是否正确的审查上，提升审判效率。由此延伸开来，随着我国知识产权专门法院体系的建立和完善，专利权等技术类知识产权民事案件管辖趋于集中，由各知识产权法院或跨区域管辖的知识产权法庭负责一审，由于一审法院的专业化水平和司法能力提升，可以在此类案件中推行二审只审查法律适用的审判制度改革试点。

2. 有限制的上诉制度。我国目前的行政诉讼二审终审制度，当事人走完全

26　参见知产宝知识产权保护数据中心：《北京知识产权法院司法保护数据分析报告（2016）》《北京知识产权法院司法保护数据分析报告（2017）》。

部诉讼程序固然是其依法行使诉讼权利，但也应当注意的是，在二审发回重审、改判比例较低，尤其是类似案件已有生效判决的情况下，部分当事人仍坚持上诉甚至再审申诉，不排除具有滥用权利、恶意拖延的主观意图。基于确权行政案件的两级管辖法院统一所带来的审判专业化水平和司法能力提升以及二审法院即最高人民法院知识产权法庭已是我国最高审判机关的考量，可以参考德国制度下对于案件上诉进行限制，当事人不服一审裁判提起上诉的，由二审法院审查决定是否接纳其上诉，具体的审查标准在无明确规定的情况下，暂时以现行审判监督程序受理标准参照处理。施行有限制的上诉制度可以将大部分本应维持一审裁判的案件变为事实上的一审终审，在保证司法公正的情况下通过减少诉讼环节、简化诉讼流程的方式达到提高司法效率的目的。

以上两种制度与我国现行的司法制度有所不同，均需以立法形式对行政诉讼法进行改革，但无论是从域外的成功经验，还是我国的司法现状以及社会环境出发，应当都具有较高的可行性和实践意义。

结语

司法制度一般而言总是滞后于社会现实状况，需要不断完善、修正。但必须认识到任何改革和创新都不是一蹴而就、一劳永逸的，我们应当立足于当下的整体司法环境，结合知识产权专门法院体系的建立和完善，对如何更妥善处理知识产权民事侵权与行政确权交叉案件进行大胆假设、小心求证，“摸着石头过河”，相信能够确立兼顾司法正义与司法效率的处理机制。

新型艺术创作成果法律保护的现实需求

——以“西湖音乐喷泉案”为管窥

蓝纯杰*

【内容提要】从立法解释来看，美术作品保护范围限于绘画、书法、雕塑以及实用艺术品四类；从独创性判断来看，美术作品限于静态艺术造型。“音乐喷泉喷射效果的呈现”不符合现行《著作权法》立法目的，不能构成静态造型，无法构成美术作品，也无法构成“其他作品”。一些新型艺术创作成果正对美术作品概念造成冲击，著作权法需要对此作出回应，而只有美术作品具备修改的弹性空间。基于比较法的考察以及我国著作权法律传统，有必要对美术作品采取更为开放的“列举”方式进行规定，以适应新型艺术创作成果保护的现实需要。

【关键词】美术作品　艺术作品　新型艺术创作　著作权

引言

美术作品纳入著作权保护之初即存在争议。1844年，英国在其颁布的《修订与国际著作权相关法律法》（*An Act to Amend the Law Relating to International Copyright*）中将美术作品纳入版权保护范围，其间王室司法官员就表达了担忧，“就我能够了解的情况而言，有关图画的著作权法是令人怀疑的。我无法找到这样的法律，它在我得到任何人的绘画时禁止我对之进行复制”。[1]

如今对于美术作品的争议并未停止。我国法院判决认定“音乐喷泉喷射效

---

* 蓝纯杰——华东政法大学知识产权专业博士研究生。

1 ［澳］布拉德·谢尔曼、［英］莱昂内尔·本特利：《现代知识产权法的演进：英国的历程（1760—1911）》，金海军译，北京大学出版社2006年版，第140页。

果的呈现”这种动态的、瞬变的画面是否构成美术作品，引起了学界和实务界的广泛讨论。[2]有学者认为对新型作品应从著作权法本身的目的、价值、立法体系等角度进行考察，同时考量经济、文化、环境等多方面因素，对法律的适用应充分尊重立法本意，不宜轻易依赖兜底条款将著作权客体扩张至新作品类型。[3]有学者认为应从著作权法自身体系内和其他法律法规两个路径对新型作品进行保护。[4]也有学者认为法院自行创设新的作品类型或者不合理地扩大解释某类作品的内涵，会导致我国与其他《伯尔尼公约》成员国在保护义务方面的不对等，并不足取。[5]也有学者认为，其本质上是基于硬件设备和控制系统运作下的产物，人为因素所起的作用有限，因而其本质上无法构成著作权法意义上的作品。[6]

保护艺术创作成果权利人利益，同时维护著作权法的相对稳定性，是摆在法官面前的一道难题。美术作品具体保护的是什么作品类型？这些作品类型具有什么特征？我国著作权法的相关规定是否适应新型艺术创作成果的保护？我国著作权法美术作品的概念是否需要修改完善？本文试对这些问题进行探讨。

一、美术作品的保护范围及其独创性判断

《著作权法》第三条规定了该法所称的作品包括美术作品，《著作权法实施条例》第四条将其规定为“绘画、书法、雕塑等以线条、色彩或者其他方式构成的有审美意义的平面或者立体的造型艺术作品”。该条明确例示的作品类型有绘画、书法、雕塑，并将其定义为“以线条、色彩或者其他方式构成的有审美意义的平面或者立体的造型艺术作品”，采用的是“例示＋定义”的规定形式。从文化语境、立法历史、立法目的及这类作品的特征来看，这种规定比较封闭。

（一）历史和文义解释下的美术作品

“美术”对应的英文“fine arts”源于法国巴托神父（Charles Batteux）于

2　参见北京市知识产权法院（2017）京73民终1404号民事判决书。对该案的相关报道参见章骋：《音乐喷泉侵权案法里法外》，载《检察风云》2018年第22期；刘仁：《音乐喷泉作品案的法律界定》，载《中国新闻出版广电报》2017年7月13日。

3　刘文琦：《论著作权客体的扩张——兼评音乐喷泉著作权侵权纠纷案》，载《电子知识产权》2017年第8期。

4　梁艺凡：《新技术背景下“新作品”司法保护路径之思考——兼评“音乐喷泉著作权第一案”》，载《广西教育学院学报》2019年第2期。

5　王迁：《论作品类型法定——兼评“音乐喷泉案”》，载《法学评论》2019年第3期。

6　袁锋：《论音乐喷泉的著作权法定性——兼评我国“音乐喷泉著作权第一案”》，载《电子知识产权》2019年第7期。

1746年所创法文“beaux art”，意为“美的艺术”，其范畴包括绘画、雕塑、建筑、诗歌和音乐。该词曾风靡欧洲，英文采用“fine arts”一词与之对应。但从19世纪开始，随着英国影响力的增强，英文“fine arts”逐渐取代法文“beaux art”的影响，而且“fine arts”此后渐渐地被“art”所取代，art一词也逐渐地具有了双重含义，广义含义包括视觉、语言和听觉艺术，狭义含义则特指绘画、雕塑、建筑这三类视觉造型艺术。

“美术”一词，一为“造型艺术”，二为“特指绘画”。[7]“造型”，意为占有一定空间，构成有美感的形象，使人通过视觉来欣赏的艺术，包括绘画、雕塑、建筑等，也叫美术。[8]可见，在文义上，“美术”与“造型”具有相同的含义，但这也导致了法律解释时的困惑。我国古代只有“艺”概念，没有美术概念，现代意义上的“美术”一词传自日本，1871年日本译员将奥地利万国博览会的展览分类说明书中的德文“Kunst”一词译为“美术”，解释为“在西洋是指音乐、画图以及诗学等内容”。1880年前后，在我国游历官绅的著作中开始使用“美术”一词，随着甲午战争后日译名词的大量输入，我国传统上使用的“雅艺”等词逐渐地被“美术”一词所替代。[9]

“美术”我国早期是在广义上进行使用的，1920年以后才开始使用“艺术”取代“美术”作为广义概念，“美术”则开始作为狭义概念，特指绘画、雕塑、建筑等。当时的北京美术专门学校设置了西画、国画、图案、音乐、戏剧、雕塑六个系，“美术”特指绘画（书法）、雕塑、建筑和工艺等视觉艺术已经成为不争的事实。[10]从此以后，在中国的语境下，“美术”的含义从广义变为狭义，一直作为绘画（书法）、雕塑、建筑、工艺美术等造型艺术的总称。

（二）立法解释下的美术作品

从立法历史来看，美术作品概念所涵盖的范围是不断缩小的。我国早期立法采用了纯粹“例示”的形式，1910年《大清著作权律》例示了画书、雕刻。[11]北洋政府于1915年所制定的《著作权法》将保护的作品规定为“学艺、美术之著

---

7 中国社会科学院语言研究所词典编辑室编：《现代汉语词典》，商务印书馆2012年版，第884页。

8 中国社会科学院语言研究所词典编辑室编：《现代汉语词典》，商务印书馆2012年版，第1626页。

9 林晓照：《晚清“美术”概念的早期输入》，载《学术研究》2009年第12期。

10 邢莉：《中西“美术”概念及术语比较》，载《南京艺术学院学报（美术与设计版）》2006年第4期。

11 《大清著作权律》（1910年）第一条。

作物”，开始出现“美术”一词，使用的是其广义含义。[12] 1928 年民国政府制定的《著作权法》将保护的作品规定为“文艺、学术或美术之著作物”，使用的也是“美术”的广义含义。1944 年民国政府进行全文修正，不再进行“例示”，而仅仅规定了“美术之制作”，此时开始使用其狭义概念。

1985 年我国台湾地区又进行全文修正，使用“定义 + 例示”的规定形式。其第三条规定，“美术著作：指著作人以智巧、匠技、描绘或表现之绘画、建筑图、雕塑、书法或其他具有美感之著作。但有标示作用，或涉及本体形貌以外意义，或系表达物体结构、实用物品形状、文字字体、色彩及布局、构想、观念之设计不属之”。所例示的类型包括绘画、书法、雕塑、建筑以及工艺美术品五类。1992 年再次修订时，放弃了定义部分，并将例示部分规定在我国台湾地区“‘著作权法’第五条第一项各款著作内容例示”中，规定“美术著作包括：绘画、版画、漫画、连环画（卡通）、素描、法书（书法）、字型绘画、雕塑、美术工艺品及其他之美术著作”。可见，我国台湾地区现行“著作权法”中的美术作品保护的仅限于绘画、书法、雕塑、工艺美术品四类。

我国 1990 年颁布的《著作权法》同我国台湾地区 1985 年“著作权法”的相关规定相似，对美术作品概念采用了“定义 + 例示”的规定形式，在《著作权法实施条例》中进行了定义，并列举了绘画、书法、雕塑、建筑等类型进行保护。不同的是，并未在后续的修法中删除定义部分。2001 年修订时，将建筑作品单独作为一个作品类型予以保护，《著作权法实施条例》也作了相应修改，并沿用至今。按照立法者的观点，我国著作权法中的美术作品有明确的保护范围，即绘画、书法、雕塑以及实用艺术品四类。[13]

（三）美术作品的独创性判断——静态艺术造型

首先，美术作品是艺术作品的一种。绘画是一种“造型艺术”，其通过色彩、线条等，将实在的或想象的物体形象描绘在纸、布或其他底子上而形成的美术作品；[14] 书法，是指文字书写艺术，特指用毛笔书写汉字的艺术；[15] 雕塑，是指造型艺术的一种，用竹木、玉石、金属、石膏、泥土等材料雕刻或塑造各

---

12 《北洋政府著作权法》（1915 年）第一条。

13 胡康生主编：《中华人民共和国著作权法释义》，法律出版社 2002 年版，第 16—18 页。

14 中国社会科学院语言研究所词典编辑室编：《现代汉语词典》，商务印书馆 2012 年版，第 298 页。

15 中国社会科学院语言研究所词典编辑室编：《现代汉语词典》，商务印书馆 2012 年版，第 583 页。

种艺术形象而形成的艺术作品。[16] 实用艺术品保护的是其具有创造性的造型艺术，不保护日常生活中使用的那一部分实用功能。[17] 美术作品同音乐、戏剧、曲艺、舞蹈等作品一样，是艺术作品的一种。

其次，美术作品是造型艺术作品。造型艺术包括塑形的艺术（雕塑艺术和建筑艺术）和绘画艺术（真正的绘画艺术和园林艺术）。德国司法实践中发生过园林案件，法院认定园林的编排构成雕塑作品。[18] 康德认为，绘画艺术分为美丽地描绘自然的艺术和美丽地编排自然的艺术两类，造型艺术都是使空间中的形象成为对理念的表达，不同的是，塑形的艺术，如雕塑和建筑，使得形象可以通过视觉和触觉感知，绘画只是在视觉方面被感知。[19] 美术作品有其基本的艺术创作元素，即色彩与线条，虽然并不排斥其他方式，但大体上不能脱离感官感受的方式。美术的技艺在于让事物的色彩、形态更好地满足感官，这也正是受众觉得造型具有美感的原因。

最后，美术作品具有静态性。一方面，美术作品中的艺术造型通常是平面或立体的。平面造型是指绘画、书法这类二维的造型，立体造型则指雕塑和实用艺术品这类三维的造型。绘画运用线条、色彩和形体等艺术创作语言，以色彩和构图等创作手段，在二维空间塑造出静态的人物、自然风光、卡通造型等视觉形象，以表达作者的审美感受。书法也是在二维空间中，对汉字采用的笔画构成作出独特的造型书写创作。雕塑、实用艺术品则是在三维空间中，运用雕、刻、塑等制作方法，借助于黏土、木、石等各种可塑材料的体积和结构，制作出各种具有实在体积的艺术形象。二维与三维，决定了美术作品所具有的造型是贴合实际的，通过静态的美展现作者在其造型上所倾注的艺术观点。另一方面，只有静态的造型才能够稳定的复制，也只有静态的造型才会使得“美术作品原件”具有特定的意义。美术作品的创作与其载体不可分割、融为一体，只有作者所创作的真品造型，才可以体会到艺术家思想的原创性表达。[20] 版权研究权威著作也认为，“这类作品是用来静态观看和欣赏的作品，而不是像文学作品那样拿来阅读，像戏剧、乐曲那样用来表演”。[21]

---

16 中国社会科学院语言研究所词典编辑室编：《现代汉语词典》，商务印书馆 2012 年版，第 1203 页。

17 胡康生主编：《中华人民共和国著作权法释义》，法律出版社 2002 年版，第 17 页。

18 ［德］M. 雷炳德：《著作权法》，张恩民译，法律出版社 2005 年版，第 46—47 页。

19 ［德］伊曼努尔·康德：《判断力批判》，邓晓芒译，人民出版社 2017 年版，第 127—131 页。

20 Anthony O'Dwyer. The Nature of the Artists'Resale Right (Droit de Suite) : from Antiquity to Modernity. Intellectual Property Quarterly, 2017 (1), pp. 95 - 122.

21 ［澳］山姆·里基森、［美］简·金斯伯格：《国际版权与邻接权——伯尔尼公约及公约以外的新发展》，郭寿康、刘波林、万勇等译，中国人民大学出版社 2016 年版，第 377 页。

二、“音乐喷泉喷射效果的呈现”不能构成美术作品

在西湖音乐喷泉著作权纠纷案中，二审法院认为，“涉案音乐喷泉喷射效果的呈现是一种由音乐、灯光、色彩、水型等包含线条、色彩在内的多种要素共同构成的动态立体造型表达，这种喷射效果呈现显然具有审美意义”“动静形态、存续时间长短均不是美术作品构成要件有意排除范围”“喷射效果的呈现将音乐的情感、灯光色彩的绮丽与水型的变换交织在一起，造就了精美绝伦的动态艺术造型表达”。从而认定西湖音乐喷泉的喷射效果构成了对中科水景公司喷泉作品的剽窃。[22]

法律概念的意义在于，概念所欲描述对象的特征，已经被穷尽列举，而所列举的特征，属于在该概念涵摄上必不可少、不可替代的特征，这个特征是将一个具体事项涵摄于某一个概念下的充分必要条件。[23]我国著作权法中美术作品概念所采用的“例示＋定义”规定方式，是否涵盖了美术作品涵摄中必不可少、不可替代的特征？从音乐喷泉案来看，答案尚需讨论。法院在西湖音乐喷泉案中的认定，不符合美术作品的立法目的，不符合美术作品创作过程，将破坏著作权法体系的内在和谐。

（一）“音乐喷泉喷射效果的呈现”不符合美术作品的立法目的

著作权法所规定的每一类作品类型，都有其特定的适用对象。诚然，《伯尔尼公约》中“文学和艺术作品”这一表述必须理解为包括一切能够受到保护的作品。[24]立法中的作品类型是例示性的，而非限定性的，这在知识产权法教义中已成共识。[25]但这种例示性针对的是全部作品，而非针对其中例示的每一类作品，每一类作品都有特定的保护对象和范围。司法裁判过程中，对于一个案件事实，是否能受某个特定法律规则的调整，应“在案例事实与法律规范之间来回穿梭”，将据以判断案例事实的法律规范，在进行认定的事实上予以具体化。[26]故在对具体的智力成果进行法律上论证考察其是否构成美术作品时，应当从法律规定及智力成果的特性进行综合考虑。

---

22 北京市知识产权法院（2017）京73民终1404号民事判决书。

23 黄茂荣：《法学方法与现代民法》，法律出版社2007年版，第59页。

24 《保护文学和艺术作品伯尔尼公约（1971年巴黎文本）指南》，刘波林译，中国人民大学出版社2002年版，第13页。

25 李琛：《论作品类型化的法律意义》，载《知识产权》2018年第8期。

26 王泽鉴：《法律思维与民法实例：请求权基础理论体系》，中国政法大学出版社2001年版，第37—39页。

如前文所述，包含在立法者目的下的美术作品，只包括绘画、书法、雕塑、实用艺术品四类。其显然不能构成具有平面性的绘画和书法，也不能将其解释为具有静态立体造型或至少是静态为主的实用艺术品。现实生活中确实有很多雕塑与喷泉结合，比如新加坡著名的鱼尾狮。德国司法实践中也发生过“花园设施著作权纠纷案”，法院认为花园设施是由相当比例的雕塑创作所构成的美术作品，美术作品可以由无机材料构成，他们的瞬变并不重要。[27]但动态特征明显的“音乐喷泉喷射效果的呈现”显然也不符合“瞬变”。故在历史解释和立法解释下来看，“音乐喷泉喷射效果的呈现”尚不能构成美术作品。

（二）“音乐喷泉喷射效果的呈现”不能构成静态造型

首先，美术是以模仿为基础的艺术，通过对人体、动物、景象进行描绘、刻画、雕塑，把作者希望表达的主要特征表现得更加清晰和明确，以展现作者的思想情感。这种“模仿”，也意味其本质上大体是静态的。音乐喷泉所呈现的美感，更多是一种技术上的实现，在这个过程中，需要水、光、声等一系列元素的配合，所呈现的画面也无法脱离所处自然环境的衬托。以西湖音乐喷泉为例，杭州西湖优美的自然风光在音乐喷泉表演的过程中，是一种不可或缺也不可异地复制的元素，脱离这个背景而讨论对特定技术显现的效果进行保护，乃是对于“审美意义”的考量欠缺。

其次，“音乐喷泉喷射效果的呈现”也难以稳定地复制。著作权法意义上的作品，必须符合“有形形式复制”的要求。[28]根据法律规定，复制是以印刷、复印、拓印、录音、录像、翻录、翻拍等方式将作品制作一份或者多份。而对“音乐喷泉喷射效果的呈现”进行复制，则涉及一整套机器设备以及计算机软件的复制，而这并非直接对喷射效果的呈现的复制。在音乐喷泉的喷射过程中，无论是水流还是光线，抑或与音乐的配合，都具有即刻流动的特质，整套音乐喷泉设备在异地进行表演时，不可能做到精确复制，也难以做到画面的稳定呈现。

（三）恣意将新型艺术创作认定为美术作品将破坏著作权法内在逻辑

美术作品和摄影作品权利人享有对于原件或复制件的展览权。[29]从创作过程来看，画家自己动手绘画，雕塑家自己动手雕塑，而纯文学作品的作家自己

---

27 Kammergerichts：Urheberrechtsschutz für Gartenanlage（2001，590）.

28 《著作权法实施条例》第一条。

29 《著作权法》第十八条。

动手或者自己口述由他人代笔并不重要，美术作品原件真实地反映和还原了作者的思想情感。美术作品原件展览权的行使受众广，所得受益也更多，作品复制件的展览完全无法与原件相提并论。这也是巴黎卢浮宫蒙娜丽莎画像前人潮汹涌，知名书法家一作难求的原因所在。有法院正确地指出，之所以将美术作品原件所有权与著作权的转移区分开来，是因为美术作品原件一旦形成，就具有唯一性，创作者永远也不可能再创作出一件与原件完全一样的美术作品。[30] 西湖音乐喷泉的整体效果在于其背后西湖整体美妙的自然风光，音乐喷泉与西湖的自然风光画面是作为一个整体而被游客所欣赏，这个整体画面不可移动，异地展览也不现实。

同时，国际公约及一些国家规定了对于美术作品的追续权，目的在于维护美术家的利益，使得美术家有可能跟随其作品，在作品每一次转手时因作品的增值受益。[31] 欧盟于 2001 年通过了《追续权指令》，规定成员国必须为绘画、拼贴画、油画、素描、雕版画、石版画、雕刻、编织画、照片以及陶瓷、玻璃造型灯原创视觉艺术作品的作者规定追续权。[32] 追续权在音乐喷泉上也没有实现的空间。

三、新型艺术创作成果的著作权保护路径

虽然“音乐喷泉喷射效果的呈现”在现行著作权法下不能构成美术作品，但以这类作品为代表的新型艺术创作正对美术作品的相关规定造成冲击。出于促进艺术作品创作的需要，著作权法有必要对新型艺术创作成果进行保护。综观我国著作权法所规定的各类艺术作品，只有美术作品具备保护新型艺术创作成果的空间。

（一）艺术创作形式的变化对美术作品相关规定的冲击

在当代各种技术革新的助力下，艺术的发展更为迅速。“音乐喷泉喷射效果的呈现”显然具有美感，这种呈现经过设计者精心创作，创作的过程中产生的相应设计效果图可以构成美术作品。实质上，音乐喷泉效果的呈现是设计效果图从平面到立体的复制，从其动态的效果来看，设计效果图显然不仅一张，而

30 重庆市高级人民法院（2005）渝高法民综字第 76 号民事判决书。

31 《保护文学和艺术作品伯尔尼公约（1971 年巴黎文本）指南》，刘波林译，中国人民大学出版社 2002 年版，第 72 页。

32 Directive 2001/84/EC of the European Parliament and of the Council of 27 September 2001 on the resale right for the benefit of the author of an original work of art，Article 1，2，3.

是无数设计效果图构成的“动态画面”，每一张设计图都可以受到保护。从这个意义上来说，法院在认定作品的时候，发生了对象错误，将作为作品原件的设计图的无数复制件认定为一个作品。然而，即便原告对设计效果图主张著作权，也会发生举证问题，从当前设计创作技术来看，效果图已经不再限制于单张图纸，而是可以直接显示为动态画面。

以“音乐喷泉喷射效果的呈现”为代表的新型艺术创作确实倾注了设计者的心血、财力与智力，也具有美感和强大的视觉冲击力。在知识产权审判过程中，出于自然劳动思想，法院难免会倾向于将新型艺术创作成果纳入作品类型进行保护，进行文义的扩展和立法解释的扩大，但这显然并非最佳路径。[33]德国学者也表达了对于致力于把当代艺术贸易中的所有客体都纳入著作权法保护范畴的担忧，认为将“统计学上具有一次性意义”的物体纳入著作权法保护的观点太过超前。[34]然而，这类创作显然不是英美法系所谓“额头流汗”就可以完成的。从纯粹保护智力投入来说，著作权法司法的出发点应在于最好地维护智力创造者的利益，对具有艺术特性、创作者投入了巨大人力物力所创作的艺术智力成果进行保护，符合著作权法的立法宗旨。

（二）现行著作权法无法适应新型艺术创作成果的保护

“音乐喷泉喷射效果的呈现”无法按照《著作权法》所称“其他作品”进行保护。在音乐喷泉案中，一审法院认为“音乐喷泉作品所要保护的对象是喷泉与特定音乐配合而形成的喷射表演效果、具有美感的独特视觉效果。故中科水景公司所主张的喷射表演效果属于该类作品的著作权保护范围”。[35]从法律适用来看，显然法院将其作为《著作权法》规定的“法律、行政法规规定的其他作品”，但现实情况是我国并未在其他法律、行政法规中作出任何相关规定。挑战著作权法的现有规定，其无异于用著作权法保护“任何在阳光底下由人类制作的东西”。[36]即便我国法律法规规定了“其他作品”，这种规定也无法穷尽所有作品类型。作品的创作总是在推陈出新，随着技术的进步，创作与技术的结合更是越来越紧密，这在摄影作品和影视作品上体现得淋漓尽致。面对新型艺术作品的出现，用“其他作品”的规定进行不断应对，立法成本高，判断标准也会产生浮动，不利于司法裁判稳定性的实现。

33　崔国斌：《专利法：原理与案例》，北京大学出版社2012年版，第6页。

34　［德］M. 雷炳德：《著作权法》，张恩民译，法律出版社2005年版，第141页。

35　北京市海淀区人民法院（2016）京0108民初15322号民事判决书。

36　［英］埃斯特尔·德克雷主编：《欧盟版权法之未来》，徐红菊译，知识产权出版社2016年版，第444页。

对于艺术作品，应当采用更为开放的规定。艺术常常声称超越了道德、法律和政治框架。18 世纪和 19 世纪的浪漫主义采取了一种古老的观念，即一些艺术实践不能通过参考预先设定的规则来解释，并从中塑造出天才的概念，这个概念要么违反规则，要么完全超越它们。而法律，无论是道德体系还是民族国家的法规，都呈现出相对僵化的界限。[37] 法律和艺术都有着强烈的自身认同。20 世纪诞生的后现代艺术也对著作权法律制度构成了巨大挑战。对于思想和表达的区分之挑战，在视觉艺术领域可能表现得最为明显。[38] 故在认定艺术作品的表达是否具有独创性时，需要进行个案分析，采取更为开放的司法态度。同时，考虑到美术作品与艺术作品的文义已经发生了变迁，国际主流用语不再使用美术作品，而使用艺术作品或者视觉艺术作品的概念，我国著作权法关于美术作品的规定，已不能很好地适应相关作品的国际保护，在国际版权贸易活动中会产生文义方面的误解乃至导致损失发生。顺应艺术发展的步伐，采用更具包容性、开放性的法律概念，更好地涵摄新型艺术智力成果，符合大陆法系成文法的特色所在。

（三）美术作品具备修改的弹性空间

综观我国现行《著作权法》规定的各类艺术作品，其他作品的保护对象都较为具体，没有为美术作品的含义留出修改空间。如音乐作品、戏剧作品、曲艺作品、舞蹈作品、杂技艺术作品，主要以听觉或者视觉上的美感表达思想情感，但音乐作品保护的是乐谱，戏剧作品、曲艺作品保护的是剧本，舞蹈作品保护的是舞步，杂技艺术作品保护的是形体姿态变化，范围均较为狭窄。建筑作品保护的是具有美感的建筑物和构筑物，一般较为固定，如“音乐喷泉喷射效果的呈现”则以液体为主，且变化性强，显然超越了建筑作品的日常观念。其显然也不构成记录客观物质形象的摄影作品和摄制在一定介质上的影视作品。相比之下，利用美术作品保护这类新型艺术创作成果，更能为大众观念所接受。但鉴于我国著作权法对美术作品所作的规定较为严格，应当对其作适当的修改，而不是违反作品类型法定的宗旨，强行突破文义进行解释。

对于新型艺术创作成果的保护，需要注意国际著作权的保护。我国著作权法对美术作品采用了“例示 + 定义”的规定形式，显然已经无法适应新型艺术创作成果的保护。艺术创作技术和手法的革新正在对美术作品概念造成冲击，

---

37 O. Ben – Dor, Law and Art: Justice, Ethics and Aesthetics, Routledge – Cavendish, 2012. p. 217.

38 J. B. Prowda, Visual arts and the law: a handbook for professionals. Farnham, Surrey, UK; Burlington VT: London; New York: Lund Humphries; in association with Sotheby's Institute of Art, 2013. p. 60.

以音乐喷泉、烟火表演为代表的新型艺术创作智力成果，正在挑战艺术作品的既有概念。应当寻找更为妥善的途径，修改美术作品概念以对新型艺术创作成果进行保护。与此同时，考虑到国民待遇原则，我国著作权法保护的这类艺术创作成果根据《伯尔尼公约》可能无法受到他国著作权法保护，在法律规定进行开放性修改的同时，应当在司法实践中坚持保守主义原则，尽力维持国际知识产权保护水平上的平衡，避免杂技艺术作品在司法实践中的窘况。[39]

四、比较法视野下的美术作品及其启示

我国著作权法规定的美术作品所调整的作品类型，与国际条约以及各国家、地区的法律规定的方式均有不同。出于保护新型艺术作品以及国际著作权交流和交易标准化的需要，有必要再参考国际条约以及各国版权法的规定，在此基础上，立足于我国的法律传统和现实需要，对我国著作权法中美术作品的相关规定方式进行修改完善。

（一）比较法视野下的美术作品

1.《伯尔尼公约》中的美术作品

《伯尔尼公约》第二条规定，“‘文学和艺术作品’一词包括文学、科学和艺术领域内的一切成果，不论其表现形式或方式如何，诸如……图画、油画、建筑、雕塑、雕刻和版画作品；……实用艺术作品；……”公约强调该类作品是平面的（如图画、雕刻、版画等作品）以及立体的（如建筑、雕塑）艺术作品。对于实用艺术作品，则准许缔约国选择保护条件。[40]公约采取开放式的例示规定形式，其中涉及属于我国著作权法规定的美术作品类型，主要包括图画、雕塑、实用艺术品。

2. 版权法体系的美术作品

版权法体系国家使用“艺术作品”（artistic works）的概念。英国对艺术作品进行了定义，规定其系指“（a）绘画作品、照片、雕塑或拼贴画，不论其艺术品质如何；（b）作为建筑物或建筑物模型的建筑作品；或（c）艺术工艺作

39　我国著作权法所保护的“杂技、魔术、马戏”不受《伯尔尼公约》等国际著作权公约以及其他国家著作权法的保护，导致我国需要保护其他国家的相关“作品”，其他国家无须保护我国著作权人的这类“作品”。裁判文书号：北京市第一中级人民法院（2010）一中民初字第10067号民事判决书。

40　《保护文学和艺术作品伯尔尼公约（1971年巴黎文本）指南》，刘波林译，中国人民大学出版社2002年版，第15—16页。

品。”[41] 美国1990年颁布的《视觉艺术权利法案》（Visual Artists Rights Act）采用了“视觉艺术作品”（works of visul art）的概念，用于保护绘画、素描、版画、雕塑作品以及只供展览用途的静止摄影图像。[42]《加拿大版权法》规定“艺术作品包括绘画、素描、地图、图表、平面图、相片、雕刻、雕塑、艺术工艺作品、建筑作品，以及对艺术作品的汇编。”[43] 可见，英美法系国家一般采用例示的规定形式。

3. 著作权法体系中的美术作品

部分大陆法系国家和地区采用美术作品概念。德国《著作权和邻接权法》第二条规定美术作品“包含建筑艺术与实用艺术作品在内的美术作品及这些作品的草图”。由此，美术作品是以平面或空间中的线条或外形作为表达手段的作品，这些表现手段能够直观地表达美学内容，而不是仅仅表达出实用内容，美术作品包括了纯美术作品以及如珠宝、家具及瓷器等实用艺术作品，且不要求实用艺术作品所表达的美学内容占主要部分。[44]《日本著作权法》规定了绘画、版画、雕刻及其他美术作品，其使用的美术作品的概念相比英美法系以及德国著作权的规定范围更小，将建筑作品排除在外。[45]《法国知识产权法典》则未采用美术作品概念，而是采用了例示的规定形式，其在 L. 112 - 2 条中例示了“……7）绘画、油画、建筑、雕塑、雕刻、拓印作品；……10）实用艺术作品；11）插图、地图；……”这些受保护的美术作品类型。[46] 可见，无论是否采用“美术作品”概念，除德国采用“定义 + 例示”规定形式外，大陆法系国家和地区都采用例示的规定形式。

4. 我国著作权法对于美术作品的规定限定性过强

无论是采用“艺术作品”概念的英美法系国家，还是采用“美术作品”概念的部分大陆法系国家和地区，以及采用纯粹“例示”规定方式的法国，其规定的包容性都很强，纯粹例示并不限定作品的创作方式和表现形式，给司法实践中的解释留下了很大的弹性空间。从我国著作权法所列举的美术作品类型来看，涵盖的范围比英文“art”的狭义概念较小，并不包括其狭义概念中的建筑作品。此外，我国现行《著作权法》与1985年我国台湾地区“著作权法”一致，增加了书法作品一类。即便德国著作权法中对美术作品概念采用了“定义 +

41 Copyright Designs And Patents Act 1988, title 4.

42 17 U. S. C §101.

43 R. S., c. C - 30, s. 1tile 2.

44 《德国著作权法》，范长军译，知识产权出版社2013年版，第2—3页。

45 《日本著作权法》第十条。

46 《法国知识产权法典（法律部分）》，黄晖、朱志刚译，商务印书馆2017年版，第5页。

例示”的规定方式，但其定义偏重于其表达手段，并重点关注这些手段的表达，只要求能够“直观地表达美学内容”。[47] 相比之下，我国《著作权法实施条例》中的规定未免太过严格，这也导致了司法实践中对于新型艺术创作成果的无所适从和生搬硬套。可以看出，我国所采用的“例示+定义”规定方式，相对别的国家和地区比较限定，保护范围较小，这种局限性在音乐喷泉案中体现得淋漓尽致。

（二）我国著作权法中美术作品的概念重构

后进法律社会通常具备一种特征，即倾向于以比较纯逻辑或比较拘泥于法律文字的方式了解法律、适用法律，以致常常受制于恶法。当基于该认知而试图容许引用较富弹性之价值标准或一般条款来避免被法律概念所僵化的法律之恶时，却又发现该容许很容易流于个人的专断。[48] 为了避免恶法，也为了避免专断，必须对特定的法律条文保持审视和完善。美术作品概念限定性的特征，使得司法实践中的推理受限，而新型艺术作品的认定，则容易导致专断，有必要对其概念进行完善。

1. 采用“艺术作品”概念的优劣分析

英美法系采用的“艺术作品”（artistic works）概念，显然有利于作品的保护。如英国版权法上的“艺术作品”作为广义概念，包含了绘画、摄影、雕塑、拼贴画、建筑、工艺美术品，这些例示的类型给司法实践中进行扩大解释提供了空间，在面对新型艺术创作成果进行涵摄时游刃有余，所列举的每一类作品都可以作扩张解释。美国版权法列举了绘画、图形和雕刻作品，其第一百零二条中的定义只是限定了上述所列作品为二维或三维的作品，也比我国规定的美术作品更有弹性空间。此外，美国版权法采用了“视觉艺术作品”（works of visual art）概念，指可供人观看欣赏的艺术作品，广义上来说，包括雕塑、绘画、摄影等艺术门类都属于其范畴，不限制创作的方式、手法和造型类别，既不限于二维和三维形态，也不限于动态和静态，这种概念所涵盖的范围更广。

但采用英美法系的“艺术作品”或者“视觉艺术作品”概念，虽然更有利于囊括除了音乐、电影等视听作品以外的以视觉为主要感知途径的作品，在法律文义上也更好地与我国《著作权法》《艺术品经营管理办法》等法律法规中的用语相协调，更好地维护了各法律体系的内部和谐，也更能够适应相关作品的国际保护，但这种修改无疑将会对我国现行著作权法相关规定进行手术式的重

---

47 《德国著作权法》，范长军译，知识产权出版社2013年版，第3页。

48 黄茂荣：《法学方法与现代民法》，法律出版社2007年版，第58页。

塑，现有分类将会面临大的调整，不利于法律的稳定性和传承性。

2. 我国应采取“例示”方式规定美术作品

从立法传统上而言，采用美术作品概念，采用纯粹的“例示”或“定义”方式，更有利于我国著作权法的一致性和传承性。如前文所述，我国台湾地区对美术作品规定已经经历了“定义 + 例示”方式到纯粹“例示”方式，日本也采用了“例示”方式，德国所采用“定义 + 例示”方式的规定相较于我国的相关规定，法条的弹性空间和适用余地都更多。笔者认为，应采用大陆法系主流的美术作品概念，并采取“例示”的规定方式。采用美术作品概念，保证了我国日常语言与法律语言的衔接；放弃定义部分，可以更好地适应美术技法、作品形态、美学观念等发展所导致的对定义的冲击；列举的非限定性，则给新型美术作品的解释带来更大的空间。如此，可以做到维护既有法律传统和适应未来审判的双重目的。至于对追续权、展览权的冲击，则可以对这些权利的规定进行变通。如追续权，我国目前尚未进行规定，如以后有相关立法，可以将其限定为原件具有唯一性的美术作品。而展览权，则可以作一定程度上的广义理解，以适应新型艺术创作成果的保护。

结语

随着科学技术的不断发展并用于艺术创作，新型艺术创作成果对著作权法的冲击必然是持续性的。虽然未必所有新型艺术创作成果都能构成美术作品，但采用更为开放的规定方式显然对司法实践更为有利。目前，我国《著作权法》正在修改过程中，修订草案送审稿第五条对于美术作品的规定采用的还是“例示 + 定义”的规定方式。相关部门在进行修改时，应当予以完善，在法律移植的过程中欠缺的相关考量，需要在修法时厘清和重塑。采用“例示”方式规定美术作品，是基于我国法律传统和适应现实需要的一条最好路径。

机构改革视野下的我国地理标志保护及制度重构

孙　智　林秀芹*

【内容提要】 目前我国对地理标志存在三套冲突性共存的保护制度。2018年3月新一轮国家机构改革基本实现了地理标志行政管理机构“二合一”，但还不够彻底，实务层面对地理标志保护依旧是“三条腿走路”。新一轮机构改革后，我国地理标志保护仍然还存在一系列问题，包括地理标志概念内涵及构成条件混乱，地理标志产品和农产品地理标志质量标准等规定不一致，地理标志商标注册缺乏实质审查制度，地理标志确权机制冲突性共存引发重叠保护和权利冲突，地理标志产品专用标识不统一，等等。在机构改革“二合一”背景下，重构我国地理标志保护制度，根本出路在于尽快统一立法。具体实现过程还需分“两步走”，即首先实现地理标志产品保护制度与地理标志集体商标和证明商标保护制度的完全整合，在此基础上进一步实现与农产品地理标志保护制度的合理对接。

【关键词】 地理标志　机构改革　商标法　产品质量监控　知识产权

我国是地理标志大国，加强地理标志保护对我国具有十分重要的社会经济价值和深远的发展意义。然而由于多方面因素所致，目前我国对地理标志保护还存在很多问题，其中最为突出地表现在三套地理标志保护制度（即以《商标

---

* 孙智——厦门大学知识产权研究院博士研究生，贵州师范大学法学院知识产权中心讲师，主要研究方向：知识产权法；林秀芹——厦门大学知识产权研究院院长，教授，博士生导师，主要研究领域：知识产权法。本文系2019年国家社科基金项目“乡村社区传统知识资源保存研究”、2019年国家知识产权局软科学研究项目“我国与‘一带一路’沿线国家知识产权合作机制构建研究”（SS19－A－03）的阶段性成果。

法》等为依托的集体商标和证明商标保护制度，以《地理标志产品保护规定》等为依托的地理标志产品保护制度和以《农产品地理标志管理办法》等为依托的农产品地理标志保护制度）的冲突性共存。为消解我国地理标志多套保护制度冲突性共存的弊端，近年来有关层面采取了一系列措施进行变革、调整和完善，其中最引人注目的，当属国家对地理标志行政管理体制的新一轮重构。2018 年 3 月，国务院机构改革重新组建了国家知识产权局（由国家市场监督管理总局管理），不再保留国家工商行政管理总局、国家质量监督检验检疫总局、国家食品药品监督管理总局；同时组建了农业农村部，不再保留农业部。[1] 整合后，原国家工商总局的商标管理职责和原国家质检总局的地理标志产品管理职责已由重新组建的国家知识产权局承担，由此基本实现了我国地理标志行政管理机构“二合一”。不过，新一轮机构改革还未从根本上解决我国地理标志保护领域存在的问题。目前，实务层面对地理标志保护依旧是“三条腿走路”，即地理标志商标注册仍然由国家知识产权局商标局负责，地理标志产品保护审批公告由国家知识产权局知识产权保护司承担，农产品地理标志登记仍然保留在农业农村部。[2] 机构改革“二合一”以后，我国未来的地理标志保护之路当何去何从？如何有序推动实现地理标志保护制度“三合一”？目前学界仍存在很大争议，实务层面也还徘徊不定。本文尝试提出一些实操性的解决思路，希望有助于我国地理标志保护更进一步发展。

一、机构改革视野下我国地理标志保护制度形成过程简要回眸

在我国，包括地理标志在内的现代知识产权制度是改革开放和社会主义市场经济发展的产物。在这之前，我国并不存在地理标志保护传统，国内消费者也没有地理标志认知。所以地理标志保护对我国而言完全是一件“外来新生事物，是制度移植的结果”[3]。它是 20 世纪 80 年代中后期我国为了加入相关国际条约、履行国际义务而逐步引进、消化吸收和再创新的制度成果。在制度移植过程中，不可避免地受到了既有国际体制和域外实践经验的影响。特别是早期地理标志保护在我国的起步，外部条件应该说是主要影响因素。后来，随着我国地理标志产业经济不断发展和壮大，国内地理标志保护制度的构建和完善逐

1　王勇：《关于国务院机构改革方案的说明》，载《人民日报》2018 年 3 月 14 日。

2　农业农村部中国绿色食品发展中心：《农产品地理标志产品动态查询》，载 http：//www.greenfood. agri. cn/xxcx/ncpdlbz/，最后访问于 2019 年 11 月 20 日。

3　王笑冰、林秀芹：《中国与欧盟地理标志保护比较研究——以中欧地理标志合作协定谈判为视角》，载《厦门大学学报（哲学社会科学版）》2012 年第 3 期。

步由主要受外部因素影响转变为内外部因素共同推动，最终形成了地理标志集体商标和证明商标保护制度、地理标志产品保护制度以及农产品地理标志保护制度三套保护制度共存的局面。新一轮机构改革的推进，说明我国地理标志保护制度的完善已基本转变为内因占主导。

（一）地理标志集体商标和证明商标保护制度的形成

事实上，地理标志保护在我国最先发端于商标法体系。1985年3月19日，我国正式加入《保护工业产权巴黎公约》（以下简称《巴黎公约》）。为了履行《巴黎公约》中的原产地名称保护义务，我国自1986年起就已经开始在商标法体系下由工商行政管理部门通过行政手段对原产地名称进行保护。[4]后来伴随改革开放的逐步深入，在国际贸易环境和国内资源禀赋共同作用下，商标法体系逐步将地理标志保护提升到商标行政法规、部门规章等层面。1993年7月，我国《商标法实施细则》第二次修订引入了集体商标和证明商标制度。1994年12月，原国家工商行政管理局发布的《集体商标、证明商标注册和管理办法》明确规定，用以证明商品或服务“原产地”等的标志可以构成证明商标。[5]由此我国“首次明确了以证明商标的形式来保护地理标志”[6]，标志着“我国对地理标志保护正式立法的开始”[7]，同时意味着我国地理标志证明商标保护制度的初步形成。1996年11月7日（1995年6月30日提出申请），新疆“库尔勒香梨”在国家商标局获得证明商标注册，成为我国第一件受保护的地理标志商标。

2001年，为了加入WTO、履行《与贸易有关的知识产权协议》（TRIPS）地理标志保护义务，我国对《商标法》进行了第二次修正。修正后的《商标法》第十六条明确规定了“地理标志”的保护，并在第三条将集体商标、证明商标从行政法规层面提升到了国家法律层面。2002年8月，国务院颁布《商标法

---

4 例如，早在1986年，国家工商行政管理局商标局就在《就县级以上行政区划名称作商标等问题的复函》中，第一次以行政文件形式提出了地理标志（原产地名称）的保护问题。1987年，国家商标局在《关于保护原产地名称的函》中就北京某食品公司在其生产的一种食品上使用“丹麦牛油曲奇”名称而侵犯该商品原产地名称一事，明确指出：“我国是《保护工业产权巴黎公约》成员国，有义务遵守该公约的规定。若外国委托人反映的情况属实，你局应责令北京某食品公司立即停止使用‘丹麦牛油曲奇’这一名称，以保护《巴黎公约》缔约国的原产地名称在我国的合法权益。”参见《国家工商行政管理局商标局就县级以上行政区划名称作商标等问题的复函》，载中国法院网，https：//www. chinacourt. org/law/detail/1986/11/id/5737. shtml，最后访问于2019年11月26日。

5 《集体商标、证明商标注册和管理办法》（1994）第二条。

6 谢冬伟：《我国地理标志保护制度的历史与发展——兼对新修订的〈集体商标、证明商标注册和管理办法〉的解读》，载《工商行政管理》2003年第11期。

7 黄晖：《商标法》，法律出版社2004年版，第282页。

实施条例》取代了《商标法实施细则》，该条例明确规定地理标志可通过注册集体商标或证明商标进行保护。2003 年 4 月，原国家工商行政管理总局发布新的《集体商标、证明商标注册和管理办法》，该办法详细规定了地理标志注册集体商标和证明商标的相关条件和手续。至此，一个既有上位法依据，又有配套行政法规、部门规章的地理标志集体商标和证明商标保护制度在我国完全形成。[8] 2013 年《商标法》第三次修正、2019 年《商标法》第四次修正，以及 2014 年《商标法实施条例》第一次修订，均未专门涉及地理标志保护问题。

2017 年 10 月，党的十八大报告提出了中国发展新的历史方位，即中国特色社会主义进入了新时代。在新的历史时期，为推动我国各项事业（包括地理标志保护制度）更好地发展，2018 年 3 月国家启动了新一轮机构改革。新一轮机构改革后，原国家工商总局被并入国家市场监管总局，其商标管理职能被并入重新组建的国家知识产权局。这轮机构改革中，商标局的职能职责被完整地保留并纳入了国家知识产权局系统。地理标志集体商标和证明商标保护制度仍然继续存在。

（二）地理标志产品保护制度的形成

在地理标志集体商标和证明商标保护制度之外，申请地理标志产品保护和农产品地理标志登记是我国地理标志保护的另一重要途径，又称专门保护制度。该制度是在 WTO 成立后，我国在借鉴法国、欧盟等国家和地区的原产地名称制度的基础上发展而来。如学者所言，我国地理标志专门保护制度“是取自法国的‘真经’并结合我国实际情况和特点而建立的”。[9] 但在我国，这一制度又进一步演化成地理标志产品审批与农产品地理标志登记两套独立运行的保护机制。

1994 年 WTO 成立以后，为进一步加强对外经贸合作，特别是为了加强与法国、欧盟等国家和地区的双边对话，在逐步构建和完善地理标志商标法保护的同时，另一套与地理标志保护有关的制度，即原产地域产品保护制度开始在我国酝酿，并伴随 1999 年原国家质量技术监督局发布实施《原产地域产品保护规定》而得以初步确立。2000 年 1 月，我国第一件原产地域产品“绍兴酒”（也是第一件地理标志保护产品）获得批准保护。

2001 年 3 月，原国家出入境检验检疫局通过发布《原产地标记管理规定》

8　截至 2019 年 3 月 31 日，我国已累计注册地理标志商标（包括集体商标和证明商标）4996 件。数据来源：国家知识产权局，载 http：//www. cnipa. gov. cn/docs/2019 - 04/20190417144901873661. pdf，最后访问于 2019 年 11 月 20 日。

9　刘兆彬：《我国原产地域产品保护制度实施的现状与发展》，载《中国标准化》2001 年第 12 期。

和《原产地标记管理规定实施办法》，在我国又建立起了一套新的原产地标记管理制度。不过该套制度出台仅一个月之后，恰逢当时的国务院机构改革。原国家出入境检验检疫局与原国家质量技术监督局被合并，组建了新的国家质量监督检验检疫总局（以下简称国家质检总局）。由此引发了拥有不同法律依据的原产地域产品保护制度和原产地标记管理制度之间的矛盾和冲突。针对该情况，当时新组建的国家质检总局通过调整内部管理体制，并于2005年6月7日发布新规章《地理标志产品保护规定》，替代了原国家质量技术监督局公布的《原产地域产品保护规定》，同时规定："……原国家出入境检验检疫局公布的《原产地标记管理规定》、《原产地标记管理规定实施办法》中关于地理标志的内容与本规定不一致的，以本规定为准。"[10] 至此，原产地域产品保护制度和原产地标记管理制度正式被整合为统一的"地理标志产品保护制度"。[11] 2016年3月，原国家质检总局还出台了《国外地理标志产品保护办法》，弥补了该制度在国外地理标志保护方面的缺漏。

2018年3月，新一轮机构改革不再保留国家质检总局，其地理标志产品保护职能被纳入重新组建的国家知识产权局。但是，纳入国家知识产权局系统以后，该套保护制度并未与地理标志集体商标和证明商标保护制度整合，而是单独由国家知识产权局知识产权保护司地理标志和官方标志保护处管理。目前，该套保护制度与地理标志集体商标和证明商标保护制度仍然实质性地并行存在。

（三）农产品地理标志保护制度的形成

地理标志是一项具有亲农性特征的知识产权，我国又是农业大国，为做好"三农"工作，发挥地理标志在促进农村产业经济发展、实现农民脱贫致富等方面的独特作用，早在2002年《中华人民共和国农业法》修订时，就在第二十三条明确规定，"符合规定产地及生产规范要求的农产品可以依照有关法律或者行政法规的规定申请使用农产品地理标志"。[12]

2004年，原农业部与原国家工商行政管理总局根据2003年12月31日《中共中央、国务院关于促进农民增加收入若干政策的意见》的相关精神，联合发布了《关于加强农产品地理标志保护与商标注册工作的通知》，力求在农产品地理标志保护方面加强沟通协作、形成保护合力，共同推进农业品牌化战略，促

---

10 《地理标志产品保护规定》第二十八条。

11 截至2019年3月31日，我国已累计批准地理标志产品2380个。数据来源：国家知识产权局，载 http：//www. cnipa. gov. cn/docs/2019 - 04/20190417144901873661. pdf，最后访问于2019年11月20日。

12 《中华人民共和国农业法》第二十三条第三款。

进农业增效和农民增收。但是，后来原农业部与原国家工商行政管理总局并未进行有效沟通协作。原农业部2007年单独发布了《农产品地理标志管理办法》，规定对来源于农业的初级产品进行农产品地理标志保护登记，由此开启了农业部体系下的地理标志保护实践。2008年，我国第一批农产品地理标志“黎城核桃”“交城骏枣”“乌海葡萄”等正式获得登记保护。[13]农产品地理标志保护制度的产生，标志着我国地理标志三套保护制度共存格局正式形成。2018年3月新一轮机构改革，原农业部被调整为新的农业农村部。但农产品地理标志保护职能仍然被保留在新组建的农业农村部，没有与上述两套保护制度整合。

地理标志产品保护制度和农产品地理标志保护制度在我国的形成，体现了相关层面对地理标志的价值及其保护特殊性认识的进一步深化。因此，无论是地理标志产品保护制度还是农产品地理标志保护制度，以及地理标志集体商标和证明商标保护制度，都为推动我国地理标志保护事业发展作出了很大贡献。但同时，由于这三套保护制度之间长期缺乏有效的信息沟通、衔接和协调，以致它们从产生时起即冲突性地存在，导致了我国地理标志保护领域的一系列问题。

二、新一轮机构改革下我国地理标志保护制度仍存在的主要问题

（一）地理标志概念内涵及构成条件混乱

我国三套地理标志保护制度均有自己的一套法律依据。在地理标志集体商标和证明商标保护制度下，根据《商标法》第十六条第二款规定，地理标志，“是指标示某商品来源于某地区，该商品的特定质量、信誉或者其他特征，主要由该地区的自然因素或者人文因素所决定的标志”。在地理标志产品保护制度下，根据《地理标志产品保护规定》第二条，地理标志产品，“是指产自特定地域，所具有的质量、声誉或其他特性本质上取决于该产地的自然因素和人文因素，经审核批准以地理名称进行命名的产品”。而在农产品地理标志保护制度下，根据《农产品地理标志管理办法》第二条第二款规定，农产品地理标志，“是指标示农产品来源于特定地域，产品品质和相关特征主要取决于自然生态环境和历史人文因素，并以地域名称冠名的特有农产品标志”。

可以看到，《商标法》《地理标志产品保护规定》和《农产品地理标志管理办法》分别对地理标志下了三个不同定义。这三个不同的“地理标志”，不论在

13　截至2019年1月17日，我国已累计登记农产品地理标志2594个。数据来源：农业农村部中国绿色食品发展中心，载http：//www. greenfood. agri. cn/，最后访问于2019年10月28日。

术语使用还是概念内涵及构成条件上，都存在很大差别。比如，在术语上，有的冠名“地理标志”，有的名曰“地理标志产品”，有的则称为“农产品地理标志”。在构成条件上，首先，关于商品条件，有的地理标志可以是纯粹的“信誉”型，有的则不存在这种可能，而是严格要求商品具有特定品质和相关特征；其次，关于关联性条件，有的地理标志仅要求商品与其产地的自然因素或人文因素之一相关联，有的则要求商品与其产地的自然生态环境和历史人文因素同时高度相关；最后，关于标识或名称条件，有的严格限定为地理名称或足以代表来源地的其他名称，有的则相对灵活，可以包含地理名称以外的其他能够指示地理来源的可视性符号。地理标志术语使用、概念内涵及构成条件界定的混乱与不同，对实践中地理标志的确权和保护带来了很大麻烦。2018 年新一轮机构改革只是对地理标志行政管理体制做了一定程度的调整，未涉及立法上对这一问题的完善。

（二）地理标志产品和农产品地理标志质量标准等规定不一致

在我国地理标志集体商标和证明商标保护制度下，相关立法并没有明确地理标志的产品质量标准问题，这不能不说是一个缺憾。在我国地理标志产品保护制度和农产品地理标志保护制度下，地理标志保护审批或登记均拥有明确的、详细的产品质量特色等要求。比如，《地理标志产品保护规定》第十条规定，地理标志产品保护申请的证明材料需要包括“产品的理化、感官等质量特色”以及“产品生产技术规范”等。《农产品地理标志管理办法》第九条也规定，农产品地理标志登记申请需要提交“产品典型特征特性描述和相应产品品质鉴定报告”以及“产地环境条件、生产技术规范和产品质量安全技术规范”等。这些规定和要求充分体现了地理标志知识产权保护的特殊性。

不过，虽然地理标志产品保护制度和农产品地理标志保护制度均有严格的产品质量标准要求。但由于这两套制度各自独立运行，互相缺乏信息沟通，它们在具体质量标准拟定上做法很不一致。实践中，针对同一个地理标志（重复授权），在感官特征、理化指标、技术规范等方面描述差别很大。下面以“都匀毛尖茶”为例。地理标志产品“都匀毛尖茶”的质量特色被描述为：“1. 感官特征：条索紧细卷曲、汤色黄绿明亮、滋味鲜醇、叶底嫩绿明亮。2. 理化指标：水分≤6.4%，总灰度≤5.1%，粉末≤0.7%，水浸出物≥43.2%，铜含量≤4.1mg/kg，铅含量≤0.6mg/kg。3. 安全要求：产品安全指标必须达到国家对同类产品的相关规定。”[14] 而农产品地理标志“都匀毛尖茶”的产品品质特性特

14 《都匀毛尖茶》，载中国地理标志网，http：//www.cgi.gov.cn/Products/Detail/826/，最后访问于2019 年11 月10 日。

征则被描述为："1. 外在感观特征：外形匀整、白毫显露、条索紧细卷曲、色泽绿中带黄、香气清嫩、滋味鲜浓、回味甘甜、汤色清澈、叶底明亮、芽头肥壮，素以'三绿透三黄'的品质特征著称于世，即干茶色泽绿中带黄，汤色绿中透黄，叶底绿中显黄。2. 内在品质指标：根据贵州省农产品质量安全检测中心分析，都匀毛尖茶营养丰富，其中茶多酚15%—22%，咖啡碱3.8%—5.0%，茶氨酸0.9—1.5（g/100g），谷氨酸0.2—0.3（g/100g），酪氨酸0.05—0.1（g/100g），精氨酸0.008—0.02（g/100g）、亮氨酸0.03—0.05（g/100g）等。都匀毛尖茶生产严格按照《贵州省地方标准——都匀毛尖茶》（DB52/T433—2015）标准规定组织生产，各项质量技术指标符合规范要求。"[15]

可以发现，同一个地理标志因其所处保护制度有别，便存在如此不同的产品质量标准，足以反映出这两套保护制度之间的隔阂和闭塞。这样的做法，不但给产业主体增加了不必要的麻烦，也会引起地理标志产品质量管控混乱。同时还给广大消费者造成了产品识别和理解上的困惑及障碍，对地理标志品牌建设很不利，更不利于相关地理标志产品"走出去"、在海外寻求注册和保护。

（三）地理标志集体商标和证明商标注册缺乏实质审查制度

在我国商标法体系下，地理标志集体商标和证明商标的具体注册程序基本遵循普通商标的注册流程，即由申请主体提出注册申请，由国家商标局直接受理、审查、初步审定公告和核准注册。

与普通商标注册的不同之处仅在于，《集体商标、证明商标注册和管理办法》第四条、第六条至第九条、第十二条、第十八条第二款分别对地理标志注册集体商标和证明商标的条件和手续作了一些特别要求。比如，《集体商标、证明商标注册和管理办法》第四条规定："……以地理标志作为集体商标申请注册的，应当附送主体资格证明文件并应当详细说明其所具有的或者其委托的机构具有的专业技术人员、专业检测设备等情况，以表明其具有监督使用该地理标志商品的特定品质的能力。"第六条第一款规定："申请以地理标志作为集体商标、证明商标注册的，还应当附送管辖该地理标志所标示地区的人民政府或者行业主管部门的批准文件。"第七条规定："以地理标志作为集体商标、证明商标注册的，应当在申请书件中说明下列内容：（一）该地理标志所标示的商品的特定质量、信誉或者其他特征；（二）该商品的特定质量、信誉或者其他特征与该地理标志所标示的地区的自然因素和人文因素的关系；（三）该地理标志所标

15　《都匀毛尖茶》，载全国农产品地理标志查询系统，http：//120.78.129.247/Home/Product/28052，最后访问于2019年11月20日。

示的地区的范围。”

从《集体商标、证明商标注册和管理办法》上述相关规定和实际注册情况来看，商标局对地理标志注册申请的审查，只是对申请人提供的书面材料进行审核，本质上属于“形式审查”。该套保护制度缺乏我国地理标志产品保护制度和农产品地理标志保护制度基于地理标志本身的特殊性而合理设计的一项关键程序，即实质审查（专家审查）程序。该项程序的缺失，意味着我国地理标志商标的注册，是没有产品技术专家对地理标志的真实性和可靠性进行严格把关的。仅由商标局审查员进行“形式审查”，其审查结果是否科学、客观，相关地理标志是否真正具备地理标志权利取得的实体条件，是颇值得怀疑的。这或许也是缘何目前地理标志商标注册量大大高于地理标志产品和农产品地理标志的原因之一。

（四）地理标志确权机制冲突性共存引发重叠保护和权利冲突

如上所述，我国地理标志集体商标和证明商标保护制度对地理标志确权的程序与普通商标注册基本保持一致，均由国家商标局直接受理、审查、初步审定和核准公告。但在我国地理标志产品保护制度下，按照《地理标志产品保护规定》，地理标志产品保护由当地县级以上人民政府指定的申请机构或人民政府认定的协会和企业提出申请，由省级质量技术监督局等初审，最后由原国家质检总局[16]审核批准、注册登记并发布公告。在我国农产品地理标志保护制度下，按照《农产品地理标志管理办法》，农产品地理标志登记则由县级以上地方人民政府确定的农民专业合作经济组织、行业协会等组织提出申请，由省级人民政府农业行政主管部门负责其行政区域内农产品地理标志登记申请的受理和初审，由原农业部农产品地理标志登记专家评审委员会负责专家评审，再由原农业部农产品质量安全中心[17]对社会公示，最后由原农业部作出登记决定并公告。

不难发现，我国这三套地理标志确权机制均自有一套系统和流程，在确权程序上互不相干、自成体系、各自独立运行。其带来的最大问题是，实践中大量地理标志同时在这三套保护体系重复申请、重复注册和登记。其中，重复注册和登记的很多地理标志甚至还出现注册主体不一致等情况。[18]

---

16 现为国家知识产权局。

17 现为农业农村部中国绿色食品发展中心。

18 孙智：《我国地理标志注册保护：现状、问题及对策——基于贵州省的实证观察》，载《贵州师范大学学报（社会科学版）》2018 年第 5 期。

（五）地理标志产品专用标志使用不统一

在我国，不仅存在三套不同的地理标志保护制度，同时还拥有三个迥异的地理标志产品专用标志。也即，原国家工商行政管理总局商标局设立的“中国地理标志”产品专用标志，原国家质检总局设立的“中华人民共和国地理标志保护产品”专用标志，以及原农业部设立的“农产品地理标志”公共标识。按照原国家工商行政管理总局发布的《地理标志产品专用标志管理办法》第四条规定，已注册地理标志的合法使用人可以同时在其地理标志产品上使用该专用标志，但是不作强制要求。而根据《地理标志产品保护规定》第二十条、第二十三条规定，地理标志产品专用标志的使用必须获得官方核准，并且必须使用，否则将会被注销使用资格。根据《农产品地理标志使用规范》第十四条、第十五条规定，符合农产品地理标志使用条件的主体可以申请使用农产品地理标志公共标识，是否使用不作强制要求。但如果申请使用，则需要明确具体的使用数量、范围等指标。

通过实证调查发现，这三个不同地理标志产品专用标志共同存在，最大的问题在于，对地理标志产品实际生产经营者造成很大困扰，带来使用上的不便。如果生产者对所有这些标识都使用，那么他们的商品或包装表面将会被各种标识（还包括自有商标、绿色食品或无公害产品标志等）占满，不仅不美观，也让消费者很不理解。如果生产者使用这个标志而不使用那个，就可能会得罪有关方面，或不符合有关规定。最后的选择是干脆都不使用，只使用企业自己的商标。如此一来，地理标志的品牌价值将难以塑造和维系。2018 年机构改革，虽然实现了地理标志行政管理机构“二合一”，但尚未对地理标志产品专用标志使用进行整合。

综上，目前我国三套地理标志保护制度的冲突性存在，不仅引发了一系列问题，增加了制度运行的成本，也增加了权利的维护成本。不仅破坏了国家法制的统一性，也带来了立法、行政和司法等资源的巨大浪费。更关键的是，它还对地理标志的实际运用造成很大障碍，不仅影响了我国地理标志产业经济发展的实际成效，更困扰着我国地理标志保护的未来。

三、新一轮机构改革下完善我国地理标志保护制度路在何方?

（一）根本出路：统一地理标志保护立法

新一轮机构改革后，我国之所以还存在多套相互冲突的地理标志保护制度，根本原因在于地理标志保护“三法”（《商标法》《地理标志产品保护规定》和

《农产品地理标志管理办法》）冲突性并存的局面还没有改变。因此完善我国地理标志保护，根本出路在于尽快统一相关立法，构建起体系化的地理标志法律机制。

我国地理标志保护立法应当如何体系化重构呢？这里值得一提的是，2017年10月1日实施的《民法总则》已在第一百二十三条把地理标志纳入知识产权客体范畴，地理标志保护体系整合已经有了统一的上位法依托。不过，《民法总则》第一百二十三条对包括地理标志在内的知识产权客体的集中规定，更多还体现为一种价值宣示功能。[19] 地理标志保护不可能只依靠一部抽象的《民法总则》，它还需要相关立法配套和细化。那么具体应当如何进行配套和细化？从国际上看，目前各国做法差别很大，有的国家和地区主要依托商标法（又称"商标法模式"）、有的则专门立法（又称"专门法模式"）。这两种主流模式究竟孰优孰劣？理论上褒贬不一。从实践来看，客观地讲，它们各有优势和局限性。事实上，如学者所言，地理标志保护立法模式的选择"不是纯学术问题，而是非常现实的利益衡量和选择问题"。[20] 对地理标志保护施以商标法或专门法，两者"无高下之分，关键是符合各自国情并能够有效实施"。[21] 结合我国当前的实际情况，地理标志保护立法的重构已经不是单纯地选择商标法或者依靠专门法的问题了，而是需要进行必要的制度创新，通过整合、完善既有的相关立法，走"权利保护与产品质量监控相结合"[22] 的体系化立法之路。

首先，关于地理标志权利保护立法的体系化。应当承认，地理标志本质上仍属于商业标识类知识产权客体。地理标志法律保护的首要目的，在于防止市场上针对地理标志的侵权假冒及不正当利用（包括商标抢注）等现象的发生，以此保护地理标志产区生产经营者及消费者的合法权利和利益。综合来看，在这方面，商标法体系有着十分显著的制度优势。为此，我国地理标志保护立法的重构，首先需要将《商标法》确立为地理标志权利保护的主要法律机制。以此整合现有三套保护"立法"，统一地理标志概念、地理标志构成条件、地理标志确权、地理标志侵权救济以及地理标志产品专用标志等，实现地理标志权利保护立法体系化，从根本上化解地理标志重叠保护和权利冲突等一系列问题。

19　何华：《〈民法总则〉第123条的功能考察——兼论知识产权法典化的未来发展》，载《社会科学》2017年第10期。

20　张玉敏：《地理标志的性质和保护模式选择》，载《法学杂志》2007年第6期。

21　管育鹰：《我国地理标志保护制度评述》，载中国法学网，http：//www.iolaw.org.cn/showArticle.aspx？id＝2771，最后访问于2020年2月11日。

22　孙智：《地理标志国际保护新发展的路径分歧及我国选择》，载《知识产权》2019年第1期。

其次，关于地理标志产品质量监控制度的构建。虽然地理标志与普通商标同为商业标识类知识产权客体，但不同于普通商标，甚至有别于一般的集体商标和证明商标，地理标志兼有标示商品地理来源和保证商品品质特殊性的双重功能。同时，它还在促进区域经济（尤其是农村产业经济）创新发展、推动文化遗产活态传承和生态环境保护等方面具有十分独特的制度功用。[23] 基于此，为了更好地激励、保障和维护地理标志的这些特殊功能，我国地理标志保护立法的重构，除了尽快整合完善地理标志权利保护制度之外，还需要充分结合现有的地理标志产品保护制度和农产品地理标志保护制度在地理标志产品质量标准建设、专家审查程序等方面所积累的成熟经验，通过出台专门立法，建立起统一的、与地理标志权利保护相互协调和配合的地理标志产品质量监控制度。该监控制度至少需要由两个关键部分构成：一是“事前监控”，即通过建立、健全和完善地理标志确权环节的实质审查制度（专家审查制度），以及健全地理标志产品质量标准体系，统一地理标志产品质量标准，优化地理标志确权程序，严格地理标志的权利取得，推动地理标志的高质量确权；二是“事后监控”，即通过对已经获得注册的地理标志产品及相关产业进行动态监管、跟踪和引导，不断完善地理标志产品质量标准（包括国家标准、地方标准和管理规范等），保证地理标志产品品质的长期稳定，促进地理标志产业经济的高质量发展。

（二）“两步走”：地理标志保护制度“三合一”改造路线图

新一轮机构改革以后，虽然已由国家知识产权局统一负责地理标志商标（包括集体商标和证明商标）和地理标志产品的确权和保护工作，但农产品地理标志保护登记仍由新组建的农业农村部负责。同时，在国家知识产权局内部，对地理标志保护仍然并行地理标志产品审批和地理标志商标注册两套确权机制。由此可见，新一轮机构改革还未从根本上改变我国地理标志保护实践“三条腿走路”的混乱局面。因此，完善我国地理标志保护制度，还需要进一步整合、优化相关行政管理体制。从目前来看，在已基本完成地理标志行政管理机构“二合一”的新形势下，重构我国的地理标志保护制度，推动实现地理标志保护制度“三合一”的最终目标，可能还需要分“两步走”：

第一步：在国家知识产权局内部，尽快整合地理标志产品与地理标志商标的保护工作。在机构“二合一”基础上，进一步完成地理标志确权“二合一”。这里有三种整合方案可供选择：一是将地理标志产品纳入地理标志商标系统；

---

23 腾延娟：《论环境治理模式转型对中国环境立法的影响》，载《贵州师范大学学报（社会科学版）》2017 年第 4 期。

二是将地理标志商标纳入地理标志产品系统；三是将地理标志产品和地理标志商标都拿出来，重新建立一套新的保护系统。综合多方面因素考虑，本文倾向于选择第一种方案，即把地理标志产品纳入地理标志商标系统。同时，建议将地理标志产品保护制度的职能转换为地理标志产品质量监控，由其承担农产品以外的地理标志确权的实质审查（专家审查），以及地理标志产品质量标准建设、地理标志产品专用标志使用管理等职能职责。这应当是一种相对合理的方案选择。

第二步：在国家知识产权局内部完成地理标志产品保护制度和地理标志商标制度“二合一”以后，进一步协调、整合国家知识产权局系统与农业农村部系统的地理标志保护工作，推动实现与农产品地理标志保护制度的“三合一”。这里又有三种选择方案：一是将农产品地理标志保护完全纳入地理标志商标保护系统，该方案在理论上可行，但可能会不利于扶持农业农村发展，因此不完全可取；二是将地理标志商标保护纳入农产品地理标志保护系统，由于农产品地理标志保护范围仅限于初级农产品领域，该方案不具有实际可操作性；三是在两者之间建立保护衔接和协调机制，即一方面统一由地理标志商标系统负责地理标志确权，并与农业农村部建立已注册农产品地理标志商标的信息共享机制；另一方面把农产品地理标志商标的产品质量监控（包括确权环节的实质审查、产品质量标准建设、专用标识使用管理等）职能职责单列，继续保留在农业农村部。这方面，我们可以合理借鉴但不是完全照搬欧盟的做法，结合我国实际情况，由农业农村部专门负责农产品地理标志产品质量监控，由国家知识产权局系统负责农产品地理标志以外的其他地理标志产品质量监控。这应是比较切合实际的解决方案。

通过上述“两步走”措施，即首先实现地理标志产品保护制度与地理标志集体商标和证明商标保护制度的完全整合，在此基础上进一步实现与农产品地理标志保护制度的合理对接，进而在我国建立起统一的地理标志保护制度。如此，方能从根本上化解我国地理标志行政管理机构的职能重叠和职责混乱，解决地理标志保护领域还存在的上述一系列问题。最终目的在于，让有可能成为我国知识产权强项之一的地理标志[24]，真正化身为我国知识产权的一个强项。

24 郑成思：《中国入世与知识产权保护》，载《法学》2002 年第 4 期。

美国反垄断法在知识产权领域的应用及启示

王黎明　周羽中*

【内容提要】本文介绍了近年来美国学者关于知识产权法与反垄断法之间协调与冲突关系的研究，分析和梳理了美国反垄断法在知识产权领域的应用、当前备受关注的几个问题、新的发展动态以及对我国的启示。

【关键词】知识产权法　反垄断法　关系　启示

一、关于知识产权法与反垄断法之间协调与冲突的研究

企业在获取、使用和行使知识产权，包括专利、版权、商标和商业秘密等，有时会遇到反垄断法的挑战。二者之间的复杂关系自20世纪初以来就一直困扰着学者和实践者。尽管知识产权法与反垄断法有共同的最终目标，都是为了达到促进创新，提高消费者福利的目的，二者协同作用，以更低的价格给消费者带来新的、更好的技术、产品和服务。但由于它们的方式不同，存在着潜在的冲突，如何平衡知识产权保护的合法垄断与防止由于知识产权的滥用而损害竞争和创新的问题，是一个世界性的难题。

1. 知识产权保护为“天才之火添利益之油”

知识产权法通过建立强制的财产权对新的有用的产品、更高效的方法、初创性表达的作品等创新以及创新的传播和商业化提供了一种激励，如果没有知识产权的保护，模仿者就会迅速而无偿地采用发明人和投资者的成果，迅速的模仿会降低创新的商业价值，侵蚀投资的动力，最终损害消费者利益。知识产权权利人被授予排除限制权利，对于保障权利人收回创新投资和实现利益以激

* 王黎明——山东理工大学经济学院教授，硕士生导师，主要研究领域：法律经济学、产业经济学；周羽中——山东理工大学经济学院硕士，主要研究方向：法律经济学。

励权利人进行创新、防止其他竞争者非法利用创新的成果以及促进权利人对成果进行商业化推广和进行公开都十分必要。创新又通过开发新的高质量的产品和服务提高消费者福利，刺激经济增长。

在美国，授予专利权人自授权之日起十七年内，排除他人在美国制造、使用和出售专利所主张的发明的权利。版权保护适用于作者以有形的介质表现具有独创性的作品。商业秘密保护适用于经济价值依赖于其不为公众所知悉的信息[1]。

尽管知识产权赋予某一特定产品、方法或相关作品的排他权，但通常会有实际或潜在的相近替代品阻碍市场支配力的行使。如果专利或其他形式的知识产权的确授予了一种市场支配力，那么这种市场支配力本身并不违反反垄断法。市场支配力不能强加于知识产权所有者负有许可他人使用该财产的义务。但是，市场支配力可能被非法地获得或维持，或者即使是合法地获得或维持，市场支配力也可能会与知识产权所有者通过与该财产有关的不合理的行为来损害竞争的能力有关。与涉及其他有形或无形财产的一般反托拉斯原则相同，该原则也适用于涉及知识产权的行为。但知识产权拥有与许多其他形式财产相区别的重要特点，如易被盗用和滥用。知识产权行使的某些行为类型可能具有反竞争效果，这些反竞争效果是反垄断法所禁止的。可见知识产权既不是特殊地游离于反垄断法的审查之外，也不受反垄断法的特别质疑。

知识产权保护通过准予排他性的权利来鼓励创新，从经济学角度来看，这虽然容易使价格高于边际成本，在短期引起对竞争的损害，却又有利于社会的长期利益。

2. 反垄断法阻止垄断以提高经济效益

反垄断法通过阻止有可能损害竞争的行为，创造有活力的竞争环境来促进创新和经济增长，使消费者以更低廉的价格得到更丰富的商品，并通过保护竞争过程以促进公共利益。

3. 知识产权保护与反垄断法的协调与冲突

在美国，创新只是成功的一半条件，另一半是创新成果的商业化。就像创新需要知识产权保护一样，商业化也需要一个公平的竞争环境，不受反竞争胁迫，这就需要反垄断。知识产权法与反垄断法作用在不同方面，既有目标相一致的方面，也有复杂冲突的方面，二者的交互作用产生了不少难题。知识产权法允许合法的垄断，反垄断法则为之施加了重要的限制，以保证这种垄断不会由于滥用而损害竞争，它们事实上是互相补充的。知识产权的滥用，是相对于

1 Antitrust Guidelines For the Licensing of Intellectual Property. https：//www. ftc. gov/reports/antitrust - guidelines - licensing - intellectual - property - proposed - update - 1995 - guidelines - issued.

知识产权的正当使用的对立面而言的，指知识产权的权利人在行使其权利时超出了法律所允许的范围或正当的界限，导致对该权利的不正当使用，损害他人利益和社会公共利益的情形，因此应受到反垄断法规制。

在知识经济和互联网交织的时代，二者的关系更加复杂化，特别是涉及计算机产业的一些诉讼，如对微软的诉讼等，使得如何能让知识产权和反垄断法共同发挥作用，以达到共同促进创新及提高社会福利的目标，成为当今争论最多的话题之一。

二、美国反垄断法在知识产权许可领域的适用

1995 年，美国司法部和联邦贸易委员会联合颁布了《知识产权许可的反垄断指南》，提出对知识产权领域中的排除限制行为进行反托拉斯法分析的三个原则：知识产权与其他财产权利同等对待；拥有知识产权不应被假定为当然具有市场支配力；知识产权许可行为总体上具有促进竞争的效果。该指南将反垄断法禁止的知识产权的滥用范围界定为以下三个方面：涉及知识产权的无根据的贸易限制；用于协调有竞争关系的知识产权权利人之间的卡特尔；压制竞争性知识产权产生和发展的安排。执法机构也从本身违法原则分析方式转变为以合理原则为指导的分析方式。2007 年 4 月，美国又出台了《反托拉斯执法与知识产权：促进创新和竞争报告》。美国学者主要研究了以下具体行为的规制原则、判例和框架：

1. 独占许可

根据《谢尔曼法》第一条，专利独占许可作为一项不合理地限制贸易的协议可能会引发反垄断问题。横向的专利独占许可，专利许可方和被许可人在专利技术涵盖的市场中是实际或潜在的竞争对手，有一些专有性许可被认为本身就是违反反托拉斯法的，当知识产权许可只是市场分配或价格操纵计划的一个掩饰或者借口时，属于这种情况。独家横向许可根据合理性原则进行评估，如果市场不集中，那么这种许可是有可能通过反托拉斯审查的；然而，如果市场非常集中，并且该许可除掉了一个重要的竞争对手，那么该独家许可就可能违反了反托拉斯法，除非许可中有重要的有利于竞争的方面。根据美国的反托拉斯法，纵向独家许可权几乎一直被认为是合法的，只有在纵向许可试图设定或使得被许可方确定卖掉产品的最低价格水平时，该许可本身将引起反托拉斯审查。

2. 拒绝许可

知识产权持有人的权利的本质是有能力排除他人使用相关的知识产权。知识产权持有人有权利不许可其知识产权，除非它有主观意图去使用这些权利形成垄断，即（1）在一个市场中拥有垄断力量；（2）拒绝将知识技术许可给第

二个相关市场中潜在的竞争对手；(3) 有在第二市场建立垄断地位的特定意图。

3. 搭售

搭售是指一种产品（搭售品）的售出要以买家同意从卖家购买另一种产品（被搭售品）为条件。搭售可以根据“本身违法原则”或“合理性原则”进行分析。根据“本身违法原则”捆绑销售的指控包括以下要素：(1) 搭售产品和被搭售产品是单独的产品（或是专利）；(2) 专利持有人迫使被许可人使用被搭售产品；(3) 许可人（卖方）在搭售产品方面具有市场支配力。在这里，市场力量是典型的门槛问题，必须证明：(1) 卖方在搭售品市场具有市场支配力，搭售协议对减少被捆绑产品的竞争有实际的反竞争作用；(2) 没有完全的正当理由。搭售和捆绑在效率改善方面的效果不超过反竞争的效果。在2001年美国微软公司案中，华盛顿特区巡回法院认为，尽管微软在计算机操作系统市场的份额很高，但是浏览器与操作系统捆绑销售的行为本身不足以看成是搭售协议。相反，根据“合理性原则”，法院发回重新审理是因为法院并不想阻止由软件产品一体化带来的创新。

4. 专利池

专利池是指由两个或两个以上不同的专利持有人同意共同授权一组专利的交叉许可的形式。这些协议通过整合互补的技术，降低交易成本。

在专利池分析时需要考虑：专利池形成后是否会减少竞争；专利池所提议的许可程序是限制还是促进竞争；此外，要评估专利池对创新的影响。如果专利池迫使被许可人专利返授，即强制被许可人无偿或者以极低的许可费率转移其当前或将来可能获得的新技术，那么未来创新可能会减少。

专利池通常被认为是有利于竞争的，是一种有效的促进技术传播的方法。然而，从专利池获得许可时，成员不应该集体拒绝许可其知识产权，不应为了消除竞争对手而拒绝许可，不应利用专利池分配市场，并应为被许可人的竞争性敏感信息提供保障措施。

5. 独占交易

当一份许可协议阻止被许可人许可、出售、分发或使用竞争性技术或包含有竞争性技术的产品时，独占交易就产生了。由于排他性独占交易契约在本质上是纵向的，就需要根据合理性原则对它们进行评估。在评估时，主要分析下列因素：推行独占交易要求的许可方的市场份额；对提供相互竞争的商品或技术的供应商的排斥程度、协议期限、进入市场的可能性以及约束背后的目的[2]。

---

2 Remarks of Maureen K. Ohlhausen, Recent Developments in Intellectual Property and Antitrust Laws in the United States. Commissioner, Federal Trade Commission. June 17, 2013, pp. 1–11.

三、其他备受关注的问题

1. 标准制定与包含专利的行业标准

没有标准的世界是无法想象的，如果没有标准，就不可能有手机的联网使用以及银行卡的推广。标准制定涉及团体工业协议的以下两个方面：（1）对产品的技术或安全性要求；（2）在配套产品的供应商之间提供兼容性。标准制定往往是有利于竞争的，因为标准制定通过让消费者相信产品间可以互相协作，从而使他们更容易认可市场上的产品。然而，标准制定在以下情况下也会引起反垄断问题：（1）标准制定机构的成员在使用标准过程中排挤竞争对手；（2）标准制定机构中的成员操纵整个过程来垄断相关市场。如果被标准制定组织选定为标准的一项专利技术，其缺乏有效的替代技术或者使用替代技术增加的成本过高时，专利技术的所有者就可以设定相较于其被选定为标准前更高的许可费用、更苛刻的许可条件，从而引发反垄断问题。为此，标准制定机构要求其会员在公平、合理和非歧视（FRAND）原则上，同意许可他们的专利。

网络产品和服务性市场（例如，移动无线通信系统）的兼容性标准，对知识产权法引发挑战，因为这种标准通常需要标准制定组织（SSO）使用会员持有的一项或多项专利。SSO 对这些专利的依赖可能会导致“专利阻滞”或“专利埋伏”，即专利持有人有能力通过征收高于竞争率的专利费或禁止竞争对手使用其专利来行使市场力量。标准制定机构通常要求其成员专利持有人承诺下列事项以解决这一问题：披露与任何被提议的标准（公开的必要专利）有牵连的专利和专利申请拟定标准（申报的基本专利）；提供哪些企业愿意根据合理和非歧视（RAND）原则或者根据公平、合理和非歧视（FRAND）原则实施那些专利许可。涉嫌违反这些承诺的行为可能构成专利权滥用。但是大多数的标准制定机构都没有正式确定其 FRAND 条款的确切含义，特别是大多数标准制定机构从来没有清楚界定标准必要专利（Standard - Essential Patent，SEP）所有者是否必须达成 FRAND 条款以及 SEP 所有者是否有可能试图禁止制造商使用其标准必要专利。从美国各地的联邦法院以及国际贸易委员会（ITC）都接到了私人机构的诉讼，且主要是大型科技公司这一情况来看，迫切需要在保护知识产权和维护竞争性的市场之间找到合适的平衡点。

从案例情况来看，在 20 世纪 90 年代末，Rambus 公司参加了一个标准组织：联合电子设备工程委员会（JEDEC）的召开会，旨在建立规范动态随机存储技术的标准。参加 SSO 促进会的 Rambus 公司的代表没有透露 Rambus 持有可能被提议的标准涉及的专利和申请书。在标准被采纳前，Rambus 公司正式从 SSO 撤出，然后对众多已设计出符合标准的产品的企业宣称专利权。Rambus 公司强制许多公司支付高于市场水平的专利费，并且起诉那些拒绝支付专利费的企业侵权。美国联邦贸易委员会对Rambus公司提起诉讼，在行政审判后发现，Rambus公司的欺骗性行为构成垄断，违反了《联邦贸易委员会法》第五条和《谢尔曼法》第二条（任何人垄断或企图垄断，或与他人联合、共谋垄断州际间或与外国间的商业和贸易，是严重犯罪。如果参与人是公司，将处以100万美元以下罚款；如果参与人是个人，将处以10万美元以下的罚款，或三年以下监禁。也可由法院酌情并用两种处罚）。FTC认为，Rambus公司的欺瞒行为导致两种排他情况。首先，FTC发现，如果Rambus公司披露其专利权，JEDEC就有可能采用Rambus的竞争对手的技术。其次，FTC还发现，如果JEDEC知道了Rambus公司的专利权利，它有可能要求Rambus公司制定FRAND条款，将承担的义务作为JEDEC把那些专利纳入标准的一个条件。美国哥伦比亚特区巡回上诉法院推翻了这一看法，该法院发现，作为合法获得专利的持有人，Rambus公司应该可以收取它想要的任何专利费，增加专利费用的欺骗行为本身并没有违反联邦反垄断法，而且尽管欺骗了JEDEC，导致其排除了竞争对手的技术，Rambus公司可能违反了反垄断法律，但是在记录中并没有其他在案专利权记录表明如果Rambus公司披露其专利，JEDEC就会采用另一种技术。缺乏这样的证据，该机构还不能证明其反竞争排他性。Rambus与涉嫌侵权者继续提出诉讼，在诉讼案件中，Rambus公司对JEDEC的欺瞒行为已经形成被告专利滥用辩护的基础。

在苹果公司和三星电子公司案件中，三星起诉苹果专利侵权，苹果反诉宣称三星滥用其欧洲电信标准协会（ETSI）会员的地位，其作为第三代搜索引擎平台（3GPP）的参与者，制定了移动无线运营商技术标准，其中包括通用移动通信标准（UMTS）。苹果声称，三星在参与SSO过程时已经披露了一些但并不是所有对UMTS必要的专利，并承担了制定FRAND条款的义务（而三星却不打算履行这一条款）。苹果公司认为，这一行为引致该组织采用建立在三星技术基础上的标准。三星驳回反诉，声称苹果没有界定相关市场，法院不同意这一观点。研究发现，在标准出台前，苹果已经在法院充分申辩了由其技术组成的相关市场，也能够执行在UMTS中每一项被声称的三星的必要专利覆盖的各种功能。之后，三星还宣称，苹果未能提出证据证明非法的反竞争行为。法院发现，在以下情况下，可以利用SSO获得垄断权力并在相关市场中造成反竞争影响：（1）一个以达成共识为导向的私人标准制定环境；（2）专利持有人根据FRAND条款故意虚假承诺许可必要专利技术；（3）将这一项技术纳入一个标准时，标准制定组织对FRAND条款承诺的依赖；（4）专利持有人随后违反FRAND条款，是可控告的反竞争行为。由于在SSO采用UMTS标准时，SSO知道苹果有已确定的替代性技术，因而苹果提出了索赔。

在苹果公司和摩托罗拉移动公司案件中，苹果（又是作为侵权行为的被告），就摩托罗拉参与3GPP标准制定提出了反诉。苹果声称摩托罗拉没有披露一些必要专利，并做出虚假的FRAND许可承诺（在这方面，摩托罗拉曾向其他公司提供许可设计符合标准的产品，而拒绝以FRAND条款向苹果提供许可）。法院认为，苹果是根据《谢尔曼法》第二条提出的主张，指出摩托罗拉“通过制造虚假承诺，导致全球标准的建立纳入了它自己的专利并消除了与之竞争的其他技术，摩托罗拉已经成为一个网关守卫，在相关市场中积累力量伤害或消除竞争”，包括了“由摩托罗拉宣称的必要专利覆盖的各种专利领域的技术竞争和发挥功能”。法院还拒绝了摩托罗拉的论点［它认为苹果的指控没有满足《美国联邦民事诉讼规则》第九条（b）款对欺诈行为的强化辩护要求］。通过“识别摩托罗拉被指没有披露的特定专利，识别摩托罗拉做出公平、合理和非歧视承诺的特定专利，以及摩托罗拉做出这一承诺的企业和他们制定的日期”，苹果已提出索赔。

在True Position公司诉爱立信电话公司案件中，原告（移动电话定位技术的设计和销售公司）声称爱立信、高通和阿尔卡特朗讯公司通过操控被3GPP采用的标准密谋排除其技术，原告还指称，3GPP本身违反了反托拉斯法，因为它没有确保被告企业遵守该组织的规则。投诉主要集中在被告企业在3GPP工作组（其主席是爱立信公司的一位代表）会议期间的角色和活动。原告诉称，该工作组一直遵循一种惯例，就是正在考虑中的曾被列入早期标准的技术自动地在下次标准制定中接受审查。在这里，虽然原告的技术已被列入早期版本的定位标准，但并没有被包括在后续标准中。原告还诉称，3GPP工作组主席要求原告证明它的技术将比正在考虑的其他技术能带来更多好处，并将原告的技术评估推迟了三个月，这让原告的竞争对手“先声夺人”，以及对原告施加不公平和歧视性的技术要求，这些行为都是不恰当的。法院驳回了这一起诉，法院分析的核心是原告投诉的行为受到了九个SSO成员公司的支持而不是三个被告企业的支持。此外，每个被告都有一个独立的经济理由反对采纳原告的技术。例如，爱立信公司希望保持从技术（而不是原告的技术）使用的专利中获得的利润收入；阿尔卡特朗讯公司还没有准备将原告的技术纳入其定位硬件中。法院认为，在这些情况下，原告须找出直接证据证明被告签订协议排除其技术。由于原告未能这样做，法院驳回了起诉。

2. 专利经营实体与专利收购阻止竞争

专利经营实体（PAE）通常是一个拥有专利的公司，它不实施专利，也没有对那些专利的研发作出贡献，许多PAE的商业模式是大范围地提起专利诉讼，从而获得收入。PAE往往是一种空壳公司，具有很强的寄生性。它们是从其他公司、研发机构或个人发明者手中购买专利的所有权或使用权，然后专门通过专利诉讼或利用专利诉讼相要挟，从而赚取巨额利润的专利经营公司。一些研究表明，PAE更多的是购买小型公司（50%）和个人发明者（28%）的专利，这意味着它们在保护小企业专利货币化时可能会促进企业间创新竞争。赞成PAE者认为：专利经营实体在专利制度中有助于推动创新并解决效率低下问题，PAE为小企业和个体发明者高效率地保护和货币化发明提供了一种手段，认为PAE可以解决市场的低效率（PAE使财大气粗的大型公司几乎没有可能侵犯小公司的知识产权）。但是不赞成者认为：PAE也可能扭曲技术市场中的竞争态势，通过购买专利组合，然后事后诉讼而阻碍创新。由于PAE诉讼的目标往往也是小型公司，这对小企业应用专利造成不利的影响。据统计，美国2011年PAE产生的收入来自被告和被许可人的是29亿美元，比2005年增加400%[3]。研究认为，PAE的行为明显阻碍了美国的创新，并以从美国经济中减少创新、收入以及就业的形式导致了经济"无谓的损失"。对此，有三项措施条款：（1）制定更清晰的专利标准，具有高标准的新颖性和非显而易见性；（2）减少专利所有者和技术使用者之间诉讼费用的差距；（3）创新体系要更加适应新技术和新的商业模式所带来的挑战。2012年至2013年，彼得·德法西奥（Pete DeFazio）和贾森·谢费茨（Jason Chaffetz）两次提出了《保护高技术创新者免遭恶意诉讼法案》（以下简称SHIELD法案）。该法案要求在PAE起诉的案件中把诉讼费用转移给败诉方，并要求PAE交保释金来增加其诉讼成本。美国联邦贸易委员会也意识到PAE引起的潜在问题，并认为，如果要使专利法和竞争政策相一致，就需要减少事后交易的次数，同时促进事前交易。司法部和联邦贸易委员会向美国专利商标局提交意见，表示支持这项提案，要求把专利的转让和分配事先通知给真正的利益方，最低限度是要求鉴定专利持有人的最终母公司，这在许可专利时将有利于提高效率，也可以帮助避免无意侵权（研究显示这是一个重要的问题），避免实施专利者租用PAE专利时易受到的攻击。

强大专利组合的销售成为技术市场的特征。在2011年底和2012年初，美国司法部调查了三个与无线设施有关的重要的组合收购：谷歌收购摩托罗拉移动控股公司（MMH）的专利；苹果、微软和黑莓制造商收购北方电信网络有限公司的某些专利；苹果收购Novell公司的某些专利。所有的收购都包含遵守标准制定机构实施的FRAND承诺的标准必要专利（SEPs）。

2012年2月13日，美国司法部发布了一封信函，信中描述了当前司法部对

3 Remarks of Maureen K. Ohlhausen, Recent Developments in Intellectual Property and Antitrust Laws in the United States. Commissioner, Federal Trade Commission. June 17, 2013, pp. 1 – 11.

专利收购的竞争性影响的看法。首先，司法部认可标准必要专利的收购能够使收购方从事反竞争行为，例如：要求高于竞争的专利费用；强迫潜在的被许可人同意交叉许可；当只许可收购方的一小部分专利组合时，向被许可方收取整个的组合专利费用；试图在市场上阻止或排除这些标准必要专利的产品；通过诉讼，以禁止令或排除令威胁为手段排除竞争。在分析三项收购中任何一项大幅度减少竞争的可能性时，该机构审议了对于传统的并购分析很重要的因素，包括市场份额和集中度。其次，司法部还考虑了与专利组合相关的交叉许可协议可能产生的影响。但是致使该机构得出结论，这些专利收购不太可能大幅减少竞争的关键因素，是伴随标准必要专利的 FRAND 承诺的存在，而且苹果和微软承诺通过根据 FRAND 条款许可专利保证公开履行那些承诺，且在与标准必要专利相关的纠纷中不寻求禁止令。

审理专利收购难题的法院普遍认为，在某些情况下，收购（或一系列相关收购）可能违反反垄断法。然而，专利收购如果是反竞争的，它必须做更多的而不仅仅是用一个专利垄断者取代另一个。在 Digital Sun 公司诉托罗公司案件中，加州北区法院在准许撤销基于一项涉嫌专利垄断收购的企图垄断索赔的请求中重申了这一点。法院解释说，原告未能充分陈述反竞争行为，即被告没有获得全部专利，而是从原告那里收到一些独占许可及非独占许可。法院认为，独占许可只是用一个专利独占者（被告）取代另一个专利垄断者（原告），这不能等同于竞争的大大减少。而且非独占许可的作用是创建一个额外的竞争对手（被告），从而增加了竞争。

在 Digital Sun 公司诉托罗公司案件中，没有指控被告着手进行专利积累策略形成垄断。这些指控是在 TriQuint 半导体公司诉 Avago Technologies Limited. 案中提出并抵挡了一项要求即决审判的动议。在 TriQuint 案件中，原告声称被告（拥有某些体声波产品 80% 至 95% 的市场份额）推行了专利积累战略，并寻求排除新的竞争，拒绝对竞争性的项目许可已获得的专利。法院拒绝作出即决审判，认为这样的行为可能会大大阻碍其他竞争者进入，并对相关产品市场上专利持有者的竞争者和消费者造成垄断伤害。

3. 反向支付协议

反向支付协议是一种利益从权利人处流向非权利人处的逆向流动。引人注目的医药专利反向支付协议，是指在药品专利诉讼中，当专利药企业的医药专利受到来自仿制药企业的挑战时，专利药企业为了尽快结束诉讼、避免诉累或者回避败诉风险而与仿制药企业达成的，以专利药企业向仿制药企业支付一定形式的经济利益为条件而换取仿制药企业延迟进入市场的“和解”协议。其影响是，首仿药企业与专利药企业利用Hatch－Waxman法案[4]赋予首仿药180天的市场独占期，分享市场垄断利益，消费者却须支付高额的专利药品费用。Hatch－Waxman法案曾经显著促进了美国新药研发和仿制药上市，却影响了专利药企业的市场独占利益，反向支付协议是原研药企业和仿制药企业争夺市场的博弈结果。联邦贸易委员会估计，由于仿制药平均而言比其相应的品牌药便宜85%，这样的协议一年花费美国消费者近35亿美元[5]。该协议引起了第三方质疑，最终以构成反垄断行为被诉至法院。从2000年起，此类案件渐增。该类案件同时涉及专利法和反垄断法的适用，重点在于平衡专利保护和防止滥用，如果反竞争效果大于正竞争，则应受反垄断法规制。当前针对该问题的基本原则选择以及违法性认定的考量因素方面，仍处在争论阶段。

从案例来看，虽然联邦贸易委员会和司法部将此类协议推定为反竞争的，但实际上所有审理此类案件的法院已经裁定反向支付协议在某种程度上是合法的，它们不包括对专利范围之外的限制，而且它们也不是反竞争行为的结果。2011年，尽管由州检察长、美国反托拉斯研究所、多位法学教授和经济学家组成的“法庭之友”做出了种种努力，但最高法院在路易斯安那药品批发公司对拜耳公司案件中拒绝澄清有关反向支付的法律，该案涉及一项协议，协议中拜耳公司支付仿制药生产商Barr Labouratories 3.98亿美元达成协议，Barr公司不推广其仿制药环丙沙星，直到拜耳的专利即将过期。在上诉中，第二巡回法院认为这样的协议本身并不违法，只要不超过专利的范围，就不会遭受质疑。随后的案件都与此一致。在随后的上诉法院的决定中，美国联邦贸易委员会诉沃森制药公司案件，第十一巡回法庭驳回了联邦贸易委员会的论点，即“反向支付协议是非法的。客观来看当时协议的情况，专利更有可能在进入之日之前阻止非专利条目”，沃森法院认为，“如果在获得专利时没有进行虚假诉讼或欺诈，反垄断和解只要在和解之日属于专利排除潜力的范围之内，就不受反托拉斯法的抨击，州法院也同样拒绝谴责这种和解协议”。然而，反托拉斯机构继续攻击“反向支付协议 ”，继续在法庭上对这类协议提出质疑，并以“法庭之友”的身份参与消费者阶层诉讼。此外，立法机构也努力遏制此类协议的继续。

4　该法案通过延长专利药厂家的专利期限，以弥补由新药审批所带来的专利时限消耗；此外，明确专利侵权豁免规定，简化仿制药审批程序，规定仿制药上市只需提交简略新药申请（ANDA），并规范了仿制药商对专利药专利的挑战过程，对挑战专利药专利的合法性、可执行性或侵权性行为设立了奖励政策。

5　Susan E Foster，Shylah R Alfonso and Barry J Reingold Perkins Coie LLP，US：Recent Developments in Intellectual Property Antitrust Law. ［J］. The Antitrust Review of the Americas 2013，pp. 16－20.

4. 延伸应用与发展

美国执法机构通过大规模听证，并在参考前沿法学和经济学文献以及借鉴相应实践经验的基础之上，于2007年4月17日联合发布了《反托拉斯执法与知识产权：促进创新和竞争》报告。报告中对超过专利法定有效期延伸市场支配力的行为（超过法定有效期实施专利对竞争的影响，具有独占性限制的长期合同的竞争效果，专利与技术秘密捆绑），交叉许可行为和专利联营行为，知识产权许可行为的不同形态（如禁止主张权利条款，回授条款，商业回报分享协议）等方面进行了深入的阐述。该报告是在《知识产权许可的反垄断指南》公布11年之后才发布的，以达到在知识经济时代，通过二者的协调来进一步实现“鼓励创新、勤勉和竞争”的共同目标。

四、美国反垄断法在知识产权领域的应用对我国的启示

美国知识产权法与反垄断法关系的发展，经历了从分别立法，割裂与对立，到增强互补共融功能和尝试确立新规则解决知识产权领域的反垄断问题等阶段性发展。执法机构也从最初的强调知识产权的特殊性，到之后强化对知识产权领域的反垄断执法，然后又继续注重知识产权，直到1995年以后，两者才呈现出互补共融的配合特征，而近几年美国执法机构和法院对于涉及知识产权的反托拉斯案件处理有所弱化。

1995年4月，美国司法部和联邦贸易委员会联合发布《知识产权许可的反托拉斯指南》，并于2016年8月后进行了修订完善，对不合理使用知识产权从而造成垄断的一些行为阐述了在法律实施的过程中将会采用的一些立场、解决问题的途径以及实施法律的一般规则。执法部门将采取分析方法和法律适用原则，明确反垄断执法机构实施的原则，为判断许可行为是否违反反垄断法提供指导。2007年发布的《反托拉斯执法与知识产权：促进创新和竞争》报告，则在《知识产权许可的反垄断指南》的指导思想和主要内容的基础上进一步发展和完善。

2008年，我国《反垄断法》开始正式实施，但对于滥用知识产权的垄断问题只有其中第五十五条简单而笼统地规定：“经营者依照有关知识产权的法律、行政法规规定行使知识产权的行为，不适用本法；但是，经营者滥用知识产权，排除、限制竞争的行为，适用本法。”当前我国《反垄断法》还缺乏具体的可操作的实施细则或指南，美国有关知识产权领域反垄断问题的规定、新制度与新规则的研究与实施，为我国完善知识产权法和反垄断法及执法提供了有益的启示与参考，其核心是如何平衡创新与竞争，并对知识经济和网络经济出现的新问题，探索更好的互相配合的解决方法。据国务院反垄断委员会2018年底通

报，我国《关于知识产权领域的反垄断指南》将颁布。当前，在国外知识产权滥用已严重影响到我国自主创新能力的情况下，迫切需要我国重视和加快利用反垄断法规制知识产权滥用的研究，分析、梳理可能出现的具体滥用行为，明确相应的处置规则，制定较为细化和全面的反垄断指南，设立独立且权威的反垄断执法机构，为促进经济发展，增进社会福利和公平竞争提供更好的法律环境保障。

新型网络侵财犯罪专题

网络游戏外挂行为司法认定问题的探讨

——基于134件案例样本的分析

储颖超*

【内容提要】伴随着网络游戏产业迅猛发展，网络游戏外挂问题也大量涌现。笔者通过对十年间外挂类案件的实证研究及分析，发现司法实践中对网络游戏外挂行为的犯罪机理以及适用罪名莫衷一是。因此，本文基于对外挂运行机理及外挂理论的阐述，针对不同的行为主体即外挂开发者、销售者、使用者各自相对应的行为模式及行为阶段分别展开探讨。

【关键词】网络游戏外挂　侵犯著作权罪　非法经营罪　非法获取计算机信息系统数据罪

网络游戏作为一项新兴科技经济产业，其盈利模式依赖于游戏用户规模，数据显示，网络游戏外挂行为（以下简称外挂行为）已经成为导致用户流失第三大原因，占近15%[1]，与此同时，外挂行为具有违反游戏规则、打破游戏的公平性和平衡性等负面效应。因此，为了维护网络游戏产业的健康有序发展，刑法有必要审慎地介入外挂行为法律规制领域。

一、外挂行为司法实践情况的透视

随着网络游戏外挂类的新型犯罪的频发，该类犯罪涉及的刑事法律问题给我们提出了诸多挑战。由于外挂犯罪本身技术性较强且表现形式多样，我国目

*　储颖超——广州市天河区人民检察院一级检察官。

1　艾瑞咨询：《中国游戏用户行为研究报告》，载 http：//report. iresearch. cn/report/201504/2364. shtml，最后访问于2019年11月18日。

前针对外挂的立法明显滞后于网络游戏产业的发展。笔者针对网络游戏外挂行为过往的司法实践做了一次实证调研，通过网上常用法律文书数据源[2]，检索2006年至2017年全文含“外挂”一词的所有一审刑事案件裁判文书，共得到与游戏程序外挂相关的174个刑事案件。根据主题限定条件[3]，进一步筛选出134个有效案件。经分析，笔者得出以下结论：

第一，外挂案件行为模式多样，背后牵扯不同的行为主体。尽管外挂行为的目的主要是牟利，但外挂存在开发、销售和使用等不同环节，故相对应的不同环节主体的行为方式也呈现一定的差异。134件案件中，72件系制作开发外挂软件并牟利，占53.73%。其中，制作并出售外挂程序牟利的有67件，制作并使用外挂程序以获取游戏金币牟利的有3件；51件系直接销售外挂程序牟利，行为人通过网络或他人获取外挂程序并通过下线、网络等渠道宣传推广以加价销售牟利；11件系行为人利用他人制作的外挂软件进行牟利，其中，5件系行为人利用外挂赚取游戏币并出售牟利，3件系行为人利用外挂替他人代练收取服务费方式牟利，3件系行为人利用外挂盗取他人游戏账号或游戏虚拟物品并销售牟利。

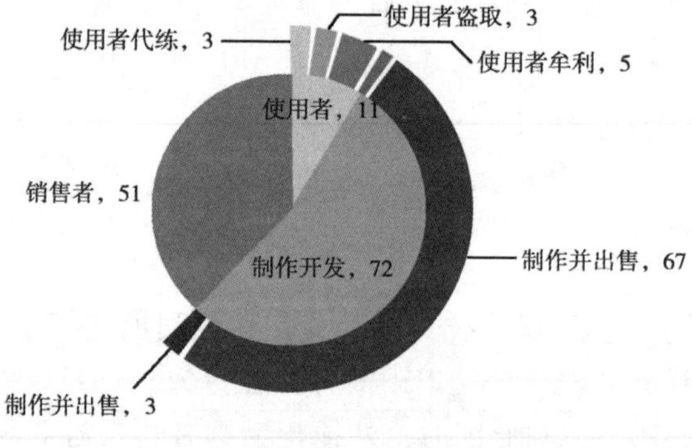

图1　外挂案件中不同行为主体分布

第二，外挂案件的司法认定存在较大差异，这种差异包括罪名差异、诉判差异、时间差异和地域差异。从宏观上看，134个案件中最终被法院认定为非法经营罪的有70件，认定为侵犯著作权罪的有20件，认定为破坏计算机信息系统罪的有7件，认定为非法获取计算机信息系统数据罪的有8件，认定为提供侵入、非法控制计算机信息系统的程序、工具罪的有29件。从判决结果看，法

2　OpenLaw开放法律联盟、无讼案例网和中国裁判文书网。

3　限定条件是排除了盗窃罪、开设赌场罪和诈骗罪三种类型案由的案件共40个。

院认定的罪名中，与公诉机关指控罪名或公安机关刑拘罪名不同的有16件[4]。从时间上看，2006年至2012年间，外挂类案件数每年均是个位数；而在2014年高达34件，同时当年认定为非法经营罪的比例最高，达88.24%，但之后认定该罪的比例逐年下降。值得注意的是，从2013年开始，外挂类案件新出现了认定为提供侵入、非法控制计算机信息系统的程序、工具罪的判决，其比例逐年上升，2017年达57.14%[5]。同时，侵犯著作权罪也有类似的上涨趋势，2017年达23.81%[6]。从地域上看，历年外挂类案件中，江苏、上海各占总数的43.28%、22.39%，且两地的非法经营罪判决数量均超过60%；而广东、浙江占总数的比例各是8.21%、4.48%，且更偏向于计算机类罪名的判决，其占比均在60%上下。

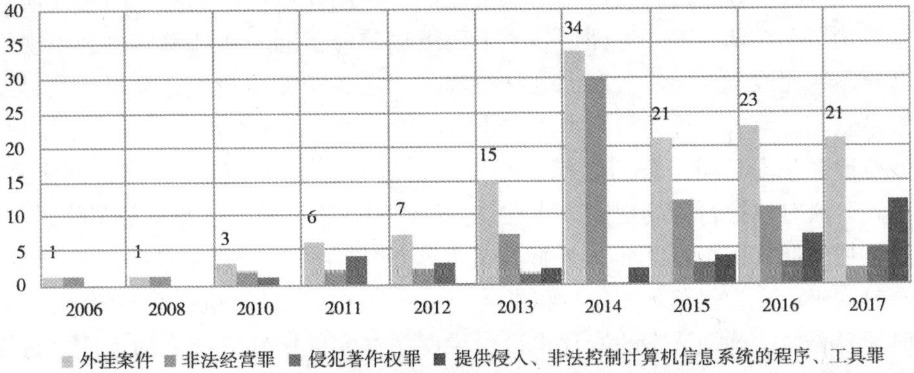

图2 2006—2017年外挂案件数量及部分罪名构成

第三，关于外挂行为在司法层面的认知仍较为模糊。一方面，由于外挂问题相对专业化，技术含量较高，司法人员往往基于实用主义立场采取适当回避对外挂具体行为内容及背后的主体区分，缺少对外挂行为的实质分析。72件涉及外挂制作案件中，有41件案件裁判文书中对外挂行为的描述停留在如“改变软件的运行过程、结果”或“游戏的正常操作流程和正常运行方式造成了破坏”

4 由于涉及的判例数量较多，笔者在此不一一列举，仅列举其中个别判例（以下注释类同），如（2016）粤1203刑初第80号刑事判决书、（2016）沪0104刑初第1178号刑事判决书、（2015）深南法刑初字第1134号刑事判决书等。

5 如（2017）鄂0581刑初第135号刑事判决书、（2017）苏1282刑初第481号刑事判决书、（2017）浙0702刑初第435号刑事判决书等。

6 如（2017）鄂0703刑初第180号刑事判决书、（2017）豫1481刑初第1388号刑事判决书等。

的模糊描述层面，[7]仅有18件能够对外挂具体运行机理做详细说明与阐述，[8]占全部外挂案件的13.4%。另一方面，针对外挂案件，法院的裁判文书对于法检两家认定罪名一致的情形多以“公诉机关指控成立”“定性正确”一笔带过，而对于法检罪名认定不一致的情形则多以“公诉机关指控罪名不当，本院予以纠正”来表述，仅有个别裁判文书给出了局限于“非此即彼”的分析阐述，未能就不同罪名选择结合适用的法理与案情内容进行探究，以致认定罪名的理由缺乏说服力。

通过对上述司法实践中外挂类案件的实证研究和梳理，可以看出以下问题：第一，公安、司法机关对外挂行为的罪名认定不一，缺乏精准的刑法评价。司法实践中，对于相同性质的外挂行为的司法认定会得出不同结论，这种不一致不仅出现在公、检、法各自认定的罪名之间；不同地域的法院对于同一性质的外挂行为也存在认定不一；即便是上下两级法院对于同一案件事实也会出现情节认定不一而改判。司法实践对外挂行为的司法认定差异较大，呈现一定程度的混乱状态。第二，外挂行为司法实践亟须统一司法认定标准。当前，学术界、游戏行业和公安、司法部门之间，因各自立场不同而对外挂行为有不同定义，导致现阶段对外挂行为的规制，涉及侵害经营权、著作权、计算机等多种罪名。通过上述实证分析，近几年来外挂类案件从认定为非法经营罪这一“口袋罪”逐渐趋向于认定为侵犯著作权罪和提供侵入、非法控制计算机信息系统的程序、工具罪等罪名，这一认定的变化也恰恰说明司法实践中缺乏统一的标准，而仅仅依靠司法工作者的业务经验和实务探索。因此，对外挂行为的司法认定，应当坚持从技术原理出发，在厘清技术原理的基础上，针对其各自涉及的法律问题，按照有关法律的基本原理展开刑法评价，从而对案件作出审慎的判断。

二、外挂运行机理分析与理论阐述

司法实践中，司法工作者通常对外挂行为的运行机理不甚明了，在司法判案过程中只能依靠专业机构的技术鉴定意见，而对于鉴定意见中检材的来源、鉴定的程序等专业问题由于其自身专业的限制而导致判案捉襟见肘。因此，厘清外挂程序的定义及外挂的运行机理，是科学判案的第一步。目前唯一对外挂行为的官方定义，仅在五部委于2003年联合颁布的《关于开展对“私服”、“外

---

7 如（2016）苏0802刑初第81号刑事判决书、（2016）沪0104刑初第777号刑事判决书等。

8 如（2012）深南法知刑初字第31号刑事判决书、（2016）沪0107刑初第552号刑事判决书等。

挂”专项治理的通知》中有规定[9]，但该定义存在明显的缺憾[10]，导致我国理论界与实务界对外挂的定义、性质认识不一，其原因除了外挂种类繁多，功能模式各异，难以分析之外，更主要的是在分析问题时多停留于外挂的表象，而未对外挂的技术原理进行深入分析。

笔者就外挂运行机理向网易、阿里等网络游戏公司技术人员征询专业意见，并结合上述134个外挂案例的案情梳理，认为网络游戏外挂主要采用以下三种常见的运行原理达到作弊目的：

一是修改内存数据，由于早期PC端网络游戏程序运行时需要在客户端一侧将游戏内账户、角色、道具等本地核心数据加载到内存，故外挂通过检测游戏运行时系统内存数据变化，进而确定内存中涉及游戏货币、道具数量、角色属性等核心数据的区域，通过锁定或修改相关数值来实现游戏作弊。

二是修改通信协议数据，当前主流的网络游戏采用客户端/服务器端模式，彼此两端通过网络通信协议完成游戏数据交互。外挂通过破解网络游戏客户端程序和通信协议，截获客户端与服务器端通信协议数据包，修改并注入内容达到游戏作弊目的。开发者需要对游戏反编译，理解游戏程序逻辑、通信协议的结构、规则以及加密算法、函数功能、参数以及地址等，调用或修改游戏客户端的某些程序功能；在一些更严重的游戏作弊场景，外挂直接伪装成游戏客户端，规避服务器端设置的反作弊检测规则，伪造通信协议与服务器交互，称为“脱机外挂”。这类外挂具有技术含量高、开发难度大、游戏危害程度高的特点。

三是模拟操作，外挂采用按键精灵等键盘、鼠标模拟器，根据游戏界面操作逻辑，执行相应的键鼠按键输入顺序，模拟游戏者的操作过程，从而实现自动化挂机操作，达到游戏作弊的目的。这类外挂使用模拟输入的通用工具，具有快速应用、通用性好等特点，但并不涉及数据修改，对游戏影响小，常用于游戏辅助，代替游戏者完成重复性的游戏操作。

综上，外挂是指针对某一款或某几款网络游戏的内存、通信协议数据进行修改、伪造或者操作模拟以实现游戏作弊目的的软件程序。围绕着外挂行为的司法认定，理论界主流观点主要涉及刑法的三类犯罪，即侵犯知识产权的犯罪、对计算机信息系统的犯罪以及非法经营类的犯罪。那么究竟应当如何判断外挂行为的刑事违法性及适用的罪名，这就需从主体实施外挂行为所侵犯的具体法益以及外挂行为的特征方面进行具体分析。首先，外挂行为的技术特征存在多

9　“‘私服’、‘外挂’违法行为是指未经许可或授权，破坏合法出版、他人享有著作权的互联网游戏作品的技术保护措施、修改作品数据、私自架设服务器、制作游戏充值卡（点卡），运营或挂接运营合法出版、他人享有著作权的互联网游戏作品，从而牟取利益、侵害他人利益。”

10　如没有明确区分私服与外挂两个不同概念；未介绍外挂的相关技术特征等。

样性，从上述司法案例的实证分析来看，外挂行为有单纯开发外挂、制售外挂牟利，单纯销售外挂牟利，利用外挂进行有偿代练牟利，利用外挂窃取账号等虚拟财产等多种形式，且每一种外挂行为又对应不同的行为主体（主要涉及三类主体：开发者、销售者、使用者）。因此，有必要通过对各行为主体实施外挂行为的阶段、具体行为模式、行为目的的剖析，充分在类型化的基础上展开刑法学分析，从而避免仅在一个抽象的层面笼统地适用某一罪名来单一评价外挂行为的法律适用。其次，外挂涉及知识产权方面的内容，对于外挂行为的刑法认定，应充分尊重知识产权相关法律规范并结合刑法解释、刑事政策等因素确定罪名适用。由于外挂行为牵扯到方法行为和目的行为的相互缠绕，哪些行为能够确定为定性行为并不清楚，由此造成多重行为的定罪难点；罪名的适用涉及的是一罪还是数罪，在犯罪形态上，属牵连犯还是数罪犯，均需从每一种具体外挂行为的犯罪构成及罪刑相适应的原则出发，在认定外挂行为具有社会危害性的基础上分别予以探讨。故对于外挂运行机理并由此对外挂行为主体实施具体行为模式的准确把握，是外挂行为刑法评价的逻辑起点。鉴于此，笔者对当前网络游戏市场关于外挂的行为主体及其行为模式进行分类，具体如图3所示。

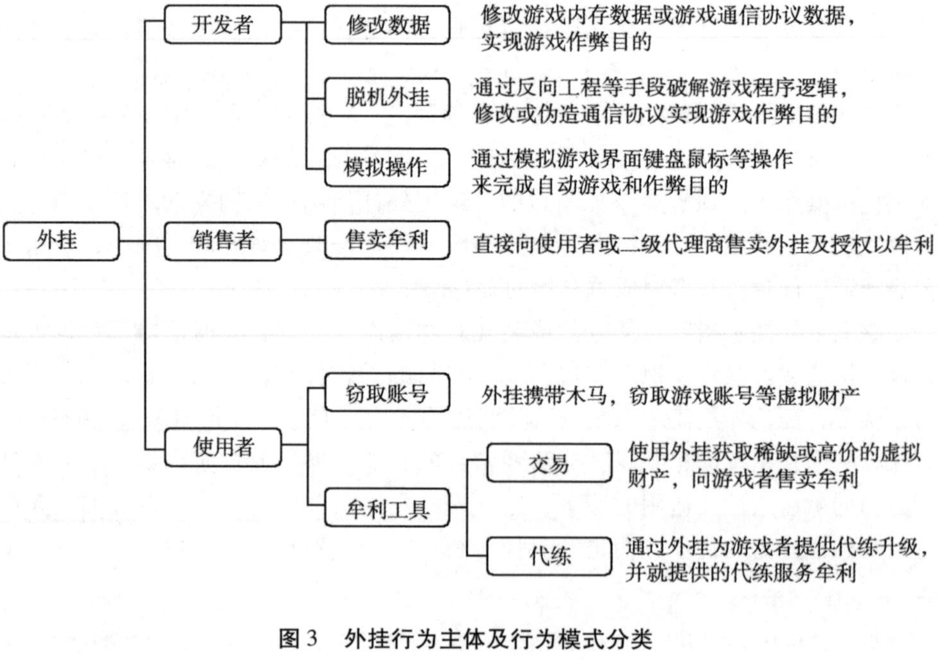

图3　外挂行为主体及行为模式分类

三、开发者制作外挂行为的定性分析

1. 开发者制作外挂行为的定性分析

开发者修改数据的行为分为两种方式，一种是修改客户端程序内存数据；一种是通过修改游戏客户端软件发送至服务器的数据来实现其“作弊”功能。有观点认为，外挂程序制作的行为手段通常表现为破坏游戏程序的技术、保护措施、复制利用他人网游程序、修改和伪造数据封包等[11]。也有观点认为，外挂程序的制作通过修改服务器端程序、客户端程序和修改客户端与服务器端程序之间传送的数据的方法作弊[12]。但无论持何种观点，始终绕不开对数据性质的界定，只有明确了数据的性质，才能准确地认定开发者修改数据的行为。

针对外挂这一计算机软件，《计算机软件保护条例》列有相关条文规定，依据该条例第二条[13]的规定，判断数据是否属于计算机软件就是判断数据是否属于计算机程序或文档。该条例第三条对计算机程序的认定进行了详细的规定[14]，依据这一规定，我们可以得出：（1）程序就是一系列按一定顺序排列的指令[15]，指令是用来确定“做什么”或“怎么做”的执行方法。而数据是指所有能输入到计算机并被计算机程序处理的符号的介质的总称，数据属于程序执行的对象，只能被调用，不能主动执行。因此，数据并非指令，不属于计算机程序。（2）第三条对文档[16]亦作了相应的阐述，文档是依托于程序而存在的，没有程序即没有文档，二者是相互依存的关系，既然数据不是计算机程序，当然也就不构成文档。因此，根据上述分析可知，数据既不是程序，也不是文档，不属于计算机软件，亦不属于游戏软件的一部分，不受著作权的保护。

外挂开发者通过破解、拦截等手段对客户端的内存数据或是对客户端与服务器端之间传输的数据进行修改，都会侵入计算机信息系统，且侵入获取的对

11 于志刚、于冲：《网络犯罪的裁判经验与学理思辨》，中国法制出版社 2013 年版，第 298 页。

12 于同志：《网络游戏“外挂”的认定与处罚》，载《政法论丛》2008 年第 6 期。

13 《计算机软件保护条例》第二条规定计算机软件“是指计算机程序及其有关文档”。

14 “计算机程序，是指为了得到某种结果而可以由计算机等具有信息处理能力的装置执行的代码化指令序列，或者可以被自动转换成代码化指令序列的符号化指令序列或者符号化语句序列。同一计算机程序的源程序和目标程序为同一作品。”

15 在软件工程上，指令是指使计算机执行一个特定操作或者执行一组特定操作的程序语句，或者是在程序设计语言中规定某种操作，且如果有操作数则对操作数进行标识的一个有含义的表述。对于指令的定义参见北京市高级人民法院（2005）高民终字第 00443 号民事判决书。

16 文档是指用来描述程序的内容、组成、设计、功能规格、开发情况、测试结果及使用方法的文字资料和图表等，如程序设计说明书、流程图、用户手册等。

象系除国家事务、国防建设、尖端科学技术领域外的计算机信息系统中存储、处理或者传输的数据，进而达到作弊目的。笔者认为，就外挂开发者修改数据这一行为，符合我国《刑法》第二百八十五条第二款非法获取计算机信息系统数据罪[17]的犯罪构成，情节严重的，认定为非法获取计算机信息系统数据罪较为合适。

司法实务中，开发者还存在制作脱机外挂及模拟操作两种行为，这类案例并不多，笔者在这里作简要探讨。针对开发者制作脱机外挂[18]的认定，应当解决两个逻辑问题，第一，关于定义中“游戏运行逻辑、数据结构、通信协议等内容”性质的认定。根据中华人民共和国国家标准 GB/T 5271.7—2008《信息技术 词汇 第7部分：计算机编程》[19]有关定义，网络游戏运行逻辑、数据结构、通信协议内容和加密规则属于技术信息的一种，也属于计算机编程程序的一部分，因此受著作权法保护。第二，复制重现游戏客户端核心逻辑、数据结构和加密规则是否构成实质性相似。目前，判断计算机软件是否侵犯著作权主要有三个标准，“实质性相似加接触”标准；“镜像复制”标准；“结构、顺序与组织”标准。[20]在司法实务中，我国目前主要采用“实质性相似加接触”标准，一般从质与量两个方面进行判断，而这一判断标准，亦得到了学者的认可[21]，也直接被运用到刑事判决中[22]；脱机外挂中，开发者通过反向工程等技术手段，获取他人享有著作权的计算机软件中的相关核心程序内容，虽然该外挂与官方的游戏客户端的所有程序内容不一定完全一致，但其主体结构、功能系实质性相同，即开发者其实是伪造了虚假的客户端代替官方的客户端，以蒙蔽服务器达

17 非法获取计算机信息系统数据，是指违反国家规定，侵入国家事务、国防建设、尖端科学技术领域以外的计算机信息系统或者采用其他技术手段，获取该计算机信息系统中存储、处理或者传输的数据，情节严重的行为。

18 所谓脱机外挂，指开发者通过反向工程技术手段破解网络游戏客户端程序，获悉其中游戏运行逻辑、数据结构、通信协议和加密规则等内容，从而利用相同或相似的计算机语言开发脱机外挂程序，复制重现游戏客户端核心逻辑、数据结构和加密规则，最终伪造输出与正常游戏客户端一致的通信协议内容，欺骗网络游戏服务器端，达到游戏作弊的目的。

19 《信息 技术 词汇 第7部分：计算机编程》第二节的标准包括：编程的方法、技术与程序结构。

20 肖群：《判断是否侵犯计算机软件著作权的通用标准》，载《电子知识产权》2003年第12期。

21 我国台湾地区学者也指出：“当判决理由强调‘实质相似不仅指量之相似，亦兼指质之相似’时，其中之‘量’与‘质’，皆以整部作品全体，作为判断基础……同时，将系争作品区分‘核心或重要’部分与‘非核心或重要’部分二者，若涉嫌抄袭者仅属于后者之‘非核心或重要’部分，则纵使二者著作于此实质类似，亦可能不该当于违法重制。”黄铭杰：《重制权侵害中“实质类似”要件判断之方式与专家证人之运用》，载《月旦法学杂志》2011年第2期。

22 参见（2006）海法刑初字第1750号刑事判决书；（2011）徐刑初字第256号刑事判决书。

到作弊目的。从网络游戏服务器端来看，脱机外挂与官方的客户端高度相似，符合实质性相似的判断准则。因此，开发者制作脱机外挂的行为属于我国《刑法》中著作权罪的“复制”行为，应当认定为侵犯著作权罪。

至于模拟操作属于辅助性外挂行为的定性，其主要是针对网络游戏重复性、枯燥无味的动作和设计的不合理之处而制作的，其将游戏中一些重复性的内容由程序自动完成，这类外挂对游戏规则冲击较小，对网络游戏的实质性伤害程度较低。因此，对于此类外挂，鉴于其社会危害性程度不大，一般可以适用民事、行政手段对此类外挂进行调整和规制，这也体现了刑法谦抑性的原则。

2. 开发者涉及制售外挂的定性分析

除了单一的开发、销售外挂行为外，司法实践中还存在制售外挂的行为，学术界[23]与实务界[24]对于制售行为的罪名认定均存在分歧，由于该行为的认定牵涉到牵连犯、竞合犯、罪数等刑法理论问题，因此，有必要对制售行为进行探讨。根据上述实证案例的梳理情况，现阶段开发者涉及制售外挂行为可分为以下三种情况：（1）开发者一人完成制售行为，即单独制作外挂并销售给不特定对象；（2）开发者与他人共谋制售外挂并负责制作外挂，他人负责销售外挂，共同牟利；（3）开发者在获得他人授意、雇佣条件下制作外挂，有限度非主导[25]参与制售行为。

第一种情况，行为人具有两种身份，既是外挂开发者又是外挂销售者，行为人擅自制作外挂出售牟利，这一行为既属于出版程序违法的非法经营行为，也属于出版内容违法的非法经营行为[26]；同时，行为人制售外挂软件进行非法经营并以此获利系其目的所在，故笔者认为，在一人非法制售外挂的行为定性中，制作行为应属于销售行为的手段，两者具有牵连关系，作为罪数理论中处断的一罪，据此目的，应当认定为非法经营罪。

第二、三种情况，涉及刑法理论中的共犯及主从犯的认定。第二种情况，

---

23 学术界认定的罪名分歧集中在非法经营罪、侵犯著作权罪，相关文献可参照徐凌波：《网络“外挂”相关行为的刑法评价》，载《刑事法判解》2012 年第 2 期；俞小海：《网络游戏外挂行为刑法评价的正本清源》，载《政治与法律》2015 年第 6 期。

24 根据实证分析中对 134 件外挂案件的统计，制售外挂行为相关案件一共有 67 件，其中 41 件认定为经营罪，3 件认定为破坏计算机信息系统罪，12 件认定为侵犯著作权罪，11 件认定为提供侵入、非法控制计算机信息系统的程序、工具罪。

25 “有限度非主导”，笔者在此将其理解为，“有限度”是指开发者并非获取与实际销售外挂所得的合理或显著比例的利益；“非主导”是指开发者对外挂整体制作、销售流程和环节非处于掌握、管理和控制的地位。

26 罗鹏飞：《擅自制作网游外挂出售牟利如何定性——北京一中院判决谈文明等非法经营案》，载《人民法院报》2008 年 2 月 15 日。

开发者与他人存在犯罪的共谋，开发者对犯罪的认定并不仅限于其自身的开发行为，其对他人利用其开发的外挂销售非法牟利的行为明知且积极参与，因此，可以认定为共同犯罪行为。对于这种情形，笔者认为，这两种行为存在明确分工，由不同的行为主体实施，亦侵犯了不同的犯罪客体，侵犯了不同的法益，应当对开发、销售行为分别予以认定，并适用数罪并罚的原则，才能够实现行为与目的的统一。第三种情况，存在确切证据表明开发者开发外挂受他人直接、间接授意或雇佣，且仅获得固定收益（如领取工资等形式），不涉及销售外挂，即开发者与销售者虽共处于同一案件中，但无法证实二类行为主体存在犯罪的共谋，开发者对犯罪的认识仅限于自身的开发行为，不宜认定为共同犯罪，应当根据其各自行为来认定并适用相应的罪名。

四、销售者销售外挂行为的定性分析

在外挂销售阶段，销售者从他人处获取外挂程序，系外挂的持有者，其通过网络等方式推销、出售外挂，从表面上看，销售者销售外挂软件非法牟利，此处的外挂软件是实现其牟利的商品，故有观点认为，此处的外挂属于非法出版物，销售外挂应当界定为非法出版活动，进而应当认定为非法经营罪。[27]但笔者认为这一认定并不合理。我国《刑法》第二百八十五条第三款规定了提供侵入、非法控制计算机信息系统程序、工具罪[28]，且明确了该罪的两种行为方式[29]，相关司法解释规定了情节严重[30]的具体情形。从行为方式的规定上我们可以得知，如果行为人为他人提供的是通用的计算机程序或工具，主观上须明知他人用于非法用途；而外挂程序属于非法程序软件，销售者销售外挂的行为显然符合第一种行为方式，即为购买者提供专用的非法程序或工具，刑法也将这一行为作为独立犯罪行为予以评价，另从前文对司法实证案例的梳理分析来

27　王晨恺、秦天宁、瞿勇：《制作发行网络游戏外挂行为的刑法适用》，载《政治与法律》2009 年第 6 期。

28　鉴于第二百八十五条第一款非法侵入计算机信息系统罪保护的对象是国家事务、国防建设、尖端科学技术领域的计算机信息系统，因而《刑法修正案（七）》规定了该罪，以扩大对计算机信息系统的保护范围。

29　两种行为方式分别是：第一种是行为人为他人提供专用的非法程序或工具，第二种是行为人提供通用的计算机程序或工具，但需事先明知对方是用于入侵或非法控制计算机信息系统。

30　《最高人民法院、最高人民检察院关于办理危害计算机信息系统安全刑事案件应用法律若干问题的解释》规定了提供侵入、非法控制计算机信息系统程序、工具罪六种情节严重的情形：“（一）提供能够用于非法获取支付结算、证券交易、期货交易等网络金融服务身份认证信息的专门性程序、工具五人次以上的；……（五）违法所得五千元以上或者造成经济损失一万元以上的；（六）其他情节严重的情形。”

看，司法实践从2013年开始对于销售者销售外挂的行为多以提供侵入、非法控制计算机信息系统的程序、工具罪认定，一改之前多以非法经营罪认定。笔者认为，在计算机类犯罪逐渐明确的情况下，作为投机倒把罪沿袭形态的非法经营罪应当适时地从计算机刑事保护领域退出，一方面，考虑到计算机类犯罪与非法经营罪属于一般法与特别法的关系，按照计算机类犯罪进行定罪处罚更加符合该类犯罪的性质，亦避免非法经营罪传统“口袋罪”的诟病。另一方面，为了对该类犯罪定性更加精准，符合罪刑法定原则，也有必要适用计算机类的罪名。

有学者认为，如今网络空间中外挂销售有三种方式[31]，销售者以电子形式转移他人享有著作权的行为属于《刑法》第二百一十七条规定的“发行”[32]。笔者对该学者的这一观点亦无法苟同。《著作权法》及《刑法》均规定了侵犯著作权罪中的发行对象必须是获得著作权授权的作品原件或复制品，上文已经探讨外挂这一计算机程序软件不属于网络游戏的原件或复制品，其销售并没有侵犯发行权。因此，销售者销售外挂的行为不属于侵犯著作权罪中的发行行为，当然也不构成侵犯著作权罪。《刑法》第二百一十八条规定的销售侵权复制品罪，其犯罪对象是他人的侵权复制品，开发者开发外挂的行为并不侵犯著作权，因此，外挂销售者也就不存在销售侵权复制品的行为，不构成销售侵权复制品罪。

笔者认为，销售者销售外挂的行为实质上是为购买者提供外挂程序，购买者使用外挂程序侵入、非法控制计算机系统，情节严重的，应当认定为提供侵入、非法控制计算机信息系统的程序、工具罪，而不宜认定为非法经营罪和侵犯著作权类犯罪。

五、使用者使用外挂行为的定性分析

1. 使用者窃取虚拟财产的行为认定

关于虚拟财产的定义，我国法律没有明确的规定，学术界从各个方面肯定了虚拟财产的价值，即虚拟财产能够满足玩家的精神需求，具有使用价值（主

---

31 一是提供网络免费下载；二是网上宣传、网下销售；三是通过传统的渠道销售，即侵权产品的持有人通过广告、征订等方式推销侵权产品。于志刚、陈强：《关于网络游戏中“外挂”行为的刑法思考》，载《山东警察学院学报》2009年第1期。

32 《著作权法》规定，发行权是以出售或赠与方式向公众提供作品的原件或者复制件的权利。两高颁布的《关于办理侵犯知识产权刑事案件适用法律若干问题的意见》中规定：《刑法》第二百一十七条中的“发行”，包括总发行、批发、零售、通过信息网络传播以及出租、展销等活动。这是刑事司法领域第一次对“发行”的含义作出界定。

观价值），无论是在运营商所主导的在线交易市场还是玩家之间的离线交易市场中，虚拟财产都有其市场价值，能够兑换为现实的财产；虚拟财产是玩家投入时间、精力和金钱的产物等。这些观点不仅经常为学理论述所采纳[33]，也常常被各司法判决所援引。将虚拟财产解释为刑法上的财物，不会侵害国民的预测可能性，没有违反罪刑法定原则。因此，像网络账号、游戏货币、游戏装备等应当归属于虚拟财产指涉范围之内，属于法律意义上的财产，可以成为侵犯财产罪的犯罪对象。

使用者窃取虚拟财产的行为主要有三种表现形式[34]，这些表现形式均是使用者在相对人不知情的情况下，利用技术手段获取虚拟财产的账号密码，之后登录账号改变密码或网络游戏相关内容，使相对人无法登录账号对其虚拟财产进行占有、使用、收益和处分，从而达到非法占有他人虚拟财产的目的。因此，虚拟财产的窃取行为符合盗窃罪“秘密窃取”的本质特征，其和传统盗窃行为的区别仅在于窃取对象的物理性质不同，即窃取的对象承载了数字化的科技含量，但这仅是形式上的区别。因此，盗窃虚拟财产行为符合传统盗窃罪的基本构成要件，数额较大的，应当以盗窃罪定性处罚。

2. 使用者使用他人制作的外挂牟利行为的定性

使用者使用他人制作的外挂牟利主要有两种模式，一种是使用者通过使用他人制作的外挂获取稀缺或高价的虚拟财产进行售卖牟利[35]；另一种是使用者提供代练服务[36]。这两种模式中，使用者使用他人已经制作完成的外挂软件，使用的行为不涉及侵犯著作权罪中的复制发行行为，不宜以侵犯著作权罪论处。“在电子环境下，作品是以代码为载体的方式存在，复制品所有权的转移以代码的发送为前提。要认定为发行行为，要求作品向公众提供了代码，且代码能够在公众的终端为公众所感知。”[37]上述两种模式，外挂软件均是存储并运行在使用者的计算机上，使用者没有另行将游戏上传在其他服务器上通过互联网传播，

---

33 参见于志刚：《论网络游戏中虚拟财产的法律性质及其刑法保护》，载《政法论坛》2003年第6期；赵秉志、阴建峰：《侵犯虚拟财产的刑法规制研究》，载《法律科学》2008年第4期。

34 第一种是利用外挂程序或网页中隐匿的木马程序盗取玩家游戏账号、密码；第二种是通过远程控制的方式盗取账号、密码；第三种是利用系统漏洞，在本机植入木马或者远程控制工具，然后通过第一种和第二种方式进行盗号活动。转引自刘磊：《谁动了我的“虚拟财产”》，载《软件世界》2004年第2期。

35 如（2016）苏0903刑初第337号刑事判决书、（2012）醴法刑初字第403号刑事判决书、（2013）成郫刑初字第166号刑事判决书、（2016）黑0602刑初第124号刑事判决书等。

36 代练，即使用者通过他人制作的外挂为游戏者提供代练升级服务牟利，游戏者付费购买的是使用者提供的代练服务而不是外挂软件。

37 皮勇主编：《侵犯知识产权罪案疑难问题研究》，武汉大学出版社2011年版，第192页。

或采取其他方式复制发行游戏软件，外挂软件的使用权和控制权也没有因为使用者的使用行为发生转移，使用者只是为游戏者提供超出游戏规则范围的额外帮助，外挂软件仅是使用者实现牟利的手段或工具。因此，使用者的行为仅属于对外挂软件的使用，并未构成出版、发行行为，自然也不构成非法经营罪。

境外对于外挂使用者的规制，如韩国在司法实践中认定使用外挂的行为是违法行为，由专门的网络警察处理；欧美国家则通过信用制度加以解决。笔者认为，上述行为主体主要涉及使用者与游戏者，二者作为网络游戏的市场主体，行为模式本质上属于买卖关系，并不为法律所禁止，即“法无禁止即可为”。因此，根据罪刑法定原则，使用者使用他人制作的外挂牟利的行为不属于犯罪行为。但针对使用者的上述违规行为，网络游戏运营商完全可以通过封号、降级、封停等手段对使用者进行处理，以警示使用者不要使用外挂，受到侵害的运营商也可以通过民事诉讼等自力救济的方式获得赔偿。

新型网络赌博犯罪分析

——以组建聊天群利用棋牌类APP赌博为例

杨静怡*

【内容提要】 随着互联网快速发展以及根据互联网用户市场需求，许多集休闲、娱乐、社交于一体的网络游戏不断被研发推广。然而，一些不法分子却利用网络游戏进行违法犯罪活动，其中，一种以棋牌类游戏为载体、利用移动支付转账的游戏方式正演变成为新型网络赌博。本文将对上述新型网络赌博行为进行探讨。

【关键词】 赌博　开设赌场　聊天群　棋牌类游戏

根据中国互联网络信息中心发布的第44次《中国互联网络发展状况统计报告》，截至2019年6月，我国网民规模达8.54亿，普及率达61.2%；我国手机网民规模达8.47亿，网民使用手机上网的比例达99.1%。如今，5G时代来临，高速率、低时延的5G网络将给人们的日常工作、娱乐、社交等活动带来更大的便利，并将大幅度提升人民的生活质量。但是，5G时代的到来会使以互联网为载体的违法犯罪问题更加凸显。

棋牌作为一种常见的休闲娱乐活动，集技巧性、趣味性、娱乐性、竞技性于一体，老少咸宜，既能锻炼思维、启迪智慧，又能联络感情、陶冶情操。但棋牌由于自身带有博弈属性，很容易被改造成为一种赌博游戏。随着互联网和智能手机的普及使用，在手机软件商城里有各种各样扑克类、麻将类游戏的APP，这些棋牌类游戏在供大众日常休闲娱乐的同时，亦催生出一些棋牌类游戏涉及赌博的现象。这种以棋牌类游戏为载体、利用移动支付转账的游戏方式正

* 杨静怡——广州市白云区人民检察院检察官助理。

在演变成为一种新型网络赌博。在实践中，有行为人通过组建聊天群、邀请好友进群、利用现有的棋牌类 APP 开设赌局，并从中抽取提成。本文将对上述新型网络赌博行为进行探讨。

一、新型网络赌博违法犯罪活动的特点

网络赌博是由传统赌博演变而来的，本质上与传统赌博并无太大差异，其利用互联网作为犯罪工具，将现实中的赌博活动延伸至网络空间。相较于传统赌博违法犯罪活动，本文所探讨的组建聊天群利用棋牌类 APP 赌博的新型网络赌博活动具有以下特点：（1）犯罪成本低，组建聊天群不需要缴纳费用，且利用现成的棋牌类 APP，邀请好友进入房间即可开始棋牌局，既不需要局限于现实有形的赌博场所，亦不需要购买提供传统的赌具，大大减少了投入成本；（2）参赌人员不特定性，参赌人员来自天南地北，只要通过互联网链接以及通过好友邀请、搜索群账号、扫码等方式即可进入聊天群参与赌局；（3）参赌时间不受限制，参赌人员能随时随地通过手机、平板电脑等便携设备参与棋牌游戏；（4）参赌方式的隐蔽性，行为人通常将聊天群群名修改为“同学群”“家长群”等来掩人耳目，聊天群亦可随时解散，且现今人们对个人信息与隐私安全越来越重视，手机等移动终端设备的密码设置越来越严密，使网络赌博更不易被察觉，亦增加了网络赌博证据提取与保存的难度；（5）赌资支付方便，网络赌博并不需要像传统赌博那样携带现金面对面地进行赌博，直接通过网络转账等方式向不同的人支付或收取赌资，极大减少被当场缴获现金赌资的风险。

二、新型网络赌博犯罪活动的定性

（一）群成员在棋牌类 APP 上玩游戏并支付钱财的行为是否属于赌博行为

赌博是指以营利为目的，以财物为赌注，使用某种方式或者工具进行财物输赢的行为。棋牌游戏的胜负具有极大的随机性与概率性，符合一般人理解的赌博的基本博弈属性。群成员在棋牌类 APP 上玩游戏是否属于赌博行为影响着对群主组织行为的定性。《公安部关于办理赌博违法案件适用法律若干问题的通知》第九条规定：“不以营利为目的，亲属之间进行带有财物输赢的打麻将、玩扑克等娱乐活动，不予处罚；亲属之外的其他人之间进行带有少量财物输赢的打麻将、玩扑克等娱乐活动，不予处罚。”《最高人民法院、最高人民检察院关于办理赌博刑事案件具体应用法律若干问题的解释》第九条规定：“不以营利为目的，进行带有少量财物输赢的娱乐活动，以及提供棋牌室等娱乐场所只收取正常的场所和服务费用的经营行为等，不以赌博论处。”由上述规定可知，是否

以营利为目的、输赢财物的数量是否超过“少量”是区分赌博活动与普通休闲娱乐活动的判断标准[1]。在本文所探讨的案例模型中，群成员具有不特定性，群成员已不限定于亲属好友的范围；而群主规定或群成员之间先商量好棋牌类游戏中的积分所对应的钱财数额，如“一分对应十元人民币”，在游戏结束后进行结算，属于将财物作为赌注。对于“少量财物输赢”则可按照各个地方的法律法规的标准进行认定，可以理解为，以营利为目的，财物输赢超过该地方的具体数额标准，可以赌博行为论处。

（二）组建聊天群是否属于提供赌博场所

赌博场所是指专门用于赌博活动的场所，有合法赌场与非法赌场之分。在一般人的认识中，赌博场所一般是物理有形、较为固定的赌博场地，例如中国澳门的各大赌场，赌客与庄家面对面进行对赌。如今，互联网广泛应用，澳门也出现了许多网上赌场。根据《最高人民法院、最高人民检察院、公安部关于办理网络赌博犯罪案件适用法律若干问题的意见》，其中列举的属于开设赌场的四种行为，均明确指出建立赌博网站、代理赌博网站等情形。有观点认为，社交群组不属于明确规定的建立或代理赌博网站的有关情形，不宜将社交群组简单类比为刑法中的“赌场”[2]。笔者认为，专门用于赌博的聊天群属于法律上的“赌场”范畴，既符合法律解释也未超出国民预测可能性。从设立目的来看，不同于其他用于沟通交流、联络感情的聊天群，案例模型中聊天群的设立是为了纠集、组织人员赌博。从内容上看，赌场一般具有庄家、赌客、赌具、赌资、赌博规则等要素，而用于赌博的聊天群均包含这些要素。从存在形式上看，虽然用于赌博的聊天群有区别于传统物理有形、较为固定的赌博场所，但这是人们日常生活空间向网络空间的延伸，聊天群里成员的沟通交往可视为一个“小团体”“小社会”。如今，网络已经渗透到人们生活的方方面面，人们既要遵守日常生活秩序，也要遵守网络秩序，网络生活已成为人们生活不可或缺的一部分，网络生活可看作是一个以互联网为载体的社会。例如利用微信红包赌博的案例[3]，法院承认了微信群属于赌博场所，同时，很多法律条文亦表明对网络空间的认同。若局限于对法律术语“赌博网站”的字面理解与表面解释，则不利于打击违法犯罪活动。

因此，组建聊天群为群内赌博人员提供了一个赌博平台，组建聊天群的行为属于提供赌博场所。

---

1 陈志军：《立足信息网络实质准确认定“开设赌场”行为》，载《检察日报》2019 年 7 月 19 日。

2 参见《网络犯罪指导性案例实务指引》，中国检察出版社 2018 年版，第 220 页。

3 参见最高人民法院第 20 批指导案例 106 号。

（三）群主组建聊天群并利用棋牌类游戏赌博的行为的定性

在司法实践中，对于屡见不鲜的组建聊天群用于赌博的行为，有认定为赌博罪或开设赌场罪的不同意见。持构成赌博罪观点的人认为，将网络赌博认定为开设赌场罪的条件及四种具体情形是有限列举，不得扩张解释；持构成开设赌场罪观点的人认为，将组织利用聊天群赌博的行为定性为开设赌场罪并不违背刑法解释论的要求且也符合相应的犯罪构成要件[4]。

最高人民法院在2018年12月25日发布的第20批指导性案例中，第105、106号案例对利用微信群作为平台开设赌场的性质认定予以明确，对司法实践正确处理类似案件具有指导意义。但不能简单地把利用聊天群用于赌博的行为都认定为开设赌场，因为每个案例的具体情节不同，需要根据个案情节、相关法律规定、关联罪名区别等予以综合认定。《刑法修正案（六）》将开设赌场行为从原来的赌博罪中分离出来，单独设立开设赌场罪，说明赌博和开设赌场行为的特征具有一定重合性，开设赌场相比较于赌博行为则具有不同的犯罪特点。将赌博罪和开设赌场罪进行区分，可考虑以下因素：

第一，赌博活动的公开程度。开设赌场中的聊天群面向全国各地招揽赌客，聊天群具有相当的公开性，通过群内成员邀请、扫二维码等方式即可进入聊天群，参赌人员往往是不特定的，参赌人员可来自全国各地，互不相识；而赌博罪中的群成员范围较小，主要依靠群主的个人号召力[5]，一般来自小范围的人际圈，参赌人员相对固定。

第二，赌博活动的经营管理。这里需要考虑群主对聊天群是否存在“经营性”。群主发起建立聊天群，而群成员进群时，群主往往会制定并发布一些基本的群规则，如赌博方式、抽取提成的比例等。如果聊天群规模较大或多个聊天群并存，群主会招聘几个人员协助管理群成员和维持群内赌博活动秩序，他们之间会有相应的明确分工，分别负责招揽赌客、管理群成员（如收取入群费、将违反群规则人员移出群聊等）、抽取提成汇总后上交群主等，组织结构相对完整，赌场轮廓比较清晰[6]。而在聚众型赌博中，群主对聊天群或者群成员的控制管理程度没有那么强，参赌人员可自行约定赌博规则、群成员相对来去自由、无明显分工等。

第三，赌博活动的持续时间。聚众赌博中的聊天群成立的时间较短，具有

---

4 田丽玥：《组织利用微信红包赌博行为的定性》，载《广州广播电视大学学报》2017年第5期。

5 孙明珠、李贤春：《新型网络赌博犯罪研究》，载《湖南科技学院学报》2019年第5期。

6 姚海华：《刑事实务办案技能与疑难解析》，中国法制出版社2017年版，第538—541页。

临时性；开设赌场中的聊天群用于赌博的持续时间一般较长，较为稳定或有相对固定的时间安排。

第四，赌博活动的参与规模。一方面，关于参赌人员的人数，聚众赌博要求“组织三人以上赌博”，而开设赌场的参赌人数往往远超三人。另一方面，可考虑该聊天群内每天进行的赌博局数、群主抽头渔利的数额、赌资数额、开设用于赌博的聊天群数量等。

（四）组建聊天群用于赌博的行为是否构成非法利用信息网络罪

2015 年 8 月 29 日发布的《刑法修正案（九）》中增设了非法利用信息网络罪。《刑法》第二百八十七条之一规定的非法利用信息网络罪包含了“设立用于实施诈骗、传授犯罪方法、制作或者销售违禁物品、管制物品等违法犯罪活动的网站、通讯群组”的情形。本文所探讨的“组建聊天群用于赌博活动”的行为符合该情形，非法利用信息网络行为与赌博或开设赌场之间存在牵连关系。若行为人组建用于赌博的聊天群后组织群成员进行赌博并达到相应的构罪标准，可根据《刑法》第二百八十七条之一规定，有非法利用信息网络行为，同时构成其他犯罪的，依照处罚较重的规定定罪处罚，即应当区别情况分别以赌博罪或者开设赌场罪论处。

上述非法利用信息网络罪，属于将预备行为实行化，非法利用信息网络的情形也可作为其他犯罪的手段方式，那组建聊天群用于赌博但尚未达到赌博或开设赌场的构罪标准的行为是否构成非法利用信息网络罪呢？非法利用信息网络罪中规定达到“情节严重”才构成该罪，但目前尚未出台司法解释对“情节严重”或立案追诉标准予以明确。笔者认为，在相关司法解释未出台之前，对于设立用于赌博的通信群组组织人员赌博但尚未构成赌博或开设赌场犯罪的行为，若简单地认定构成非法利用信息网络罪则未免太苛刻，不符合刑法的谦抑性原则，应审慎考虑是否达到非法利用信息网络罪的“情节严重”。行为人设立用于赌博的通信群组，组织人员参与赌博，未达到刑法上赌博罪或开设赌场罪的入罪标准，可以依照行政处罚法、网络安全法等行政法律法规予以行政处罚，不必直接考虑是否入刑。

三、新型网络赌博犯罪活动的证据认定

由上可知，新型网络赌博犯罪活动具有行为隐蔽性、传播广泛性、对象不特定性、不受时空限制、证据保全难度大等突出特点。电子数据作为网络犯罪中一种重要证据类型，具有即时性强和易删改性，难以事后补充侦查。在本文论述的组建聊天群利用棋牌类 APP 赌博的案例中，可借鉴参考现有的法律规定

及判例，从以下几点对证据予以认定：

第一，犯罪嫌疑人的指认。由于群主或者群成员之间互不认识，具有非接触性，不能对犯罪嫌疑人进行照片辨认。这时可通过相应账户的实名制认证、缴获手机中的账户登录信息等对犯罪嫌疑人予以指认。

第二，参赌人员的人数。由于群成员能够随时加入亦能随时退出，在实践中往往是根据案发时聊天群界面的实际在群人数予以认定。此时可通过相关互联网公司提供该聊天群的成员名单、群主银行账户或移动支付账户的明细等对参赌人员的人数予以确定。如果查实一个账号多人使用或者一人使用多个账号的，应当按照实际使用账号的人数认定参赌人数。

第三，赌资或抽头渔利数额的认定。群主收取的入群费、棋牌游戏房间费等可视为抽头渔利。另由于聊天群内可通过红包、转账、扫码支付、提现等多种方式对输赢财物进行结算，因此对该聊天群内的结算数额难以监控与统计。此处可通过犯罪嫌疑人相关银行账户或移动支付账户的流水明细、嫌疑人对相关账户信息的签认、该账户的日常使用、群成员人数等方面综合考虑。嫌疑人对用于接收、流转赌资或抽头渔利的相关银行账户和移动支付账户内的资金不能说明合法来源的，可认定为赌资或抽头渔利数额。

结语

随着互联网的飞速发展，传统违法犯罪活动日益向互联网迁移，网络违法犯罪活动愈加猖獗，在这过程中也不断衍生出网络违法犯罪新形态。网络空间并非法外之地，需要严密防范网络犯罪特别是新型网络犯罪：一是强化网络犯罪前瞻性研究，加强网络监管立法，完善相关法律法规及制定出台司法解释，增强法律适用的可操作性。二是加强与软件开发商、手机运营商等企业的通力合作，通过用户投诉、举报、风险控制等机制和对聊天群异常资金流动的监控、异常账号识别等技术，及时发现可疑的违法犯罪活动。三是司法人员要树立与时俱进的办案理念，加强对新型网络犯罪以及相关领域的探索研习，掌握新型网络犯罪特征，提升办理网络犯罪案件的能力与水平。四是加强宣传教育力度，让大众充分认识赌博的危害性，强化守法意识，自觉防范和抵御赌博的诱惑，积极举报和提供相关违法犯罪活动的线索，共同营造清朗的网络空间，维护安全稳定的社会秩序。

移动支付类侵财案件调研报告

——以近五年 F 市检察机关受理的案件为样本

王　瑜　解　红*

【内容提要】 移动互联网快速发展，深入经济和社会生活的各个角落。微信、支付宝等移动支付方式大大便利了人们生活的同时，也为违法犯罪活动提供了新的途径。传统犯罪加入了网络要素，给司法认定带来争议，本文将根据本地区移动支付类案件的司法情况，针对司法实践中的争议点，分析产生争议的原因，对司法者应当如何进行司法，如何参与犯罪防控，完善社会治理进行探讨。

【关键词】 移动支付类侵财案件　盗窃罪　信用卡诈骗罪

微信、支付宝等移动支付方式普遍应用，给人们生活带来便利的同时，也产生了很多安全隐患。“犯罪是借助网络进行的，网络并非犯罪发生的场域，只是起到辅助作用，从而使犯罪变得更加便捷，更难以被发现或者更容易获得收益。”[1] 同样，传统的盗窃、诈骗等犯罪手段借助移动支付网络不断演变，也滋生出许多新类型犯罪模式。此类案件的定性与传统的现金、银行卡类侵财犯罪有较大差异，司法实践中争议不断。为此，笔者对 F 市五区近五年（2015—2019 年）移动支付类侵财案件的起诉、判决情况进行抽样调查，通过分析该类案件的司法现状、成因，找出解决问题的方法，为司法实践提供参考。

---

* 王瑜——佛山市人民检察院检察官；解红——佛山市人民检察院检察官助理。

1 曹诗权主编：《2017 年新型网络犯罪研究报告》，中国人民公安大学出版社 2018 年版，第 9 页。

一、现状分析

（一）争议案例

司法实务中，对于利用新手段实施的犯罪到底该如何定性，存在一定的争议。机器能否被骗？被害人是谁？司法解释中的“冒用他人信用卡”[2]如何理解？检察机关和法院都存在不同的认识，导致对同一起案件的定性产生分歧。这种分歧反映在如下案例中。

案例简介：被告人韦某在前男友何某家中留宿期间，通过何某手机上的微信软件，冒用何某的身份，从该微信账户绑定的何某的招商银行信用卡分两笔支取共计人民币11000元用于偿还个人债务。后被告人韦某在何某家中留宿期间，使用何某的手机和身份证资料，冒用何某的身份，向招联消费金融有限公司借贷共计人民币11800元，后通过何某的支付宝账户将上述11800元分两次转入自己的支付宝账户用于偿还个人债务。随后，被告人韦某又秘密使用何某的支付宝账户消费五笔共计人民币1495元。一审公诉机关以信用卡诈骗罪、盗窃罪起诉被告人韦某，一审法院认定被告人韦某的行为构成盗窃罪（24295元）。法院的裁判理由是：被告人韦某以非法占有为目的，利用与被害人的特殊关系，基于对被害人手机及信用卡密码知悉的条件，未经被害人同意通过手机窃取被害人财物，数额较大，构成盗窃罪。公诉机关指控的信用卡诈骗罪定性有误。一审公诉机关提出抗诉后得到支持，但二审法院仍以韦某没有诈骗故意，以及实际未获取信用卡信息为由，维持一审判决，支持一审法院的判决认定韦某的行为构成盗窃罪。

本案的争议焦点在于：利用他人银行卡信息，冒用他人身份的行为应当如何定性？而此处的冒用是直接冒用还是利用移动终端冒用，是侵害了被冒用人的权益还是损害了银行对信用卡的管理秩序？

（二）定义

本文讨论的利用微信、支付宝等移动支付方式涉财类案件（以下简称移动支付类侵财案件）主要指的是通过合法或非法手段获得被害人的手机，继而通过非法方式从被害人的微信、支付宝及上述支付方式相关联的银行卡或APP上获得钱款，使得被害人遭受直接或间接财产损失的案件。此类涉财类案件对钱

2 最高人民法院、最高人民检察院《关于办理妨害信用卡管理刑事案件具体应用法律若干问题的解释》第五条第二款第三项：“窃取、收买、骗取或者以其他非法方式获取他人信用卡信息资料，并通过互联网、通讯终端等使用的。”

款的操作方式有时候需要多方配合，涉及的当事人不仅仅包括嫌疑人、被害人，还有银行、第三方支付平台，因此，涉及的法律关系复杂，使得实践中对如何认定犯罪嫌疑人的行为性质产生一定分歧。

（三）特点

此次调研分别对F市五区检察院受理的移动支付类侵财案件进行抽样，分别从C区检察院、N区检察院、S区检察院、G区检察院及SH区检察院抽取样本20件、15件、35件、3件、14件，时间跨度为2015年至2019年7月，对上述样本案例进行分析，经过对调研中相关数据的比对，F市检察机关受理的该类移动支付类侵财案件具有以下特点：

1. 罪名认定存在地区差异性

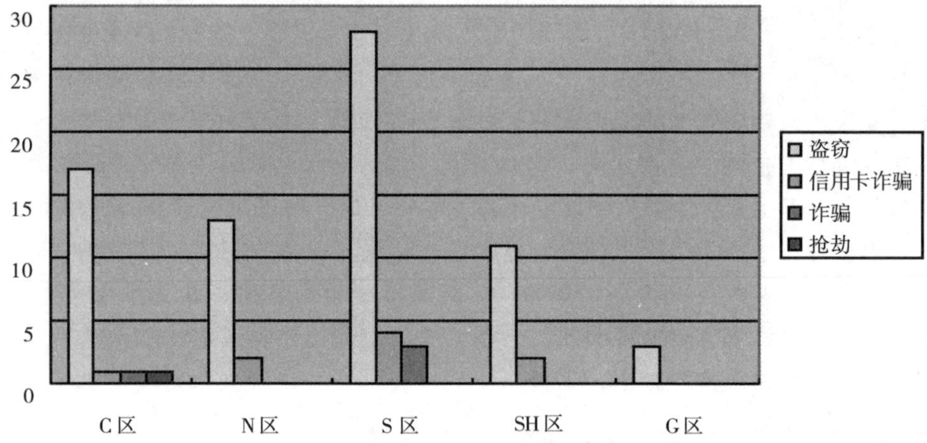

图1　各区罪名差异情况

从上图我们可以看到，F市五区检察院受理的此类案件，罪名认定方面多以盗窃罪定罪，但也有部分案件以信用卡诈骗罪、诈骗罪定罪处罚，其中S区检察院认定的罪名涵盖了盗窃罪、信用卡诈骗罪、诈骗罪三个罪名，G区检察院的3件案例全部认定为盗窃罪。

2. 犯罪手段多样化

调研对抽取的样本进行分析，移动支付类侵财案件的取财方式多样化，并不是单纯转走被害人支付平台上的款项，还进行了盗取手机、绑定银行卡等操作，上述操作的过程中也涉及非手机持有人之外的第三方当事人，第三方当事人的法益是否受到侵害将直接影响到行为人的罪名。

调研发现，取得钱财的方式主要有以下几类。

（1）行为人直接将被害人微信、支付宝（或其他移动支付账户，为行文简洁，下文不再叙述）中的余额转走。

（2）被害人的微信、支付宝已绑定银行卡，行为人通过微信、支付宝将银行卡中的款项转走。

（3）被害人的微信、支付宝原来并未绑定银行卡，行为人擅自将被害人的银行卡绑定至微信、支付宝，然后通过微信、支付宝将银行卡中的款项转走。

（4）被害人没有支付宝，行为人利用被害人身份信息开通支付宝，并擅自绑定被害人的银行卡，然后通过支付宝将银行卡中的钱转走。

（5）行为人利用被害人的支付宝账户，在借呗上提现至支付宝或银行卡，然后将借得的款项转走。

（6）行为人利用网贷 APP，申请贷款后，将钱转走。

我们抽取上述行为要素并将其类型化（从行为人着手准备实施犯罪，在整个犯罪过程中可能触及的各个环节要素至最后犯罪既遂取得财物的过程）得出如下示意图：

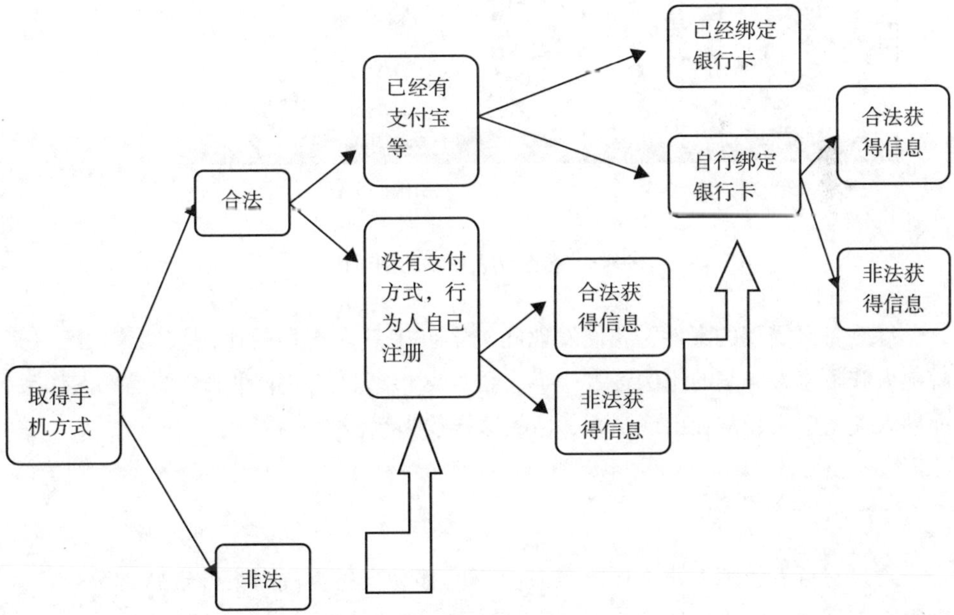

图 2　移动支付类侵财案件犯罪手段示意图

通过上述示意图，我们可以发现，无论行为人取得手机的方式是否合法，行为人在取得手机后都要对手机上的支付宝、微信进行操作，如果没有支付宝或微信则要进行新用户注册，之后再绑定被害人的银行卡进行操作，如果被害人原有的支付宝或微信上没有绑定银行卡，也要进行新用户绑定，再从被害人的支付宝或微信或者绑定的相关银行卡取得钱财，还有一种方式是通过支付宝或者微信向第三方贷款平台贷款，然后取得财物，最终使被害人遭受损失。无论行为人采取了何种方式，行为过程多么复杂，但是最终的结果都是使支付宝、微信原持有人遭受财产损失，但是在这个过程中，可能牵涉多方当事人，也产生了多种法律关系，在刑法上应当如何评价上述行为中产生的相应法律关系，直接关系到行为人的定罪量刑。

3. 熟人作案的比例较高

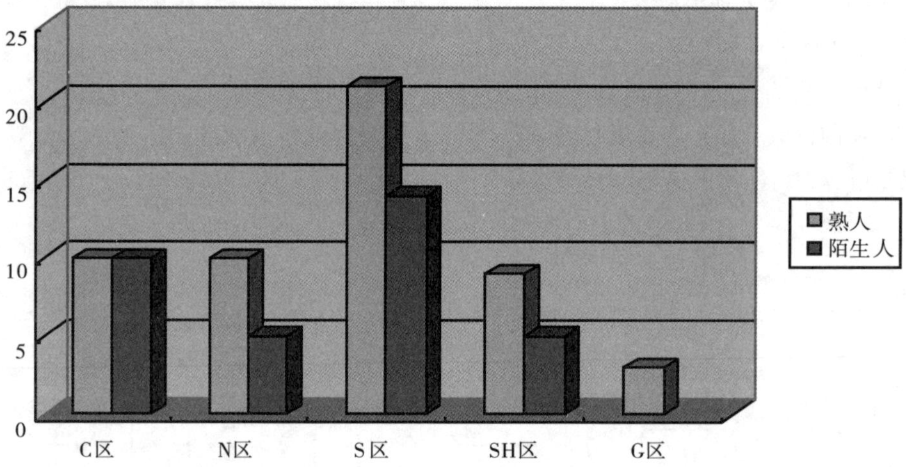

图3　各区熟人作案比例对比

综观各区受理的案件，我们发现此类案件中熟人作案的比例较高，C区检察院熟人和陌生人作案的比例各占一半，而G区检察院三单案件中全部是熟人作案，而熟人关系中又经常会出现亲人、情侣这样较为亲密的关系。

二、原因剖析

通过对近五年来F市五区检察院受理的移动支付类侵财案件现状的分析，发现同案不同判、检法分歧等情况的原因趋同，主要体现为三组矛盾。

（一）时代发展与司法观念之间的矛盾

先进的司法理念是法律得以正确实施的前提，是司法者的正确指引。现实社会纷繁复杂，司法者需要面对的法律关系错综复杂，如何在纷繁的案件关系中抽丝剥茧，正确适用法律是公诉人的职责所在。调研发现，有些地区对移动支付类侵财案件一律以盗窃罪认定，并没有详细区分不同行为方式，这种做法虽然能够快速、简便处理案件，但是并没有厘清案件中涉及的法律关系，正确适用法律。

（二）错综复杂的法律关系与精准适用法律之间的矛盾

移动支付类侵财案件的犯罪手段呈现多样化，同样是利用微信或者支付宝取得被害人财物的行为，但是具体到行为方式上又可以加入不同要素分为不同的行为方式。具体列表如下：

表1　移动支付类侵财犯罪行为方式

类型	取得手机的方式	获取支付宝、微信的方式	是否绑定银行卡	取得钱财的方式
1	合法	已经有	已经绑定	直接取得支付宝、微信或银行卡上的钱款
2	合法	已经有	已经绑定	通过支付宝、微信取得第三方贷款平台的钱款
3	合法	已经有	非法绑定	直接取得支付宝、微信或银行卡上的钱款
4	合法	已经有	非法绑定	通过支付宝、微信取得第三方贷款平台的钱款
5	合法	非法获取信息后注册	非法绑定	直接取得支付宝、微信或银行卡上的钱款
6	合法	非法获取信息后注册	非法绑定	通过支付宝、微信取得第三方贷款平台的钱款
7	非法	已经有	已经绑定	直接取得支付宝、微信或银行卡上的钱款
8	非法	已经有	已经绑定	通过支付宝、微信取得第三方贷款平台的钱款
9	非法	已经有	非法绑定	直接取得支付宝、微信或银行卡上的钱款
10	非法	已经有	非法绑定	通过支付宝、微信取得第三方贷款平台的钱款
11	非法	非法获取信息后注册	非法绑定	直接取得支付宝、微信或银行卡上的钱款
12	非法	非法获取信息后注册	非法绑定	通过支付宝、微信取得第三方贷款平台的钱款

由上表我们可以看出，虽然在移动支付类侵财案件中，行为人的主要行为是围绕支付宝、微信展开的，但是在支付宝、微信的前端或后端都有一系列辅助行为，进而使得行为人取得财物、被害人失去财物。在这种情况下，行为人非法取得手机的行为如何评价，行为人非法获得被害人相关信息进行支付宝、微信账号申请，进行银行卡绑定的行为如何认定，行为人利用被害人的支付宝、微信向第三方贷款平台贷款的行为如何认定，应当被认定为信用卡诈骗罪、诈骗罪抑或其他侵犯金融管理秩序的罪名，是想象竞合还是数罪并罚？这些错综复杂的法律关系，需要司法者在实践中一一厘清，以实现法律适用的精准化。

（三）先进科技水平与司法者认识差异性之间的矛盾

科技水平的日新月异给我们生活带来了无限的便利。出门可以不用带钱包、银行卡、现金，只需要带一个手机。手机利用移动网络信号，可以实现通信、支付等功能。然而我们看到的这些便利背后承载着众多非专业人士难以理顺的技术问题。因此，司法人员在办理移动支付类侵财案件时，都会通过自己的认识去理解案件过程中涉及的相关技术问题，譬如利用被害人的银行卡、身份证信息将银行卡绑定在支付宝或微信，在这个过程中，银行起到了什么作用，这与传统的直接拿着被害人的银行卡在商店柜台冒用被害人身份进行刷卡的行为之间有何区别，这种行为是否侵犯了银行对其发行的银行卡的管理，是否扰乱金融管理秩序。对此，不同司法人员有自己的不同认识，行为方式中一个小的要素的变化，也会让司法人员做出不同的判断，进而导致案件定性的差异。

三、对策探究

从检察机关的视角，笔者认为，可以从以下几个方面探索解决对策：

（一）强化检察机关的专业化建设

新时代对检察人员的专业素养、专业能力提出新的更高要求。不仅要求检察人员要有深厚的法律功底，还需要检察人员有一定的金融知识、网络知识。目前检察机关的内设机构改革要求一类刑事案件由一个机构、一个办案组、一个主办检察官负责到底，统一履行审查逮捕、审查起诉、补充侦查、支持公诉、诉讼监督等职能。这样，可以切实提升检察官办案专业化水平，提高办案质量和效率。

1. 强化培训，提高办案人员的专业素养

随着社会的发展，不断出现新手法、新领域的犯罪，办案人员在办案之余拓宽知识面，增强职业意识，学习办理移动支付网络涉及的专业知识，以便提高精准审查证据与准确适用法律的司法能力。

2. 加强对下指导，统一办案标准

加强两级院一体化建设：健全和落实典型案例指导制度，进一步加强对下业务指导和考核，统一地区同类案件的证明标准和法律适用。两级检察机关在办案过程中需加强沟通，保证上级公诉部门对下级公诉部门案件办理质量的管控及办理流程的规范化监督。

（二）发挥检察机关的主导作用

法律监督职能是宪法赋予检察机关的重要职能，检察机关在案件办理过程中不能简单地就案办案，应当充分发挥检察机关的主导作用。

第一，召开公检法联席会议，统一案件办理标准。在移动支付类侵财案件办理过程中，为提高办案质量和效率，应当根据本地区的实践，统一协调公、检、法三家在办案中存在的分歧意见，以联席会议的形式统一认识，做到同一地区的案件能够得到统一的法律适用。

第二，强化检察建议的刚性，参与社会治理的完善。检察机关处于直面犯罪的一线，能够通过惩处犯罪及时发现社会治理中存在的问题。移动支付类案件发生的主要原因是犯罪嫌疑人的贪念驱使，但相关第三方支付平台及银行卡管理的漏洞也给犯罪分子以可乘之机。因此，检察机关应将在案件办理过程中遇到的问题及时以检察建议的方式传递给相关企业或者主管部门，让其通过技术的改进、漏洞的弥补、保密措施的完善等方式共同降低犯罪的发生率。

第三，加大普法力度，让公众认识到行为的严重性。社会的传统观念中，仍然还存在着一种“不知者不为过”的观念，但是，违法性认识错误并不阻却犯罪的成立。有些犯罪嫌疑人出于贪念，认为用别人的微信给自己发红包、转账，金额不大，而且又是亲友，应当不至于达到犯罪的程度。但是法律规定是明确的：多次盗窃，不论数额，即可定罪。因此，加大法律宣传力度，让普通民众认识到自己行为的严重性，不要因贪念而身陷囹圄，得不偿失。

（三）依法适用不起诉权，促进社会关系修复

调研中发现，移动支付类案件有相当大的比例是熟人作案，这是由此类案件的特殊性决定的，熟人之间易于取得被害人相关账户密码进而实施犯罪。在这些熟人关系中，又以亲属关系、恋人关系、朋友关系居多，有些被害人报案后，知道是自己的亲属或朋友实施了犯罪，甚至有了不予追究的想法，但是司法程序启动后是不能回转的。在这种被害人已经取得谅解，社会关系得到一定程度修复的情况下，检察机关应当积极适用不起诉权，促进社会关系修复，实现“三个效果”的统一。

结语

移动支付类侵财案件在众多刑事案件中，不算大案要案，但是只要是关系到人民群众切身利益的案件，司法人员有义务也必须精准司法。司法人员要发挥自己的主观能动性，充分运用证据，剖析案件事实，精准适用法律，准确定罪量刑。我们需要做的是让每个人在每个案件中真切地感受到法律的公平、程序的正义。为此，司法人员任重道远。

“为网络赌博犯罪非法提供资金支付结算业务”的行为定性浅析

刘晓安*

【内容提要】《刑法修正案（七）》将违反国家规定，非法从事资金支付结算业务，严重扰乱市场秩序的行为规定为非法经营行为，同时，《关于办理网络赌博犯罪案件适用法律若干问题的意见》中也将明知是赌博网站，为其提供资金支付结算服务且收取服务费或帮助收取赌资达到一定数额的行为认定为开设赌场罪的共同犯罪，导致司法实践中适用的混淆。本文即针对为网络赌博犯罪非法提供资金支付结算业务的行为如何定性的问题，围绕笔者实际承办的刘某涉嫌非法经营案来分析论述。

【关键词】 非法经营　开设赌场　网络赌博　资金支付结算

笔者承办了一起非法经营的案件，基本案情为：被告人刘某在未取得中国人民银行许可的情况下，从事第四方支付业务，非法为多家在网络上开设赌场的赌博游戏网站提供资金结算通道，并从经过其通道的赌资总数中抽取2%—2.6%的提成。该案最初在侦查阶段以开设赌场罪移送起诉，后公诉机关变更定性，以非法经营罪起诉至法院。显然，侦查机关是根据《关于办理网络赌博犯罪案件适用法律若干问题的意见》，认定被告人的行为属于为赌博网站提供资金支付结算服务从而构成开设赌场罪的共同犯罪，而公诉机关则是认为被告人的行为同时符合了开设赌场罪和非法经营罪的构成要件，应当择一重罪以非法经营罪论处。该案引发了笔者的思考，为网络赌博犯罪提供资金结算通道的行为应如何定性？综观刑法条文及相关司法解释，该行为可粗略认定同时构成开设

* 刘晓安——北京市盈科（深圳）律师事务所合伙人、律师。

赌场罪、非法经营罪、帮助信息网络犯罪活动罪这三项罪名。

一、刘某的行为构成非法经营罪

（一）“非法从事资金支付结算业务”理论与实务界定

“非法从事资金交易结算业务，是指不具有法定从事资金交付结算业务资格，非法为他人办理境内外大额资金转移、非法为他人套现、分散提取现金等支付结算业务的行为。可以看出，非法资金支付结算业务以非法转移资金本身为核心。”[1]《刑法修正案（七）》在非法经营行为中增加“非法从事资金支付结算业务”，主要是为了打击日益猖獗的地下钱庄犯罪活动，“地下钱庄已成为不法分子从事洗钱和转移资金的主要通道，不但涉及经济领域的犯罪，还日益成为电信诈骗、网络赌博等犯罪活动转移赃款的渠道，成为贪污腐败分子和恐怖活动的洗钱工具和帮凶，严重扰乱金融市场秩序，严重危害国家金融安全和社会稳定”。

而关于“非法从事资金支付结算业务”的认定，《关于办理非法从事资金支付结算业务、非法买卖外汇刑事案件适用法律若干问题的解释》第一条又将其明确为以下几种情形：“（一）使用受理终端或者网络支付接口等方法，以虚构交易、虚开价格、交易退款等非法方式向指定付款方支付货币资金的；（二）非法为他人提供单位银行结算账户套现或者单位银行结算账户转个人账户服务的；（三）非法为他人提供支票套现服务的；（四）其他非法从事资金支付结算业务的情形。”回到刘某非法经营案件中，针对刘某未经许可设立“第四方支付通道”为赌博网站提供资金支付结算服务的行为，司法实践中确有不少将此类行为直接定性为非法经营罪的案例。通常不管是在公诉机关的起诉书还是在最终法院判决的表述中，均不会明确指出行为人的行为是具体符合非法经营罪及相关司法解释规定的客观构成要件中的哪一种情形，而是使用笼统、空泛的表述，常见的比如“行为人非法从事资金支付结算业务，情节严重，已构成非法经营罪”。这样的判决不仅在非法经营案中，在其他各类罪名中均非常常见，起诉书、判决书往往会力求贴近法条的表述，而出于种种原因避去了关于其认定构成某罪名的自由心证过程的分析论述。笔者认为，对于犯罪行为符合具体哪一种非法经营行为，至少公诉机关应当承担相应证明责任。

另外应当区分的是，如果行为人是经过中国人民银行许可合法从事资金支付结算业务，而其将管理或经营的支付结算系统用于给赌博网站提供与银行链

---

1 周光权：《刑法公开课》，北京大学出版社2019年版，第249页。

接的通道，此类行为由于没有侵犯非法经营罪所保护的金融市场秩序的法益，因此不可能构成非法经营罪，只能以其他罪名来定性。

（二）刘某为赌博网站提供资金结算通道的行为不属于“以虚构交易、虚开价格、交易退款等非法方式向指定付款方支付货币资金的”行为

本案中，刘某是通过自己、他人或空壳公司的支付宝账户作为赌博网站的资金通道使用，提供账户者获得补贴和资金流水提成；再派人及时将进入公司通道账户的资金转至公司控制的账户，扣除提成后再将资金转给赌博游戏网站。比如，刘某以自己的支付宝账户作为赌博网站的支付接口，在赌博网站上下注的人，支付的钱款直接进入了刘某的支付宝账户，该账户名在支付宝交易系统中可能是以其他虚构的人名认证，或者并未进行实名认证。实践中有不少这样的例子，比如，在网站广告引流的另一赌博 APP“乐 8 彩票”上发现，其收款方也并非显示为其赌博平台，而是商贸公司、服装店或个人。根据客服指引实测发现，这些转账给个人或其他商铺的款项最后的确出现在了上述 APP 的个人账户余额中。也就是说，赌博 APP 并不直接收取赌客的投注资金，而是利用各式各样的商铺的第三方支付或银行收款码，这些下注的金额虽不显示直接打给赌博 APP，但最终玩家在赌博 APP 的账户上却能如实显示下注金额。[2]

此时需要判定的是：这种方式是否属于“虚构交易”“虚开价格”“交易退款”的方式？且不论赌博行为的非法性，假设赌博网站保持“诚信”交易，对于每一个来下注的赌徒均按其规定的赢率、赔率来收取、支付赌资款项，那么在赌博网站下注的人进入支付界面，不管收款方的名字如何显示，该行为实为下注，赌博“交易”是真实存在的交易，没有另外套一层其他合法交易的外壳，这种情况下，是否还符合“以虚构交易、虚开价格、交易退款等非法方式向指定付款方支付货币资金的”行为？笔者认为是不符合的。诚然，如果认定为不符合，一是将加大办案机关的举证难度，因为其不仅要证明存在使用、如何使用“第四方支付”用于网络赌博非法用途的行为，还需证明其使用“第四方支付”对应的交易中哪些是不存在赌博交易而支付，哪些是支付给赌博网站但赌博网站未按约定兑现，哪些是非法分子利用这一通道流转现金的交易。因为如果是真实存在如同合法彩票机构经营的彩票行为一般的赌博行为，为这一类行为提供资金通道的行为就不能认定为以虚构交易等方式提供资金支付结算服务。二是可能会缩小此类犯罪的打击面，违背罪刑法定、罪责刑相适应的原则。笔

2　向雪妮、刘珺雅：《第四方支付黑产调查：以轻松日入千元诱人跑分，实为赌博电诈洗钱》，载《南方都市报》2019 年 10 月 15 日。

者认为对于为赌博网站提供资金支付结算通道的行为，不以非法经营罪来追究，而以开设赌场罪来定罪量刑，亦足以达到罪责刑相适应的刑罚效果。这一点在此不多做展开，将在下文详细论述。

（三）刘某的行为是否构成“其他非法从事资金支付结算业务的情形”

如果不符合司法解释列举的“使用受理终端或者网络支付接口等方法，以虚构交易、虚开价格、交易退款等非法方式向指定付款方支付货币资金的”情形，那么需继续判定：刘某的行为又是否构成“其他非法从事资金支付结算业务的情形”？这一条款明显属于兜底条款，其设立目的是适应支付结算方式不断变化的需要。探讨这一点，还是应回到非法从事资金支付结算业务行为的本质。

如前所述，非法从事资金支付结算业务的本质是非法转移资金，最典型的即是“地下钱庄”所从事的非法买卖外汇、跨境兑汇、境内资金转移、分散、提现等活动。在刘某案件中，刘某与赌博网站的合作，可视为刘某是赌博网站收取款项的代理人，其收取款项后，扣除提成部分，再支付给赌博网站，整个行为是为了赌博网站收取赌资而提供服务，属于赌资的“非法转移”。由此看来，这一点实质上可落脚到行为人是否存在“经营行为”这一非法经营罪的构成要件上。非法经营罪的认定前提应是行为本身属于“经营”行为，非经营行为不得入罪。对于“经营”的概念，刑法或司法解释中均未明确规定，可以借助相关的法律规定加以界定。比如，《反不正当竞争法》将经营者规定为“从事商品生产、经营或者提供服务的自然人、法人和非法人组织”，即经营的对象是商品或服务，表现形式是买卖、流通。刘某将自己、他人或空壳公司的支付宝账户给赌博网站作为资金通道使用，这一行为的外在表现也类似于“洗钱”行为，比如违法分子使用他人的银行账户、支付宝账户转款，资金经过多个与违法犯罪行为本身无关联的第三方账户，从违法资金“洗”成来历不明的合法资金。但“洗钱”同样也应认定为是一种“服务”，洗钱罪与非法经营罪的竞合处罚原则的规定[3]也可体现这一点。

（四）在成立非法从事资金支付结算业务的前提下，刘某的行为是否严重扰乱了市场秩序

法律规定严重扰乱市场秩序的行为才成立非法经营罪，那么“严重”又应

---

3 《最高人民法院、最高人民检察院关于办理非法从事资金支付结算业务、非法买卖外汇刑事案件适用法律若干问题的解释》第五条：“非法从事资金支付结算业务或者非法买卖外汇，构成非法经营罪，同时又构成刑法第一百二十条之一规定的帮助恐怖活动罪或者第一百九十一条规定的洗钱罪的，依照处罚较重的规定定罪处罚。”

如何界定？相关司法解释规定了以一定经营数额或违法所得数额作为判定情节严重与情节特别严重的标准，如果单纯以数额为标准，刘某的行为构成严重扰乱市场秩序，因而构成非法经营罪。

但是，将刘某的行为放在其所涉及的全部犯罪事实中去看，刘某的行为是为赌博网站非法提供资金支付结算业务，此类行为，或者说刘某提供的此类服务之所以出现，是因为我国对开设赌场的禁止，从而使开设赌场的行为人无法以合法的资金结算方式来经营赌场，刘某这类“中间商”从中看到“商机”，从而实施了非法提供资金支付结算业务的行为。换言之，如果该行为所依附的开设赌场行为不存在或者合法，那么自然也不会存在刘某的行为，因为赌博网站可以直接以合法渠道正常交易。因此，笔者认为，刘某此类从事非法提供资金支付结算交易的行为，通常存在侵犯多个法益触犯多个罪名的情况，比如同时触犯开设赌场罪和非法经营罪，同时触犯洗钱罪和非法经营罪，同时触犯诈骗罪和非法经营罪，等等。对于此类案件的最终定性，一方面应当结合整个犯罪事实来判定，另一方面可以回归刑法理论，根据行为人同时触犯两个罪名的具体情节，认定其属于想象竞合抑或法条竞合，从而确定其最终的定罪量刑。

二、刘某构成开设赌场罪

《关于办理网络赌博犯罪案件适用法律若干问题的意见》第二条将明知是赌博网站，而为其提供资金支付结算服务，收取服务费数额在 1 万元以上或者帮助收取赌资 20 万元以上的行为规定为“开设赌场罪的共同犯罪”。刘某的行为明显符合上述构成要件的规定，也即，从客观要件上看，刘某的行为无疑既是符合非法经营罪，亦是符合开设赌场罪的。

（一）刘某的行为依附于开设赌场的犯罪行为而存在

如前所述，刘某的行为事实上是开设赌场的帮助行为，是开设赌场的一个中间环节、资金流环节，是赌博网站开设赌场的共犯；同时其行为与赌博网站开设赌场的行为又是相互独立的，因为赌博网站的盈亏、资金流多少等均与刘某的行为无关。

因此结合整个犯罪情节来考虑：为赌博网络提供资金支付结算服务的行为人，如果被定性为非法经营罪，则最高刑期为十五年有期徒刑；行为人从事的是为赌博网站开设赌场的帮助行为，而开设赌场的行为人（主犯）将会被以开设赌场罪定罪量刑，最高刑期不过十年有期徒刑，这样势必就会造成“帮助犯”的量刑比“主犯”更重而最终导致罪责刑的不相适应。因此，笔者认为对于这类行为，对于为赌博网站非法提供资金支付结算服务的行为，按开设赌场罪定性更为合适。

（二）“从一重罪处断原则”抑或“特别法条优先原则”

目前司法实践中，不少将为赌博网站提供资金支付通道的行为认定为“一行为触犯两个罪名，根据竞合犯的处断原则，应当从一重罪处罚”。[4]笔者认为，适用“从一重罪处罚”来最终定罪的前提是，必须首先厘清法条竞合与想象竞合的关系。通常来说，如果是想象竞合犯，应当从一重罪处断；而如果是法条竞合，则应适用特别法条优先原则。

想象竞合是一行为触犯数罪名的行为竞合；而法条竞合则是刑法条文的竞合，“从数个法条之间的逻辑关系来看，只能适用其中一法条，而排除其他法条”。[5]从形式上看，只要对犯罪构成要件的解释使得两个法条规定的行为之间存在包容或交叉关系，就符合了法条竞合的形式标准[6]，亦即，只有在两个法条规定的行为之间存在包容或交叉关系的前提下才能认定为法条竞合，否则就只可能成立想象竞合。例如，私放在押人员就是一种特殊的滥用职权行为，两者对应的法条构成要件存在包容关系。其次从实质上看，只有在适用一个法条就可以充分评价行为的不法内容的前提下才能认定为法条竞合，否则就只可能成立想象竞合。

首先从形式上看，非法经营与开设赌场，是否具有法条的包容关系？笔者认为答案是肯定的。尽管单就刑法分则条文所规定的两项罪名构成要件之间互不重合，但相关司法解释已将“在明知的前提下为赌博网站提供资金结算服务”规定为成立开设赌场罪的客观情形之一，从而使非法经营中的“非法从事资金结算业务”的行为被开设赌场罪中的“非法从事资金结算业务从而为赌博网站提供资金结算服务”的行为所包容。其次从实质上看，笔者认为，单就行为人为赌博网站提供资金支付和结算服务的犯罪事实部分，实质上是开设赌场的“帮助”行为，以开设赌场罪足以充分评价该部分的犯罪事实。

针对上述法条从属竞合的情况，理论界一般认为，应当适用特别法条优先原则，即按开设赌场罪来评价行为人的相关犯罪事实。但也有观点认为，对于如何定罪量刑的问题，还是应在罪责刑相适应原则的基础上予以认定，即如果适用特别法条明显轻于普通法条规定的法定刑，则会违背罪责刑相适应原则，

4　参见王驰玉非法经营案，（2017）苏08刑终312号刑事判决书。

5　张明楷：《刑法学》，法律出版社2016年版。

6　张明楷：《法条竞合与想象竞合的区分》，载《法学研究》2016年第1期。

此时就不应适用特别法条，换言之，应当适用“从一重罪处罚”原则。而根据刑法及相关司法解释的规定，开设赌场罪中为赌博网站提供资金结算服务，收取服务费数额5万元以上或者帮助收取赌资100万元以上的，应当认定为情节严重，处三年以上十年以下有期徒刑；非法经营罪中非法从事资金支付结算业务，经营数额在500万元以上或违法所得数额在10万元以上的，应当认定为情节严重，处五年以下有期徒刑或者拘役，经营数额在2500万元以上或者违法所得在50万元以上的，应当认定为情节特别严重，处五年以上（十五年以下）有期徒刑。如此衡量之下，从经营数额来判定，基本只有在行为人经营数额超过2500万元的情况下，认定行为人构成非法经营罪才有可能比认定其构成开设赌场罪量刑要重；从违法所得来判定，同样也基本只有在行为人违法所得超过50万元的情况下，认定行为人构成非法经营罪才有可能比认定其构成开设赌场罪量刑要重。这也可能导致司法实践中适用混乱：是否在司法实践中应以“重法条优先于轻法条”为导向？对于为赌博网站提供资金支付结算服务的行为，既符合开设赌场罪又符合非法经营罪的，经营数额超过2500万元或者违法所得超过50万元的，应认定为非法经营罪；反之就认定为开设赌场罪？如此做法，显然也有失妥当，会造成罪责刑的不相适应。

三、刘某的行为构成帮助信息网络犯罪活动罪

《刑法》第二百八十七条之二将明知他人利用信息网络实施犯罪，为其犯罪提供支付结算等帮助，情节严重的行为规定为单独罪名即利用信息网络犯罪活动罪。这一条款将信息网络犯罪的帮助犯单独入罪，而不作为共同犯罪中的帮助犯处理。从构成要件上看，刘某的行为也是构成帮助信息网络犯罪活动罪的。那么，刘某的行为应以这一罪名定性，还是应以开设赌场罪定性？《刑法》第二百八十七条之二规定“同时构成其他犯罪的，依照处罚较重的规定定罪处罚”，这一规定又是否合理？笔者认为，答案是否定的。诚然，即使认为这一“择一重罪处罚”的规定欠缺合理性，刘某的行为根据现行法律规定，仍应当以较重罪名即开设赌场罪来定罪量刑。

从该法条的构成要件来分析，第一，构成帮助信息网络犯罪活动罪的前提是“明知”他人利用信息网络实施犯罪仍提供帮助；第二，必须是为他人利用信息网络实施犯罪提供了帮助。

针对第一点，为网络赌博犯罪提供资金结算服务，一般需要对赌博网站进行端口接入等技术支持，自然而然会对赌资的来源、流水等情况了如指掌，所以很难去辩称这类案件中的行为人对于其合作网站从事赌博犯罪活动的事实不知情，也即为赌博网站提供资金结算类服务的行为人，主观上通常必然是符合

"明知"要件的。

针对第二点，刘某案件中，刘某为赌博网站提供资金支付结算通道，赌博网站亦使用了这一通道，但假设另一种情形：刘某同赌博网站合作，并为赌博网站提供了资金支付结算的通道，但赌博网站未使用其提供的通道，而是与其他第三方合作，刘某的行为是否构成本罪？本罪的成立要求刘某为赌博网站的犯罪行为提供支付结算等帮助，因此这种情形下，刘某并不成立"提供帮助"的行为因而不构成本罪；且按传统共同犯罪的理论，二人不存在共同的犯罪行为；按因果关系理论，刘某提供资金支付结算服务的行为，与赌博网站实施开设赌场犯罪活动的行为没有因果关系。因此无论从哪个角度判断，此种情形下刘某均不构成本罪。

不难看出，该法条并非把信息网络犯罪的帮助犯直接"正犯化"的规定，其是基于立足于传统共同犯罪的理论而设立的罪名，即成立帮助信息网络犯罪活动罪的行为人，与其他利用信息网络实施犯罪的行为人具有共同犯意，构成共同犯罪。传统刑法理论认为，成立共同犯罪必须具备三个条件：第一，共同犯罪的主体，必须是两个以上达到刑事责任年龄、具有刑事责任能力的人或者单位；第二，构成共同犯罪必须二人以上具有共同的犯罪行为，各行为人所实施的行为，必须是犯罪行为，否则不可能构成共同犯罪；第三，构成共同犯罪必须二人以上具有共同的犯罪故意[7]。也就是说，成立该罪名的行为人，通常也都成立其提供帮助的对象所构成的犯罪，一般情况下，前者等同于从犯，后者等同于主犯。而如果成立主从犯，主犯量刑就必然比从犯量刑要重，与此同时法条又规定"同时构成其他犯罪的，依照处罚较重的规定定罪处罚"，即不管有无该罪名的规定，最后均是按主犯所实施的犯罪行为来定罪量刑。具体到刘某案中，即假设《刑法》未设立该罪名，根据《关于办理网络赌博犯罪案件适用法律若干问题的意见》第二条规定，刘某构成开设赌场罪的共同犯罪；《刑法》设立了帮助信息网络犯罪活动罪，刘某构成帮助信息网络犯罪活动罪，又构成其帮助的对象所构成的开设赌场罪，仍然应当以开设赌场罪来定罪处罚。那么，这一规定设置的意义何在？因此，笔者认为，《刑法》第二百八十七条之二所规定的"同时构成其他犯罪的，依照处罚较重的规定定罪处罚"是欠缺合理性的，这一内容的规定，使得帮助信息网络犯罪活动罪这一罪名沦为空谈，失去了在司法实践中予以适用的空间。

7　高铭暄、马克昌主编：《刑法学》，北京大学出版社、高等教育出版社2014年版，第163—165页。

利用信息网络虚构交易行为的刑法适用

陈建清　姚章玮*

【内容提要】 对于利用信息网络虚构交易“刷单炒信”的行为，无论是以“非法经营罪”定罪处罚的司法判例还是学界的相同立场，在适用司法解释与行政法规进行论述的过程中，都存在着不当扩张解释甚至是类推入罪之嫌。限缩解释《关于办理利用信息网络实施诽谤等刑事案件适用法律若干问题的解释》与非法经营罪的兜底条款、宽容对待处于许可制度矛盾地带的经营行为，从而为利用信息网络虚构交易行为出罪，既符合刑法谦抑性，又可满足经济发展需要。

【关键词】 虚构交易　刷单炒信　发布虚假信息　许可矛盾

一、胡某文刷单炒信案及引发的问题

2013年10月开始，胡某文通过在QT语音聊天工具中组建网络刷单平台，通过在网络上发布招聘信息或他人介绍的方式，招引有兼职刷单意愿的刷手及有刷单需求的电商交纳会员费后到该平台充当会员，后由刷手先垫付商品款项为电商提供刷单服务，并让刷手及平台相关人员按比例赚取电商所支付的佣金。该网络刷单平台下设若干刷单团队，每个刷单团队设有主管、副管、主持、讲解、培训、外宣等人员。主管主要负责管理团队的日常运作、收取电商预先拨付的商品款项及佣金、将商品款项及佣金拨付给刷手及相关人员等；副管主要协助主管工作、收取刷手及电商的会员费后转账给胡某文；主持负责接收电商的刷单要求并放单给刷手刷单，以赚取电商支付的部分佣金；讲解负责为新会

* 陈建清——广东财经大学法学院教授；姚章玮——广东财经大学2018级刑法学硕士研究生。

员讲解刷单赚钱的方法；培训负责为新会员进行刷单培训；外宣负责在网络上发布信息，招引刷手及电商会员加入该平台。该网络刷单平台要求刷单团队人员及会员介绍新会员加入平台，所收取的会员费由平台的组建者、刷单团队人员及介绍新会员的人员根据各自的作用以一定的比例进行分成。该案一审法院认为，胡某文及其设立平台下设的若干刷单团队主管人员违反国家规定，结伙以营利为目的，明知是虚假的信息，通过信息网络有偿提供发布信息等服务，扰乱市场秩序，情节严重，其行为构成非法经营罪。[1]

该案中利用信息网络、组织进行网络刷单的行为，是当今随着电商产业高速发展、利用电商平台评价机制营利而衍生出来的非法产业链的一个缩影。尽管我国已经通过《消费者权益保护法》《反不正当竞争法》等法律法规予以明令禁止，但是，由于电商平台注册门槛低、通过刷单炒信所虚构的数据甄别困难等原因，仅依靠市场监管部门行政执法难以对刷单炒信行为进行充分规制。就本案而言，以非法经营罪予以定罪处罚，无疑有利于通过追究刑事责任进一步整顿滥用互联网扰乱电商竞争秩序的乱象。但从严格规则主义的立场来看，该案判决是遵循了罪刑法定原则，还是将刑法中未明文规定的行为予以事实上的犯罪化，对此，有待探究。

二、利用信息网络虚构交易行为的特征

（一）利用信息网络虚构交易行为的技术特征

要准确将某一类行为纳入刑法既有的行为类型框架内，必先将此类行为共同具备的要素从社会现象中剖析出来加以概括。而本文所引用的案例以及旨在讨论的电商经营中虚造数据行为在社会生活中俗称为“刷单炒信”，其作为随着网购经济蓬勃发展而多发的一种不良现象，按照不同的行为出发点可以区分为正向虚造数据和反向虚造数据两种类型：

正向虚造数据，就是虚造销售量、信誉、买家评价等数据，上述案件中以胡某文为代表的刷单团伙受指控的行为就是为淘宝商家正向在淘宝平台上虚造销量、信誉和好评，不仅可以提高商家在注册平台上在获得版面宣传、店铺经营权限以及达到参与一些补贴促销活动门槛等方面的优势，并且从消费者的角度来看，代表着商品质量和商家服务水平的销量、信誉以及好评率等数据成为网购活动中搜索某一类商品时排序筛选的重要依据。

反向虚造数据，则是以陷害同业竞争的其他商家为目的，故意以低水平、容易

1　汕头市潮南区人民法院（2018）粤0514刑初22号刑事判决书。

被商务平台自身技术手段检测的虚构交易手法为其虚造销售量、信誉、买家评价等数据。由于各大电商平台都对虚造数据的行为构建了防控技术措施和处罚制度，但在技术逻辑被商家以及专业“刷单”团伙摸索清楚后，其防控技术措施和处罚制度反而成了部分不良商家打击竞争对手的手段，可能造成的后果包括使竞争对手的商品、店铺在搜索中被降权、商品下架、店铺平台积分被扣除甚至直接被平台清退。

必须指出的是，无论是从正向还是反向“刷”数据，其采用的手段都是以组织人手利用大量的电商平台账号以消费者的身份进行虚假的交易为主，根据前文引用的案例结合“3·15”央视曝光的“淘宝刷单”的流程来看：提供刷单服务者首先通过商品名称关键字搜索找到指定商家，然后并不直接下单，而是通过点击其他店铺商品链接、上下浏览指定商家商品界面、与商家客服进行“沟通”等行为仿冒正常消费者的网购流程后方才下单，在接收无货的假物流并为商家在商品评论处予以好评之后即可收回其购物本金并领取佣金。从中可以看出，利用信息网络虚构交易行为的技术关键主要体现在人工规避电商防控、识别虚构交易的技术逻辑方面，明确这一点，对于将此类行为与运用第三方软件借助脚本欺骗网络平台系统、涉嫌非法控制计算机信息系统罪、破坏计算机信息系统罪的类案严格区别开具有重要意义。

（二）利用信息网络虚构交易的行为主体特征

在行为主体方面，虚造电商平台数据的行为往往由需要“刷单炒信”服务的商家的雇佣行为与提供相应服务的平台外第三方的执行行为共同组成，部分学者在讨论此类行为的刑法规制问题时笼统地以一个行为整体来概括[2]。固然，将虚构交易、夸大经营情况的商家与协助其“刷单炒信”的专门组织作为一个行为整体来分析，有利于从整体上把握和评析此类行为对于市场秩序和消费者权益所造成的侵害，但同时，也难免存在两点不足之处：第一，从非法经营罪第一款情形的适用角度来看，电子商务平台的注册商家上线运营需要有《增值电信业务经营许可证》，分析其是否构成非法经营罪的重点在于其不正当竞争行为是否在违反国家规定的同时达到了需适用非法经营罪的兜底条款予以规制的程度；而以组织提供“刷单炒信”为业的团伙则往往不具备单位身份而是通过网络通信平台形成松散的组织，因此对于其以营利为目的提供互联网服务的行为是否由于缺少特定的行政许可而构成非法经营罪的第一款情形，则是我们需要结合电信相关条例予以关注的重点。第二，从刑法谦抑性的角度来看，只有

2　杨立新、吴烨、杜泽夏：《网络交易信用欺诈行为及法律规制方法》，载《河南财经政法大学学报》2016 年第 1 期。

在某行为对重大法益的侵害用其他法规范不能期待充分的保护时才需要刑法的介入，电商平台上注册运营的商家相较于无须资质许可、无须向行政部门或商业平台负责的“刷单炒信”团队来说，其商业运营过程需受电信管理部门、市场监管部门、电商平台本身甚至是其他商家的规制，而以此类虚造数据为业、对整个市场有弊而无利的“刷单炒信”团伙在现有的法律框架内难以得到充分有效的治理，在这一点上对两个主体进行明确区别显然对于更好地把握刑法谦抑性原则具有重要意义。

三、以非法经营罪定性的争议问题

关于类案中通过在电子商务平台虚构交易美化电子商务平台注册商家对外数据的行为，学界目前存在三种观点：第一种观点与上述案件的法院的审理意见一致，认为该行为形式上符合非法经营罪的构成要件，具有严重扰乱电商市场、侵犯消费者知情权的严重社会危害性，且既有的平台内部治理与市场监管部门的执法不足以规制此类行为，亟须动用刑法加以规制[3]。第二种观点认为我国既有的许可制度未对此类行为设定门槛，其虽然具有一定社会危害性，但并不符合非法经营罪的构成要件[4]。第三种观点认为应当以虚假广告罪和破坏生产经营罪规制此类行为。[5]笔者认为，以非法经营罪定性“刷单炒信”行为的观点在适用司法解释时存在类推解释之嫌疑，直接将利用信息网络虚构交易的行为与非法经营行为之间画上等号，在当前法律体系里，法律依据不足。

（一）虚构交易的行为不适用《关于办理利用信息网络实施诽谤等刑事案件适用法律若干问题的解释》

根据我国《刑法》第二百二十五条规定，构成非法经营罪除了“违反国家规定”以外还要有三种“扰乱市场秩序，情节严重的”非法经营行为。上述胡某文案中，法院认为，对于“刷单炒信”虚造电商平台数据的行为应当直接适用《关于办理利用信息网络实施诽谤等刑事案件适用法律若干问题的解释》第七条：“违反国家规定，以营利为目的，通过信息网络有偿提供删除信息服务，或者明知是虚假信息，通过信息网络有偿提供发布信息等服务，扰乱市场秩序，具有下列情形之一的……以非法经营罪定罪处罚……”

---

3 孙道萃：《可增设破坏网络市场信用评价罪规制刷单行为》，载《检察日报》2017年9月6日。

4 陈兴良：《刑法阶层理论：三阶层与四要件的对比性考察》，载《清华法学》2017年第5期。

5 刘雪丹：《全国首例刷单炒信案定性之追问》，载《中国检察官》2017年第18期。

对于《关于办理利用信息网络实施诽谤等刑事案件适用法律若干问题的解释》第七条规定，除了应当结合《刑法》第二百二十五条对“扰乱市场秩序”进行实质判断以外，还应当秉持着罪刑法定原则对相关要素的意义进行合理解释。在利用信息网络虚构交易案件中，若将与商家联合进行虚构交易的行为直接与“通过信息网络有偿提供发布虚假信息等服务”等同，显然过分扩大了“发布信息”的内涵。支持适用此条规定的观点认为，虚假信息既包括“虚假社会信息”，又包括“虚假经济信息”，而“刷单”者虚造销量、好评、物流的行为即是产生“虚假经济信息”的行为[6]。然而，如此解释推理显然是将“发布”之概念扩大到更加广泛的“产生”之概念范围。“发布”信息，是指以宣布的方式向公众传输信息，而商家与刷单者之间进行虚构交易以提高其在电商平台所呈现的销量与信誉，实际上是电商平台系统基于相应交易数据经过计算生成后向消费者披露的；并且，在信息高度公开与高速传播的互联网上，即使仅仅是一个对链接的点击行为，都会造成互联网上信息的变化（如搜索引擎中的排名顺序）。因此，将导致某个对外公布的数据造成间接影响的行为归于“发布”信息的行为显然是一种不当扩大打击范围的类推解释。当然，在虚构交易后发表商品评价（即刷“好评”）的行为客观上确实属于“发布”信息的行为，但也必须看到，基于虚构交易行为而发布的商品评价未必就是“虚假信息”，应当根据其对于商品的描述是否虚构了商品实际的参数、功能和质量来认定其是否属于虚假信息。换言之，若脱离对信息内容的实质评判，单纯因刷评价的行为会导致消费者对商品的销售状况产生错误认识、造成夸大宣传的效果，而将其定义为“发布虚假信息”的行为，则无疑又回到了以“产生”代“发布”的概念置换问题的误区上。

但是，从《电子商务法》第九条规定来看，除了在各电商平台注册经营的商家，以提供“刷单炒信”服务为业者也属于受《电子商务法》规制的“电子商务经营者”，并且根据该法第十七条规定：“电子商务经营者应当全面、真实、准确、及时地披露商品或者服务信息，保障消费者的知情权和选择权。电子商务经营者不得以虚构交易、编造用户评价等方式进行虚假或者引人误解的商业宣传，欺骗、误导消费者。”“刷单炒信”团队及其雇佣者在2019年《电子商务法》正式实施后以虚构交易的方式虚造销量、信誉、好评等数据的，应当认定其违反国家规定，符合“非法经营罪”的构成要件。

---

6 高艳东：《信息时代非法经营罪的重生——组织刷单案评析》，载《中国法律评论》2018年第2期。

（二）组织“刷单炒信”的行为不违反许可制度

在非法经营罪的客体上，既有基于本罪法条记述用语或立法目的提出的“市场秩序说”[7]与“市场管理秩序说”[8]，亦有支持限制“口袋化”的“市场准入秩序说”[9]与“特许经营秩序说”[10]。笔者认为，将本罪的客体界定为市场特许经营秩序，既有助于保证其在第八章“破坏社会主义市场经济秩序罪”中具有精确并独立的地位，亦可将不经工商登记、不具备特定职业资格等违反“市场准入”规则但并不严重扰乱市场的行为从本罪的适用情形中排除。

因此，构成非法经营罪的行为必然是在国家以法律、行政法规明文设定的特许经营行业或业务的框架下不经相应特许而擅自经营，才具备了本罪在客体上的构成要件。进一步言之，分析“特许经营制度”时应视相关经营行为是否为法律、行政法规具体设定的特许经营各种类行业、业务所涵盖而定。

在杭州余杭区审理的“全国首例刷单炒信案”中，一审法院认为被告人李某通过自建网站及YY语音平台为商家提供“刷单炒信”服务并收取“平台维护费”“保证金”等费用违反了《互联网信息服务管理办法》第七条对从事经营性互联网信息服务的许可制度，以非法经营罪判处其有期徒刑五年六个月。[11]笔者认为，上述判决在法律适用方面有待商榷。根据该条规定，“从事经营性互联网信息服务，应当……申请办理互联网信息服务增值电信业务经营许可证”。那么实务中应当如何把握“从事经营性互联网信息服务”所涵盖的行为范围？

该《办法》第三条规定：“……经营性互联网信息服务，是指通过互联网向上网用户有偿提供信息或者网页制作等服务活动。”但根据“等服务活动”的语义显然可知，该规定未穷尽符合该定义的具体行为。在上述案例中，法院以具有“有偿性”为由将利用信息网络提供“刷单炒信”服务的行为归为该法条中“等服务活动”的范围内固然在逻辑上是符合文义解释的，但在工信部发布的《电信业务分类目录》规定的第一类与第二类增值电信业务内所有的经营许可类别中，组织利用信息网络有偿提供虚构交易服务的行为显然是找不到其位置的，这就造成许可制度中的一个难题：当某些行为如本文所讨论的组织“刷单炒信”的行为，依照行政法规的规定为“应当申请许可”的行为范围所涵盖，同时又被具体“可以予以许可”的行为范围排除在外，应当如何认定其合法性？

---

7 黄振中主编：《扰乱市场秩序罪办案一本通》，中国长安出版社2006年版，第141页。

8 张明楷：《法益初论》，中国政法大学出版社2003年版，第162页。

9 陈超然：《非法经营罪适用范围的扩张及其限制研究》，上海交通大学2013年博士学位论文。

10 刘俊海：《应重塑非法经营罪的罪刑法定原则》，载《21世纪经济报道》2013年4月22日。

11 参见刘雪丹：《全国首例刷单炒信案定性之追问》，载《中国检察官》2017年第18期。

针对这个问题，陈兴良教授提出："法律对刷单炒信行为并没有做规定，由此也就不存在违反国家规定构成非法经营的问题。"[12]有反对观点认为，这样的推论属于"杀盗非杀人"之诡辩。[13]但笔者认为，这样的推论既符合法理又符合许可制度实践要求。在上述问题当中，工信部门所精细设定的电信增值业务类别当然无法穷尽列举《互联网信息服务管理办法》中定义的"经营性互联网信息业务"，因此"应当申请许可"的行为范围大于"实际可以授予许可"的行为范围，并且前者与后者属于包含与被包含的关系，在前者之内后者之外的行为范围则是我们讨论的"矛盾地带"。认定这一"矛盾地带"涵盖的所有互联网经营性行为违反许可制度与否的关键，要从保障许可制度、维持市场秩序同时支持市场发展的本质意义上来分析。

而在上述问题中，首先，要认识到法律具有滞后性，工信部对各类互联网增值业务的许可制度无法紧随着社会生活的变化发展即时更新；其次，互联网经济的生命在于创新，互联网行业的发展更是日新月异；如果在许可制度更新、拓展其涵盖的行为范围之前，认定所有新生的、处于"矛盾地带"的互联网创新创业行为应承担违反许可制度的法律责任甚至认定为"非法经营罪"，互联网经济的创新性无疑会遭受致命的抑制，这显然不符合刑法谦抑性原则中"对这种行为进行控制不会导致禁止对社会有利的行为"[14]之要求。因此，对利用信息网络虚构交易提供"刷单炒信"服务的经营行为在许可制度内予以宽容，是符合许可制度本身的意义与目的的。

（三）虚构交易的行为不宜适用《刑法》第二百二十五条第四项

正如前文所述，无论是电子商务平台上的注册商家还是专门代为"刷单炒信"的组织者，其利用信息网络进行虚构交易的行为都属于违反《电子商务法》的经营行为，但即使否定其违反许可制度，根据《刑法》第二百二十五条第四项之规定，我们仍然需要在其作为违法行为的社会危害性上进一步作实质判断，以探讨其对于市场秩序的扰乱是否达到非法经营罪所要求的情节严重性。

该项规定作为典型的"空白罪状"，历来以其易于在司法中被泛化使用而备受诟病，其原因在于这一兜底条款中所谓的"严重扰乱市场秩序"在语义解释与适用上具有极大的不确定性，这就造成了"不论是经营资格违法、经营内容违法，还是经营方法违法，只要该经营活动被认为严重扰乱了市场秩序，如果

12 陈兴良：《刑法阶层理论：三阶层与四要件的对比性考察》，载《清华法学》2017 年第 5 期。

13 高艳东：《信息时代非法经营罪的重生——组织刷单案评析》，载《中国法律评论》2018 年第 2 期。

14 张明楷：《外国刑法纲要》，清华大学出版社 2007 年版，第 7 页。

刑法中没有更为合适的具体罪名，则可以非法经营罪定罪处罚”。[15]因此，无论是从罪刑法定原则出发，还是从《最高人民法院关于准确理解和适用刑法中“国家规定”的有关问题的通知》（以下简称《通知》）第三条[16]来看，在司法解释未将某一类别违法经营行为明确规定为构成非法经营罪时，我们应当谨慎适用此兜底条款，限制非法经营罪的“口袋”化。

不可否认，利用信息网络虚构交易行为具有一定的社会危害性，对此，当前学界主要提出以下几点：第一，侵犯消费者知情权，干扰消费者决策；第二，妨碍诚信商家的依法经营活动，破坏依靠商品质量与服务水平竞争的正常市场竞争秩序；第三，损害网络交易平台提供者的信誉和财产利益。其中第一点与第三点显然与本罪的“严重扰乱市场秩序”构成要件之间没有直接联系，而第二点则需要我们在缺乏相应司法解释的情况下结合个案具体情况对是否“情节严重”予以分析。

从单个商家利用信息网络虚构交易的行为来看，其通过自行实施或雇用他人进行“刷单炒信”以提高自家商品在电商平台上的销量、信誉以及商品评论的数据，虽然属于以不正当的手段使自家商品从同类商品中脱颖而出，但对于整体市场秩序的扰乱作用是有限的，虚构交易的行为并不能直接获取利润，归根结底作为商家仍是需要通过商品交换营利，不存在虚构交易的“违法所得”，同时也不宜将其经营数额大小作为判断情节是否严重的标准，因此商家单纯为自己“刷单炒信”的行为在实质上难以达到非法经营罪的标准。

但从“刷单炒信”的组织有偿为商家提供相应服务的行为来看，其中人员不仅可以通过“刷单炒信”直接获取违法收益，并且整体行为上往往具有组织性、规模性以及专业性，而这同时意味着其对市场秩序造成混乱的广泛性与持续性，但是，这类行为是否符合“其他严重扰乱市场的非法经营行为”的实质标准，还应当结合个案中行为人在“刷单炒信”团伙中的地位作用以及违法所得数额大小来认定，而在司法解释没有明确予以规定的情况下，依照《通知》第四条之限制，尚不应在审判实务中用非法经营罪加以规制。

---

15 徐松林：《非法经营罪合理性质疑》，载《现代法学》2003年第6期。

16 《最高人民法院关于准确理解和适用刑法中“国家规定”的有关问题的通知》第三条规定：“各级人民法院审理非法经营犯罪案件，要依法严格把握刑法第二百二十五条第（四）的适用范围。对被告人的行为是否属于刑法第二百二十五条第（四）规定的‘其它严重扰乱市场秩序的非法经营行为’，有关司法解释未作明确规定的，应当作为法律适用问题，逐级向最高人民法院请示。”

结语

电子商务网购平台作为虚构交易“刷单炒信”滋生的土壤，与日益蓬勃的互联网经济活力相比，其防控、规制不正当竞争行为的信息技术与规范体系尚有诸多地方不完善，而导致依靠互联网虚拟性、匿名性的虚构交易行为难以与真实消费区分开。在新时代产生新问题时刑法有适当扩张的必要，但在治理网络平台“刷单炒信”现象的问题上，若不能在督查识别环节突破既有的技术难点、实现惩办不法行为的及时性与不可避免性，单纯期望由刑法的介入来实现法律威慑显然是无助于改善现状的，甚至会导致“非法经营罪”的口袋在司法运用中进一步扩大化。解铃还须系铃人，针对利用信息网络虚构交易的行为，结合其行为背后的技术原理，通过建立一套基于互联网交易模式的信用评价体系、更新商家信誉评价算法、完善对交易数据的检测技术等措施实现技术性反制，才是当前最对症的药方。

案例分析

广州某佳经营部诉某强公司票据追索权纠纷案

——空白票据的法律效力认定

赵琦铭　辛　野*

【裁判要旨】

出票日期属支票的绝对必要记载事项，出票时出票日期留白的支票应视为出票人授权持票人补记。出票日期留白的支票并非当然无效，从法律条文的含义、票据的文义性、票据的流通性以及出票人的主观目的等角度综合考量，经持票人补记后的支票形式完整，可以正常使用。出票人仅以出票时未填写出票日期为由主张支票无效的，人民法院不应予以支持。

【关键词】票据追索　空白票据　效力认定

【案件索引】

一审：广州市天河区人民法院（2018）粤 0106 民初 12397 号民事判决书

二审：广州市中级人民法院（2019）粤 01 民终 6852 号民事判决书

【基本案情】

原告：广州市天河区黄村某佳建材经营部（以下简称某佳经营部）

* 赵琦铭——广州市中级人民法院金融庭三级高级法官；辛野——广州市中级人民法院金融庭法官助理。

被告：某强建设（广东）有限公司（以下简称某强公司）

某佳经营部向人民法院提起诉讼请求：一、某强公司立即向某佳经营部支付支票票款 300 万元及利息（按照中国人民银行同期贷款利率，从 2018 年 4 月 28 日计付至款项实际清偿之日止）；二、本案诉讼费用由某强公司负担。事实和理由：某佳经营部于 2018 年 4 月 27 日持票面金额为 300 万元的支票向银行提示付款，被银行以“出票人已销户”为由拒付，某强公司违反法律规定签发空头支票，应当承担相应的票据责任。

某强公司辩称：双方之间没有任何交易和债权债务关系，某佳经营部持有该支票欠缺原因关系。某佳经营部持有该支票没有合法来源，没有证据说明其对本案支票的取得是合法的。本案支票在出具时未记载出票日期，欠缺法定必要记载事项，依法无效。

法院查明：某佳经营部提供票号为 25611980 的中国银行支票一张，收款人为某佳经营部，出票日期为 2018 年 4 月 25 日，金额为 300 万元。该支票上盖有广东润铭达建设有限公司及其法定代表人印章。某佳经营部于 2018 年 4 月 27 日委托广州银行东圃支行收款，但因账户已销户被退票。某佳经营部提供案外人蔡某出具的落款时间为 2018 年 4 月 23 日的《贷款结算确认书》，内容为双方确认截至当日，蔡某拖欠某佳经营部建材款 350 万元并以广东润铭达建设有限公司开具的 300 万元支票抵偿部分债务，尚拖欠的 50 万元于半年内还清。广东润铭达建设有限公司于 2017 年 6 月 21 日办理变更手续，将公司名称变更为某强建设（广东）有限公司。某佳经营部确认其从蔡某处收取支票时，出票日期处为空白。涉案支票上的签章真实。某强公司称签发涉案支票的目的是为公司债务提供担保而非用于支付，故支票上未填写出票日期。某强公司虽认为某佳经营部并非合法持票人，但未曾通过公示催告程序救济权利。

【裁判结果】

广州市天河区人民法院于 2018 年 12 月 28 日作出（2018）粤 0106 民初 12397 号民事判决：某强建设（广东）有限公司自本判决发生法律效力之日起十日内向广州市天河区黄村某佳建材经营部支付票款 300 万元并自 2018 年 4 月 28 日起至款项付清日止按照中国人民银行规定的企业同期流动资金贷款利率支付利息。

一审判决后，某强公司不服上诉于广州市中级人民法院。

广州市中级人民法院于 2019 年 6 月 17 日作出（2019）粤 01 民终 6852 号民事判决：驳回上诉，维持原判。该判决现已发生法律效力。

【裁判理由】

本案二审的主要争议焦点在于：一、出票时未记载出票日期但经持票人补记后的支票是否有效；二、某佳经营部是否是涉案支票的合法持票人；三、某强公司能否以与某佳经营部前手蔡某之间的抗辩事由对抗某佳经营部行使追索权。

针对争议焦点一，根据《票据法》第八十四条的规定，支票上未记载出票日期的，支票无效。但该法第八十五条、第八十六条同时规定，支票上的金额可以由出票人授权补记，未补记前的支票，不得使用。支票上未记载收款人名称的，经出票人授权，可以补记。表明法律对于欠缺绝对记载事项的空白支票并非规定一律无效。对于空白支票的效力问题，评析如下：首先，空白支票是指在签发支票时，出票人对若干应当记载的事项没有记载，而是完成签章以后就交付，同时授权他人对支票进行补记，使该支票成为有效支票的票据。欠缺绝对记载事项的支票并非当然无效，而是在未补记前不能使用。根据《票据法》第八十五条以及第八十六条的规定，我国票据法允许当事人出具金额空白和收款人空白的支票。虽然对于出票时间空白的支票是否有效的问题法律没有明确规定，但在现实生活中，往往存在出票人在签发支票时，无法准确地确定某些应当记载的事项，或为不同的商业目的使用支票的情况。法律为了促进经济的发展，并不禁止这种支票的存在。本案中，某强公司自称为担保目的而签发出票日期为空白的支票。某强公司自愿将仅有某强公司签章的空白支票交付给案外人蔡某，应当视为某强公司授权案外人蔡某对其他未记载的事项予以补记，故涉案支票不应认定为无效支票。其次，根据票据的文义性，在提示付款时，持票人对出票日期已经进行了补记，涉案支票应记载事项完整，符合有效支票的形式要件。至于出票人在出票时未记载出票日期，并不影响涉案支票的效力。再次，票据具有流通性。涉案支票已经合法程序进行了流转。如否认涉案支票的有效性，无疑不利于支票的流通，有损支票的商业信用。最后，某强公司出票的目的在于用该票据为他人提供担保，如否认涉案支票的有效性，则有悖于双方以票据提供担保的意思表示。

针对争议焦点二，依照《最高人民法院关于审理票据纠纷案件若干问题的规定》第九条第二款的规定，本案中某佳经营部已经提供蔡某出具的《贷款结算确认书》，证实其取得涉案支票的基础法律关系为蔡某向其清偿建材款。某强公司主张某佳经营部恶意持票，依照上述司法解释第九条第一款的规定，某强公司应就某佳经营部恶意持票负举证责任。现某强公司提供的某佳经营部以及蔡某为股东的广东瑞鑫建设有限公司的工商登记信息以及实地办公照片，仅能证实二者办公地点相邻。某佳经营部对于二者留存在工商部门的联系电话相同亦能作出合理的解释，而且某佳经营部系从蔡某处取得涉案支票，而非从广东瑞鑫建设有限公司处取得。故上述证据不足以证实某佳经营部与广东瑞鑫建设有限公司是在财务、业务以及人员上构成人格混同的同一主体。退一步讲，即便某佳经营部、广东瑞鑫建设有限公司或是蔡某之间有关联，法律法规也未禁止关联企业之间从事关联交易。某强公司应当承担举证不能的不利后果。另外，某强公司主张某佳经营部非法取得涉案支票，但却未曾通过公示催告程序宣告支票无效，故对于某强公司关于某佳经营部是恶意持票人的主张不予支持。

针对争议焦点三，涉案支票系案外人蔡某为支付货款而交付给某佳经营部。涉案支票已经发生了流转。依照《票据法》第十三条第一款的规定，某强公司以原因关系提出的抗辩，只适用于某强公司的直接后手蔡某而不得对抗某佳经营部。在涉案支票有效且某佳经营部持有支票的前提下，某佳经营部持涉案支票进账却因账户已销户而被退票，依照《票据法》第六十一条以及第九十三条的规定，某佳经营部有权向涉案支票出票人某强公司行使追索权。

【案例注释】

根据我国票据法的规定，出票日期属于支票的绝对必要记载事项，缺乏该记载事项的支票无效，但是实务中的理解存在重大分歧，对于出票时未记载出票日期但经持票人补记后的支票效力问题，应当根据实际情况加以认定。

一、缺乏法律依据的空白票据

一般情况下，出票人在签发支票时须完整填写绝对必要记载事项方为有效票据。但是出于票据流通的需要，有出票人开始签发欠缺部分绝对必要记载事项的票据，常见的有金额空白、收款人名称空白、出票日期空白等。《票据法》并未明确定义何为空白票据，空白票据概念存在于学理之中。普遍认为，空白支票是指在签发支票时，出票人对若干应当记载的事项没有记载，而是完成签章以后就交付，同时授权他人对支票进行补记，使该支票成为有效支票的票据。

尽管法律上没有明确定义空白票据，但是从法律条文可以推定我国事实上承认空白票据的存在，根据《票据法》第八十五条及第八十六条规定，出票人可以签发支票金额空白或收款人名称空白的支票，相应事项可以由出票人授权他人补记，经补记后的支票可以使用，由此可知我国票据法允许空白票据的存在。但是对于签发时出票日期空白的支票，是否可以同前述两种情形一样，经出票人授权补记后可以正常使用，票据法并无明文规定，应当综合考量各方面因素。

二、空白票据效力认定的考量因素

根据《票据法》第八十四条第一款的规定，支票金额也是绝对应记载事项之一，但是第八十五条又规定了支票金额可以经授权补记。而出票日期作为绝对必要记载事项之一，是否可以如支票金额一样经授权补记后正常使用，可以从以下四个方面考量。

第一是法律条文本身的含义。根据关于金额空白的支票效力的规定，未补记金额的支票不得使用，即欠缺绝对记载事项的支票并非当然无效，而是在未补记前不能使用。现实生活中，往往存在出票人签发支票时，无法准确确定某些应当记载事项或为不同的商业目的使用支票的情况，为了促进经济的发展，并不禁止此类支票的存在。出票日期作为绝对应当记载事项，主要目的在于确定付款日，而如果允许出票人授权持票人自行补记出票日期，那么对于确定付款日这一目的来说并无任何影响，不会损害支票的信用。因此出票时出票日期空白的支票应当视为出票人授权持票人自行补记，经补记后的支票可以正常使用。

第二是票据具有文义性。出票日期经过持票人补记后，绝对必要记载事项完整，符合有效支票的形式要件，故应当以票据记载内容为准，至于出票日期是否为出票人填写以及出票人未填写出票日期的原因在所不问。这一点，从某佳经营部持票进账时被退票的原因是账户已销户而并非支票无效，可以得到印证。

第三是票据具有流通性。涉案支票已经合法程序进行了流转，如否认涉案支票的有效性，无疑会扰乱支票的流通秩序，损害票据在商事活动中的信用。

第四是出票人的主观目的。某强公司的出票目的在于用该支票为他人提供担保，如否认涉案支票的有效性，则有悖于双方以票据提供担保的意思表示，有违诚实信用原则。

三、空白票据并非当然无效

从上述四个维度分析得出，出票日期留白的支票并非当然无效，经过出票人授权补记后，可以正常用于流通。如此一来，可以达成法律效果与社会效果的统一，涉案支票上签章真实，某强公司签发该支票的主观意愿即在于用有效支票为他人作担保，支票一经签发即可进入市场流通。至于其为何签发票据，则基于票据无因性而不影响其效力。某佳经营部通过正常的经营行为取得涉案支票，给付了对价，如果机械地适用票据法关于绝对必要记载事项的规定认定涉案支票无效，任由出票人出票时故意不填写某些绝对必要记载事项，留下出票人在面对持票人请求付款时主动主张票据无效的空间，那么无疑打破了双方之间的利益平衡，保护了某强公司的不诚信行为，损害了票据的信用。

【相关法条】

《中华人民共和国票据法》第八十四条、第八十五条、第八十六条。

第一审法院合议庭成员：瞿　栋　何晓芬　刘淑贞
第二审法院合议庭成员：赵琦铭　汪　婷　王泳涌

南通大学附属医院诉孙某兰腾退床位案

顾　彬*

【裁判要旨】

医疗服务合同按医疗目的的不同可分为一般医疗服务合同和商业医疗服务合同。一般医疗服务合同关系中，医院的诊疗义务具有伦理性和道义性，在性质上通常为手段债务，与患者支付医疗费的义务并非对价关系。医院请求法院判令患者腾退床位，不宜以患者拖欠医疗费为由解除合同，而应基于本方履行完毕诊疗义务的事实，依据合同权利义务终止制度主张患者履行后合同义务，或者参照租赁合同到期后返还租赁物的规定。医疗服务合同纠纷在实现合同有名化之前可遵循区分参照原则，就相应合同内容类推适用委托合同、承揽合同、买卖合同及租赁合同的法律规定。

【关键词】医疗服务合同　腾退床位　请求权基础　有名化

【案例索引】

一审：江苏省南通市崇川区人民法院（2016）苏0602民初1003号民事判决书

二审：江苏省南通市中级人民法院（2019）苏06民终678号民事判决书

【基本案情】

原告：南通大学附属医院

---

* 顾彬——江苏省南通市崇川区人民法院助理审判员。

被告：孙某兰

原告诉称：被告于2015年1月29日因“腰痛伴左下肢疼痛半年，加重10天”入住原告骨科一病区，于2015年2月5日行全窥镜下腰后椎板间隙入路髓核摘除术，术后左下肢疼痛缓解。2015年3月下旬，被告符合骨科出院情形但拒不出院。原告多次劝告被告及其家属，并于2015年11月5日正式安排被告出院。被告未结欠原告医疗费20084.18元，原告多次催费无果。为维护自身合法权益，原告诉至法院请求依法判令被告立即腾退床位、搬离医院并结清医疗费20084.18元。

被告辩称：被告住院是因为缴纳了医疗费，手术后被告的病没有治好甚至还产生了身体上新的严重问题。因此，被告不认可欠费的事实和原告发出的“停止侵占病床告知书”，不同意出院。本案诉讼之前，被告已经提起鉴定程序，但原告对病例做了手脚，致南通市医学会出具的鉴定报告明显偏向原告，被告是不认可的。若合法鉴定报告显示原告没有医疗过错，则被告同意出院。

江苏省南通市崇川区人民法院经审理查明：因感左侧臀部、左大腿后侧及左小腿疼痛伴左足背外侧麻木，经卧床休息疼痛仍不缓解，被告孙某兰于2015年1月29日前往原告南通大学附属医院骨科就诊并住院。同年2月5日，原告为被告实施了“全窥镜下腰后椎板间隙入路髓核摘除术”。术后，原告对被告予以防止感染、脱水消肿、营养神经、补液支持等处理，被告疼痛缓解，但于次日述称右下肢麻木。术后第三天拔除尿管后，被告述称大小便控制欠佳，原告遂再次留置尿管，定时夹闭开放尿管训练，请针灸科会诊以协助被告康复。同年2月15日，被告拔除尿管后可自解小便，但大小便仍然控制欠佳。原告的主要医疗措施提供至2015年3月下旬便告终止，当年11月5日，原告安排被告结算出院未果。截至当日，案涉病例产生医疗费用65084.18元，被告结清45000元。2016年2月19日，原告书面催告被告出院未果，遂于当月22日将被告诉至法院。

另查明：孙某兰于2016年6月16日诉至法院主张南通大学附属医院承担医疗损害赔偿责任，一审法院经审理认定孙某兰未对医疗机构存在过错、诊疗与损害之间存在因果关系等事实举证证明，判决驳回了孙某兰的诉讼请求。二审法院依法维持了一审判决。

【裁判结果】

江苏省南通市崇川区人民法院于2018年12月21日作出（2016）苏0602民初1003号民事判决：被告孙某兰于判决生效后十日内一次性给付原告南通大学附属医院医疗费人民币20084.18元并搬离医院。

宣判后，孙某兰不服一审判决，提出上诉。

江苏省南通市中级人民法院于2019年4月4日作出（2019）苏06民终678号民事判决：驳回上诉，维持原判。

【裁判理由】

法院生效判决认为：本案争议焦点在于被告是否应当腾退床位。医疗服务合同属于过程合同，在履行结果上并不苛求达到患者所要求的特定效果。患者有义务支付医疗费，符合出院标准后医院即可终止提供医疗服务。孙某兰拒付医疗费且在2015年3月即符合出院标准，故南通大学附属医院主张孙某兰结清医疗费并腾退床位的请求可予支持。关于孙某兰提出的南通大学附属医院在诊疗过程中存在过错的问题，孙某兰诉南通大学附属医院医疗损害责任纠纷案件的生效判决驳回了孙某兰的诉讼请求，就目前证据而言尚无法确定南通大学附属医院存在诊疗过错。退一步讲，即使不存在上述生效判决，是否履行医疗服务合同与医疗损害之间亦不必然存在法律上的因果关系，孙某兰以诊疗过错为由要求继续履行医疗服务合同缺乏充分的法律依据。

【案例注释】

当前医患纠纷日益增多，人们往往关注的是患者权益的保护，却忽略了医疗服务合同关系中双方当事人是平等的民事主体，[1]“医闹”现象愈演愈烈，“道德”为少数滥用权利之人所绑架。本案中，患者成了被告，非法侵占医院床位长达数年，[2]医院诉至法院后患者以医院诊疗行为具有过错为由提出抗辩。本案审理是否需要以认定医院有无医疗过错为前提，作为一种无名合同应当如何进行科学的法律适用，本案的裁判对医疗服务合同的有名化立法进程又有何启示意义，下文拟作一分析。

1　虽然少数学者认为基本医疗服务具有行政给付属性，但主流观点认为医院和患者之间是民事合同关系，最高人民法院也专门设有“医疗服务合同纠纷”这一案由，医疗服务合同关系只是存在有别于其他合同的特殊性而已。参见陈云良：《基本医疗服务法制化研究》，载《法律科学》2014年第2期；艾尔肯：《论医疗合同关系》，载《河北法学》2006年第12期；屈茂辉、彭赛红：《论医疗服务合同》，载《中南工业大学学报（社会科学版）》1999年第3期；韩世远：《医疗服务合同的不完全履行及其救济》，载《法学研究》2005年第6期。

2　参见郭小川、徐振宇、林子杰：《术后4年多赖在病房不回家 法官上门宣读“逐客令”起效了》，载《扬子晚报》2019年7月10日。

一、医疗服务合同的特征及法律适用

（一）概念及特征

医疗服务合同是一种无名合同，“是以医疗服务为目的，在医疗机构与患者之间形成的合同”[3]，可以分为一般医疗服务合同和商业医疗服务合同。前者通俗讲是以治病救人为合同目的，具有伦理性和非营利性，包括门诊、急诊及住院三种医疗服务模式；后者以改善、检查身体机能为合同目的，具有对价性和营利性，以医学美容、体检为代表。本案例分析以前者为研究对象。

一般医疗服务合同关系中，医疗机构的基本义务是提供医疗服务，服务内容具体包括提供诊疗方法及措施[4]、药物及医疗器械、住院设施设备等，而患者的基本义务则是支付相应医疗费用。相比其他双务有偿合同包括商业医疗服务合同，一般医疗服务合同有着自身的特点：一是合同标的是活人的身体，以致医疗行为呈现伦理性和道义性；二是基本医疗救助服务的公益性，某一个医疗服务合同中医疗机构的医疗服务只是让单个患者受益，故医疗服务并非公共产品，但其中最基础的救助措施则属于政府社会保障体系的必要组成部分；三是强制缔约性，正因为医疗机构承担着救死扶伤的道义责任，故当急危患者向医疗机构求诊时后者不得拒绝收诊[5]；四是具体权利义务意定性弱、法定性强，医患双方通常不会事先订立书面合同，履约主要依靠医疗行业规范及习惯，法院裁判主要求助于法定依据；五是医疗行为的风险性，这源于诊疗对象的特殊性和多样性、医学的复杂性和局限性。

（二）法律适用的依据和方法

一方面，医疗服务合同在《合同法》分则中无直接的法律依据，但可适用总则的规定，此谓直接适用。另一方面，根据《合同法》第一百二十四条规定，医疗服务合同还可以参照《合同法》分则或者其他法律最相类似的规定，此谓类推适用。

关于医疗服务合同类推适用的法律依据，应当依其相应的具体内容选定分则中最相类似的有名合同规定。医疗服务合同中，有关诊疗方法及措施的权利义务关系，可参照委托合同的法律规定，根据《合同法》第三百九十六条规定，委托合同是委托人和受托人约定，由受托人处理委托人事务的合同，与此类似，患者也是将病痛委托给医疗机构诊治。有关药物及医疗器械的权利义务关系，

---

3 韩世远：《医疗服务合同的不完全履行及其救济》，载《法学研究》2005年第6期。

4 通俗讲就是医生为患者开具处方的行为，成语“望闻问切”可以很好地形容这一医疗行为，这也是医疗服务的核心部分。

5 我国《执业医师法》第二十四条规定：“对急危患者，医师应当采取紧急措施进行诊治；不得拒绝急救处置。”

可参照买卖合同的法律规定，根据《合同法》第一百三十条规定，买卖合同是出卖人转移标的物的所有权于买受人，买受人支付价款的合同，与此类似，医疗机构也是将药品所有权转让给患者。有关安装假牙、假肢等假体的权利义务关系，可参照承揽合同的法律规定，根据《合同法》第二百五十一条规定，承揽合同是承揽人按照定作人的要求完成工作，交付工作成果，定作人给付报酬的合同，与此类似，医疗机构也是经患者同意为其安装假体。有关住院设施设备的权利义务关系，可参照租赁合同的法律规定，根据《合同法》第二百一十二条规定，租赁合同是出租人将租赁物交付承租人使用、收益，承租人支付租金的合同，与此类似，医疗机构也是将床位交付患者使用。

但需要说明的是，对医疗服务合同在法律适用时应进行有区分的参照，此仅为一项原则，而不能当成一种规则去机械化涵摄。对于有违医疗服务合同特质的分则规定是不能参照适用的。[6]

二、医疗机构主张患者腾退床位的请求权路径

本案原告两项诉请中，主张医疗费当然应予支持，前文已经阐述过支付医疗费是患者的基本合同义务，而腾退床位的主张经合议庭讨论虽然结论一致但产生了不同的法律适用意见。一种意见认为应当适用合同解除制度，另一种意见认为应当适用合同权利义务终止制度。

（一）医疗机构的诊疗义务与患者的付费义务不是对价关系

虽然前文阐述过医疗机构的诊疗义务与患者的付费义务是医疗服务合同关系中医患双方各自的基本义务，但两者之间并非对价关系，或者说对待给付关系。“所谓对待给付义务，即基于利益的交换而形成的双方给付互为依赖的义务关系，俗称‘你与则我与，你不与则我亦不与’的义务对待关系。当事人承担义务的目的在于获取对方给付义务。”[7]医疗服务合同关系中，可以认为患者支付医疗费的目的是获得医治，但转换至医疗机构的立场，我们不能得出这样的结论：医院救死扶伤是为了获取金钱报酬。这是有违伦理和道义的，与医院的职责和医生的使命是相背离的。固然可以认为医疗机构的诊疗义务与患者的付费义务是一种相对应的义务，但不可认定其具有对待给付关系或对价关系。“双务合同的本质特征是合同双方的义务存有对价关系。以此为合同分类标准，可将合同分为双务合同和单务合同。”[8]因此，医疗服务合同是一种“不完全双务

---

6 例如，委托合同中双方当事人均享有任意解除权，但医疗服务合同中，医疗机构不得任意解除合同，这是医疗行为伦理性、道义性及公益性特质所决定的。而且医疗机构行使法定解除权也需要进行特殊限制，这在下文将详细阐述。

7 傅鼎生：《义务的对价：双务合同之本质》，载《法学》2003年第12期。

8 傅鼎生：《义务的对价：双务合同之本质》，载《法学》2003年第12期。

合同”，“是指双方虽然各负有债务，但其债务并不居于给付和对待给付的关系的合同”[9]，本质上应归入单务合同的范畴，“一方当事人负担给付义务，对方当事人虽不负对待给付义务，但承担次要义务，亦为单务合同。例如……附负担赠与仍为单务合同”。[10]医疗服务合同不具备双务合同的核心特质——双方当事人所负义务“目的性的相互依赖性”。[11]

（二）患者以医疗过错为由抗辩不履行付费义务没有法律依据

“区分双务合同与单务合同的法律意义在于：1. 双务合同适用同时履行抗辩权、先履行抗辩权或不安抗辩权的规则，而单务合同则否。……”[12]医疗服务合同性质上属单务合同，至少是不完全的双务合同，不宜适用履行抗辩权规则。医疗机构在履行诊疗义务过程中存在过错，通常是审理医疗损害责任纠纷时的考察要素，反映到医疗服务合同纠纷中即医疗机构的不完全履约行为。在典型的双务合同中，守约方可基于违约方的不完全履行行为行使同时履行抗辩权继而暂不履行本方的对待给付义务，但医疗服务合同中的患方行使此种抗辩权就缺乏依据了，因此本案中即便南通大学附属医院存在违反诊疗规范的行为，孙某兰也不能行使履行抗辩权拒付医疗费。进一步而言，虽然孙某兰另案起诉南通大学附属医院提起了医疗损害责任诉讼，但本案无须以该案的审理结果为依据，无须中止审理。

（三）医疗机构不宜以患者拖欠医疗费为由解除合同

本案中，孙某兰拖欠部分医疗费是事实，其构成违约也无异议，但南通大学附属医院主张腾退床位不宜通过合同解除制度来实现权利，理由有两个方面。

一方面，医疗服务合同的特殊性质决定了医疗机构的法定解除权应受到严格限制。前文已经论述过，医疗行为具有伦理性、道义性及公益性，医疗机构负有强制缔约义务不得拒绝收诊，引申而言，医疗机构负有强制履约义务，即便患方交不起医疗费用[13]，也不能终止或违反医学规律暂停医疗行为。[14]某些其他合同领域的立法也基于合同自身的特殊性针对某一方当事人确立了不得解

9　崔建远：《合同法学》，法律出版社2015年版。

10　崔建远：《合同法学》，法律出版社2015年版。

11　张金海：《论双务合同中给付义务的牵连性》，载《法律科学》2013年第2期。

12　崔建远：《合同法学》，法律出版社2015年版。

13　患方拖欠医疗费用不仅是民事法律问题，更是社会问题，医疗机构相应的经济利益应当更多依靠国家的基本医疗保险改革继而实现基本医疗保险全民覆盖来获取保障。参见周钧：《医疗服务合同的问题分析及对策》，载《法律与医学杂志》2004年第3期。

14　当然医疗结构也并非绝对不享有法定解除权，例如当医疗机构有碍于自身客观资质或设备的限制时，出于保障患者生命健康权的目的，可以行使法定解除权，但仍然不能免除转诊等后合同义务。

约规则，例如保险合同中的保险人[15]、货物运输保险合同和运输工具航程保险合同中的投保人[16]等。

另一方面，患者欠费违反的是从给付义务，不符合《合同法》第九十四条第三项的规定。支付医疗费虽然是患者的基本义务，但在医疗服务合同的权利义务体系中，医疗机构的诊疗义务居于主要地位，治病救人是合同的主要目的，而患者的付费义务相对而言属于次要义务。虽然本案中南通大学附属医院对孙某兰的欠费行为进行了催告，但仍然不满足上述法条中“当事人一方迟延履行主要债务”的规定。至于能否适用第九十四条第四项规定的问题，应当说医疗费不是医疗服务合同的主要标的，南通大学附属医院已经按诊疗规范提供了医疗服务，合同目的基本实现，在这个意义上也不能适用第九十四条第四项规定。

（四）医疗机构履行完毕诊疗义务后主张患者腾退床位的两种请求权路径

1. 适用《合同法》总则关于后合同义务的规定

合同解除是合同权利义务终止的原因之一，除此以外，清偿、抵销、提存、免除、混同等都可以产生权利义务终止的法律后果。结合这些情形的有关法律规定，合同权利义务终止有两个层面的含义，通常是指合同权利义务全部归于消灭，即合同的消灭；还可以指合同当事人一方对另一方权利或义务的消灭，同时前者保留对后者所负的义务或所享有的权利，即不完全终止，仍保留狭义债的关系。例如一方当事人提存以使自己的债务归于消灭，但继续享有对另一方当事人的债权。[17]

在医疗服务合同关系中，医疗机构负担的是手段债务，“合同主给付义务只能是注重给付行为，而不能强调给付结果。因为我们不可能要求医师治好每一位病人，我们只能合理地要求医师尽最大努力地救治病人”[18]。因此，医疗机构按照诊疗规范全面提供了力所能及的医疗服务后即履行完毕了本方的主给付义务，根据上述理论可以认定医疗服务合同权利义务终止。主张患者支付医疗费属于合同履行过程中的义务，而主张患者腾退床位、搬离医院则属于合同权利义务终止后的义务，即所谓的后合同义务。

关于后合同义务，《合同法》第九十二条作了明确规定：“合同的权利义务终止后，当事人应当遵循诚实信用原则，根据交易习惯履行通知、协助、保密等义务。”但是，该规定未明确列举诸如恢复原状等义务形态，但立法者明智地在所列义务形态后加了一个“等”字。“等”是列举助词，可以分为三个语义等级，即

---

15 参见《保险法》第十五条。

16 参见《保险法》第五十条。

17 崔建远：《合同法学》，法律出版社2015年版。

18 韩世远：《医疗服务合同的不完全履行及其救济》，载《法学研究》2005年第6期。

列举未尽、列举已尽及列举未定（无法判断列举有没有穷尽）。[19]上述法条中的“等”是“等内等”还是“等外等”？答案显然应选取后者。一方面，立法者在对上述法条进行释义时提道：“合同权利义务终止后，当事人应当履行哪些义务，并没有一定之规……法律不可能针对个案确定后合同义务的内容”[20]，所以从立法本意看，“通知、协助、保密”肯定不是后合同义务的全部形态。另一方面，依体系解释和目的解释，上述法条处于《合同法》总则之中，总则普适于各类合同，不应也不会去束缚各类合同适用总则的机会和范围。因此，腾退床位义务完全具备纳入《合同法》第九十二条的可能性。同时，该项义务还具备纳入该法条的合理性和科学性。后合同义务具有法定性，派生于诚实信用原则，依交易习惯而确定。在医疗服务合同关系中，虽然医患双方没有书面约定“符合出院标准后患者即应腾退床位”，但这在医疗行业已成为不言而喻的习惯做法，也是患者秉持诚实善意的应有表现。

2. 参照适用《合同法》分则“租赁合同”一章中租期届满后返还租赁物的规定

如果说以上请求权路径过于依赖法学理论的支持，那么还有一种实操性更强的请求权路径可供医疗机构借以维权。本案中双方争议的焦点在于患者是否应当腾退床位，该项合同内容类似于租赁合同，故南通大学附属医院可以参照适用《合同法》分则“租赁合同”一章的规定。《合同法》第二百三十五条规定：“租赁期间届满，承租人应当返还租赁物。返还的租赁物应当符合按照约定或者租赁物的性质使用后的状态。”租期届满意味着出租人履行完毕出租义务继而可以视为合同目的基本实现。医疗服务合同虽无明确履行期限，但医疗机构履行完毕诊疗义务后亦可视为合同目的基本实现，故使用床位的权利义务关系可以参照适用上述法律规定，即医疗机构履行完毕诊疗义务的情况下可以主张患者返还床位。

三、医疗服务合同有名化的立法建议

（一）医疗服务合同应当有名化

社会主义市场经济环境下，医疗服务的商品属性渐渐深入人心，但其伦理性特征将一直伴随。这一合同关系在社会经济生活中占据越来越重要位置的同时，引发的医患纠纷也与日俱增，人民法院审理医疗服务合同纠纷面临的压力越来越大，仅仅依靠《合同法》总则的抽象规定及法学理论，并不足以实现此

19　参见朱军：《列举助词“等”及相关结构的句法、语义特点研究》，载《语言教学与研究》2008年第1期。

20　胡康生主编：《中华人民共和国合同法释义》，法律出版社2009年版。

类纠纷法律适用的统一，加上医疗服务合同较其他合同有着独有的特质，所以制定一套专门的法律规则成为司法者的一致心声。

当下，医疗服务合同有名化不仅具有必要性，而且具备了可行性。二十年前，服务合同曾出现在合同法草案的讨论稿中，但遗憾地未编入现行《合同法》。二十年后的今天，在积累了丰富的第三产业发展经验的基础上，可以吸收《执业医师法》《医疗事故处理条例》及最高人民法院有关司法解释的规定及相应司法实务经验，在民法典分则“合同编”中设置“服务合同”专章，并将医疗服务合同单独设节加以规范。

（二）医疗服务合同的几项特有规则应写进立法

在本案的研判分析中可以发现，医疗服务合同基于其特质应当确立几项特有的规则。第一，医疗服务合同的概念条款应立足于其“不完全双务合同”的属性。现有有名双务合同都在各自章节第一条设置概念条款时强调了双方当事人各自主要义务的对价性，医疗服务合同不应效仿，患者的付费义务可以仿照附负担赠与的法条另行单列。第二，应当确立医疗机构的强制缔约、履约义务，限制其合同履行抗辩权的行使，规定任何医疗机构不得拒绝收诊急危患者，患者拖欠医疗费时医疗机构不得终止或违反医学规律中止诊疗行为。第三，应当确立医疗机构在合同履行过程中不得单方解约的规定，对于医疗机构有权单方解约的特定情形通过列举方式严格限定。第四，应当对医疗服务合同终止后医患双方的后合同义务进行“列举＋概括”式的规定，以实现其立法的针对性、明确性及灵活性有机统一。

【相关法条】

《中华人民共和国合同法》第九十一条、第九十二条、第二百三十五条。

第一审法院合议庭成员：巫劲松　顾　彬　金星进

第二审法院合议庭成员：杨　盛　季建波　罗　勇

胎儿请求死亡赔偿金、被扶养人生活费保险合同纠纷案

李兆杰　牛　艳*

【裁判要旨】

死亡赔偿金不是遗产，但具有遗产的类似属性，死亡赔偿金的认定和分割，应类推适用继承法的规定保留遗腹子的份额。死者生前扶养的人，既包括死者生前实际扶养的人，也包括应当由死者扶养但因为死亡事故发生死者尚未抚养的子女。根据胎儿利益保护最大化原则和民法总则立法精神，胎儿视为具有请求死亡赔偿金和被扶养人生活费的民事权利能力。

【关键词】胎儿　死亡赔偿金　被扶养人生活费　权利能力

【案件索引】

一审：安徽省淮南市潘集区人民法院（2017）皖0406民初105号民事判决书

二审：安徽省淮南市中级人民法院（2017）皖04民终742号民事判决书

【基本案情】

原告某物流公司诉称：该公司所有的车辆蒙K91×××号货车与皖DK3×××号轿车发生交通事故，造成第三者聂某死亡，在交警部门调解下，该公司

* 李兆杰——安徽省淮南市中级人民法院研究室副主任、审判员；牛艳——安徽省淮南市谢家集区人民法院法官助理。

与死者聂某家属达成赔偿协议并履行完毕，因蒙 K91×××号车及半挂车蒙 KV×××在某财险淮南支公司投保有交强险和第三者责任险，但多次理赔均遭拒绝。请求判令，某财险淮南支公司理赔该物流公司事故赔偿款 56 万元。

某财险淮南支公司主要辩称：某物流公司诉请的 56 万元是其单方与受害人家属达成的协议，该赔偿金额没有得到保险公司的认可，在赔偿时没有通告保险公司知晓，根据保险条款约定被保险人赔偿不合理部分，保险公司不予理赔。对遗腹子，在事故发生时及某物流公司方与受害方达成赔偿时，遗腹子没有出生，不应赔偿，保险赔偿不等同于遗产分割，不应支持关于遗腹子聂某豪抚养费等。

第三人晟淮某日公司述称：蒙 KV×××号半挂车是晟淮某日公司所有，并且在某财险淮南支公司投保有 50000 元的商业险。由于在事故赔偿调解中，死者聂某的损失已由某物流公司全部承担并支付，故晟淮某日公司将该事故中的蒙 KV×××号半挂车保险理赔权全部让与某物流公司，并且也已经提前通知了某财险淮南支公司，相关权利由某物流公司享有，因此晟淮某日公司在该案不再承担任何责任。

法院经审理查明：2016 年 3 月 2 日 20 时 15 分许，朱某驾驶的蒙 K91×××、蒙 KV×××挂号货车在淮潘公路陶圩路口与应某驾驶的皖 DK3×××号轿车发生交通事故，造成第三者聂某死亡，经淮南市公安局交通警察支队潘集大队作出道路交通事故认定书，认定朱某、应某负事故同等责任，聂某无责任。案涉事故的死者聂某系安徽省淮南市潘集区古沟乡聂圩村聂圩二队村民，在城镇（淮南市田家庵区）务工及居住生活满一年以上。聂某宏系聂某父亲，1963 年 10 月 12 日出生。刘某系聂某母亲，1968 年 10 月 12 日出生。王某系聂某妻子，1988 年 9 月 10 日出生。聂甲系聂某女儿，2015 年 10 月 15 日出生。聂某豪系聂某的遗腹子，2016 年 9 月 15 日出生。2016 年 6 月 15 日，某物流公司与死者聂某亲属聂某宏等人达成了赔偿协议，协议约定某物流公司赔偿聂某亲属 56 万元，双方就该事故再无纠纷。同日，某物流公司向聂某亲属付清了赔偿款 56 万元，履行了协议。某物流公司名下的蒙 K91×××号重型半挂牵引车、晟淮某日公司名下的蒙 KV×××挂号重型仓栅式半挂车均在某财险淮南支公司被投保了第三者商业责任保险、车辆损失险、全车盗抢损失险及三者险不计免赔条款等多个险种，且均在保期内。

【裁判结果】

安徽省淮南市潘集区人民法院于 2017 年 5 月 15 日作出判决：一、某财险淮南支公司在交强险、第三者商业责任险限额内赔偿某物流有限责任公司保险金共计475075.25元，于判决生效后十日内付清；二、驳回某物流有限责任公司的其他诉讼请求。宣判后，某财险淮南支公司提出上诉认为，认定聂某豪属于被抚养人并支持抚养费错误。安徽省淮南市中级人民法院于2017年8月11日判决：驳回上诉，维持原判。

【裁判理由】

关于某物流公司要求某财险淮南支公司理赔事故赔偿款56万元是否有事实和法律依据。一审法院审理后认为：本案中，朱某负此事故的同等责任，朱某肇事车辆一方依法应当承担50%的赔偿责任。根据当事人提交的证据，某物流公司的损失依法核定为475075.25元。某财险淮南支公司在交强险、第三者商业责任险限额内向某物流公司共计赔偿475075.25元。对于某物流公司主张赔偿56万元的诉讼请求，合理部分本院予以支持，超出的部分本院不予支持。对于某财险淮南支公司提出的死者聂某遗腹子聂某豪的被抚养人生活费不应赔偿的辩解意见，因本案事故发生时，死者聂某的妻子王某已经怀孕，聂某豪娩出时为活体，其利益应受保护，某物流公司已赔偿被抚养人聂某豪生活费，某财险淮南支公司对某物流公司应当承担保险赔偿责任，故对某财险淮南支公司提出的该辩解意见，依法不予支持。一审法院判决，某财险淮南支公司赔偿某物流公司保险金共计475075.25元。

二审法院审理后认为：儿童最大利益原则已逐渐成为社会共识。与其他的法定继承人或者被扶养人相比，遗腹子出生后的被抚养利益更应该受到“特殊保护”。上述原则在《未成年人保护法》《继承法》等相关法律中均有体现。《民法总则》第十六条规定：“涉及遗产继承、接受赠与等胎儿利益保护的，胎儿视为具有民事权利能力。但是胎儿娩出时为死体的，其民事权利能力自始不存在。”《民法总则》虽然在本案审结之时尚未正式实施，但其立法理念理应得到贯彻。因此，从儿童最大利益原则出发，在死亡赔偿金的认定和分配过程中，应当保护遗腹子的利益。某财险淮南支公司上诉主张，案涉交通事故发生时以及达成赔偿协议时受害人的遗腹子聂某豪并未出生，尚不属于法定意义上的“自然人”，不具有民事权利能力，不应计算其抚养费，不予支持。故判决驳回上诉，维持原判。

【案例注释】

我国《民法通则》对胎儿保护未作规定，亦即未承认胎儿的民事权利能力，仅《继承法》第二十八条规定，“遗产分割时，应当保留胎儿的继承份额。胎儿出生时是死体的，保留的份额按照法定继承办理”。此条规定并未赋予胎儿法律关系的主体地位，法律对胎儿的保护也仅是为了保护未来民事主体的利益，并未赋予其民事权利能力。[1]在《民法总则》的起草和审议等过程中，胎儿是否具有民事权利能力问题也引起很多关注和讨论。最终《民法总则》第十六条规定涉及遗产继承、接受赠与等胎儿利益保护的，胎儿视为具有民事权利能力。但该条没有明确胎儿是否享有“损害赔偿请求权”。本案争议的实质为，被继承人因侵权死亡后，遗腹子是否享有死亡赔偿金和被扶养人生活费的赔偿请求权。合议庭最后予以支持，主要基于以下理由：

一、贯彻儿童最大利益原则的必然要求

儿童最大利益原则已逐渐成为社会共识。与一般的法定继承人或者被扶养人相比，遗腹子出生后的生活和学习等往往更需要保障，更应该受到“特殊保护”。我国已批准加入的《儿童权利公约》第三条第一款规定，关于儿童的一切行动，不论是由公私社会福利机构、法院、行政当局或立法机构执行，均应以儿童的最大利益为一种首要考虑。[2]上述原则在《未成年人保护法》《继承法》等相关法律中均有体现。[3]诚如美国法官罗杰·J. 特雷诺所言，“法官的职责就是不断地选择某一种政策而舍弃另外一种政策”。[4]当前在强化未成年人权益特殊、优先保护的法律政策下，儿童利益最大化原则应该得到贯彻，儿童的生存权、发展权、受保护权、参与权等合法权益应当得到周到、细致、优先、特殊的保护。相较儿童而言，遗腹子因其父亲已去世，其生存权、发展权的保障来源相对减少，因此其社会地位、经济地位更显弱势，也就需要得到更多人文关怀和更为优先的法律保护。

二、死亡赔偿金应类推适用继承法的规定保留遗腹子份额

死亡赔偿金不是对受害者的损害赔偿，而是对与受害者有关的一些人即近

1　谭启平主编：《中国民法学》，法律出版社 2018 年版，第 78 页。

2　1990 年 8 月 29 日，中国常驻联合国大使代表中华人民共和国政府签署了《儿童权利公约》，中国成为第 105 个签约国。1991 年 12 月 29 日第七届全国人民代表大会常务委员会决定批准中国加入《儿童权利公约》。1992 年 3 月 2 日，中国常驻联合国大使向联合国递交了中国的批准书，从而使中国成为该公约的第 110 个批准国。该公约于 1992 年 4 月 2 日对中国生效。

3　如《未成年人保护法》第三条规定，“未成年人享有生存权、发展权、受保护权、参与权等权利，国家根据未成年人身心发展特点给予特殊、优先保护，保障未成年人的合法权益不受侵犯”；《继承法》第二十八条规定，“遗产分割时，应当保留胎儿的继承份额。胎儿出生时是死体的，保留的份额按照法定继承办理。”

4　[美] 李·爱泼斯坦、威廉·M. 兰德斯、理查德·波斯纳：《法官如何行为：理性选择的理论和经验研究》，黄韬译，法律出版社 2017 年版，第 22 页。

亲属的赔偿。[5]死亡赔偿金的请求权人为死者的近亲属，这是因为死者的死亡给其带来财产和精神上的双重痛苦，因此赔偿义务人要承担赔偿责任。学界对死亡赔偿金的性质向来有争议，主要表现为扶养丧失说和继承丧失说之争。扶养丧失说认为，受害者因侵权行为致死，近亲属因丧失扶养利益而有权请求侵权人加以赔偿；继承丧失说认为，生命受到侵害的人如果继续生存，其应得收入可由继承人继承，现生命被剥夺导致继承人丧失继承利益，因而有权请求损害赔偿。[6]《侵权责任法》第十六条规定，侵害他人造成死亡的，应当赔偿丧葬费和死亡赔偿金。《最高人民法院关于审理人身损害赔偿案件适用法律若干问题的解释》第二十九条规定："死亡赔偿金按照受诉法院所在地上一年度城镇居民人均可支配收入或者农村居民人均纯收入标准，按二十年计算。但六十周岁以上的，年龄每增加一岁减少一年；七十五周岁以上的，按五年计算。"可见我国立法确定死亡赔偿金数额是依据死者的收入情况，立法采取的是"继承丧失说"。侵权人的行为致使受害人死亡，从而丧失了未来可得收入，受害人法定继承人也因此丧失了未来可以继承该收入的机会，因此赔偿义务人应当对受害人近亲属进行赔偿。根据上述分析，死亡赔偿金不是遗产，但却有遗产的类似属性，应类推适用《继承法》第二十八条之规定保留遗腹子的份额。

三、被扶养人包括应当抚养而未抚养的人

本案裁判时《民法总则》尚未正式实施，另随着《民法总则》的正式实施，《民法通则》并不当然失效，《民法总则》有规定的，适用《民法总则》，《民法总则》没有规定的适用《民法通则》。《民法通则》第一百一十九条规定，侵害公民身体造成死亡的，应当支付死者生前扶养的人必要的生活费等费用。死者生前扶养的人，既包括死者生前实际扶养的由死者扶养但因为死亡事故发生死者尚未抚养的人，也包括死者应当扶养的子女。该裁判规则亦被"王德钦诉杨德胜、泸州市汽车二队交通事故损害赔偿纠纷案"所确定。[7]本案中聂某因事故死亡时，聂某豪尚未出生，聂某生前并未实际扶养聂某豪，但聂某豪与聂某系父子关系，是聂某应当扶养的人，因此聂某豪的被扶养人生活费应当予以支持。根据《侵权责任法》司法解释之规定精神，[8]被抚养人生活费应包含在

---

5 周枏：《罗马法原论》，商务印书馆2001年版，第566页。

6 曾隆兴：《详解损害赔偿法》，中国政法大学出版社2004年版，第168页。

7 案例来源：《中华人民共和国最高人民法院公报》2006年第3期。

8 《最高人民法院关于适用〈中华人民共和国侵权责任法〉若干问题的通知》第四条："人民法院适用侵权责任法审理民事纠纷案件，如受害人有被抚养人的，应当依据《最高人民法院关于审理人身损害赔偿案件适用法律若干问题的解释》第二十八条的规定，将被抚养人生活费计入残疾赔偿金或死亡赔偿金。"

死亡赔偿金之中，故法院判决在死亡赔偿金项下支付被抚养人生活费。

四、贯彻《民法总则》立法理念的必然要求

关于胎儿的民事权利能力问题，主要存有三种立法体例，一是总括保护主义，即以将来出生生存为条件，普遍赋予民事权利能力，如瑞士和我国台湾地区民法；二是个别保护主义，即以将来出生生存为条件，赋予胎儿继承财产和请求损害赔偿的民事权利能力，法国、德国、日本民法采此主义；三是绝对主义，严格坚持自然人民事权利始于出生原则，绝对不承认胎儿具有民事权利能力，如苏联。[9]《民法总则》施行后，对于"胎儿"是否享有民事权利能力问题，已经进行了更加明确的规定。该法第十六条明确："涉及遗产继承、接受赠与等胎儿利益保护的，胎儿视为具有民事权利能力。但是胎儿娩出时为死体的，其民事权利能力自始不存在。"该条将胎儿"视为"具有民事权利能力，说明胎儿本身并不是民事主体，仅在需要法律保护时，可以适用民事主体相关规则加以保护。[10]《民法总则》第十六条虽然未明确列举胎儿享有死亡赔偿金和被扶养人生活费的赔偿请求权，但在文字表述上使用了一个"等"字。该条的"等"字也表明，胎儿所享受的利益并不限于继承遗产和接受赠与。这说明我国立法已高度接近总括主义的保护模式，有效加强了对胎儿利益的特殊保护。该条立法的本意是对于胎儿进行特殊保护，而根据本案实际情况，从死亡赔偿金的基本属性和儿童最大利益原则考虑，认定被继承人因侵权死亡后，遗腹子享有死亡赔偿金和被扶养人生活费的赔偿请求权，是完全符合立法本意的，因此胎儿理所当然视为具备相应的民事权利能力。

五、法律适用建议

通过前述分析，可以确定死亡赔偿金、被扶养人生活费具有同遗产继承、接受赠与相同抑或更高的利益衡量，对胎儿来讲，死亡赔偿金、被扶养人生活费往往更为紧迫和重要，因此完全可以被《民法总则》第十六条中的"等"字所涵盖。依民法解释学之当然解释，法律虽无明文规定，但依规范目的的衡量，其事实较之法律所规定者更有适用理由，而径行适用该法律规定。当然解释之法理依据即所谓的"举重以明轻，举轻以明重"。[11]如前所述，胎儿对于死亡赔偿金、被扶养人生活费较之遗产继承、接受赠与具有更为紧迫的利益需求，理所应当为"等"字所涵盖。《民法总则》实施前，往往通过类推适用和扩大解释原则来解决胎儿获得被继承人死亡赔偿金和被扶养人生活费的问题，程序烦

9 谭启平主编：《中国民法学》，法律出版社2018年版，第91页。

10 王利明、杨立新、王轶、程啸：《民法学》，法律出版社2017年版，第48页。

11 梁慧星：《民法解释学》，法律出版社2015年版，第227页。

琐、法律适用复杂;《民法总则》实施后，依当然解释之规则，可以直接明确胎儿视为具有请求死亡赔偿金和被扶养人生活费的民事权利能力。当然，胎儿娩出时为死体的，其民事权利能力自始不存在。

【相关法条】

《中华人民共和国继承法》第二十八条;

《中华人民共和国民法总则》第十六条。

第一审法院合议庭成员：钱　峰　王良敏　秦正伟

第二审法院合议庭成员：江志珍　刘凤玉　姚多生

张某伟受贿、巨额财产来源不明案

——购买股权后拒不支付余款的行为是否构成索贿

庞美娟　谢韵静*

【裁判要旨】

受贿人购买股权后拒不支付余款的行为是否构成索贿，应重点审查是否同时符合索贿主动性、强制性、交易性的三大特征。主动性要求受贿人在收受财物过程中处于积极主动的地位，强制性要求受贿行为伴随既存的、现实的、较为确定的利益损失为筹码的心理强制，交易性要求受贿人以本人职权为条件迫使对方给付财物。

【关键词】拒付余款　索贿　主动性　强制性　交易性

【案件索引】

广州市中级人民法院（2018）粤01刑初510号刑事判决书

【基本案情】

一、受贿罪

2008年至2018年间，被告人张某伟利用担任原广东省卫生厅（以下简称省卫生厅）医政处副调研员、副处长、广东省卫生和计划生育委员会（以下简称省卫计委）医政处副处长、处长的职务便利，接受广东丹霞生物制药有限公司、

* 庞美娟——广州市中级人民法院刑二庭四级高级法官；谢韵静——广州市中级人民法院刑二庭法官助理。

广东双林生物制药有限公司等单位的请托，在行政审批、药品推销等业务提供帮助，收受张某海、何某霞等人贿送的财物共计2086.25万元。具体犯罪事实如下：

1. 2013年至2018年间，被告人张某伟利用担任省卫计委医政处副处长、处长，负责血液管理业务的职务便利，为广东丹霞生物制药有限公司在本省东莞市塘厦镇等15家单采血浆站设置审批和执业许可等业务提供帮助，先后多次收受该公司董事长张某海的贿赂共计人民币200万元。2015年，张某伟与张某海约定以1500万元价格购买该公司0.375%股权，在支付11.25万元办理股权过户后，不支付余款1488.75万元。2017年4月，上述股权转让得款1473.3万元，张某伟继续占有该款，并交由张某海进行理财投资。

2. 2015年至2018年间，被告人张某伟利用担任省卫计委医政处处长，负责血液管理业务及医院管理的职务便利，为广东双林生物制药有限公司在本省廉江市等5家单采血浆站的设置审批和执业许可等业务及为何某霞向广州中医药大学附属第一医院等医院推销药品提供帮助，先后多次收受该公司董事长助理何某霞的贿赂共计183万元。

3. 2012年至2017年间，被告人张某伟利用担任原省卫生厅医政处副处长、省卫计委医政处副处长、处长，负责血液管理业务的职务便利，为广东卫伦生物制药有限公司在本省清远市清新区等6家单采血浆站的设置审批和执业许可等业务提供帮助，先后多次收受该公司董事长黄某程的贿赂共计80万元。

4. 2008年至2017年间，被告人张某伟利用担任原省卫生厅医政处副调研员、副处长、省卫计委医政处副处长、处长，负责审批医疗广告的职务便利，为广州美莱医疗美容门诊部在医疗广告审批的业务上提供帮助，先后多次收受该部行政部助理黄某镰的贿赂共计60万元。

5. 2010年至2017年间，被告人张某伟利用担任原省卫生厅医政处副处长、省卫计委医政处副处长、处长，负责审批医疗广告的职务便利，为广州长安医院、广州现代医院在医疗广告审批和中外合资医院设置等业务上提供帮助，先后多次收受上述公司董事长林某程的贿赂共计35万元。

6. 2012年至2018年间，被告人张某伟利用担任原省卫生厅医政处副处长、省卫计委医政处副处长、处长，负责审批医疗广告的职务便利，为广州男科医院在医疗广告审批的业务上提供帮助，先后多次收受该院原企划部主任陈某的贿赂共计20万元。

7. 2010年至2017年间，被告人张某伟利用担任原省卫生厅医政处副处长、省卫计委医政处副处长、处长，负责血液管理业务的职务便利，为深圳卫光生物制品有限公司设置在本省罗定市、新兴县2个单采血浆站的再次执业登记申请、变更及血液质量检查等业务提供帮助，先后多次收受该公司原料血浆管理部部长王某康的贿赂共计19.5万元。

二、巨额财产来源不明罪

2010年8月5日，被告人张某伟通过其兄张某办理了一张中国工商银行牡丹灵通卡，并以张某名义开设了该卡关联的股票账户。该卡和账户一直由被告人张某伟实际控制使用。至2018年7月10日止，被告人张某伟在该卡中存入人民币共计1838.86万元，其对其中的1141.36万元不能说明来源。

【裁判结果】

广州市中级人民法院于2019年8月15日作出（2018）粤01刑初510号刑事判决：一、被告人张某伟犯受贿罪，判处有期徒刑十年，并处罚金100万元；犯巨额财产来源不明罪，判处有期徒刑五年，决定执行有期徒刑十二年，并处罚金100万元。二、扣押的被告人张某伟违法所得共计3227.61万元予以没收，上缴国库。

宣判后，被告人张某伟未提出上诉、公诉机关广东省广州市人民检察院未提出抗诉，判决现已发生法律效力。

【裁判理由】

法院生效裁判认为：张某伟在担任省卫计委医政处副处长、处长，负责血液管理业务期间，向被管理方丹霞公司董事长张某海购买该司0.375%股权，在支付11.25万元办理股权过户后不支付余款1488.75万元，并在上述股权转让得款后，继续占有款项，与张某海约定由张某海为其代持上述款项再投资。张某伟作为国家工作人员，客观上实行了利用职务上的便利，非法收受他人财物，为他人谋取利益的行为，主观上具有收受贿赂的犯罪故意，其行为构成受贿罪，但尚未构成索贿。理由如下：第一，索贿一般伴随心理强制，以既存的、现实比较确定的利益损失为强制筹码。在本案中，张某伟没有以手中权力相要挟，没有给张某海造成如不给付财物就可能遭受人身财产或者名誉损失的心理强制。第二，张某伟虽以购买股权为由取得股权后拖延不支付对价，但张某海之前一直贿送财物给张某伟，并非没有行贿犯意，并非完全处于被动地位。第三，张某海供述称，如果张某伟还在当省卫计委医政处处长，负责管单采血浆站，其还是会把这1500万元给他。事实上，在张某伟将款项转给张某海委托理财时，张某海无论在主观上还是客观上，都没有拿回上述款项，仍认可该款项属张某伟所有，这反映了张某海具有贿送财物的意愿。故张某伟以购买股权为由收受张某海1488.75万元的行为构成受贿罪，但不应认定为刑法上的索贿情节。

【案例注释】

索贿是受贿的下位概念，其与一般受贿共同构成受贿罪的两种表现形式。鉴于索贿情节对被告人的刑罚轻重具有重大影响，故有必要审慎适用。本案张某伟购买股权后拒不支付余款是否构成索贿的问题，存在两种意见：一种意见认为，张某伟作为行业主管部门领导，利用自己职权的优势地位，通过认购原始股后拖延拒不支付余款的方式向他人索要财物，在此过程中，张某海多次催要余款不得，明显处于被动地位而非主动贿送财物，故应认定为索贿。另一种意见认为，张某伟没有以手中权力相要挟，没有逼迫他人交付财物的行为，且张某海之前一直贿送财物给张某伟，其并非没有犯意，并非完全处于被动地位，故张某伟的行为不构成索贿。

我们同意第二种观点。"索贿"是指国家工作人员利用职务上的便利，主动向他人索要或勒索并收取财物。[1]"索要"是指行为人在进行职务活动时，向当事人以明示或者暗示的方式要求贿赂，但未使用要挟胁迫的方法；"勒索"是指使用要挟胁迫的方法，明示或者暗示如不送财物其事就不好办或者会有严重后果，迫使对方不得已给自己送财物。[2]由此可见，构成索贿应当符合主动性、强制性、交易性三个特征，具体论述如下：

一、受贿人的索要行为应当具有主动性

主动性是指受贿人主动以明示或暗示的方式要求行贿人给予自己财物，而非被动地等待行贿人给予财物。在索贿犯罪中，行贿人本来无行贿的意图，而是受贿人通过勒索、胁迫的方式使行贿人给付财物，因此，收受贿赂行为的产生具有单方支配性。倘若在受贿人的索要行为前，行贿人一直有行贿的行为；或者行贿人本就有行贿的意图，即便受贿人提出了索要财物的请求，受贿人也仅是"顺水推舟"，并非"始作俑者"，故不能认为受贿人的行为积极主导钱权交易进程，从而认定受贿人构成"索贿型"受贿罪。

主动性特征主要用于区分索取贿赂和收受贿赂两种行为。中国古代把收受贿赂和行贿称为"彼此俱罪之赃"，也就是说两者互为犯罪对象，是对合犯。而索取贿赂则称为"取与不和之赃"，也就是说被索之人是无可奈何的，是不同意的。因此，无论是主观罪过还是客观危害，索取贿赂都要比收受贿赂严重，故

1 高铭暄、马克昌主编：《刑法学》，中国法制出版社1999年版，第315页。

2 马克昌：《刑法理论探索》，法律出版社1995年版，第268页。

我国刑法规定对索贿行为予以从重处罚。[3]

回归本案，张某伟虽以购买股权为由取得股权后拖延不支付对价，但张某海并非完全处于被动地位。一方面，张某海之前一直贿送财物给张某伟，并表示如果张某伟还在当省卫计委医政处处长、负责管单采血浆站，其还是会把钱款给他，这反映了张某海并非没有行贿犯意；另一方面，张某伟将款项转给张某海委托理财时，张某海无论在主观上还是客观上，都没有拿回上述款项，仍认可该款项属张某伟所有，并未有要求其归还的意思表示，这反映了张某海主动贿送财物的意愿，其贿送财物的行为不具有被动性，即张某伟的行为缺乏索要的主动性。

二、受贿人的索要行为应当具有强制性

强制性是指行为人以所掌握的职权为条件，乘人之危，向他人施加精神压力，迫使对方向其交付财物。具体表现在以下三方面：第一，索贿必须伴随“相当程度上”的心理强制。这种心理强制虽未达到抢劫、敲诈勒索的威胁程度，但必须能够引发一定的作用，即足以致使受贿人产生若不给付财物，其人身、名誉、财产或正常行为将遭受损失的恐惧心理。第二，索贿必须伴随“现实较为确定”的心理强制，不包括受贿人提出如不给付财物就不利用将来可能获得的职务上的便利帮助行贿人谋取利益。如果国家工作人员向行贿人提出，行贿人如不给付财物，其不会以将来可能获得的职务便利帮助谋取利益（包括正当利益和不正当利益），则不宜认定为索贿。例如，房地产规划审批案件中，某规划局副局长提出不给付财物，将会提高审批要求，让审批事项无法如期获批通过，将构成索贿；反之，若该副局长提出不给付财物，虽然其现在并无项目规划审批职权，但将会在“未来当上正职后”让审批事项无法通过，则不构成索贿。第三，索贿必须伴随“既存的”心理强制，不包括行贿人自己臆想的受贿人可能施加的行为。倘若受贿人主动提出让行贿人给付财物，但并未施加任何影响行贿人心理的行为，反之是行贿人自己认为如不给付财物，国家工作人员将会对其实施不利行为，此类情形因不符合主客观相一致的原则，不应认定具有索贿情节。

受贿罪中的索贿行为与敲诈勒索行为均有强制性特征。敲诈勒索行为是指以非法占有为目的，采用威胁或要挟等手段，强行索要公私财物的行为。敲诈勒索行为和受贿罪中的索贿行为除了犯罪客体和犯罪主体不同外，客观方面也有差异。[4]根据《现代汉语词典》的解释，索取只有“向他人要财物”的意思，

---

3 李成：《“索贿”若干问题研究》，载《人民检察》2003年第1期。

4 张军主编：《刑法（分则）及配套规定新释新解（第九版）》，人民法院出版社2016年版，第1992页。

而勒索则是“以威胁手段向他人要财物”。[5]据此可以认为，敲诈勒索罪主要是以暴力加害被害人及其亲属，揭发他人的隐私或不正当行为危害他人的名誉、地位、前途，毁坏他人的财物，破坏生产或营业等相威胁或要挟，迫使他人不得不交出公私财物，具有明显、公开、强行的特点。受贿罪的索要财物行为，则主要是在进行公务的活动中，利用职务上的便利向他人索取财物或以为他人谋利益相交换，索取他人财物，一般是利用对方有所要求之机会主动索取财物，并不使用暴力、威胁等强行勒索手段，尽管有时也可能刁难、要挟，但索取手段较隐蔽，方法较婉转。

在判断受贿人行为的性质时，不能仅着眼于索要行为的手段和方式，更要衡量索要行为的强制程度。本案中，张某伟并未达到要挟、强迫的地步，行贿人仍存在与受贿人协商的可能，仍可以自行决定是否实施行贿行为，故张某伟的索要手段未达到强制性的要求，即没有以手中权力相要挟，给张某海造成如不给付财物就可能遭受人身财产或者名誉损失的心理强制，因而不应认定为索贿。

三、受贿人的索要行为应当具有交易性

交易性是指索贿者通过要挟迫使对方向自己给付财物，而以本人利用职权为或者不为某种行为作为交换，这种交易也可以是以未来的利益为交易，表现为权钱交易的造意者、提起者。[6]当前受贿犯罪由短平快型的直接权钱交易向长期的“感情投资型”发展。行贿者为了长期利用国家工作人员手中的权力谋求利益，往往对受贿人进行“感情投资”，以“感谢业务照顾”“搞好关系”等名义进行长期铺垫，以此建立密切稳定的关系，“放长线，钓大鱼”，并以此掩盖钱权交易的实质。

索贿与一般受贿具有同质性，两者均具有钱权交易的本质特征，故交易性主要作为衡量罪与非罪的标准。根据《全国法院审理经济犯罪案件工作座谈会纪要》的规定，关于以借款为名索取或者非法收受财物行为的认定，应当根据以下因素综合判定：(1)有无正当、合理的借款事由；(2)款项的去向；(3)双方平时关系如何、有无经济往来；(4)出借方是否要求国家工作人员利用职务上的便利为其谋取利益；(5)借款后是否有归还的意思表示及行为；(6)是否有归还的能力；(7)未归还的原因；等等。本案受贿人“购买股权后拒不支付余款”的行为与上述规定中“以借款为名索取或者非法收受财物行为”的行为

---

5 参见《现代汉语词典》，商务印书馆1985年版，第684页、第1103页。

6 陈正云、钱舫：《国家工作人员职务经济犯罪的定罪与量刑》，人民法院出版社2000年版，第285页。

存在一定的相似性，根据上述因素可认定其具有交易性。

在本案中，张某伟和张某海之间并非正常的股权转让关系。从行贿人的角度而言，张某海之前一直给予财物给张某伟，且事实上，在张某伟将款项转给张某海委托理财时，张某海不仅主观上认可款项属张某伟所有，而且客观上也没有拿回款项，这反映了张某海并无真实、合理的收回对方所欠款项的意愿。从受贿人的角度而言，张某伟并未约定支付余款的日期、利息等，也没有支付余款的意思表示和行为。还有一个不能忽视的事实是，张某伟担任省卫计委医政处副处长、处长，负责血液管理业务，张某海担任被管理方丹霞公司董事长，张某伟和张某海的企业之间存在业务上的管理与被管理关系，因此张某伟与张某海之间的行为实为权钱交易、长线投资，张某伟构成受贿罪。如上文所述，张某伟的索要行为不具有主动性和强制性特征，故仅构成一般受贿。

【相关法条】

《中华人民共和国刑法》第三百八十五条第一款、第三百八十六条。

合议庭成员：庞美娟　李晓刚　许媛媛

李某梅等八人电信诈骗案

——非传统“认罪”的司法认定及如何结合认罪认罚从宽制度提高刑事疑难涉众型案件的审判效率

陈文玲*

【裁判要旨】

非传统“认罪”强调对主要指控事实的供认及对其行为违法性的认知，此类“认罪”可结合庭前会议，适用认罪认罚从宽制度中的协商性司法机制，简化庭审及判决书，进而提高审判效率。

【关键词】认罪　庭前会议　审判效率

【案例索引】

一审：广州市海珠区人民法院（2018）粤0105刑初677号刑事判决书
二审：广州市中级人民法院（2019）粤01刑终384号刑事裁定书

【基本案情】

被告人李某梅、万某明、熊某春于2016年11月起，由万某明非法从网上获取大批客户资料提供给李某梅、熊某春。李某梅、熊某春在湖南省长沙市某小区设立销售场所，并先后招募被告人李某、阳某定、章某、吴某红、刘某等人担任销售人员，利用网站广告诱骗各地的近千名被害人点击抢购，再由销售人

* 陈文玲——广州市海珠区人民法院刑事审判庭法官。

员电话跟进向被害人作进一步推销、登记，然后采取货到付款的方式将假冒的苹果牌手机寄给被害人，被害人向快递员付款后由快递公司将诈骗所得款项转账至李某梅控制的他人账号中，被害人收到假冒苹果手机后要求退货退款会被销售人员以各种理由拒绝。经查证，2016 年 11 月至 2017 年 5 月期间，被告人李某梅等人利用上述作案方式骗得款项合计人民币 1350380.02 元。

【裁判结果】

广州市海珠区人民法院于 2018 年 12 月 25 日作出（2018）粤 0105 刑初 677 号刑事判决，判决被告人李某梅等八人犯诈骗罪，判处有期徒刑十二年至一年三个月不等，并责令被告人与同案人对被害人互负连带赔偿责任。

宣判后，在法定期限内，部分被告人提出上诉，广州市中级人民法院于 2019 年 6 月 17 日作出（2019）粤 01 刑终 384 号刑事裁定书，裁定驳回上诉，维持原判，判决已经发生法律效力。

【裁判理由】

法院生效裁判认为：被告人李某梅、熊某春、万某明、吴某红、章某、李某、阳某定、刘某以非法占有为目的，合伙利用电信网络骗取他人财物，被告人李某梅、熊某春、万某明、阳某定、李某诈骗数额特别巨大，被告人章某、吴某红诈骗数额接近“数额特别巨大”，属于有其他特别严重情节，被告人刘某诈骗数额巨大，其行为均已构成诈骗罪，依法应予惩处。公诉机关指控被告人李某梅、熊某春、万某明、阳某定、李某、吴某红、章某、刘某主要犯罪事实清楚，证据确实、充分，罪名成立，本院予以支持。

被告人李某梅、熊某春、万某明是主犯，依法对其按照集团所犯的全部罪行处罚，被告人阳某定、李某、吴某红、章某、刘某是从犯，依法对其减轻处罚，并结合其各自的任职时间及参与的诈骗金额等情况区别量刑。被告人熊某春、阳某定、李某、吴某红、章某、刘某有坦白情节，依法对其从轻处罚。被告人李某梅、万某明当庭认罪，酌情对其从轻处罚。根据被告人李某梅、熊某春、万某明、阳某定、李某、吴某红、章某、刘某犯罪的事实、性质、情节及对于社会的危害程度，对八名被告人作出了上述判决。

【案例注释】

本案在审理过程中，形成了两种不同的意见：

第一种意见是本案不应认定被告人是“认罪”，不能简化审理。理由是在对各被告人法庭单独讯问过程中，指控的主犯否认其属于主犯，指控的从犯多数对指控的涉案诈骗金额有异议，辩解称其没有诈骗这么多。因此从量刑情节、犯罪金额角度考虑，鉴于各被告人均有异议，故不应认定被告人属于“认罪”，不应简化审理。

第二种意见认为本案应认定各被告人具有“认罪”情节，且结合庭前会议情况，可参照适用认罪认罚从宽制度的协商性司法机制简化审理及简写判决文书。

笔者作为合议庭成员，同意第二种意见。

主要理由是：

一、认罪是承认指控的主要犯罪事实，而非查明的犯罪事实

根据最高人民法院刑事审判第一庭编著的《认罪认罚从宽制度的理解与适用》，认罪认罚从宽制度中的“认罪”，是指犯罪嫌疑人、被告人自愿如实供述自己的罪行，承认指控的犯罪事实。“认罪”实质上就是“认事”，即承认指控的犯罪事实，这里的犯罪事实应指主要犯罪事实。因此，犯罪嫌疑人、被告人对指控的个别细节有异议或者对行为性质的辩解不影响“认罪”的认定。就本案而言，各被告人对指控的诈骗手法、具体工作内容及诈骗的经过均供认不讳，其辩解的是对其工作地位及涉案金额的理解，部分被告人认为自己是对方的下线，不应认定为主犯；而部分被告人则认为不应将其所在团队其他人参与诈骗的人数、金额计算到其名下。上述问题实际属于对主、从犯地位及作用和对“部分实施全部承担责任”的理解。鉴于上述问题属于对行为性质的法律理解，对上述问题持有异议参照《最高人民法院关于被告人对行为性质的辩解是否影响自首成立问题的批复》精神，不影响对“认罪”的认定。

二、非传统犯罪的“认罪”应重点考量被告人对其涉案行为的违法性认知情况

违法性认识是界定被告人的认识能力，考量被告人的行为是否入罪的重要因素。衡量违法性认识，首先应鉴别涉及的罪名是自然犯还是法定犯。根据通说，自然犯是指在侵害或者威胁法益的同时明显违反伦理道德的传统型犯罪；法定犯是指侵害或者威胁法益但没有明显违反伦理道德的现代性犯罪。例如诈骗、抢劫、强奸、盗窃、杀人等犯罪，就是传统型的自然犯罪。而组织、领导传销活动和非法吸收公众存款等犯罪，就是现代性的法定犯罪。刑事违法性可以通过社会危害性充分反映出来，自然犯的违法性容易被一般人根据常识判断，法定犯的违法性如果不借助法律可能难以被一般人认识。一般而言，法定犯的主观违法性认知，通常只需查明行为人对行为的社会危害性具有认识，就足以说明行为人对行为的违法性有认识，而不需要另外特别地查明他对行为的违法性是否有认识。[1]

就本案而言，本案罪名为诈骗，属于涉众型的电信诈骗，系自然犯。各被告人均明知其出售的手机在实际价值上明显与向被害人承诺的不一致，且在庭前会议及庭审期间均未对上述明知予以否认，故可认定各被告人对其涉案行为违反伦理道德、侵犯他人财产权益的社会危害性均是明知，可认定其具备本案的违法性认识，符合诈骗罪的入罪要件。

三、结合庭前会议适用认罪认罚从宽制度的协商性司法机制能有效提高审判效率

协商性司法机制是认罪认罚从宽制度的基本机制，刑事司法领域中的协商性司法可以初步定义为“诉讼主体通过对话与相互磋商，达成互惠的协议，以此来解决刑事争端的一种司法模式”。[2] 所谓“协商性的公力合作”，是指被告人与刑事追诉机构通过协商、妥协来决定被告人刑事责任的诉讼模式。[3] 从实践来看，认罪并不需要严格对抗式裁判司法模式，在认罪前提下，绝大多数被告人及辩护人与控方有一种默契的合作关系。协商性司法机制提倡变对抗为合作，主张控辩双方在自愿参与、对话协商、相互妥协的基础上，以被告人自愿认罪为前提，在司法判决过程中降低证据规则和法律程序的要求，简化审判环节与庭审程序，在确保基本公正的前提下，提高案件处理效率，进而提高司法效率。就认罪认罚从宽制度来说，被告人在庭前或庭审中自愿作出认罪表示与控方就指控基本事实达成一致意见，或者与控方就定罪与量刑问题达成控辩协商协议；在存在被害人的情况下，被告人与被害人达成和解，被害人同意谅解。这种制度设计已经改变了传统诉讼的对抗局面，在被告人与控方、被害人之间形成一种非对抗的协商性格局，这正是协商性司法机制在认罪认罚从宽制度中的体现。

本案结合庭前会议，在庭前会议过程中，控、辩、被告人三方均就被告人是否“认罪”达成协商性意见，三方经协商达成就涉及的非法证据排除、证据展示等程序性、实体性内容可予以简化。辩方在庭审前即将在庭前会议中展示的证据详细开示给各被告人，避免了在正式庭审中，因被告人不熟悉证据内容而影响其权利保障和庭审迟延等问题。

上述机制不仅有效提高了庭审效率，更简化了判决书撰写等后续工作，庭审至判决仅用时一个多月，这对于一个涉及近千人的涉众型电信诈骗案件来说实属罕见。认罪认罚从宽制度的合理性适用，在相当程度上减轻了法官的工作压力。

---

1 参见马克昌：《犯罪通论》，武汉大学出版社1999年版，第336—337页。

2 参见马明亮：《协商性司法——一种新程序主义理念》，法律出版社2007年版，第26页。

3 参见陈瑞华：《司法过程中的对抗与合作——一种新的刑事诉讼模式理论》，载《法学研究》2007年第3期。

【相关法条】

《中华人民共和国刑法》第二百六十六条、第二十六条、第二十七条、第六十七条第三款、第六十四条。

第一审法院合议庭成员：周征远　陈文玲　林艳芬
第二审法院合议庭成员：徐建军　李晓刚　庞美娟

实务研究

混沌与秩序：破产程序招募机制之构建

——以最高人民法院全国企业破产重整案件信息网的463起招募公告为样本

莫　然*

【内容提要】破产案件具有非诉特性，其启动及运行与传统的诉讼和执行模式存在根本差异，这决定了破产案件权利主张者所采用的表达方式与一般的诉讼执行案件有所区别。从《企业破产法》第十九条规定可知，破产案件对企业财产的处置具有排除法院强制执行的效果，直接导致已经进入财产处分阶段的执行案件"无效化"，迫使各利害关系人在破产框架下重新审视自身的权利主张方式。从2016年开始，供给侧改革正式被提上我国经济改革的日程，"去产能"作为头等任务排在第一位。中央的一系列决策对人民法院破产审判工作提出了更高的要求，最高人民法院近期亦出台多项规定力促破产审判改革，足以看到国家最高审判机关对理顺破产审判思路的勇气和决心。在此背景下，近年受理的破产案件数量开始大幅度攀升，各地法院亦加大投入，组建专门的审判力量在破产领域中开荒拓野。此时，通过招募方式甄选和引进参与破产审理的相关主体逐渐成为潮流。而最高人民法院破产重整案件信息平台发布的招募公告，恰好是对招募机制乃至破产审理发展、进化、蜕变的最佳观察点之一。

【关键词】破产　招募　公告

* 莫然——广东省东莞市第一人民法院民五庭副庭长。

2015年12月23日，中央明确了“多兼并重组，少破产清算”的方针[1]，为“僵尸企业”的出清提供了处理思路。为解决实际的审理问题，“预重整”[2]“简易破产”[3]等配合破产审判新形势的新制度不断被开发，在此情况下，招募一词进入到破产先行者的视野中，且在通过市场实践考验后广为大众所接受。笔者旨在从实务角度出发，通过剖析从最高人民法院全国企业破产重整案件信息网所获取的全部招募公告[4]，于各截面大致勾勒招募机制的现阶段情况和发展趋势，并力求提出一些建议以助于完善目前尚处混沌期的招募规则。

一、“招募”的现状：从蛮荒到繁盛

“招募”一词，最早见于东汉应劭所作《风俗通义》一书[5]，大意是为实现某一目标而开展吸引具备相应能力之对象的一系列活动。但在我国目前现行破产法及相关司法解释中，只有《最高人民法院关于企业破产案件信息公开的规定（试行）》和《最高人民法院关于进一步做好全国企业破产重整案件信息网推广应用工作的办法》将“招募”一词使用于正式条文之中[6]，另外个别文件中使用的“竞争”[7]和“谈判”[8]两词与本文研究的招募机制也有所关联，据此可知，破产实践中的“招募”活动，不仅仅限于字面上的外观意思，还将“竞争”与“谈判”这一属性添附至“招募”的内涵之中。当然从经济效益的角度考虑，也是大势所趋，因为唯有融合竞争和谈判，才能使招募手段在实现债权人权益最大化的通道上发挥至极致。

（一）高歌猛进之路：实践对招募的肯定

1. 招募对象全面覆盖。从2016年至2018年6月7日的招募公告样本中统

1 《多兼并重组 少破产清算 积极稳妥去产能》，载《人民日报》2015年12月23日。

2 预重整是指债务人企业在向法院提出重整申请之前，就企业重整事项与债权人等进行谈判以达成重整计划草案，并提前整理困境企业相关事宜的一种拯救机制。预重整在我国尚无明确法律规定，而是在实务中借鉴英美国家预重整制度探索出来的一种新型重整模式。

3 简易破产是相对于普通破产程序而言的一种简化破产程序，我国现行破产法未有明确规定。

4 数据来源：全国企业破产重整案件信息网，载 http：//pccz. court. gov. cn/pcajxxw/index/xxwsy，最后访问于2019年6月7日，获取公告样本的发布期间为2016年7月13日起至2018年6月7日止，共计463起。

5 应劭：《风俗通义·正失·淮南王安神仙》：“招募方伎怪迂之人，述神仙黄白之事。”

6 《最高人民法院关于企业破产案件信息公开的规定（试行）》第四条和《最高人民法院关于进一步做好全国企业破产重整案件信息网推广应用工作的办法》第一条。

7 《最高人民法院关于审理企业破产案件指定管理人的规定》第二十一条第一款。

8 《全国法院破产审判工作会议纪要》第二十二条。

计，其中招募破产管理人的数量是120起，招募重整投资人的为231起，招募资产评估机构、审计机构、律师事务所等服务性机构的为89起，招募模式在破产审理中发挥的作用日益明显。

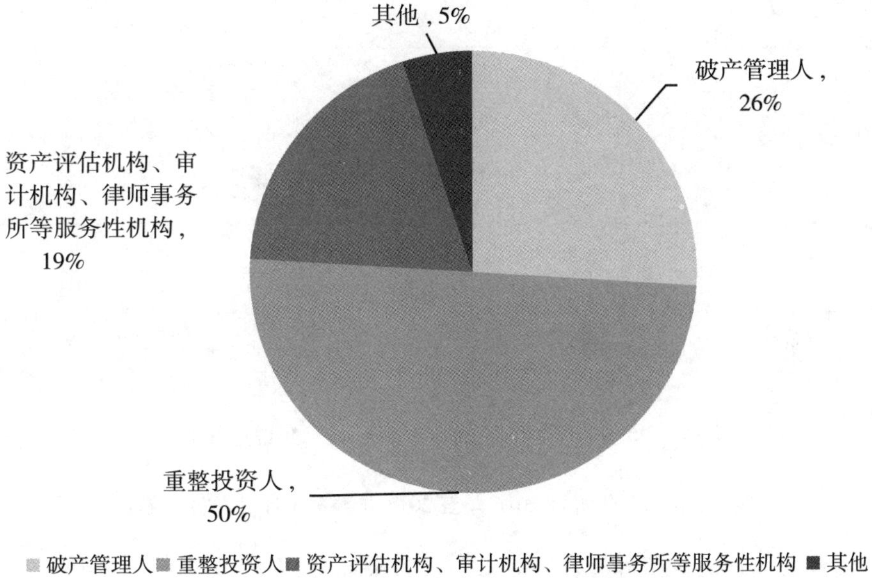

图1　招募公告样本中各招募对象类型的比例

从图1可见，招募范围不仅包括上述规定所明示的“投资人”和“管理人”，还包括了对资产评估机构、审计机构、律师事务所、评估鉴定机构等一系列专业性机构的招募。其中对重整投资人招募的适用比例达到了50%，但值得注意的是，重整投资人招募恰恰是目前最缺乏规范的破产程序环节之一，只有上文所述的两个司法文件中略有提及，且该规定仅仅是示范性规定，并没有强制要求破产程序中必须适用招募程序。

2. 招募数量急剧增长。即便在没有强制要求适用的实践环境下，从2016年7月13日第一起招募公告公布于全国企业破产重整案件信息网起，招募公告的发布数量呈现出半年翻番的态势（如图2所示）。

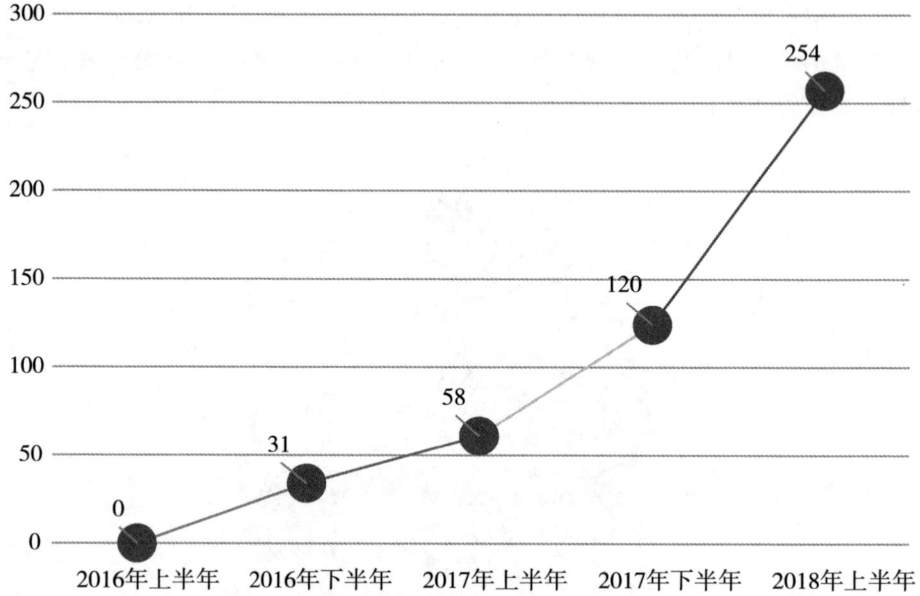

图2　招募公告样本2016年至2018年数量统计（单位：起）

虽然有部分招募信息没有及时录入信息网而导致实际情况有所偏差（如通过地方法院官网、当地报纸媒体等途径发布），但不可否认的是，惊人的增速反映出招募模式已经通过了市场考验，自我价值得到了初步实现，在中央政策保持不变的情况下，发展的迅猛势头不会轻易减退。

（二）百花齐放之殇：高速发展中的失衡

1. 地域适用严重不均。目前全国共有26个省级行政区域的法院在破产重整信息网上发布了公告，样本中发布招募公告数量的地区前五位分别系：江苏、重庆、四川、山东、安徽，具体数量如图3所示。

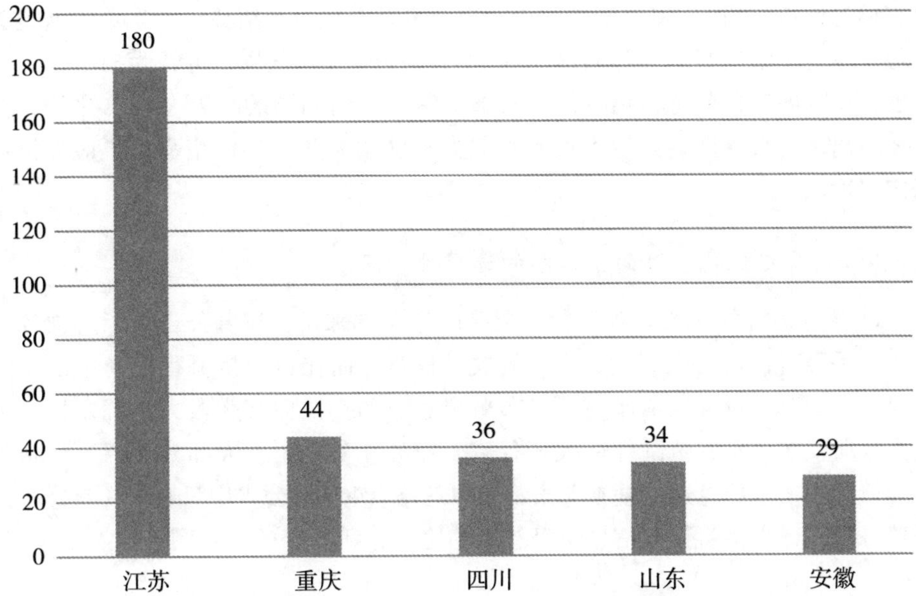

图 3　样本中发布招募公告数量前五名（以省级行政区域计算，单位：起）

图 3 中五个省级行政区的招募公告数量，已经占到了样本招募公告中的 67%，但是这五个省份中除了江苏省外，其余四个省份的经济贡献地位并非十分突出，而一些地方经济大户如上海、浙江等地，发布招募公告数量仅仅分别只有 1 起和 11 起，这与其经济地位形成巨大反差。

正常来说，破产招募制度存在着“竞争”和“谈判”这一属性，与提高经济效益从而带动经济发展的施政理念相辅相成，又为破产程序中各方利益集团的共赢提供了相对高效的解决出口，这已经产生足够的动力和压力让法院和管理人作出选择。在经济发展较差的环境下，良性循环不畅，间接地削弱了经济效益推动法制改革的动力，相关利益主体在衡量斟酌后，自然通过其他方式寻找出路——如通过法院直接选定，行政手段介入等方式寻求救济，从而摒弃招募模式。但即使是经济体量相对较大且相当的江苏与广东地区相比较，江苏省发布招募公告 180 起，同期广东省仅发布招募公告 19 起，数量比例差异也达到了惊人的 9∶1，是何原因造成还需进一步观察。

2. 个案适用略显浮躁。随着招募模式的普及，现已有部分出现“天马行空”的状态，不断有一些另类的“神操作”浮现。如为破产企业剩余房源销售事宜招募销售公司[9]，将破产重整中的融资事宜单独启动招募程序[10]等，这类尝试似乎是为了解决当地实际问题所作的“接地气”式试探，可视为招募模式的扩展适用，即使目前有将招募模式打造成解决一切问题的“万金油”之嫌，但只要不出现盲目无序的野蛮生长，对这类“脑洞大开”型的招募也不应一概持否定态度。

（三）犹抱琵琶半遮面：信息的选择性披露

1. 招募内容的过滤。对于参与招募的意向方来说，招募公告是了解债务人的第一手资料，是决定下一步行动的关键信息。而在目前招募程序尚未固化的情况下，招募信息又经常伴随着发布单位意志的摇摆而产生极大不确定性，不同案件所发布信息的范围往往大相径庭。比如在实践中，大部分的招募公告甚至连债务人债务信息这一基本要素都予以忽略（463起公告中只有114起公告涉及债务披露，直接将债务信息予以忽略的比例达到了75%，见图4）：

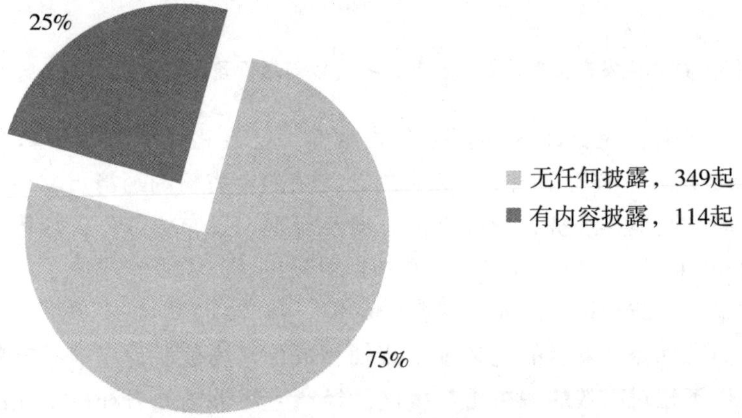

图4　招募公告样本中债务信息披露情况统计

一些公告全文仅仅对意向人的要求和工作安排作了介绍，其中仅仅在交纳保证金程序上就用去了一半的篇幅进行描述，但却没有用任何词眼涉及债务人

9　《2016皖17破3号关于外聘“滨江名城”销售公司的公告》，载全国企业破产重整案件信息网，http：//pccz. court. gov. cn/pcajxxw/pcgg/ggxq？id = E557051D5F09676063233E04463B2DB3，最后访问于2019年6月7日。

10　《关于湖北鑫山卓越新材料科技股份有限公司重整借贷融资恢复生产的公告》，载全国企业破产重整案件信息网，http：//pccz. court. gov. cn/pcajxxw/pcgg/ggxq？id = BFEA63C8D42D2320EE918C679CC67266，最后访问于2019年6月7日。

的基本信息和后续处理规则[11]；另一些公告中虽然对债务人的公司概况有所介绍，但就参加人条件、提交资料时间、招募遴选规则几个关键性问题均是以一两句话带过，让人困惑不已[12]。

2. 完整内容的框架。虽然数量相对较少，但还是有一定数量的招募公告能够相对完整地披露关键信息，涵盖了企业概况、投资人条件、需提交的材料、报名事项、后续筛选程序等方面，足以让意向方第一时间对破产企业的品牌价值、资产购置、经营现状、市场前景有较为清晰的判断[13]。由于破产重整投资人的招募占据了招募内容中的50%，故以招募对象为破产重整投资人的公告为例，目前相对完整的招募公告主要包括以下五大部分：（1）被申请破产企业的概况，主要集中在股东构成、经营状况、资产情况、周边环境的介绍；（2）参与招募的基本条件和要求，如行业资质、资金实力、经营规模等；（3）报名所需提交的资料，如意向书和相关草案、自身的财务状况证明；（4）参与方式和招募程序，如招募期限、交保证金的相关事项、确定最终招募对象的遴选规则；（5）补充事宜，如联系方式、风险告知、协议签署事项等。

二、混沌的背后：秩序的浮现

现行的招募机制貌似脱缰的野马，在大环境下不受约束地奔驰，但我们还是能够从混沌的发展路线中，找出影响其运行轨迹的规律。

（一）招募程序的缺失和借鉴

1. 缺失的应对。招募制度规范的缺失是不争的事实，这同时给了法院和管理人极大的操作空间，足以任由信息发布方率性而为。但“权力导致腐败，绝对权力导致绝对腐败”[14]，没有相应的制度规范，破产法官作为各方利益的追逐对象，面对着数以亿计的破产财产，谁都不敢断定自己能独善其身，如继续放任招募制度的混沌状态，总有一天破产招募板块会成为违规违纪的高发地带。

---

11 《关于在深圳市科盛达实业有限公司重整案中公开征集重组方的公告》，载全国企业破产重整案件信息网，http：//pccz. court. gov. cn/pcajxxw/pcgg/ggxq？id＝7CBA543F49A1A1754DA11CF051EA1122，最后访问于2019年6月7日。

12 《重庆远衡科技发展有限公司破产重整投资人招募公告》，载全国企业破产重整案件信息网，http：//pccz. court. gov. cn/pcajxxw/pcgg/ggxq？id＝440C809E8A3C7257F36D8E8D57A4E507，最后访问于2019年6月7日。

13 《中航钛业有限公司破产重整投资人招募公告》，载全国企业破产重整案件信息网，http：//pccz. court. gov. cn/pcajxxw/pcgg/ggxq？id＝8C005F2A615B81112B1225BB2BB5AA10，最后访问于2019年6月7日。

14 ［英］阿克顿：《自由与权力》，侯健、范亚峰译，译林出版社2011年版，第342页。

实践中，已经有不少法院进行反思，在制度方面有所突破，尝试建立起“牢笼”加以限制。如D市中级人民法院[15]就在2016年制定了《关于审理企业破产案件通过竞争方式选任管理人的实施办法》，通过明确选任规则以规范管理人的招募程序；又如D市基层人民法院，通过引入破产管理人执业责任险的模式，分担了审理风险，也限制了管理人权力[16]。

2. 借鉴的选择。在招募的尝试过程中，目前各地法院均陆续开始借鉴招投标机制。招投标是在货物、工程和服务的采购行为中，招标人通过事先公布的采购规则要求，吸引众多的投标人按照一定条件进行平等竞争，并按照规定程序组织技术、经济和法律等方面专家对投标人进行综合评审，从中择优选定项目中标人的行为过程。破产招募同样是采取市场竞争的方式，在寻求执行者或合作者过程中，择优选择最佳参与者的过程。破产招募作为破产审理中可选择的一环，相比较招投标的适用有着更大的空间可以选择，相对地，对程序设计的要求似乎亦更为复杂。但无论是招募投资人、招募破产管理人，还是招募专业服务机构，其本质上都是通过竞争程序引入资金或服务，招募本身与招投标方式并不存在质的区别，这可以在《招标投标法》中找到目前招募公告的各类要素。如《招标投标法》第五条规定：“招标投标活动应当遵循公开、公平、公正和诚实信用的原则”，许多招募公告直接引用此条为招募原则；又如该法第四十六条第二款规定：“招标文件要求中标人提交履约保证金的，中标人应当提交”，在破产招募中此条屡屡被采用为预缴保证金制度；甚至是招募程序中经常出现的“评审委员会”，也与该法中的评标委员会概念如出一辙。所以笔者认为，在招募过程中完全可以参考甚至直接套用招标法的相关规定规范招募程序。

有一点值得注意的是，在强制力方面，招募模式与《招标投标法》中使用“必须”等强制色彩的效力性条文规定（如《招标投标法》第三条：“在中华人民共和国境内进行下列工程建设项目包括项目的勘察、设计、施工、监理以及与工程建设有关的重要设备、材料等的采购，必须进行招标……”）存在根本性的区别。实践中，招募模式是否使用的决定权牢牢掌握在审理法院手上，就如在选定破产重整投资人的过程中，审理法院一旦决定不采用招募，即使管理人有再充分的理由认为应该适用招募模式，但由于法院与破产管理人之间系监督与被监督的关系，管理人也仅仅能就此行使并不充分的建议权。

15 D市是广东省珠三角地区某地级市，下同。

16 《破产管理人签下全国首份执业责任险》，载搜狐网新闻频道，https://www.sohu.com/a/229619939_161794，最后访问于2019年6月7日。

（二）司法与行政的相互影响

1. 司法权的谦抑。在最高人民法院发布的《全国法院破产审判工作会议纪要》中，数次提及破产审理与政府的协调问题，如在提出破产审判总体要求时明确："要健全破产审判工作机制，最大限度释放破产审判的价值。要进一步完善破产重整企业识别、政府与法院协调、案件信息沟通、合法有序的利益衡平四项破产审判工作机制……"在随后的"破产重整"一节中又再次两度提及[17]。破产实质上是当债务人不具有清偿能力时，将其财产概括地予以强制执行，公平分配给每个债权人的方式[18]，在涉及地方经济布局、社会发展稳定、国家资产保护等问题时，司法权的对应往往捉襟见肘，特别在破产重整阶段，寻求行政权力的协助也已经成为各方的共识。

2. 行政权的克制。随着中国法治水平的提升，行政权直接介入司法的情况已经越来越少，但这类情况减少并不当然表示行政权不想介入并施加影响，特别是在破产引发的问题涉及社会民生经济发展的政府施政职能范围时，行政权力均不可避免或多或少地介入到破产审理中。如在破产重整投资人的招募中，当债务人的债务规模、资产规模、人数规模足以影响到本地的经济发展和社会稳定时，当地政府的影响力会隐约反映在招募公告的内容中，如设置限定行业排名500强参与，仅限地区性的企业参与等条件[19]，虽然这一影响力相对于在诉讼执行案件中直接提出处理意见等简单粗暴的方式要内敛和克制得多，但从法院审理的角度来说，破产案件中的不可控因素（如安置退休职工、协调水电使用、安抚业主维权等）有了强大的行政权力兜底，法院可以避免成为直接遭受第一线冲击的一方，这对于审判部门积极履行职责有着正面的意义。无论如何，行政权的介入总难以避免完全出于公益目的，如何把握好其中的度，是对

---

17 《全国法院破产审判工作会议纪要》第十六条、第二十一条。

18 沈贵明：《论我国破产管理人选任的立法失误及其纠正》，载《郑州大学学报（社会科学版）》2000年第6期。

19 《锦江公司名下151台车辆整体竞拍招募公告》，载全国企业破产重整案件信息网，http://pccz.court.gov.cn/pcajxxw/pcgg/ggxq?id=AEAC13A6EBBB7A91EC1F264D2FCD5A4F，最后访问于2019年6月7日。招募公告中记载："需满足以下条件：(1) 无锡地区（含宜兴、江阴）具有道路旅客运输经营资质的独立法人企业，2017年度企业信用等级评定不得低于AA级。"以及《无锡市锦江旅游客运有限公司名下151辆车竞买人招募及竞拍方案》，载全国企业破产重整案件信息网，http://pccz.court.gov.cn/pcajxxw/pcgg/ggxq?id=2C8EE4A198BD560273B25C45350A784A，最后访问于2019年6月7日。招募方案中记载："根据市政法委《关于锦江公司破产案相关问题的会商纪要》（锡委政法纪〔2018〕1号）文件精神以及无锡中院、交通、公安、安监及管理人等部门的会议协商，明确了对锦江公司进行重整式清算及竞买人具体资格条件……"

审判机关全局把控能力的一大考验。

（三）资本市场的理性和容忍

1. 理性的前提。资本都带有逐利性，在市场经济中永远以最高经济效益为原则进行流动。既然招募所面对的是公开的经济市场，其必然也会引来资本的青睐。而资本的垂青并不是盲目的，招募程序的参与方更不是孤注一掷的赌徒，而是分析能力均堪比“阿尔法狗”的专业棋手，其所作的每一个决策都是慎之又慎。参与方会整合资源，从各个角度对意向项目进行全方位审查，不仅仅是对市场环境、行业状况、债务人估值的审查，还包括对破产程序的运行环境、干扰因素、宏观政策等隐含风险的考量。

以披露招募参与方筛选规则为例，作为样本的463起公告中只有109起涉及筛选规则，在这109起公告中，大部分规则实施内容都是概括性的论述，并不当然具备可操作性，真正专业的重整投资人不会仅凭招募公告的内容决定自己的投资策略，而会从信息的源头开始进行收集，通过采取尽职调查、商业谈判等一系列措施有目标地获得信息（有部分投资人甚至在招募前即已经介入，反而更希望发布方减少信息披露内容以削弱潜在竞争对手）。

2. 容忍的界限。对于招募参与人来说，招募公告信息即使存在信息缺失、数据错误甚至规则不明的情况，其还是愿意采取较为容忍的态度予以面对，毕竟在招募机制尚未规范的情况下，抓住招募程序的瑕疵不放只会白白浪费自己的宝贵时间和精力——如有时间与法院和管理人针锋相对地将招募公告中的疑问、错误慢慢讨论纠正，还不如将资源投入到其他途径，以提高自己的参与成功率。但应注意的是，信息的缺失依然会对招募参与人产生负面的影响，即便其可以通过其他途径了解到目标信息，但信息选择性披露的做法也与破产案件的司法属性格格不入，如出现投资方因信息不对称导致决策失误等情况，最终导致不可逆的损失发生，容忍程度就会突破临界点，极易产生新的矛盾而损耗司法公信力。

三、走向与展望：规制、宣扬和适当干涉

（一）制度的构建

2006年8月通过的《企业破产法》开始了市场经济体制下包括破产管理人制度在内的全新统一的破产法律制度的构建[20]，但实践中招募制度的建立并没

---

20 李曙光、宋晓明主编：《〈中华人民共和国企业破产法〉制度设计与操作指引》，人民法院出版社2006年版，序言第2页。

有受到重视。破产法立法目标，是立法者基于社会发展的需要以及对破产程序固有属性和一般规律的认识，是立法者在立法中预先设计的关于破产程序的理想结果[21]。招募程序本质上还是破产程序中的一环，虽然目前破产程序的相关规范已经逐渐完善，但招募环节的规定还是处于空白亟待增补。只有将招募功能从规制上予以建立，明确其系在破产程序达到某一条件时就必须启动的程序，并将规则加以明确，才能进一步促进招募机制的良性发展。正如美国一句法律谚语所说："面条里只能有一只臭虫"，指的就是任何人在面条里发现了一只臭虫，就不用再寻找第二只，而是把整碗面都倒掉。放到破产程序中来说，如果招募环节中某一步存在程序违规违法的问题，将导致整个破产案件的处理失去公信力。在此方面，笔者建议"彻底贯彻债权人在破产程序中的自治精神"[22]，以债权人利益最大化为原则勇于尝试招募中的各种实施方式，由办案法院及时总结归纳向上级法院反馈，最终由权威部门形成相应的操作细则加以规制。同时也应留意，破产案件个性特点鲜明，规制之时也应给实践机关留下一定空间，以适应千差万别的具体案情，就此笔者已经制定了相应的实施办法建议稿并付诸实践（详见附件）。

（二）形象的塑造

与目前法院的诉讼、执行案件相对比，法院受理的破产案件可谓凤毛麟角，与同期的诉讼执行案件量对比，宛如沧海一粟，淹没在法院每年的清案大潮中。数量的失衡直接造成司法资源的偏斜，并间接影响到破产案件宣传力度的弱势，再进一步造成社会媒体对破产招募程序解读的普遍性偏差和集体失语，目前单单靠最高人民法院一家所主导的破产重整案件信息网对招募信息进行公示，受众面始终相对特定且狭窄[23]，并未得到大众的关注和理解，未能让招募模式走进百姓视野。

一方面，招募程序的具象化必须得到主流媒体的关注和宣传，从各方位对招募程序度身量造地进行知识普及，将其打造成正面积极的问题解决方式，让各方认可、尊重招募方式的权威并达成共鸣，而避免让招募模式沦落为个别法律精英闭门造车的产物。另一方面，在破产参与人内部（包括法院、管理人、投资人），也应该逐步架构类似于"法律共同体"性质的"破产共同体"，树立起群体意识，建议在法院内部仿效现已形成一定规模的地方性管理人协会组织、

---

21 汤维建：《破产程序与破产立法研究》，人民法院出版社2001年版，第44页。

22 邹海林：《破产程序和破产法实体制度比较研究》，法律出版社1995年版，第139页。

23 有部分区域性的管理人协会也已经架构起信息平台并实施招募行为，但这种招募所发布信息的主体始终是非官方，其发布的途径存在着不稳定性，受众面及权威性都会因此而大打折扣。

地方性资产管理公司合作组织，建立起破产法官协会一类的内设团体机构，可以消除上下级及同级法院之间做法不一的不良影响，也可以通过集中培训、开设论坛、来往公函等形式与律师、会计师等参与破产程序的特定团体协会及时展开交流，保证司法理念的统一实施。

（三）利益的衡平

处理好司法权、行政权、相关利益集团之间的关系，有助于处于混沌期的招募模式向秩序化平稳过渡。“法律的生命不在于逻辑，而在于经验”[24]，这是美国霍姆斯大法官的著名论断。对一个新事物所推出的新制度，必然会存在矛盾冲突、纠纷化解、经验总结、平稳推行的演变过程，目前的招募模式确实存在混沌的一面，但混沌的背后，又是有条不紊且有规律地发展着，其表面之下，各方力量暗流涌动，对抗、兼并的同时，默默推进着规则的进化和完善。当然，互动平衡的程序设计，体现在权力之引领、规制和审查，实现权利之充分、有序和合法行使[25]。而在规则明朗之前，只能依赖人民法院对全局的观察与把控，及时对招募中出现的矛盾纠纷进行解读、协调、谈判乃至平息，作为现行混沌期过渡之手段。且目前由法官在法律授权范围内对外界利益自行调节的处理方式，已经渗透至每一个招募程序之中并充分发挥了作用，但这一方式是建立在破产法官对业务熟悉精通的前提之下。换言之，人民法院必须保证对破产法官精英化培养的充分投入，特别是在全面深化司法体制改革的背景之下，更应保证破产法官的专业性，避免负担过多非破产案件业务带来的压力。

结语

在破产案件数量逐年飞速增长的背景下，相配套的各项制度越来越跟不上节奏，招募制度作为辅助推进破产审理的亮点之一，其发展已是让人眼花缭乱，这也与法律的稳定性原则相去甚远，立法者和司法者的观望克制也只是权宜之计。目前招募机制的混沌状态是招募制度发展的必经历程，并非最终形态，从事“破事”工作的各方主体，均期望建立起相对稳定且权威的破产招募制度，毕竟这一制度作为破产的辅助程序，影响着整个破产审判的公平公正，同时也与行使职责的风险高低程度息息相关。相信在不久的将来，相关部门会发布具

24 ［美］霍姆斯：《普通法》，冉昊、姚中秋译，中国政法大学出版社2006年版，第5页。

25 陆晓燕：《破产管理人制度中司法控制与当事人自治之间的制衡——破产管理人选任制度价值探究》，载《人民司法》2015年第1期。

体细则予以规范，但在现阶段，招募制度的完善乃至规范出台，依然有赖于对招募实践的持续观察，离不开从事破产审判工作的各方主体的添砖加瓦。而到目前为止，招募公告仍是反馈各方需求的最佳平台，毕竟这是研究招募制度过去、现状及未来走向的最好平台之一。

公司决议不成立之诉的程序问题

——兼论公司决议效力纠纷在诉讼中的展开

罗恬漩*

【内容提要】《最高人民法院关于适用〈中华人民共和国公司法〉若干问题的规定（四）》新增公司决议不成立之诉意味着将公司法关于公司决议不成立部分的默示性规定予以明示化，解决了司法实践中公司决议在事实上不成立时的法律适用难题。该诉之诉讼标的指向的是公司决议不成立之事实，某种程度上扩大了我国民事诉讼理论中的诉讼标的的范围。由于不同类型的公司决议诉讼在实体构成上具有相似性，故公司决议不成立之诉的案件实体需要在诉讼过程中通过双方当事人的攻击防御及法官审理才能最终确定。在判决效力上，鉴于公司决议不成立之诉窄于公司决议无效与可撤销之诉，因此在判断是否涉及重复起诉时需加以区分。

【关键词】公司决议不成立之诉　诉讼标的　确认之诉　诉的利益　判决效力

一、问题的提出

2017年8月25日，最高人民法院发布的《关于适用〈中华人民共和国公司法〉若干问题的规定（四）》（以下简称《公司法司法解释四》）在完善公司法制度体系、提升公司法可诉性方面无疑将画上浓墨重彩的一笔。该解释致力于

---

* 罗恬漩——中山大学法学院研究员，法治社会建设中山大学研究院研究员，法学博士。本课题是2018年国家社科基金青年项目“司法体制综合配套改革背景下法官职业流动实证研究”（项目号：18CFX028）阶段性成果；亦是2019年中山大学高校基本科研业务费青年教师培育项目“多数人侵权纠纷的共同诉讼形态研究”阶段性成果。

解决公司诉讼长期以来存在的突出问题，集中回应了快速增长的公司纠纷司法审判的急迫需求以及社会舆论的强烈关切，[1]可谓亮点纷呈。其中第一条增设的公司决议不成立之诉即是一大亮点和突破。该司法解释的出台意味着我国公司决议效力瑕疵的分类在制度层面由“二分法”向“三分法”转变，[2]将公司法的默示性规定明示化，解决了以往实践中公司决议在事实上不成立时的法律适用空白和审判难题。以案例1为例：

案例1：B和C为A公司的股东，A公司于2014年5月20日召开股东会临时会议，决议增加公司注册资本等事宜，但均由B主持，C没有参加。此后，C认为B利用虚构的股东会决议任意决定增加股东投资金额，严重侵害了其作为股东的利益，遂于2014年6月5日以临时股东会决议增资未经全体股东通过，违反公司章程规定为由，向法院起诉要求撤销临时股东会决议。一审法院判决该决议不成立。二审法院认为一审法院判非所诉；而且，法律只赋予了股东请求确认股东会或董事会决议无效或请求撤销股东会或董事会决议的权利，原审法院判决2014年5月20日股东会临时会议决议不成立，缺乏法律依据，改判决撤销该临时股东会决议。[3]

案例1发生在《公司法司法解释四》颁布前，当时公司决议效力的类型仅分为无效和可撤销。根据《公司法》第二十二条规定，公司决议无效事由只包括决议内容违反法律、行政法规；公司决议可撤销事由包括：股东会或者股东大会、董事会的会议召集程序、表决方式违反法律、行政法规或者公司章程，或者决议内容违反公司章程。但在实践中，除上述情形外，涉及公司决议效力

---

1 据了解，随着近年来公司数量快速增长，公司治理和股东权利纠纷两类诉讼案件也呈现逐年上升态势，在公司纠纷诉讼案件中占比逾60%。一些大型公司的决议效力纠纷甚至成为舆论关注的焦点和热点。参见罗书臻：《营造良好营商环境 保障供给侧结构性改革——最高人民法院发布公司法司法解释（四）》，载《人民法院报》2017年8月29日。

2 “对决议效力瑕疵的分类，各国立法例大致存在‘二分法’与‘三分法’的分野，前者包括决议无效和决议可撤销两种决议效力瑕疵，后者则在此基础上还规定了决议不成立或者决议不存在。我国公司法第二十二条规定了确认决议无效和撤销决议之诉，均系针对已经成立的决议，未涵盖决议不成立的情形。我们认为，从体系解释出发，不成立的决议当然不具有法律约束力，应是公司法的默示性规定。”杜万华：关于发布《最高人民法院关于适用〈中华人民共和国公司法〉若干问题的规定（四）》的新闻发布稿，2017年8月28日。

3 一审判决书为海南省三亚市中级人民法院（2014）三亚民二初字第14号民事判决书、海南省三亚市中级人民法院（2014）三亚民二初字第15号民事判决书；二审判决书为海南省高级人民法院（2015）琼民二终字第18号民事判决书、海南省高级人民法院（2015）琼民二终字第19号民事判决书。

的情形还包括：（1）公司未召开相关会议；[4]（2）公司召开了相关会议，但并未有效召集部分股东；[5]（3）公司召开了相关会议，未讨论决议内容或未表决相关决议内容；[6]（4）公司召开了相关会议，也讨论和表决了相关决议内容，但并非由股东本人签名，实际上并没有通过该决议。[7] 上述情形在《公司法司法解释四》颁布前往往被统一归为决议无效[8]或可撤销[9]，在极个别情况下也被法院判定为有效。[10] 不难发现，实践中法院作出的裁判都是建立在决议成立基础上的。但从逻辑层面来看，上述四种情形却意味着公司决议在事实上并不成立。只不过，由于《公司法》并未（明示）规定公司决议不成立的情形，从而导致法院在审判时无所适从，产生审判难题。

案例1即是如此。A公司的股东会决议系由股东B伪造，原告股东C起诉A公司要求撤销该决议，尽管一审法院在审理中发现决议事实上不成立，并作出决议不成立的判决；但二审法院则以没有相关法律规定可以判决决议不成立为由，改判撤销该份伪造的股东会决议。显然，二审法院认定的事实是被告未依法召开股东会并形成决议或被告召开的股东会存在可撤销情形，相应争点是

---

4 如辽宁省沈阳市中级人民法院（2016）辽01民终11586号民事判决书，原告诉称“该次股东会没有通知全体股东参加，会后没有会议记录和股东代表签字，没有参加会议和与会人员签字簿，没有将决议送交全体股东签字，决议一案提起不合法，不符合公司章程，没有合法议案提起人，没有事先发送股东审议”等问题。又如江苏省南京市玄武区人民法院张某诉江苏万华工贸发展有限公司、万某、吴某、毛某股东权纠纷案，法宝引证码：CLI. C. 83948。河南省郑州市中级人民法院（2016）豫01民终2908号民事判决书。江苏省苏州市中级人民法院（2015）苏中民终字第05454号民事判决书。

5 如内蒙古自治区阿拉善盟中级人民法院（2016）内29民终287号民事判决书；山东省青岛市中级人民法院（2016）鲁02民终8987号民事判决书；江苏省南京市中级人民法院（2016）苏01民终8209号民事判决书。

6 如天津市第二中级人民法院（2016）津02民终3229号民事判决书。

7 如江苏省镇江市润州区人民法院（2013）润商初字第379号民事判决书；内蒙古自治区巴彦淖尔市中级人民法院（2016）内08民终586号民事判决书。

8 如江苏省南京市玄武区人民法院张某诉江苏万华工贸发展有限公司、万某、吴某、毛某股东权纠纷案，法宝引证码：CLI. C. 83948。

9 如山东省烟台市中级人民法院（2015）烟商二终字第194号民事判决书，实际上在该案中，法院认为没有实际召开股东会而产生的股东会决议属于可撤销的决议，但鉴于当事人超出60日除斥期间而起诉，因而判原告败诉。

10 例如，有些案件部分股东合谋在未召开股东会的情况下作出股东会决议，而受害股东提起公司效力确认纠纷后，法院认为决议没有违反我国相关法律、行政法规的强制性规定，不宜确定公司决议无效；且尽管股东会决议无论是在召集程序还是在表决程序两个方面均存在瑕疵，但该瑕疵发生后已过60日除斥期间，最终判定该股东会决议有效。可参见浙江省湖州市中级人民法院（2016）浙05民终33号民事判决书；上海市第一中级人民法院（2012）沪一中民四（商）终字第2059号民事判决书等。

已经成立的决议是否可撤销。两级法院在决议是否成立这一事实问题上即存在矛盾。事实上，案例1并非个例，而是典型反映了《公司法司法解释四》出台前实务界长期以来关于增设公司决议不成立之诉的呼吁。[11]

需要注意的是，《公司法司法解释四》将公司决议不成立之诉予以明示化的做法虽然在实体法逻辑上更为融贯与丰满，[12]但由于公司决议不成立与无效及可撤销之间存在着高度的相似性与交织性，在具体诉讼实践中的实体认定上容易出现混淆。反映到诉讼程序上则表现为当事人提出的不同诉讼请求和事实理由会导致诉讼标的、纠纷事实乃至判决效力等方面的区别，具体包括：公司决议不成立之诉的诉讼标的是什么？与其他公司决议之诉的诉讼标的有何区别？当事人提起公司决议不成立之诉被驳回后，是否还可以提起公司决议无效或可撤销之诉？等等。笔者认为，通过对公司决议不成立之诉的研究，总结诉讼标的、判决效力等在这个特殊类型诉讼中的问题和表现，将有助于扩充和丰富民事诉讼法基本理论，并为指导公司决议诉讼的司法实践提供相应的理论资源。

二、公司决议不成立之诉在诉讼请求实体内容上的特殊性

对于公司决议不成立的判断，《公司法司法解释四》规定了五种情形，除前文所述“公司未召开会议”外，[13]还包括“会议未对决议事项进行表决”“出席会议的人数或者股东所持表决权不符合公司法或者公司章程规定”“会议的表决结果未达到公司法或者公司章程规定的通过比例”以及“导致决议不成立的其他情形”。由于这种划分可能与原有公司决议无效和可撤销的部分情形重叠，因此在探讨公司决议不成立之诉的程序问题前，有必要厘清不同类型公司决议纠纷在诉讼请求实体内容上的不同。

（一）从实体构成上确定公司决议不成立之诉的审理对象

一般而言，公司决议从成立到生效乃至生效后提出异议，都有严格的程序

---

11 俞志凌：《金仁子诉漳州三成农产品加工有限公司等公司决议效力确认纠纷案》，载《人民司法·案例》2010年第16期；俞巍：《孙锡安与李永昌等与公司有关的纠纷上诉案》，载《人民司法·案例》2008年第18期；卢颖：《沈乃三等与美表新公司/公司决议效力确认纠纷上诉案》，载《人民司法·案例》2014年第22期。

12 如原来仅有决议无效或可撤销认定时，容易将物理上不存在的决议认定为物理上存在却无效的决议，形成逻辑矛盾。

13 本项有但书，但书的内容尊重商事主体管理的自主性，即“但依据公司法第三十七条第二款或者公司章程规定可以不召开股东会或者股东大会而直接作出决定，并由全体股东在决定文件上签名、盖章的除外”。

规定。厘清这个阶段性问题，将有助于正确探讨不同类型公司决议纠纷诉讼的实体构成。以股东会决议形成为例，股东会决议的形成阶段包括股东会召集阶段、个别股东的表决阶段以及股东会决议的形成阶段。对股东会决议效力的判断，则须定位决议瑕疵出现在决议形成的哪个阶段，再根据不同阶段的瑕疵情况，准确锁定与之对应的部门法及法条。[14] 公司决议在形成阶段，都只是涉及是否成立的问题；而只有在成立决议之后，才会牵涉是否有效及是否可撤销。

在《公司法司法解释四》出台前，人民法院在审理公司决议撤销纠纷案件中应当依次审查以下事项：会议召集程序、表决方式是否违反法律、行政法规或者公司章程，以及决议内容是否违反公司章程。[15]《公司法司法解释四》出台后，人民法院在审理公司决议纠纷时依次审查的内容应有一些改变：若原告提出的是公司决议无效或可撤销之诉，且被告应诉时也默认公司决议是成立的，则无须审查公司决议是否成立这一基础事实；但若原告提出的是公司决议不成立之诉，或是通过被告应诉内容来看可能双方对公司决议是否成立存在争议，则需将审理公司决议的内容扩展至公司决议形成的过程。即公司决议不成立所包含的实体内容包括：就公司决议形成程序来看，在召开公司决议会议之前，需要有召集程序，如果不存在这个程序或该程序出现问题，则属于公司决议不成立；在召开公司决议会议过程中，要对召集的内容进行商讨和表决，若在此过程中出现股东资格、通过比例、伪造签名或超越职权等情况，亦属于公司决议不成立范围。换言之，公司会议无决议能力时作出的决议应属不成立，具体表现为未做召集程序、未达到法定或者章程约定的多数决表决方式、未满足出席人数的最低要求而作出的公司决议，此时不能将之归于可撤销决议，[16] 而应属于公司决议不成立的范畴。只有在以上事实都真实存在的情况下，才有可能进一步探讨决议是否无效或可撤销。

（二）在诉讼程序中确定公司决议不成立之诉的诉讼标的

鉴于公司决议从成立到生效不同阶段对应不同类型的公司决议纠纷，原告提出的诉讼请求所覆盖的范围也会有阶段性，这也将导致公司决议不成立诉讼在诉讼标的上有特殊性。当然，对其诉讼标的特殊性的探讨仍应紧扣公司决议不成立之诉的实体内容。

公司决议不成立之诉属于确认之诉，与公司决议无效之诉属于确认之诉、

14 赵心泽：《股东会决议效力的判断标准与判断原则》，载《政法论坛》2016年第1期。

15 指导性案例10号之裁判要点说明，法宝引证码：CLI. C. 877357。

16 王雷：《公司决议行为瑕疵制度的解释与完善》，载《清华法学》2016年第5期。

撤销公司决议之诉属于形成之诉一样，当事人在提出这些诉讼时都需要声明相应的法定事由。值得注意的是，任何法律效果的发生或消灭都以某些条件的存在作为前提，但这里单独列出法定事由并将其与请求“捆绑”在一起讨论，则是因为只有指明具体的法定事由才能识别或特定请求，并使同一的法律效果却对应不同的此一请求与彼一请求区别开来。[17] 只有厘清不同公司决议效力诉讼的法定事由之所指，方能更具体识别其对应的诉讼标的。

目前确认公司决议无效和撤销公司决议的事由在公司法上早有规定，争议不大。具体而言，确认公司决议无效中原告提出的诉讼请求是确认作出公司决议无效。绝大多数确认法律关系无效的诉讼，其实质都是确认产生该法律关系的法律行为无效。[18] 确认公司决议无效的诉讼标的是确认通过公司决议的行为无效，属于对法律行为的确认。而撤销公司决议属于形成之诉，原告提出的诉讼请求是撤销公司决议，其诉讼标的是撤销公司决议的形成权，即在共同认可存在一份公司决议的基础上，请求依法撤销该决议。

但新增的确定公司决议不成立之诉争议的实质是该决议是否现实成立，属于事实判断问题。[19] 对于诉讼标的能否包括事实，在学理上是存在争议的。对此，有学者指出，在我国确认之诉的对象原则上只是权利或法律关系，而不包括事实或证据材料等，但对于特定法律事实的诉讼请求，司法实务中仍有予以承认的余地。[20] 事实上，在《公司法司法解释四》增加决议不成立之诉之前，已经有法院在实践中直接判决决议不成立。[21] 因此，公司决议不成立之诉的确定，实质上是通过司法解释的形式扩大了理论上确认之诉诉讼标的的范围，这意味着在有正式法律渊源予以明确的情况下，我国民事诉讼中诉讼标的确实可以延伸至事实这个层面。

当然，在公司决议纠纷中对诉讼标的进行必要的扩大还可以通过学理论证

---

17 王亚新：《诉讼程序中的实体形成》，载《当代法学》2014 年第 6 期。

18 刘哲玮：《确认之诉的限缩及其路径》，载《法学研究》2018 年第 1 期。

19 这也是在《公司法司法解释四》出台以前，有很多法院无法对确认公司决议不成立作出审判的原因：确认之诉的补充性和预防性，以及主体资格上的反转性，使其存在滥用的风险，所以应将其适用空间限定在狭窄的范围内。参见刘哲玮：《确认之诉的限缩及其路径》，载《法学研究》2018 年第 1 期。

20 王亚新、陈杭平、刘君博：《中国民事诉讼法重点讲义》，高等教育出版社 2017 年版，第 9 页。

21 如黑龙江省哈尔滨市中级人民法院（2015）哈民三商终字第 325 号民事判决书；江苏省苏州市中级人民法院（2015）苏中民终字第 05454 号民事判决书；江苏省南京市中级人民法院（2015）宁商终字第 733 号民事判决书；江苏省盐城市中级人民法院（2015）盐商终字第 0051 号民事判决书；江苏省高级人民法院（2015）苏商再提字第 00019 号民事判决书。

得出：确认之诉能否成立或者能否为法院所受理，在更大的程度上牵涉到有无“诉的利益”这个问题。[22]在理论上，确认之诉的对象范围几乎没有边界，因此，就更需要通过判断是否具有确认之诉的利益（确认利益）来加以限制。[23]对于公司决议不成立之诉，产生该法律关系的法律行为都不成立，将不成立的公司决议作为变更公司构成或左右公司经营的依据，会损害股东、董事、员工等利害关系主体的利益甚至会对公司经营造成负面影响。因此，即使决议不成立之诉是对事实的确认，也同样具有诉的利益。将这种诉的利益通过司法解释方式固定下来，也是维护商事交易规范性的重要保障。

综上可见，公司决议不成立之诉的诉讼标的指向公司决议是否成立的事实；公司决议无效或可撤销之诉的诉讼标的指向形成决议时的数人行为，前者在逻辑上构成后者的前提。把案件的实体内容加工为可通过诉讼解决的法律问题之不可缺少的一个环节，且在此基础上才可能进行请求或“诉的合并、变更、追加”等操作。[24]鉴于公司决议不成立和公司决议无效、公司决议可撤销是不同的诉讼标的，如果原告先提起公司决议不成立之诉，在诉讼过程中变更为请求确认公司决议无效，已经将诉讼标的从对公司决议不成立的事实认定变更为通过公司决议的行为无效的认定，应当属于诉的变更。但是，如果原告在起诉时请求的是公司决议无效，在诉讼过程中列明的事实和证据却都指向公司决议不成立，该如何处理其中关系，则涉及公司决议效力纠纷诉讼进程中的实体形成。

三、公司决议不成立纠纷在诉讼中的实体形成

形成之诉和确认之诉在法律规定有明确的多种事由时，当事人原则上应当在这些法定事由中进行选择，以明确自己提出的是以什么事由为前提条件的形成之诉或确认之诉。[25]但在公司决议效力案件中原告往往在起诉时并不能明确自己以何种事由为前提条件，需要通过诉讼中双方当事人的攻击防御才能厘清，部分案件甚至在二审时才最终明晰，并形成诉讼中的实体。因而，公司决议不成立之诉在起诉阶段，很有可能会与其他类型的公司决议诉讼混淆，以如下案例2为例分析：

案例2：C和B是A公司的股东，C占公司30%股权，B占公司70%股权。

22 王亚新：《诉讼程序中的实体形成》，载《当代法学》2014年第6期。

23 张卫平：《诉的利益：内涵、功用与制度设计》，载《法学评论》2017年第4期。

24 王亚新：《诉讼程序中的实体形成》，载《当代法学》2014年第6期。

25 王亚新、陈杭平、刘君博：《中国民事诉讼法重点讲义》，高等教育出版社2017年版，第11页。

A公司于2016年2月29日召开股东会，并作出“股东会决议”将公司一处房产卖给他人，C于2016年8月向法院提起诉讼，请求法院判决2月29日的股东决议无效。一审法院认为C所主张的“股东会会议未提前十五日通知、未进行表决均属程序瑕疵，非股东会决议无效的法定事由”。因此驳回C的诉讼请求；C上诉，二审法院认为“评价股东会决议在法律上的效力，其前提是该决议真实存在”，2月29日当天虽然召开股东会，但并未讨论出售房屋产权事项，因此撤销一审判决，并判定出售房屋产权的决议不成立。[26]

（一）诉讼请求的提出与当事人的攻击防御

就立案后确定诉讼审判对象而言，理论界与实务界一般均主张以原告的诉讼请求为判断基础，以狭窄的“旧实体法说”为判断标准。这样既不会对原告施加过重的提出诉讼请求与主张事实及理由之负担，也不致为了防止突袭裁判而要求法院承担额外的释明义务，还可以明确地向被告提示答辩防御之对象。[27]在案例2中，原告C一审起诉时提出的诉讼请求是确认2016年2月29日的股东会决议无效，要件事实应当是该股东会决议虽然成立但违反相关法律、行政法规。原告C在一审过程中向法庭表示2月29日股东会通知程序有瑕疵，且转让房产的股东会决议没有进行过表决也没有达成一致意见，并认为这些构成股东会决议无效的理由。而被告A公司则对原告C的诉讼请求进行否认，认为股东会决议并没有损害公司或者其他股东的利益，理由是：两位股东对该股东会决议中所涉事项进行了讨论，C拒不同意，A公司依照公司章程以B享有70%表决权通过该决议合法有效。

仅从原被告在一审中的攻击防御内容来看，其争点并不是2月29日股东会决议是否存在，而是该决议是否有效，按照这个逻辑思路一审法院认为，股东会会议召集、通知等程序瑕疵并不导致股东会决议无效，而仅是股东会决议可撤销的事由之一。从诉争股东会决议的内容来看，出售房产是正常民事行为，所作决议倚仗的70%股权依照被告公司章程亦为足够，该决议内容也显然并不存在违反法律、行政法规之情形，故原告C要求确认该决议无效，缺乏法律依据，该院无法予以支持。审理到该部分为止，虽然一审法官通过原被告双方的攻击防御内容可以大致判断出股东会决议的召集程序问题是导致股东会决议存在纠纷的原因，存在诉的变更情形，但限于当时的法律条文规定，法官判断该

26　浙江省绍兴市中级人民法院（2016）浙06民终4134号民事判决书。下文关于该案的讨论主要以当时的法律规定和司法解释为依据。

27　陈杭平：《诉讼标的理论的新范式》，载《法学研究》2016年第4期。

情况属于公司决议可撤销，而非公司决议无效，而鉴于原告并未要求撤销决议，因而驳回原告的诉讼请求。

进一步来看，一审法官在审理过程中已经意识到原被告双方争议的核心是会议召集程序问题并由此可能导致决议可撤销，只是鉴于原告C起诉的时间距离股东会决议生效时间已超过60天的除斥期间，因而未向原告释明变更诉讼请求。然而，若假设原告C起诉的时间是在股东会决议生效的60天内，法官是否需要对此进行释明？引申之，若原告提出的涉及公司决议的诉讼请求与人民法院依据案件事实作出的认定不一致时，法院是否需要释明？虽然《公司法司法解释四》并没有对此问题作出规定或回应，但在2016年5月最高人民法院公布《公司法司法解释四》（征求意见稿）中可以看出这种情况在审判实务中的一些走向。《公司法司法解释四》（征求意见稿）第九条关于“决议效力的直接认定”中有两种不同观点：其一，原告起诉请求确认股东会或者股东大会、董事会决议不存在、未形成有效决议、决议无效或者撤销决议，与人民法院根据案件事实作出的认定不一致的，应当直接作出判决。其二，原告起诉请求确认股东会或者股东大会、董事会决议不存在、未形成有效决议、决议无效或者撤销决议，与人民法院根据案件事实依法认定的决议效力情形不一致的，应当告知原告可以变更诉讼请求。原告不变更的，应当驳回诉讼请求。

笔者赞同第二种观点。理论界普遍认为，当事人因缺乏诉讼经验、法律知识等，无法将法律要件事实充分主张，或者所主张的事实不太清楚的情形下，法官的释明对有效解决纠纷来说很有必要。[28] 鉴于不同类型公司决议效力纠纷之间存在很高的相似性，在事由方面区分度较模糊，当事人可能欠缺足够的判断能力，在纠纷形成之初难以确定应以什么事由为前提条件提起诉讼，同时由于原告C在主张中已表明股东会召集程序中没有商讨出卖房产事宜，已经具备召集程序问题的要件事实，因此随着当事人在诉讼中攻击防御的展开，法官有必要将当事人语言表达上的主张和实际诉讼请求进行明晰，对于其中的模糊地方，需要向当事人进行释明并确认后，再作出裁判。

（二）审理范围的确定与案件实体的最终形成

案例2的特殊之处在于直到二审才最终确认案件的实体。一审裁判后，原告C上诉要求撤销一审判决。二审法院在审理过程中认为：评价股东会决议在法律上的效力，其前提是该决议真实存在。2016年2月29日虽然召开过公司股东会，但会议没有讨论决议载明的出售相关房产事项，故诉争股东会决议并不

28 骆永家：《阐明权》，载《民事诉讼法研讨（四）》，台湾三民书局1993年版，第171页。

真实存在，本案确认该决议效力的前提不具备。所以最终判决结果是虽然 C 起诉要求确认诉争股东会决议为无效，但是二审法院根据案件事实认定诉争股东会决议不成立。[29] 如果根据前述分析的诉讼标的理论与逻辑，确认股东会决议不成立和无效属于两个诉讼标的，二审法院所作出的判决已经和原告起诉的请求不一致。

在当时的情况下，法院不能直接变更当事人的诉讼请求，而是应经过释明，由当事人提出变更。2008 年发布的《最高人民法院关于民事诉讼证据的若干规定》第三十五条第一款规定："诉讼过程中，当事人主张的法律关系的性质或者民事行为的效力与人民法院根据案件事实作出的认定不一致的，不受本规定第三十四条规定的限制，人民法院应当告知当事人可以变更诉讼请求。"[30] 由于本案的特殊性，或者说公司决议效力纠纷诉讼有其特殊性，这种特殊性也表现在公司决议形成与生效的过程中，即无论是在一审还是二审中，法院都审理过该股东会决议中出卖房产部分的内容是否存在：原告 C 主张在 2 月 29 日股东会中根本没有讨论出售房产事宜，而 A 公司则只是主张该股东会决议是多数决通过而成立的，并未回应原告 C 关于没有讨论房产出售问题的主张。二审法院的裁判可以视为对原告提出诉讼请求的部分判决，即只查明该决议确实不成立这部分的内容。所以即使 C 主动变更诉讼请求为股东会决议不成立，也不会超出已经审理的范围，在这种情况下，人民法院可以不用重新指定举证期限，且也不会因改判而妨碍 A 公司的审级利益。[31]

因此，确认公司决议不成立之诉将导致以上讨论可能成为将来公司决议不成立或无效诉讼审理过程中需要面对的问题。这种情况下，可以向当事人具体询问其主张到底是出售房产的股东会决议无效还是不成立，待原告作出选择确认主张该股东会决议不成立后，二审法院可以直接作出出售房产的股东会决议

29　值得注意的是，案例 2 的终审判决的作出时间是 2016 年 12 月 31 日，而 2016 年 12 月 5 日最高人民法院已经原则性通过《公司法司法解释四》，但并未注明施行时间。所以二审判决只是认定该决议不成立，但并未援引《公司法司法解释四》的规定。

30　该条文在 2019 年 12 月 25 日发布的《最高人民法院关于民事诉讼证据的若干规定》中已修正，其中第五十三条第一款规定："诉讼过程中，当事人主张的法律关系性质或者民事行为效力与人民法院根据案件事实作出的认定不一致的，人民法院应当将法律关系性质或者民事行为效力作为焦点问题进行审理。但法律关系性质对裁判理由及结果没有影响，或者有关问题已经当事人充分辩论的除外。"对条文进行表意解读，只要在审判过程中当事人对所争议的法律关系或民事行为效力已经进行充分辩论，则无须当事人申请变更诉讼请求。

31　另外，案例 2 所反映的另外一个问题是：原告 C 起诉时，法律或司法解释并未规定确认股东会决议不成立之诉，而二审法院改判时，最高人民法院已经通过了《公司法司法解释四》，虽然该司法解释的内容并未向社会公开，且法院在判决所引用的法律依据中，并未引用任何涉及可以确认股东会决议不成立的条款，但司法解释确实影响了法院对本案的审判。

不成立的判决。反之，如果原告在一审中提出的诉讼请求是确认股东会决议不成立的，即使二审法院在审理中认为股东会决议并非不成立，而是无效的，却不能向当事人释明变更诉讼请求后直接改判股东会决议无效，这不仅是不告不理原则的要求，也是法官行使释明权的边界。因为释明权仍是以当事人主义模式为体制环境，其适用范围应保证法官不至于取代当事人决定实体内容的形成。法官应当从当事人的请求或陈述中是否有线索可循，是否包含了相应的意思等角度出发来判断是否应行使释明权。[32] 而股东会决议不成立审理的要件事实只是该决议内容是否在物理上存在，尚不涉及该决议是否有效的问题，这种变更不仅损害当事人的上诉利益，也违反了辩论原则。[33] 这也可以再次证明，因为公司决议具有阶段性，原告主张的事由若包含前一阶段的，法院可以直接释明变更；而若原告主张的事由并不包含后一阶段的，法官则没有必要额外涉足当事人未主张的内容。

四、不同类型公司决议效力诉讼的判决效力区分

以案例 2 为例，我们还可以就公司决议诉讼的诉讼标的和判决效力等作引申探讨：如果二审法院以该股东会决议不成立违反法律、行政法规为由，维持原审判决，原告 C 是否可以另行起诉 A 公司，请求法院确认 2 月 29 日的股东会决议不成立呢？这实际上关系到不同类型公司决议诉讼在判决效力上的区分。由于不同类型公司诉讼在纠纷事实上可能有重叠，且公司诉讼所涉及的利害关系人众多，每个权利主体都有可能针对公司决议效力提起相同或不同的诉讼请求，因此多主体多法律事由的交叠使公司决议效力诉讼问题变得相对复杂。但根据公司决议从形成到生效等阶段性来看，公司决议不成立之诉的判决效力应窄于公司决议无效与可撤销之诉，因此在判断是否涉及重复起诉时需注意加以区分。为使论证更为形象，可以采用设例的方式进行解释说明。

设例 1：C 以未曾召开股东会为由，以 A 公司为被告向法院提起股东会决议不成立之诉。法院驳回 C 的诉讼请求后，C 再向法院提起股东会决议无效之诉。

当法院驳回原告诉讼请求后，且满足起诉条件的情况下，同一原告是否可以其他事由提起其他类型的诉讼？对此，有学者明确认为原告不可以再提起其他请求类型的诉讼，不仅仅是基于法安定性的要求和一次性纠纷解决的需要，更为重要的是，由于公司决议诉讼系法人内部纷争，考虑到公司经营稳健的必

32 邹碧华等：《民商事审判方法》，法律出版社 2017 年版，第 136 页。

33 根据当时的证据规定，如果是一审法院发现应当属于决议无效而非决议不成立，则可以向原告释明变更诉讼请求。

要性，不允许原告再提起其他类型的诉讼更具正当性。[34] 笔者认为，在双方当事人相同的情况下，是否允许再诉与是否构成重复起诉有关。《最高人民法院关于适用〈中华人民共和国民事诉讼法〉的解释》第二百四十七条第一款对禁止重复诉讼作了三个条件规定：（1）后诉与前诉的当事人相同；（2）后诉与前诉的诉讼标的相同；（3）后诉与前诉的诉讼请求相同，或者后诉的诉讼请求实质上否定前诉裁判结果。在当事人相同的情况下，需要判断后诉与前诉的诉讼标的是否相同。若当事人在前诉的诉讼标的是公司决议不成立之事实，而在后诉的诉讼标的是公司决议无效，后诉的诉讼标的显然已超越前诉的范围，这种情况下阻断当事人另诉，恐怕在法理上无法成立。若反之，相同当事人在前诉中提起公司决议无效之诉，被法院驳回后，是否还可以提起公司决议不成立之诉？笔者认为应当看公司决议不成立之诉的争点是否被前诉审理。因为在审理公司决议无效时，如果也同时审理了公司决议是否成立的基础性问题，则不能再提起公司决议不成立之诉。因为公司决议是否存在是公司决议有效纠纷中的要件事实，虽然要件事实是否具有既判力在学界尚存争议，但在当事人相同的情况下，这种前诉判决对后诉起码具有预决效力。[35] 但若在前诉中并未涉及公司决议是否成立的争点审理，则应当赋予当事人提起公司决议不成立之诉的权利，可以另诉。

同理，若 C 向法院提起确认公司决议不成立之诉，被法院驳回后，另行提起撤销该公司决议之诉，法院仍应当受理；而若 C 向法院提起撤销公司决议之诉，被法院驳回后，则需看前诉是否审理了公司决议不成立的争点，如果审理了，则应驳回起诉；若没有被审理，则应当继续审理。

设例 2：B、C、D 同为 A 公司股东，C 以未召开股东会为由，向法院提起股东会决议不成立之诉；同时，D 以股东会未表决为由，向法院提起股东会决议不成立之诉。

本设例针对多个权利主体分别提出一样的诉讼请求的情况，《公司法司法解释四》对此予以明确回应。《公司法司法解释四》第三条第二款规定：“一审法庭辩论终结前，其他有原告资格的人以相同的诉讼请求申请参加前款规定诉讼的，可以列为共同原告。”根据该条文的意思，当利害关系主体分别向法院提起公司决议无效的诉讼时，法院可以将多主体合并至第一个受理的案件中作为共同原告，形成共同诉讼。这种共同诉讼在学理上具备类似必要共同诉讼的属性，

---

34 黄国昌：《公司股东会议决议诉讼之诉讼标的》，载《民事诉讼法之研讨（十五）》，台湾民事诉讼法研究基金会 2008 年版，第 143 页。

35 王亚新、陈晓彤：《前诉裁判对后诉的影响——〈民诉法解释〉第 93 条和第 247 条解析》，载《华东政法大学学报》2015 年第 6 期。

即虽然并非要求权利人必须作为共同诉讼人一起诉至法院，但一旦合并法院就必须做出合一确定的判决；并且，由于一旦法院作出支持原告请求的判决，既判力都会扩张至其他股东、董事、监事或职工等，这种合并也是有意义的。

若C和D提起诉讼的时间并不一致，即D是在法院支持C的诉讼请求之后再提起股东会决议不成立之诉的，D受前诉判决的既判力作用，法院不再受理D的诉讼请求；而若D是在法院驳回C的诉讼请求之后再提起股东会决议不成立之诉的，D并不受前诉既判力约束，法院则仍应当受理并审查。

设例3：B、C、D同为A公司股东，C以召集程序存在问题为由，向法院提起撤销股东会决议之诉；D以表决程序有问题为由，向法院提起撤销股东会决议之诉。

C、D向法院提起的撤销决议诉讼，属于形成之诉。一般诉讼法理认为，形成之诉的判决具有对世效，但是这种效力只限于法院支持形成之诉请求时；而在法院不支持原告请求的情况下，有学者认为，在撤销股东会决议之诉中，若原告败诉确定，假设其无对世效，公司将面临“（就同一纷争）再度被诉”之危险，有害“公司稳定经营”或“纷争一次解决”等基本要求，所以即使原告败诉，确定判决之效力扩张及于诉外第三人。[36]若从稳定公司经营角度出发，确实容易得出即使原告败诉，判决效力也及于诉外第三人的情况。然而公司决议诉讼在诉讼过程中，其仍视为有效，不妨碍公司经营。因此，以稳定公司经营为由要扩大败诉形成判决的判决效力之说很难成立。

从法理上说，驳回行使解除权之诉判决的效力仅及于特定解除权的构成要件不成立，并不拘束后诉法院对撤销权是否成立作出判断，也不会对该事项形成遮断效。[37]因此，在撤销公司决议的诉讼中，只有认可诉讼请求的判决才具有既判力的扩张性，而驳回请求的判决则不发生既判力的扩张效果。这既是因为判决驳回请求说明该请求与团体法律关系没有关联，也是出于对团体法律关系其他主体诉权的尊重。[38]因此，若D是在C提起撤销之诉法庭辩论终结之前提起诉讼，则法院将两个诉讼合并；若D是在C提起的撤销之诉被法院支持后提起的，则受前诉既判力拘束，没有必要再提起撤销之诉；若D是在C提起的撤销之诉被法院驳回诉讼请求后提起的，则法院应当受理D的诉讼请求并审查。

设例4：B、C、D同为A公司股东，C向法院提起股东会决议不成立之诉，而D向法院提起撤销股东会决议之诉。

---

36 沈冠伶之发言，源自《股东会决议争讼实践之确认利益、被告适格及判决对世效》，载《民事诉讼法之研讨（十六）》，台湾民事诉讼法研究基金会2008年版，第61页。

37 陈杭平：《诉讼标的理论的新范式》，载《法学研究》2016年第4期。

38 张卫平：《既判力相对性原则：根据、例外与制度化》，载《法学研究》2015年第1期。

当多个主体提出不一样的诉讼请求时，提出诉讼请求的时间点就显得至关重要。虽然《公司法司法解释四》并没有回应该问题，但实践中的做法和最高人民法院的倾向可以在《公司法司法解释四》（征求意见稿）第十一条拟对“判决的溯及力”进行规定中看出：“人民法院判决股东会或者股东大会、董事会决议不存在、未形成有效决议、决议无效或者撤销决议的，该决议自始没有法律约束力。”[39] 若其他主体在一审法庭辩论结束后提出不同诉讼请求，法院支持前一诉讼请求，则该决议效力得到确认，应认为具有对世效，[40] 其他人不得再就该决议提出其他类型的诉讼；若法院驳回前一诉讼请求的，原则上应当受理其他主体提出的诉讼请求。

而若其他主体在一审法庭辩论结束前提出不同诉讼请求，笔者认为至少有两种处理途径。其一是法院可以询问其他主体是否申请作为有独立请求权第三人参加第一个诉讼：若其他主体申请作为有独立请求权第三人参加第一个诉讼，则法院应当许可；若其他主体拒绝作为有独立请求权第三人参加第一个诉讼，法院也应当受理其提出的诉讼。但若在第一个诉讼中法院支持原告的诉讼请求，则其他主体提出的诉讼会被认为没有诉的利益而被驳回起诉；若在第一个诉讼中法院驳回原告的诉讼请求，则可以继续审理其他主体提出的其他请求。

其二是法院通过诉的主客观合并，将其他主体作为共同原告追加进原诉中。但第二个路径在理论或实践中都颇受争议，尤其是在当事人反对合并时，矛盾会更加凸显。且最高人民法院在其判决中也强调：案件诉争多为当事人之间的多个法律关系，且法律关系基于相互独立的法律事实而形成，并非同一诉讼标的，也非同一种类的诉讼标的，当事人也反对法院合并审理，法院合并审理于法无据。[41] 所以解决该问题的关键在于如何认定公司决议纠纷的诉讼标的。虽然目前我国大陆学界鲜有文章专门讨论公司决议纠纷的诉讼标的，但我国台湾地区有学者提出，如果是针对相同的原因事实，无论原告对公司决议作出何种主张，基本上是一个法的适用、法律涵摄或者是法评价的问题，似乎并没有牵

39 笔者对可撤销决议是否构成自始没有法律约束力存疑，因为撤销决议在撤销之前是被认为有效的，且公司在日常经营流动性大，若认为撤销决议自始没有法律拘束力可能不利于保障市场交易。

40 撤销决议诉讼属于形成之诉，具有对世效；而其他类型的案件都属于确认之诉，涉及公司决议的确认之诉在确定其效力后，在实际上不仅作用于当事人，也会对其他利害关系人有影响，笔者认为此处可认为是确认之诉效力的例外，应当认可其具有对世效。

41 最高人民法院（2015）民二终字第29号民事判决书。

涉到诉讼标的之变更。[42] 笔者认为，将不同主体就公司决议效力提出的不同诉讼请求认定为共同诉讼标的在解释论上很牵强，但毕竟公司诉讼存在很多特殊性，如不同诉讼都针对同一公司决议，合并审理既可以节省司法资源，也便于查清案件事实，因此如果当事人同意合并审理的，法院确实可以合并审理；当事人明确反对合并的，法院则不宜将其合并审理，而应该根据不同当事人提出的各异请求，分别进行审理。[43]

结语

公司决议不成立之诉将我国诉讼标的范畴扩展到事实层面，但也应谨慎，从要件事实构成的角度分析，其实不宜继续在事实层面细分公司决议诉讼成立的纠纷类型，以避免在诉的变更、判决效力等方面成为新的诉讼问题。另外，鉴于相同的公司决议可能引发多种不同的纠纷，而这些纠纷无论在事实上还是利益上都具有很强牵连性，因此应尽可能在厘清不同类型公司诉讼的诉讼标的基础上，重视当事人在诉讼过程中攻击防御的具体展开，尊重和回应当事人的请求与争点。虽然公司运营讲究效率性，也重视维护公司治理的稳定性，但公司决议效力诉讼是有效对抗公司实际控制人操控公司的便利或大股东运用公司决议多数决等方式，侵害股东、董事、监事等其他利害关系主体的利益的有效渠道，应当认真对待并谨慎使用。

---

42 沈冠伶：《公司股东会议决议诉讼之诉讼标的》，载《民事诉讼法之研讨（十五）》，台湾民事诉讼法研究基金会 2008 年版，第 146 页。

43 有学者认为，司法解释在逻辑上认可了既判力相对性原则以及一定范围内允许矛盾判决存在之观念。林剑锋：《既判力相对性原则在我国制度化的现状与障碍》，载《现代法学》2016 年第 1 期。

民事诉讼亲属拒绝作证权制度构建论

黄茂醌　陈　宏*

【内容提要】 2019年《最高人民法院关于民事诉讼证据的若干规定》的修正，意味着亲属证人证言法定证明力得到一定提升。但因容隐制度在现代社会的断层、亲属拒绝作证制度的阙如、主流观点对证人作证义务的强调等原因，我国亲属作证仍面临着不作证则与证据制度立法精神相违背；作证则面临着亲属与证人有密切利害关系，依《最高人民法院关于民事诉讼证据的若干规定》第九十条第三项之规定，其证言较一般证人证言更难被法官采信以及实益性低的困境。通过考察我国传统容隐制度以及大陆法系诸国、地区亲属拒绝作证制度，可知我国建立亲属拒绝作证制度具有现实可行性。在上述考察基础上，可通过传承、改造我国传统容隐制度之优点和借鉴域外亲属拒绝作证制度相关规定，初步构建符合我国国情的亲属拒绝作证制度。

【关键词】 拒绝作证　亲属作证　容隐制度　传承　借鉴

引言

在我国，证人出庭作证率低是长期困扰司法实践的一大难题，如何促使证人履行作证义务是目前实务界和学界的关注热点，[1] 加之证人向来被视为法官发

---

*　黄茂醌——西南政法大学诉讼法专业博士研究生；陈宏——西南政法大学诉讼法专业博士研究生，广州市从化区人民检察院代理检察长。

1　涉及民事诉讼证人出庭作证问题的文献很多。这里仅列出其中一部分：赵高岭、徐金荣、吕利民：《对民事诉讼中证人出庭作证制度的几点思考》，载《现代法学》1995年第6期；张传亚：《证人出庭率低症结何在》，载《光明日报》2000年12月26日；王亚新、陈杭平：《证人出庭作证的一个分析框架——基于对若干法院民事诉讼程序的实证调查》，载《中国法学》2005年第1期；等等。

现案件事实的工具，亲属拒绝作证制度因而长期受到忽视。《民事诉讼法》关于证人作证的相关规定与我国传统的倡导“和谐”精神、追求“无讼”的传统文化价值取向相悖，无法获得人们的内心认同，体现在司法实践中则是证人出庭作证率极低，[2]证人作证制度没有发挥应有的作用。[3]亲属与当事人之关系，比一般证人更为亲密，受传统文化价值取向的影响以及目前我国民事诉讼强制证人作证制度缺乏，亲属通常会根据其证言对与其有亲属关系之当事人是否有利，而选择性地履行作证义务。2019年修正的《最高人民法院关于民事诉讼证据的若干规定》（以下简称《证据若干规定》）出台，旧规定第七十七条[4]关于亲属证人证言法定证明力较低已成为历史，可以说在一定程度上是对亲属证人证言证明力的认可，从另一角度来看，这也意味着证人出庭作证义务的强化。碍于针对证人不出庭作证行为实施强制惩罚措施的成本过于高昂，[5]亲属作证与否对于法院和当事人来说都是一件效益很低的事情。亲属作证面临两难境地：不作证则与现行证据制度立法精神相悖；作证则根据《证据若干规定》第九十条第三项之规定，亲属因与当事人天然地具有密切联系，其证言较一般证人证言更难被法官采信以及实益性低。通过研究我国古代容隐制度的发展历程以及对同属于大陆法系的德国、日本以及我国台湾地区的亲属拒绝作证制度进行比较考察，可知在我国建立亲属拒绝作证制度是可行的。在上述考察基础上，笔者认为可在亲属范围、亲属拒绝作证事项、亲属作证的程序保障、亲属不得拒绝作证的例外事项等几个方面初步构建我国亲属拒绝作证制度。

---

2 针对证人出庭作证这一问题，我国学者专门进行过实证调研，在北京市、山西省、河北省和内蒙古自治区随机选择了五个基层法院作为调查对象，随机抽取了数千份案卷，其中判决结案样本共1780个，其中有证人到庭作证的案件共169个，证人出庭作证率不足10%。该调研范围横跨以北京市为中心的周边几个省份的基层人民法院，得出的调研数据基本反映了当时证人对作证一事的态度是消极的。参见王亚新、陈杭平：《证人出庭作证的一个分析框架——基于对若干法院民事诉讼程序的实证调查》，载《中国法学》2005年第1期。

3 根据直接言词原则，证人出庭就其证言接受法官和当事人质询时，法官通过观察询问过程中证人的语气、表情等细节，可以就案件事实做出更为充分的判断。

4 2008年《最高人民法院关于民事诉讼证据的若干规定》第七十七条第五项规定：“证人提供的对与其有亲属或者其他密切关系的当事人有利的证言，其证明力一般小于其他证人证言。”

5 值得注意的是，就任何一个特定的社会而言，有关证人义务的法律观念是否真正渗透到一般人的意识中，证人义务能否一般地主动履行，在一定意义上可以看作个人作为公民被整合到国家中的程度的一项指标。因为，如果完全依靠现实地发动法定的制裁来强制公民作证，对于任何国家来说，实施的成本都将是难以承受的。参见王亚新：《对抗与判定：日本民事诉讼的基本结构》，清华大学出版社2002年版，第176页。

一、问题的提出

与世界上主要法治国家均在民事诉讼程序中赋予亲属拒绝作证权不同，[6]向来重视家庭关系和谐的我国至今没有在民事诉讼程序中赋予亲属拒绝作证的权利。我国《民事诉讼法》第七十二条规定："凡是知道案件情况的单位和个人，都有义务出庭作证。有关单位的负责人应当支持证人作证。不能正确表达意思的人，不能作证。"在我国，不管证人与当事人之间是否存在血亲、姻亲关系，也不管证人证言是否会使证人及与其有血亲、姻亲关系的当事人陷于不利处境，证人只要具有正确表达意思的能力，就应履行作证义务，这一做法与我国倡导"和谐"精神、追求"无讼"的传统文化价值取向相悖，易引起亲属对作证的反感，在我国目前没有规定相应的惩罚性措施的情况下，亲属往往会出于"传统厌讼思想"[7]"维护亲情关系"等原因根据实际情况而选择性作证。[8]结合现有《民事诉讼法》和《证据若干规定》关于证人作证的相关法律规定，亲属作证或不作证都是弊大与利。亲属不作证的弊端主要有：与现行民诉证人作证制度立法精神相违背，阻碍证人作证制度功能发挥；亲属履行作证义务则面临着证言更难被法官采信以及实益性低的困境，下文就亲属履行作证义务所面临的困境做具体分析。

（一）亲属之证言较一般证人证言更难被法官采信

一般情况下，当事人从对自己是否有利的角度来决定证据的收集和提出，结果使证据本身就带有一种如"原告方的证据"或"被告方的证据"这样的偏在性，而已经不是纯粹中立于双方当事人或完全客观的存在。同时，在制度上对当事人支配证据的承认也就意味着诉讼程序实际上把证据的这种偏在性作为前提。[9]相对于物证和书证，证人的偏在性程度最高，出于对证人偏在性之考虑，2019 年修正的《证据若干规定》第九十条第三项明确规定与一方当事人或者其代理人有利害关系的证人陈述的证言不得单独作为认定案件事实的根据。

6　主要的大陆法系国家均在民事诉讼法中规定了亲属的"证言拒绝权"。例如，《德国民事诉讼法》第三百八十三条第一项、第二项、第三项，《日本民事诉讼法》第一百九十六条均赋予亲属法定的拒绝作证权。

7　倡导"和谐"精神、追求"无讼"理想乃是中国传统文化总的价值取向，这种精神和理想从一开始就对中华民族的诉讼心理产生了深刻影响，使中国传统社会将"诉讼"视为不详之事。"打官司"，被公认为当众丢人、大损"面子"之事。参见胡旭晟主编：《狱与讼：中国传统诉讼文化研究》，中国人民大学出版社 2012 年版，第 40—41 页。

8　当亲属作证有利于与其有亲属关系之当事人时，亲属一般会主动履行作证义务；而当其作证会对当事人不利时，亲属出于"亲情维护"之需要，而拒绝出庭作证或干脆直接拒绝履行作证义务。

9　王亚新：《对抗与判定：日本民事诉讼的基本结构》，清华大学出版社 2002 年版，第 170 页。

在实践中，与当事人有亲属关系的证人很可能与当事人存在例如抚养、赡养等密切利害关系，虽然《证据若干规定》删除了旧规定中关于亲属证人证言法定证明力较低的规定，但通过《证据若干规定》第九十条第三项的规定，仍可推出亲属证人证言的证明力是较低的，这也表明我国在立法上仍对亲属证人证言的证明力持一种消极态度。对证人证言不信任的态度在司法实践中也有体现，例如，重庆市某基层法院法官通过对该院716件样本判决书的分析，发现仅192件案件的证言被采信，采信率仅占26.82%，[10]不少法官和律师认为证人出庭与否实际上没有多少区别，因为证人大多是当事人“找来”的，存在这样那样的利害关系，所以不可信。[11]亲属与当事人的亲密程度远超一般证人，当事人邀请亲属就自己的案件出庭作证，且亲属同意出庭作证时，由于我国法律并不禁止当事人与证人私下接触，那么在亲属出庭作证之前，当事人一般会事先与亲属就作证“注意”事项进行充分沟通，从而使亲属之证言会一定程度偏向于当事人，甚至不排除作伪证。[12]正因为亲属作证存在上述风险，再结合《证据若干规定》第九十条第三项之规定，亲属证人证言自然比一般证人证言更难被法官采信。

（二）亲属作证实益性低

在我国，证人作证义务具有普适性，除不具备正确表达意思能力的人以外都应当遵守。《民事诉讼法》第七十二条规定了证人应当出庭作证的义务，但却没有关于证人违背作证义务的后果的相关规定，在缺乏强制证人出庭作证措施的情境下，证人不履行作证义务似乎也没有什么不良后果，是否作证完全取决于证人之主观意愿。亲属拒绝作证与当前证人作证制度的立法精神相违背，因而亲属作证在我国没有强制证人作证措施的情况下是一件积极的事情，一定程度上有利于案件事实的发现和纠纷的妥善解决。亲属出庭作证虽然具有一定的积极性，但是其实益性却较差。如上所述，我国证人证言的被采信率是很低的，究其缘由，在于我国缺乏强制证人出庭作证措施，愿意出庭作证的证人一般与当事人的关系较为密切，其证言带有明显的偏在性，这使得法官内心天然地无法充分信任证人证言，加之《证据若干规定》第九十条第三项的规定，在对方当事人提出其他证据的情形下，亲属证人证言较一般证人证言更难被法官采信。

10　卢君、肖瑶、吴克坤：《信任修复：现行民事证人出庭作证制度的完善——以某直辖市基层法院716件证人出庭作证案件为样本》，载《法律适用》2015年第6期，第106页。

11　王亚新：《民事诉讼中的证人出庭作证》，载《中外法学》2005年第2期。

12　由提供方当事人“找来”的证人存在作伪证的情形，且在司法实践中很难被确认，或者即使得到确认，只要没有引起严重后果，一般也不会受到法定的强制措施。参见王亚新：《民事诉讼中的证人出庭作证》，载《中外法学》2005年第2期。

《民事诉讼法》第七十四条以及《最高人民法院关于适用〈中华人民共和国民事诉讼法〉的解释》第一百一十八条规定当事人须承担证人因出庭而产生的必要费用,《证据若干规定》第七十五条就证人出庭作证费用的具体支付方式作了进一步规定，包括作证后支付和作证前支付两种支付方式。但结合《民事诉讼法》第七十四条之规定可知，不管是哪一种支付方式，申请该费用均由申请亲属出庭作证的当事人预先垫付，结合《证据若干规定》第九十条第三项之规定，亲属证人证言因受主客观因素的影响，[13] 其较难被法官采纳，这将导致亲属作证被法官采信率低的同时，申请人付出相应诉讼成本的实益性较低[14] 这一尴尬情形的出现。

二、问题成因分析

通过以上内容，可知目前我国亲属作证困境有两个：第一，目前民事诉讼法对证人身份不加区分，一律要求作证的做法与我国传统观念相悖，很难得到人们的内心认同，在当前我国没有建立惩罚性措施的情形下，亲属不作证的行为将与证人作证制度的立法精神相违背；第二，目前《证据若干规定》第九十条对利害关系人的证言的证明力予以消极定位的做法，使得亲属证人证言较一般证人证言更难被法官采信，从而进一步造成亲属作证实益性不高这一困境。

（一）新中国成立初期对旧制度、传统法文化的抛弃

新中国成立之初，全面废除以“六法全书”为代表的“旧法统”。“司法改革”锋芒所指，不论是古老的“亲亲相隐”制度，还是“六法”中的亲属特免权规定，一概被认定为“封建流毒”而被打入彻底“肃清”之列。[15] 这种对旧制度和法律思想的优劣不细加辨别、一概否定，在民事诉讼中不分具体情况一概要求亲属作证的做法不仅与中国法律文化的传统相背离，而且还与人之常情相悖，导致法律在现实社会中运行时出现了国法与人情之间的尴尬和冲突。[16]

---

13 主观因素是法官先在地对证人证言、亲属证人证言的可靠性抱以怀疑态度，客观因素是《证据若干规定》第九十条第三项对证人证言证明力作出的消极评价，进一步加剧了法官内心对亲属证人证言不信任的程度。

14 这里的诉讼成本是广义上的。在司法实践中，亲属可能碍于与当事人的亲属关系，而不要民事诉讼法赋予其的经济保障，但一方当事人可能会因此认为“欠亲戚一个人情”，需要在适当的时候以某种方式“还人情”。这一点对于当事人来说也构成了亲属出庭作证的“诉讼成本”。

15 俞荣根、蒋海松:《亲属权利的法律之痛——兼论“亲亲相隐”的现代转化》，载《现代法学》2009 年第 3 期，第 139 页。

16 俞荣根、蒋海松:《亲属权利的法律之痛——兼论“亲亲相隐”的现代转化》，载《现代法学》2009 年第 3 期，第 139 页。

这种对“旧法”盲目抛弃的做法在当时造成了极其严重的后果。甚至在一段时间内，亲属被强制出庭作证，造成了家庭分崩离析、社会道德和人文素质的民族性大倒退等情形的出现。[17] 正是在这种价值观念的支配下，发现真实成为裁判案件的终极目标或唯一宗旨，一切私法活动都以此为中心展开，一切有碍事实发现的环节都应该被排除，一切与之相冲突的价值都应该被抛弃。所以，凡是知道案件情况的人都应该出庭作证，[18] 亲属拒绝作证权也自然无法从制度上得到确立。

（二）《证据若干规定》中亲属拒绝作证制度的阙如

目前我国司法实务人员普遍认为亲属证人证言的证明力较低，实务观点在立法上也有所反映，《证据若干规定》第九十条第三项即规定与当事人或者其代理人有利害关系的证人陈述的证言不能单独作为认定案件事实的根据，虽然《证据若干规定》删除了旧规定第七十七条，但显然亲属证人证言的证明力仍然低于传统的书证、物证、鉴定意见、勘验笔录以及一般证人证言等证据的证明力。考虑到我国公民普遍受“厌讼”“倡导和谐”等传统观念影响，并且有相当一部分基层法院管辖地区还处于“乡土社会”，司法实务人员对亲属证人证言的态度以及立法对亲属证人证言证明力的规定有一定的合理性。但笔者认为，《证据若干规定》第九十条第三项对利害关系人证人证言证明力予以消极定位的做法，无疑降低了法官对亲属证人证言证明力本已不高的评价，对法官的心证造成了某种心理暗示，即只要同时出现亲属证人证言和其他证据时，则应优先采信其他证据。诚然，出于我国向来重视亲情、重视人际关系等传统观念，亲属证人可能会存在偏向一方当事人的情况，但也不能排除在很多情况下，他们能够妥当地履行作证义务，其所陈述的事实多多少少存在真实成分。[19] 尤其是在对方当事人积极地针对证人进行询问或反问，法官也适当地对所述事实发问的场合，案情事实的真相随着这种场面的展开而得到一定程度释明的可能性也

17　参见俞荣根：《私权抗御公权——“亲亲相隐”新论》，载《孔子研究》2015年第1期，第92页。

18　李拥军：《“亲亲相隐”与“大义灭亲”的博弈：亲属豁免权的中国面相》，载《中国法学》2014年第6期，第104页。

19　在司法实践中，不排除证人除了与一方当事人有亲属关系，还同时处于对方当事人的人际关系网络中的情况。这一点有时可能导致证人回避，但也正是这一点，证人会顾忌与对方当事人的关系而很难在法庭上撒谎。

增加了。[20][21] 目前我国对于亲属拒绝作证规定的缺乏会使当事人和亲属证人陷入进退两难的境地，亲属拒绝作证则与民事诉讼法之规定相违背，出庭作证则又面临当事人诉讼成本高昂、亲属证人证言证明力较低的尴尬处境。

（三）当前主流观点对证人作证义务之强调

我国民事诉讼法至今没有赋予亲属拒绝作证权，除了上述原因之外，还在于我国民事诉讼司法实践中证人不出庭作证这一现象频繁发生，对法官认定案件事实造成了消极影响。由于立法的疏漏，本应作证的证人并没有受到法律的强制，致使证人拒不作证现象成为长期困扰我国司法实践的一大难题。学界一般认为我国证人出庭作证率低的一个重要原因是我国现行立法不完善。虽然民事诉讼法规定了证人有到庭作证的义务，但对证人拒绝作证未规定相应处罚措施，从而缺乏强制性。[22] 为此，有学者建议我国立法应增加规定证人拒绝作证的法律责任和制裁措施，对于无正当理由拒不到庭的证人，法院可采取拘传措施强制其到庭作证；对到庭后拒不提供证言的，可对其实行罚款、拘留；情节特别严重的，追究其刑事责任。[23] 在制度层面上，2019 年修正的《证据若干规定》就证人出庭作证作了若干明确的规定，现行民事诉讼法相关条款及司法解释制定的出发点也均在于证人作证义务的履行。[24] 在目前我国证人作证率过低的现实情境下，强调亲属拒绝作证权显然有些“逆潮流而上”的味道。

三、建构亲属拒绝作证制度的可行性

通过以上内容可知我国亲属作证出现的问题是由国家意识、主流观点、法条规定欠缺合理性等多种因素合力造成的结果。我国自古就有以“亲亲相隐”为核心思想的亲属容隐制度，德国、日本、我国台湾地区等大陆法系国家、地区均建立了亲属拒绝作证制度。通过对亲属拒绝作证制度的历史考察与域外考察，可以对我国建立亲属拒绝作证制度提供参考。

20　王亚新：《民事诉讼中的证人出庭作证》，载《中外法学》2005 年第 2 期。

21　《最高人民法院关于适用〈中华人民共和国民事诉讼法〉的解释》第一百一十九条规定：“人民法院在证人出庭作证前应当告知其如实作证的义务以及作伪证的法律后果，并责令其签署保证书……”也对防止证人作伪证起到了一定的威慑作用。

22　胡夏冰：《为什么强制证人到庭作证——兼论完善我国证人作证制度的基本思路》，载《法学评论》2002 年第 2 期。

23　参见刘善春、毕玉谦、郑旭：《诉讼证据规则研究》，中国法制出版社 2000 年版，第 98—99 页。

24　《民事诉讼法》第七十二条、第七十三条，《最高人民法院关于民事诉讼证据的若干规定》第六十七条、第六十八条。

（一）亲属拒绝作证之历史考察

我国古代关于亲属拒绝作证制度的法律主要体现在亲属之间的容隐制度上，[25]即“亲亲相隐”制度。[26]我国古代法律的典型特征之一是刑民不分，亲属之间的容隐制度适用于刑事案件和民事案件，梳理我国传统容隐制度的发展脉络，对我国现行民事诉讼亲属拒绝作证制度的构建仍然是有益的。

1. 先秦时期

中国立法大受儒家影响，政治上又标榜以孝治天下，宁可为孝而屈法，所以历代的法律都承认亲属相容隐的原则。[27]秦律较早地将这一观念以法律的形式固定下来：“子告父母，臣妾告主，非公室告，勿听，而行告，告者罪”，由是开启了容隐法（包括拒证制度）之先河。[28]

2. 西汉时期

及至西汉，西汉将这一理论正式上升为“亲亲得相首匿”的法律原则，[29]在汉宣帝时定为法律，[30]首次从人类亲情的本性出发解释容隐制度的立法理由，用容许隐匿的形式正面肯定妻、子、孙为夫、父、祖隐在法律上的正当性。[31]

3. 唐至明清

唐以后容隐的范围扩大，不限于亲属血亲和配偶，凡同居亲属，不论有服无服，都可容隐，而且兼及家奴。按唐律奴婢、部曲可以为主隐。[32]明、清律的范围且扩大及于妻亲，连岳父母和女婿也一并列入。不但谋匿犯罪的亲属无罪，即便是泄露其事或通报消息与罪人，使之逃匿也是无罪的。[33]法律上既容许亲属相隐，禁止亲属相告讦，同时也就不要求亲属在法庭上作证人。唐以后的法律都明文规定于律得相容隐的亲属皆不得令其为证，违反法律规定追究其

---

25 胡常龙：《证人拒绝作证制度研究》，载《政法论坛》2001年第3期。

26 所谓亲亲相隐，是指一定范围内的亲属之间，相互隐瞒犯罪事实，不予告发或作证的行为不受法律制裁的制度。

27 瞿同祖：《中国法律与中国社会》，中华书局2008年版，第62页。

28 里赞：《证人拒证权的理由——一种历史文化的分析》，载《西南民族学院学报（哲学社会科学版）》2001年第5期。

29 胡旭晟主编：《狱与讼：中国传统诉讼文化研究》，中国人民大学出版社2012年版，第91页。

30 汉宣帝地节四年诏：“父子之亲、夫妇之道，天性也。虽有祸患，犹蒙死而存之。诚爱结于心，仁厚之至也，岂能违之哉！自今子首匿父母、妻匿夫、孙匿大父母，皆勿坐。其父母匿子、夫匿妻，大父母匿孙，罪殊死，皆上请廷尉以闻。”参见瞿同祖：《中国法律与中国社会》，中华书局2008年版，第62页。

31 范忠信：《中西法律传统中的“亲亲相隐”》，载《中国社会科学》1997年第3期。

32 张晋藩：《中国法律的传统与近代转型》，法律出版社2005年版，第127页。

33 瞿同祖：《中国法律与中国社会》，中华书局2008年版，第62页。

罪的官吏是有罪的。

4. 清末至民国

从清末变法至民国初期，亲属容隐制度仍在法律中得以继承。这一时期同样固定了为庇护亲属而藏匿人犯及湮灭证据不罚，放纵和便利亲属脱逃减轻处罚，为亲属利益而为证及诬告免刑、为亲属顶罪自首或顶替受刑不罚、有权拒绝证明亲属有罪、对尊亲属不得提起自诉等规定。这一实践关于容隐制度的法律规定已经把容隐从法律义务上升到法律权利，亲属之间拒绝作证的权利在法律中得到充分的体现。[34]

以上是我国亲属容隐制度自先秦至民国时期的大体演变过程。需要注意的是，历代的容隐制度对于谋反、谋逆的大罪是不适用的。[35]纵观亲属容隐制度的发展历程，有以下特点：（1）容隐的主体范围随着时代的发展有越来越宽泛之势，从最初的血亲扩大到一定范围内的姻亲。（2）当犯罪行为涉及国家利益、危及国君的统治地位时，亲属之间不得相互容隐，必须告发。该规定从侧面反映出任何制度的建立和运行的前提是有利于国家的长治久安这一基本立法原理。（3）出于维护家庭伦理、社会秩序稳定，亲属之间容隐是国家赋予证人的一种强制性义务，但发展到民国初期，容隐由义务变为权利。

（二）亲属拒绝作证制度的域外考察

隶属于大陆法系的德国、日本以及我国台湾地区均规定了亲属拒绝作证制度。[36]比较研究上述国家和地区的亲属拒绝作证的法律规定，对于我们更好地认识和了解该制度，具有重要意义。

1. 德国

《德国民事诉讼法》第三百八十三条规定：当证人是一方当事人未婚配偶、配偶（包括婚姻关系已经存在的情形）或者是直系血姻亲、旁系血姻亲的，证人有权拒绝作证。并且，对于满足这些身份的证人，法官应在询问证人前主动告知其有拒绝作证的权利。[37]同时，《德国民事诉讼法》第三百八十四条进一步规定：对于某些问题的回答将会直接使亲属遭受财产权的损害、遭受名誉损失

---

34 胡常龙：《证人拒绝作证制度研究》，载《政法论坛》2001年第3期。

35 瞿同祖：《中国法律与中国社会》，中华书局2008年版，第67页。

36 之所以考察大陆法系的亲属拒绝作证制度，是因为我国的法律体系隶属于大陆法系，大陆法系国家和地区的制度相比于英美法系国家和地区来说，更容易被我国消化与吸收。

37 《德国民事诉讼法》第三百八十三条（因个人原因而拒绝作证）：“1. 下列各项情形有权拒绝作证：（1）是当事人一方的未婚配偶的；（2）是当事人一方的配偶，包括婚姻关系已不存在的；（3）现在是或过去是当事人一方的直系血亲或直系姻亲，或三亲等以内的旁系血亲，或二亲等以内的旁系姻亲……”参见《德国民事诉讼法》，丁启明译，厦门大学出版社2016年版，第94—95页。

或使其有遭受刑事追诉的危险时，亲属可拒绝作证。[38] 最后，为了避免亲属拒绝作证权的滥用妨碍案件的审理，《德国民事诉讼法》第三百八十五条规定，对于家庭成员的出生、婚姻或死亡情况或因家庭关系发生变化而产生财产上的变动等基本事项，亲属不得拒绝作证。[39] 从上述规定可看出，《德国民事诉讼法》对亲属拒绝作证的规定较为详细、具体，亲属拒绝作证的权利得到了较好的保护。

2. 日本

日本古时律令深受儒教原理支配，[40] 其亲属拒绝作证制度一定程度上受我国传统容隐制度的影响。《日本民事诉讼法》有关亲属拒绝作证体现在其中第一百九十六条，亲属行使拒绝作证权必须同时具备两个条件：第一，证人是一方当事人的配偶、血亲、姻亲或者证人与一方当事人是监护与被监护的关系；第二，证人证言可能会使证人或与证人有亲属关系的人的名誉受损、受刑事追诉或有罪判决的危险。[41] 通过以上内容可知，在日本，当亲属作证会使亲属本身遭受名誉损失、刑事追诉、有罪判决时，亲属有权拒绝作证。除去以上情形，即使亲属出庭作证会遭受经济损失，或者使与证人有亲属关系或监护关系的当事人遭受败诉风险，亲属仍应履行作证义务。

3. 我国台湾地区

我国台湾地区在规定了证人陈述义务之外，还考虑到基于人情义理，不能不考虑证人有一定原因时，可通过法定程序获得拒绝作证之权利。我国台湾地

38　《德国民事诉讼法》第三百八十四条（因案情原因而拒绝作证）："在下列情形中，可以拒绝作证：（1）对于某些问题的回答，将会对证人或证人有第三百八十三条第一款第一项至第三项所列各种关系的人，直接发生财产权上的损害；（2）对于某些问题的回答，将会对证人或第一项至第三项所列的证人的亲属，引起不名誉或使其因犯罪或违警行为而有受追诉的危险……"参见《德国民事诉讼法》，丁启明译，厦门大学出版社2016年版，第95页。

39　《德国民事诉讼法》第三百八十五条（不得拒绝的作证义务）："1. 在第三百八十三条第一款第一项至第三项和第三百八十四条第一项的情形中，对下列事项，证人不得拒绝作证：（1）关于他自己曾经作为证人而参与过的法律行为的成立与法律行为的内容；（2）关于家庭成员的出生、婚姻或死亡情况；（3）关于因家庭关系而发生的财产情况；（4）其曾经作为一方当事人的前任或代理人而就争议的法律关系所作出的行为……"参见《德国民事诉讼法》，丁启明译，厦门大学出版社2016年版，第95页。

40　例如日本古时相关法律表彰孝子、孝孙、义夫、贞妇，对于他们同户籍者一概免除课役；将告发的父母的不孝列入八逆之一；对犯亲族之罪，应按亲疏远近来特别加重处罚等以孝为中心的儒教道德观，构成了日本律令的基本骨架。参见［日］大木雅夫：《东西方的法观念比较》，华夏、战宪斌译，北京大学出版社2004年版，第101页。

41　《日本民事诉讼法》第一百九十六条（拒绝作证权）："证人证言有可能使证人或与证人有下列关系的人受刑事追诉或有罪判决时，证人可以拒绝作证。证言有害于上述人的名誉时，亦同。（1）配偶、四亲等内的血亲或三亲等内的姻亲，或者是曾与证人有上述关系的人；（2）有监护人与被监护人的关系。"参见《日本民事诉讼法典》，曹云吉译，厦门大学出版社2017年版，第64页。

区“民事诉讼法”第三百零七条规定：证人与一方当事人具有配偶（包括未婚配偶、前配偶）、血亲、姻亲等关系、证言会对其造成直接财产损害以及可能遭受刑事追诉、名誉受损时，证人有权拒绝作证。[42]与《德国民事诉讼法》第三百八十五条的规定相类似，我国台湾地区“民事诉讼法”第三百零八条对亲属拒绝作证进行了限制。[43]

可见，日本、德国和我国台湾地区的亲属拒绝作证制度除了些许不同之外，主要内容是相类似的，相同点体现为：（1）亲属范围中均包含了配偶、血亲、姻亲等主要亲属；（2）除了日本以外，德国和我国台湾地区均对亲属不得拒绝作证的例外事项作出了规定；（3）均规定对于作证可能会遭受刑事追诉、有罪判决或名誉受损的作证事项，亲属有权拒绝作证。

四、我国亲属拒绝作证制度的建构

我国古代已有以“亲亲相隐”核心的亲属容隐制度，在当前我国提倡弘扬传统文化的大背景下，[44]有必要对传统容隐制度，去其糟粕、取其精华。同属大陆法系的德国、日本以及我国台湾地区均有规定亲属拒绝作证制度，参考、借鉴上述国家和地区成熟的法律规定，也是必要的。

（一）对我国传统容隐制度的传承与改造

随着新中国的成立、“六法”的废除，传统容隐制度完全从法律中废除了。亲属容隐制度作为一个有着上千年发展历史的制度，其内在的合理价值是不可小觑的，如不加以传承，则该传统文化有被湮没的危险。因此，无论是为了完善现行的证人作证制度还是延续文明之“薪火”，弘扬传统文化，构建现行亲属

---

42 我国台湾地区“民事诉讼法”第三百零七条：（1）证人是一方当事人的配偶、前配偶、未婚配偶或四等亲内之血亲、三等亲内之姻亲或曾有此关系者；（2）证人所为证言，于证人或与证人有前款关系之人，足生财产上之直接损害者；（3）证人所为证言，足致证人或证人有第一款关系或有监护关系之人受刑事诉追或蒙耻辱者。参见陈荣宗、林庆苗：《民事诉讼法》（修订四版），三民书局2005年版，第519页。

43 我国台湾地区“民事诉讼法”第三百零八条：证人有第三百零七条第一项第一款或第二款情形者，有关下列事项，不得拒绝作证：（1）同居或曾同居人的出生、死亡、婚姻或其他身份上的事情；（2）因为亲属关系产生的财产上的事项；（3）为证人而知悉之法律行为之成立及其内容；（4）为当事人之前权利人或代理人，而就相争之法律关系所为之行为。参见陈荣宗、林庆苗：《民事诉讼法（修订四版）》，三民书局2005年版，第520页。

44 中共中央办公厅、国务院办公厅2017年1月发布的《关于实施中华优秀传统文化传承发展工程的意见》赋予中华传统文化重要意义，肯定了在5000多年文明发展中孕育的中华优秀传统文化，是中国特色社会主义植根的文化沃土，是当代中国发展的突出优势。

拒绝作证制度均很有必要。

1. 有权拒绝作证的亲属范围的确定可借鉴容隐制度

通过上文中对容隐制度之历史考察，我们可知有权拒绝作证的主体范围是逐渐随着时代的发展而变宽的。对于亲属范围的确定，完全可通过考察古时历代对主体范围的规定予以确定。再结合现代社会对于亲属的一般性定义，可将主体范围确定为：配偶、前配偶、未婚配偶[45]或四等亲内之血亲、三等亲内之姻亲或曾有此关系者，凡属于上述范围的亲属关系的证人，应赋予其相应的拒绝作证权。

2. 在现行民事诉讼法中增加亲属有拒绝作证的权利

我国传统容隐制度的指导思想是亲亲相隐这一儒家思想。对人性的热切关爱是容隐制度得以延续发展的理论前提。亲亲相隐首先是以道德的身份降临人间，然后才被法律化，伦理、道德是它的灵魂。[46]重孝道、伦理与亲情是我国一直以来的主流文化，其已经深深烙进了每个国人的内心深处。传统容隐制度对于亲属之间可拒绝向官府作证的规定，即使放在现在也是符合历史潮流与司法实践需要的。并且，传统容隐制度也随着时代发展而变化，其在民国时期也已经将亲属之间的容隐义务转换为了亲属的权利，即作证与否取决于亲属的主观意愿，这一规定完全可为当今立法所借鉴。

（二）对域外亲属拒绝作证制度的借鉴

1. 对于可能遭受刑事追诉、有罪判决以及名誉受损的事项，亲属有权拒绝作证。

在对抗性的诉讼结构中，双方当事人都没有协助对方追究自己的民事责任之义务。据此法理，就阐明案件真实而言，亲属作证虽然没有对己有利或无利的必要，但对于可能涉及自身刑事责任或有罪判决的询问，亲属应该有权维护自己权益，可基于拒绝作证权进行抗辩。客观公正的社会评价可以使人们得到精神上的满足，良好名誉不仅可以使人获得更多的尊重，还可带来经济效益。出于对亲属或当事人的名誉保护的考虑，宜在法律中规定对因作证而有损名誉的事项，亲属有权拒绝作证。[47]《德国民事诉讼法》第三百八十四条、《日本民

---

45 未婚配偶即将步入婚姻殿堂，一般情况下已互相视对方为家人，如因作证导致证人与当事人关系破裂，显然不合情理，故纳入亲属范围之内。

46 江学：《亲亲相隐及其现代化》，载《法学评论》2002年第5期。

47 需要注意的是，名誉受损的认定并不能基于亲属或当事人等的主观认知，而应基于客观标准进行认定。如果仅仅是亲属主观上感到羞耻或者难堪，实质上其社会评价没有降低的可能，则对于该亲属提出的拒绝作证申请，法院应不予准许。

事诉讼法》第一百九十六条以及我国台湾地区“民事诉讼法”第三百零七条对于上述事项也均有规定，基于我国法系与大陆法系的亲和性，上述国家和地区的相关规定我国可予以借鉴。即增设“证人证言有可能使证人或与证人有下列关系的人受刑事追诉或有罪判决时，证人可以拒绝作证。证言有害于上述人员的名誉时，亦同”的规定。

2. 法院应在询问证人前主动告知亲属有拒绝作证的权利

根据辩论主义，在当事人的诉讼活动存在着不明确或可疑之处时，法院可以要求当事人予以释明，而且，在某些情形下，法院必须要求当事人予以释明。[48]释明既是法官的权利也是法官的义务，目的在于给当事人更充分的程序保障，防止当事人仅仅因不熟悉法律程序或程序上失误而造成在实体上承担不该由当事人承担的结果，从而使纠纷得不到妥当解决。同理，亲属作为证人，其同样应得到相应的程序保障，亲属在没有法律专业人士提醒的情况下不知道其对哪些事项有拒绝作证的权利，也正是出于对亲属的合法权益的保障，《德国民事诉讼法》第三百八十三条规定，证人与一方当事人有法定亲属关系的，法官在询问前应告知其有拒绝作证的权利。出于对亲属权益保护的需要，《德国民事诉讼法》的这一规定值得借鉴，即在法官询问证人前，应告知其若与当事人有法定亲属关系，则其有拒绝作证权利，除去法定不得拒绝作证的情形，法官应充分尊重证人的选择。

3. 宜规定亲属不得拒绝作证的例外事项

通过考察德国与我国台湾地区的相关规定可知，德国与我国台湾地区的立法者都在赋予亲属拒绝作证权的同时还考虑到若绝对贯彻以上规定而不设例外情形，则无法解决作证的实际需要，不利于案件审判的顺利进行，故《德国民事诉讼法》第三百八十五条、我国台湾地区“民事诉讼法”第三百零八条均对亲属不得拒绝作证事项作出了明确规定。考虑到我国重视社会公共利益的维护、重实体轻程序等传统观念在短期内难以改变，同时出于法官发现案件事实，保证纠纷获得妥善解决的需要，有必要在赋予亲属拒绝作证权的同时，对其权利进行一定的限制。我国可借鉴德国和我国台湾地区的规定，规定对于下列事项，亲属不得拒绝作证：（1）关于自己曾经作为证人而参与过的法律行为的成立与法律行为的内容；（2）关于家庭成员的出生、婚姻或死亡情况；（3）关于因家庭关系而发生的财产情况；（4）其曾经作为一方当事人的前任或代理人而就争议的法律关系所作出的行为。

48　[日] 高桥宏志：《民事诉讼法制度与理论的深层分析》，林剑锋译，法律出版社2004年版，第357页。

结语

由于新中国成立初期废除旧法传统、司法实务人员长期以来对证人不信任以及《证据若干规定》第九十条第三项对亲属证人证言证明力的消极定位，导致我国传统容隐制度在现代社会发展中的断层、亲属证人证言很难被法官采信以及亲属作证实益性很低等问题。通过对我国传统容隐制度的历史考察以及横向比较德国、日本以及我国台湾地区的亲属拒绝作证制度，可知我国建立亲属拒绝作证制度是可行的，通过历史考察和域外考察的研究方法，可在亲属主体范围、赋予亲属拒绝作证权利、法官给予亲属相应的程序保障、有权拒绝作证事项等方面初步构建亲属拒绝作证制度的一个框架。本文上述内容也仅仅是对亲属拒绝作证制度构建的一个初步探索，对于拒绝作证权究竟该如何行使、法官对于亲属拒绝作证的申请的裁判标准如何确定、亲属申请拒绝作证权被法官拒绝时如何救济将是笔者下一步的研究方向。

广东地方立法的现状与未来展望

——以广东地方立法四十年为视角

骆梅芬*

【内容提要】党的十一届三中全会以来，取得立法权的广东省人大及其常委会以巨大的政治勇气和改革创新的立法思维，充分运用立法权，保障、引导和规范经济社会的发展，从而使立法成为地方法治建设中发展最快、成就最大的一个领域，创造了以立法为重要表征的“法治建设的广东经验”。本文在对改革开放以来广东法治建设历程进行总结回顾的基础上，立足地方立法面临的新形势，对广东地方立法发展进行展望和建议。

【关键词】改革开放　广东省　地方立法

2019年是省级人大及其常委会行使地方立法权四十年。四十年来，广东省人大及其常委会在地方立法方面在全国一马当先，特色鲜明。面对新形势新任务，特别是党的十九届四中全会提出的制度建设新要求，广东地方立法仍需在高质量发展上下功夫，才能再造新的辉煌。有鉴于此，本文拟在总结改革开放以来广东地方立法成就和特点的基础上，立足地方立法面临的新形势、新机遇，提出对广东地方立法发展的展望和建议[1]。

一、广东地方立法四十年发展的成就与特点

自1979年12月26日通过《广东省人民政府关于处理偷渡外逃的规定》，广东开启了改革开放后地方立法探索的历程。截至2019年6月，广东省人大及

* 骆梅芬——广东省社会科学院法学研究所所长、研究员。

1 由于篇幅所限，本报告的研究仅限于广东省省级人大及其常委会的立法工作。

其常委会共制定省地方性法规356项（其中省人民代表大会制定8项），修改地方性法规278项次（其中以作出修改决定的方式修改地方性法规200项次，以修订的方式修改地方性法规78项次），废止地方性法规117项，现行有效的地方性法规239项；批准设区的市地方性法规324项，批准修改地方性法规201项次，废止地方性法规89项，现行有效地方性法规235项；批准连南瑶族自治县、连山壮族瑶族自治县、乳源瑶族自治县自治条例和单行条例17项，批准修改自治条例和单行条例10项次，批准废止自治条例和单行条例3项，现行有效的自治条例和单行条例14项。[2] 这些法规的制定，有力地推动和保障了广东各项事业的发展。广东四十年的地方立法实践呈现以下特点。

（一）突出立法思维的不断创新

作为改革开放的先行省份，在地方法制建设之初，广东省遇到两个主要的矛盾和问题。一是改革和发展过程中不断出现亟待法律调整的新情况、新问题；二是国家层面的立法还很不完备，“很多法律还没有制定出来”，而其他省市区的地方立法也刚刚起步，因此没有可供借鉴的立法例。在这种情况下，广东省人大及其常委会一方面坚持立法为用的原则，突破“成熟一个制定一个”的立法思维，根据改革开放不同阶段的调整需要，加快立法步伐，以立法推进改革、保障改革。资料显示，广东省人大及其常委会于1979年至2005年制定的地方性法规、规章9595件，是1949年至1978年制定的地方性法规、规章的1066倍，居全国各省、自治区、直辖市之首。[3] 另一方面打破常规，充分发挥“立法试验田”的作用，大胆开展先行性、试验性的自主立法，为国家制定法律、法规探索积累了经验。如1981年制定的《深圳经济特区土地管理暂行规定》第一次将土地使用权和所有权分开，确立特区土地有偿使用和转让制度，成为全国土地产权制度改革的催化剂；1986年制定的《广东省技术市场管理规定》首开我国技术市场立法的先河，是技术成果商品化在立法领域的一个重大突破；1986年制定的《广东省经济特区涉外公司条例》，1987年7月1日起实施的《深圳经济特区涉外公司破产条例》，1993年制定的《深圳经济特区有限责任公司条例》《深圳经济特区股份有限公司条例》《广东省公司条例》，更是开创了我国现代企业制度的先河，促进了现代企业制度的建立，为国家此后制定《公司法》等

2　有关数据根据广东省人大法工委的部分提供和笔者在北大法宝（https：//www. pkulaw. com/）的检索，综合分析而成。

3　参见朱景文主编：《中国法律发展报告——数据库和指标体系》，中国人民大学出版社2007年版，第2页、第47—48页。

法律法规提供了宝贵的立法经验。[4]党的十八大以后，广东继续立法探索，制定《汕头经济特区预防腐败条例》《珠海经济特区预防腐败条例》《广东省信访条例》《广东省商事登记条例》，修订《广东省企业集体合同条例》等，都是这一时期的自主、先行立法的重要成果。据统计，截至2018年7月，广东省人大及其常委会共制定的先行性、自主性法规约占所制定的法规总数的40%。而前30年，这一比例更大，从1979年至2008年，广东先行性、试验性、自主性法规共236项，占所制定的法规总数496项的47.7%，其中2008年仍然有效的389项法规中，属于先行性、试验性、自主性的有192项，占49.4%。[5]当时有中央媒体曾报道，“广东省地方性立法数量为全国最多，属于先行性、试验性、自主性的立法超过总数的一半”[6]。这些试验性和首创性法规的制定，对全国和其他省区的立法起到了很好的示范和推进作用。

（二）突出立法内容的与时俱进

改革开放以来，广东省人大及其常委会根据各个时期的中心工作及相应的法律调整诉求，以改革开放实践为立法基础，积极调整立法规划、立法计划和立法重点，充分运用地方立法权，引导、规范、保障改革开放和经济发展。

从1979年12月到1984年10月《中共中央关于经济体制改革的决定》通过，是广东地方立法的起步探索阶段。根据1979年7月中共中央、国务院批转广东省委《关于发挥广东优越条件，扩大对外贸易，加快经济发展的报告》中提出的“尽快制定一些必要的经济法令、条例和规章制度。除应由中央统一制定颁布的以外，属于地方职权范围内的，我们要抓紧制订并颁布实行”的精神，这个时期广东省主要从改革开放的实际和需要出发，初步探索广东省地方立法的发展方向，把中央赋予的在经济体制改革和对外开放中的特殊政策和灵活措施用地方性法规的形式固定下来。试办经济特区是广东省实行特殊政策的重要内容，因此这一时期广东省对经济特区立法相当重视，在制定颁布的21件地方性法规中，关于经济特区方面的立法就有8件，占立法总数的38%。[7]

从1985年到1992年是广东地方立法的初步发展阶段。1984年10月中共中

4 广东省依法治省工作领导小组办公室编：《广东法治建设30年》，广东人民出版社2008年版，第13页。

5 广东省依法治省工作领导小组办公室编：《广东法治建设30年》，广东人民出版社2008年版，第13页。

6 邓新建、罗耀贤：《创造依法治省的“广东模式”》，载《法制日报》2009年4月22日。

7 李焕新、杨建广：《依法治省与广东地方性立法的实践与探索》，载李绍新、张富强主编：《跨世纪的法治系统工程》，广东人民出版社2000年版，第131页。

央发布《关于经济体制改革的决定》后，广东提出“要以建立与国内外市场衔接协调的市场体系为重点，以进一步转变企业经营机制为中心，相应地进行宏观经济调控机制的配套改革，争取用5年左右时间建立起适应社会主义商品经济和外向型经济发展的新体制框架”。并且进一步提出，“当前特别要注重地方经济立法，使之尽快配套、完善。没有经济立法，就不可能有商品经济的大发展”[8]。据此，广东省在继续推进经济特区立法的同时，把立法工作同改革的重大决策结合起来，着力探索经济领域立法，先后制定和批准了《广东省技术市场管理规定》等60多项地方性法规，既推动了当时广东市场经济的改革和发展，又为全国的市场经济立法积累了经验。[9]

从1993年到2007年是广东地方立法加快发展的阶段。1992年邓小平同志南方谈话后，中央确立了建立社会主义市场经济体制的改革目标。在从计划经济体制向市场经济体制转变过程中，广东省把经济立法作为地方立法工作的重点。在1993年至1998年广东省人大及其常委会每年制定和批准的31件地方性法规中，经济法规分别占60%、54%、55.6%、51.5%、61%和50%。[10]另外，按照乔石委员长关于加快立法和“在市场经济体制建立过程中，广东可以成为立法工作试验田，先行一步”的指示，1993年开始，广东全速推进立法工作。这从两组数据可以看出。一是1993年至1999年七年间，广东省人大及其常委会制定和批准了地方性法规216件，远超1979年至1992年十四年间制定和批准的97件。[11]二是广东省第八届、第九届、第十届人大常委会共制定地方性法规204件，占改革开放以来广东省人大及其常委会制定的地方性法规总数的59.3%。地方立法步伐的加快，为广东经济社会发展打下了坚定的制度基础。

2008年后，广东地方立法进入稳步、规范和全面发展阶段。广东省人大及其常委会继续以问题为导向，抓住事关改革发展稳定的重点开展立法，发挥立法的引领和推动作用。2008年1月至2013年1月的五年间，共制定、修改、废止地方性法规130项，批准广州、深圳、珠海、汕头四个较大市法规65项，民

8　林若：《搞好综合改革，推进社会主义现代化建设——在中国共产党广东省第六次代表大会上的报告》，载幼军主编：《辉煌的二十世纪新中国大纪录（广东卷）》（上卷），红旗出版社1999年版，第549页、第551页。

9　广东省依法治省工作领导小组办公室编：《广东法治建设30年》，广东人民出版社2008年版，第11页。

10　李焕新、杨建广：《依法治省与广东地方性立法的实践与探索》，载李绍新、张富强主编：《跨世纪的法治系统工程》，广东人民出版社2000年版，第133页。

11　李焕新、杨建广：《依法治省与广东地方性立法的实践与探索》，载李绍新、张富强主编：《跨世纪的法治系统工程》，广东人民出版社2000年版，第132—133页。

族自治县自治条例和单行条例5项。[12]2013年1月至2018年1月，共审议通过地方性法规、决定78件，批准设区的市法规、决定62件，批准民族自治县单行条例3件。[13]这一阶段，第一，科学编制地方立法规划。为研究推进新形势下人大立法工作，增强规划的科学性，加强人大在立法中的主导地位，在编制《广东省第十二届人大常委会立法规划》时，广东省人大常委会组织有关委员会与部分专家学者、人大代表组成五个调研组，分赴21个市开展调研，共召开了74场座谈会，实地考察了44个县（市、区），走访了40个镇（街），17个社区（村）、14个综治信访维稳中心和10家企业，广泛听取政府有关部门，镇、街道、社区和村的有关同志，大学生村官，企业和职工代表、企业工会代表以及普通群众的意见和建议。第二，紧紧围绕中心，着力推进以促进自主创新和加快经济发展方式转变为重点的经济领域立法、以改善民生为重点的社会领域立法、资源节约型和环境友好型社会发展立法，以及深化行政管理体制改革、发展社会主义民主法治的立法。第三，随着国家法制的逐步健全，这一时期广东自主立法的空间逐步减少，实施性立法增多；制定地方性法规的数量逐步减少，修改的比例逐步提高。资料显示，在广东省十一届人大常委会制定、修改、废止的地方性法规中，修改84件次，首次超过制定的地方性法规数；十二届人大常委会修改的地方性法规数同样超过制定的地方性法规数。

（三）突出立法方式的不断探索

在探索地方立法的领域和内容的同时，广东积极进行立法方式的创新和改革。比较具标志性的创新事例包括：第一，委托学者起草法规草案，首开专家立法先河。早在1993年，广东省人大及其常委会就尝试拓宽法规起草的渠道。同年由省人大常委会审议通过的由学者起草草案的《广东省经纪人管理条例》，打破了由政府部门单一起草的模式，“是地方立法机关首次委托专家学者起草法规草案，堪称地方立法起草机制的重大尝试”[14]。1993年、1994年两年间，广东省人大常委会组织起草和委托起草的法规就占22%。[15]2006年起，广东省继

12 欧广源：《广东省人民代表大会常务委员会工作报告——2013年1月28日在广东省第十二届人民代表大会第一次会议上》，载广东人大网，http：//www. gdrd. cn/pub/gdrd2012/rdzt/121/dhwj/cwhgzbg/201301/t20130131_ 132140. html，最后访问于2019年10月12日。

13 李玉妹：《广东省人民代表大会常务委员会工作报告——2018年1月28日在广东省第十三届人民代表大会第一次会议上》，载广东人大网，http：//www. gdrd. cn/pub/gdrd2012/rdgzxgnr/cwhg-zbg/201809/P020180913533431212985. doc，最后访问于2019年10月14日。

14 乔晓阳：《改革开放四十年立法事业的发展与思考》，载《法治社会》2018年第5期。

15 李焕新、杨建广：《依法治省与广东地方性立法的实践与探索》，载李绍新、张富强主编：《跨世纪的法治系统工程》，广东人民出版社2000年版，第134页。

续进行多元化的法规起草模式的探索。即由人大有关专门委员会、有关单位和专家学者联合起草，或者人大有关专门委员会和政府有关部门联合起草法规草案。2013年后，广东省通过建立立法基地的方式，加大了委托立法的力度并且常态化、制度化；党的十八届四中全会后，广东省积极推进省人大相关专门委员会和省人大常委会相关工作委员会组织起草综合性、全局性、基础性重要地方性法规草案工作。这些实践，丰富了法案起草的方式，为克服部门立法的弊端，掌握立法工作的主导权提供了有益的经验。第二，举行立法听证会，创新立法听证方式。为进一步增强立法的民主性和透明度，1999年9月9日，广东省人大常委会就《广东省建设工程招标投标管理条例（修订草案）》首次公开举行立法听证会，被认为是“立法民主化、公开化的一个里程碑”。半年后，这一透着民主精神的立法听证程序被全国人大肯定并被载入《立法法》。第三，通过多种形式“开门立法”。包括首见于1989年的公布法规草案征求意见、2003年开始探索的向社会公开征集立法项目和法规草案稿，等等。

（四）突出立法制度的不断健全

四十年来，广东围绕科学立法、民主立法、依法立法，不断强化立法工作制度建设。早于1985年10月30日，广东省第六届人民代表大会常务委员会第十六次会议就通过《广东省人民代表大会常务委员会关于制定地方性法规程序的暂行规定》，规范地方立法工作；1993年5月14日，广东省第八届人民代表大会常务委员会第二次会议在废止《广东省人民代表大会常务委员会关于制定地方性法规程序的暂行规定》的基础上通过《广东省制定地方性法规规定》，进一步规范地方性法规的制定和批准工作；2001年2月19日，广东省第九届人民代表大会第四次会议通过《广东省地方立法条例》，该条例在2006年和2016年经两次修改，对促进地方立法工作的科学和规范起到重要的作用。此后，围绕地方立法工作，广东省逐步建立了立法计划的编制制度，法规的起草、修改、审议、表决、清理制度，立法听证、论证、评估、协调制度，立法顾问制度，地方性法规草案指引制度等，制定了《广东省人民代表大会常务委员会立法技术与工作程序规范（试行）》，立法制度不断健全完善，立法工作制度化、规范化程度不断加强。

二、广东地方立法发展面临的新形势新机遇

当前，我国已进入决胜全面建成小康社会、进而全面建设社会主义现代化强国的新时代，经济社会科技文化等领域的改革发展、“一带一路”和粤港澳大湾区建设的深入开展、治理体系和治理能力现代化的加速推进既是广东地方立法发展的重要背景，也为破解地方立法发展瓶颈提供新的契机。

（一）治理体系现代化对地方立法提出新要求

党的十八届三中全会提出要“完善和发展中国特色社会主义制度、推进国家治理体系和治理能力现代化”，并把它确定为全面深化改革的总目标；党的十九届四中全会专题研究坚持和完善中国特色社会主义制度、推进国家治理体系和治理能力现代化问题，并作出《中共中央关于坚持和完善中国特色社会主义制度 推进国家治理体系和治理能力现代化若干重大问题的决定》（以下简称《决定》)。这既反映出我们党对制度建设和国家治理的认识越来越深入，同时也揭示出制度建设和国家治理的紧密联系。国家治理体系和治理能力是一个国家的制度和制度执行能力的集中体现，从这个角度说，制度的健全和优劣与否直接影响治理体系作用的发挥，影响治理能力的提升。因此，要推进国家治理体系和治理能力现代化，必须形成并不断优化系统完备、科学规范、运行有效的制度体系，不断促进党、国家、社会各项事务治理制度化、规范化、程序化，不断提高运用中国特色社会主义制度有效治理国家的能力。另外，一个国家的制度体系是多层次的，最基本最重要的是法律制度。目前，中国特色社会主义法律体系已经形成，国家生活和社会生活各方面总体上实现了有法可依，但是仍然存在一些突出问题和矛盾。就地方治理的需要而言，一些重要的法规还没制定或者比较滞后，与社会的期望存在一定距离；有的法规间存在不协调甚至冲突，影响法规的实施和权威；有的法规解决实际问题有效性不足，针对性、可操作性不强等。这些矛盾和问题的出现，既与立法体制机制的不完善有关，也与科学立法、民主立法的制度建设和践行不足有关，还与立法队伍的正规化、专业化、职业化建设不够有关。这些矛盾和问题将影响地区治理水平，影响治理体系和治理能力现代化的实现。因此，要推进国家治理体系和治理能力现代化，必须在坚持和完善中国特色社会主义制度、健全完善中国特色社会主义法律体系的背景下，以提高立法质量为要旨，把修改完善地方性法规和制定实施性、配套性法规放在更突出的位置，同时适应客观需要制定新的地方性法规，确保立法与改革、发展、稳定重大决策相衔接，确保为地区治理提供充分有效的制度供给。

（二）粤港澳大湾区建设为地方立法注入新内容

2019 年 2 月 18 日，中共中央、国务院印发《粤港澳大湾区发展规划纲要》，对粤港澳大湾区的战略定位、发展目标、空间布局等方面进行了全面规划。随着粤港澳大湾区建设的推进，必将对广东地方立法产生影响。第一，粤港澳大湾区建设需要法制保障。与世界其他湾区不同，在“一国两制”下，粤港澳社会制度不同，法律制度不同，分属于不同关税区域。这一特殊性、复杂性决定了在粤港澳大湾区的建设中，没有先例可循，必须进行制度的创新，必须把制度创新成果法制化，以此为粤港澳大湾区合作、发展、善治提供法制基础，引领、促进和保障粤港澳大湾区朝着充满活力的世界级城市群、具有全球影响力的国际科技创新中心、“一带一路”建设的重要支撑、内地与港澳深度合作示范区和宜居宜业宜游的优质生活圈的战略定位发展。第二，粤港澳大湾区建设需要规则对接。粤港澳三地制度的差异不仅表现在法治价值理念、立法体制、执法制度、司法体制、法律专业共同体、法学教育等法治领域，而且体现在营商环境、城市管理、投资贸易、科技创新、口岸通关、社会民生（教育、就业创业、社会保障等）、执业资格等经济社会各方面。要实现设施“硬联通”和机制“软联通”，要促进人员、物资、资金、信息等各类要素在大湾区便捷流动和优化配置，要构建开放型融合发展的区域协同创新共同体，必须大力推进粤港澳三地规则衔接，并适时将相对成熟的政策措施上升为地方性法规。

（三）全面深化改革开放为地方立法提供新素材

改革开放四十年的经验告诉我们，做好改革发展稳定各项工作离不开法治，改革开放越深入越要强调法治。目前，广东正在更高起点、更高层次、更高目标上把改革开放推向深入，继续担当改革开放排头兵、先行地、实验区的使命和责任。在全面深化改革方面，将深入推进“数字政府”、信用广东、农村土地制度、财政转移支付制度、公平竞争审查制度等方面的改革；重点推进科技创新、营商环境、现代产权、要素配置、城乡融合发展、人才体制、国有企业、民生保障、绿色发展等领域的改革。在全面扩大开放方面，着眼推动由商品和要素流动型开放向规则等制度型开放转变，积极参与“一带一路”建设，加快建设国际一流营商环境，高标准建设广东自贸试验区等对外开放重大平台，推动外贸进出口稳中提质，进一步扩大进口规模，优化进口结构。在落实“1+1+9”工作部署[16]方面，将着力推进党的建设新的伟大工程，扎实推进全面深化改革开放，扎实抓好粤港澳大湾区建设、建设科技创新强省、推进高质量发展、建设现代化经济体系、打好“三大攻坚战”、实施乡村振兴战略、构建“一核一

16 由中共广东省委于十二届四次全会作出。第一个“1”是指坚定不移加强党的领导和党的建设，第二个“1”是指以新担当新作为不断把改革开放推向深入。“9”是指9个方面重点工作：一要举全省之力推进粤港澳大湾区建设；二要加快建设科技创新强省；三要扎实推进高质量发展；四要加快建设现代化经济体系；五要坚决打好防范化解重大风险、精准脱贫、污染防治三大攻坚战；六要实施乡村振兴战略；七要构建“一核一带一区”区域发展新格局；八要加快建设文化强省；九要营造共建共治共享的社会治理格局。

带一区”区域发展新格局、加快文化强省建设、营造共建共治共享社会治理格局等方面工作。这些新时代改革开放的创新探索和实践，必将对地方法治建设带来改变，以使立法与改革、发展、稳定相适应。

三、广东地方立法的未来展望

党的十九大报告指出，“推进科学立法、民主立法、依法立法，以良法促进发展、保障善治”。党的十九届四中全会强调“完善立法体制机制”，“不断提高立法质量和效率”。为适应深入推进国家治理体系和治理能力现代化、不断完善以宪法为核心的中国特色社会主义法律体系的需要，广东地方立法的发展应从以下几方面着力。

（一）要更加注重完善立法工作格局

加强和改进新时代地方立法工作，首要的是健全立法体制机制，“完善党委领导、人大主导、政府依托、各方参与的立法工作格局”。[17] 为此，一要坚持和加强党对地方立法工作的领导。《决定》明确指出了我国国家制度和国家治理体系的显著优势，第一个就是“坚持党的集中统一领导，坚持党的科学理论，保持政治稳定，确保国家始终沿着社会主义方向前进”；强调“健全总揽全局、协调各方的党的领导制度体系，把党的领导落实到国家治理各领域各方面各环节”。具体到地方立法工作中，就是要健全立法机关党组向同级党委请示报告制度，完善党对地方立法工作中重大问题决策的程序，做好党领导地方立法工作程序与地方立法程序的衔接。二要不断完善人大及其常委会主导地方立法工作的机制。强化从立法规划和立法计划的制订到地方性法规审议全过程的把关把控，防止部门利益法制化；加大人大有关专门委员会、常务委员会有关工作机构组织起草综合性、全局性、基础性的重要地方性法规草案和提前参与有关地方性法规草案起草工作的比例；切实加强立法工作队伍建设，把着力培养高素质的立法工作人才作为强化立法机关主导的重要内容加以落实。三要继续发挥政府在立法建议项目提出、法规草案起草中的重要作用。四要切实搭建人大代表、利益相关方、专家和公众等各方参与的平台。尤其要尊重人大代表的主体地位，培育人大代表的协商精神，提升人大代表的履职能力，切实增强人大代表对地方立法的参与和实效。

17　见《中共中央关于坚持和完善中国特色社会主义制度　推进国家治理体系和治理能力现代化若干重大问题的决定》，载《人民日报》2019 年 11 月 6 日。

（二）要更加注重地方立法领域的平衡性、协调性

习近平总书记在广东考察时强调，要提高发展的平衡性和协调性。这不仅是针对城乡融合发展、区域协调发展、两个文明协调发展三个方面的突出问题提出的，而且也是对法治广东建设的要求，广东法治的发展也有一个需要提高平衡性和协调性的问题。为此，一要全面检视广东四十年地方立法情况，找出地方立法领域、内容在平衡性、协调性上的弱项短板。二要根据党的十九大报告指出的我国社会主要矛盾变化对广东经济社会发展的新要求，以及经济社会发展的调整对广东法治建设的新期待，尽快就金融安全、污染防治、社会诚信、基层民主、教育公平等相关事项进行立法研究，适时补充进五年立法规划中，以更好服务今后三年要重点抓好的防范化解重大风险、精准脱贫、污染防治三大攻坚战，更好满足人民在民主、法治、公平、正义、安全、环境等方面日益增长的需要。

（三）要更加注重提高地方立法质量和效率

在中央全面依法治国委员会第二次会议上，习近平总书记特别提出，要完善法治建设规划，提高立法工作质量和效率，保障和服务改革发展，营造和谐稳定社会环境，加强涉外法治建设，为推进改革发展稳定工作营造良好法治环境。党的十九届四中全会再次强调要“立改废释并举，不断提高立法质量和效率”[18]。为此，一要处理好立法质量和效率的关系，在保证立法质量的前提下加大制度供给力度，既发挥立法在建设中国特色社会主义法治体系中的引领和推动作用，又实现立法和改革决策相衔接，做到重大改革于法有据，通过立法保障和服务改革发展。二要持续推进科学立法，坚持从实际出发，科学合理地规范公民、法人和其他组织的权利与义务以及国家机关的权力与责任；坚持立改废释并举，推进立法精细化，增强地方性法规的及时性、针对性、有效性。持续推进民主立法，以增强立法过程的良性、有序的博弈、协商，强化立法决策的民主基础、法理基础和认同度。持续推进依法立法，严格以宪法为依据，严格依照立法法的相关规定，不断完善并恪守相关立法制度，确保不越权立法，不违反程序立法。

（四）要更加注重区域协同立法

就广东而言，立法的区域合作包括三个层面：一是广东与相邻省份之间，

18　见《中共中央关于坚持和完善中国特色社会主义制度　推进国家治理体系和治理能力现代化若干重大问题的决定》，载《人民日报》2019年11月6日。

二是广东与香港、澳门之间，三是广东省内有立法权的不同城市之间，目的是形成共建共治共享的社会治理机制和格局，以促进区域性的重大问题的协调解决。这里主要讨论第二种情况。要做好粤港澳间的区域立法合作和协同立法，可在以下几方面着力：第一，建立健全区域立法协同机制。一方面继续在立法建议相互通报、重要立法相互征询意见、法律法规文本互换等方面进行探索实践，形成常态化、制度化机制；另一方面建立粤港澳立法工作联席会议制度，在制度化的层面上协调解决大湾区建设过程中法制冲突和规制对接问题以及区域性事务的立法合作问题。第二，研究开展粤港澳三地跨境合作立法的领域。按照先急后缓、先易后难的原则，根据粤港澳大湾区建设的实际和需要，把营商环境、口岸通关、社会民生、执业资格互认、环境保护、交通管理等方面成熟的政策、协议，通过合作立法、分别立法等方式，上升为区域性法律，依法保障和推动区域协调发展战略落实落地。第三，抓紧涉大湾区建设地方性法规的立改废释工作。根据《粤港澳大湾区发展规划纲要》和中央授权，在地方立法权限范围内，对立法需求迫切、条件成熟的立法项目，纳入年度立法工作计划，开展针对性立法；对存在冲突或者滞后的，及时修改废止。第四，积极为国家层面立法提供意见建议。对于属于全国人大及其常委会立法权限的事项，或者争取全国人大及其常委会的授权，进行授权立法；或者向全国人大及其常委会建议，把相关问题法律化，以引领、促进和保障粤港澳大湾区各项事业的发展。

珠三角九市区域协同发展立法研究

杨建广　刘　娟*

【内容提要】区域协同发展立法实际上是不同的立法主体为规范区域内的公共事务，避免法律冲突而进行沟通协商，从而实现法律法规上的协同的立法活动。珠江三角洲区域经济和社会一体化程度高，但对区域内各市的地方性法规的协同性重视程度并不高。为了寻求适合珠三角九市开展区域协同发展立法的路径，笔者专门考察了国内其他区域如长三角、京津冀、酉水河流域等地的立法活动，做出了珠三角九市区域协同发展立法的重点领域在河流污染、水资源保护、异地上牌现象管理等方面的初步判断。在此基础上，提出了珠三角九市区域协同发展立法要确定省市两级立法主体的权限，签订框架协议并确定联席会议形式，建立保障与监督的长效机制的建议。

【关键词】区域一体化　区域协同发展立法　珠三角

党的十九大报告指出，“以粤港澳大湾区建设、粤港澳合作、泛珠三角区域合作等为重点”，随后2019年《粤港澳大湾区发展规划纲要》出台，这一系列战略性安排体现出，在国民经济和社会发展的总体布局中，珠三角九市[1]的区域协同发展占据了重要的战略地位，其研究成果也在逐渐深入。但研究至今，各方面对区域协同发展的认识与实践，大多还是停留在经济与社会层面，对法律层面尤其是区域协同立法方面涉及较少[2]。因此，要实现国家战

* 杨建广——中山大学法学院教授、博导，教育部法学国家级实验教学示范中心（中山大学）主任，法治社会建设中山大学研究院常务副院长，广东省法学会地方立法研究会副会长；刘娟——法治社会建设中山大学研究院项目助理。

1 即广州、深圳、珠海、江门、肇庆、惠州、佛山、东莞、中山。

2 刘松山：《区域协同立法的宪法法律问题》，载《中国法律评论》2019年第4期。

略安排及促进区域进一步协调发展，就要先认真研究与解决区域协同发展立法的问题。

一、区域协同发展立法的基本概念

（一）区域协同发展立法的界定

1. 区域协同

区域协同是指各区域之间在效益最大化思想的指导下，通过有序的分工合作使得区域内所有协同主体整体利益最大化，进而实现区域各主体之间的协调、协作，从而推动整个区域共同发展[3]。区域是一个含义较广、外延广泛的综合性概念。区域可以是以特定行政区划为基本构成的特定地域空间，如省、市、县等不同行政区划层级；也可以是跨行政区划或者跨地域组成的空间地域，前者多是一国主权范围内为解决跨行政区划的区域公共问题而形成的空间地域，如珠江三角洲区域、长江三角洲区域、京津冀区域，后者则是立足于地理因素，基于经济或政治的考量而达成协议后组成的跨地域的区域性国际组织，如欧盟、北美自由贸易区。区域协同概念的确定是本文研究的前提，基于研究需要，区域协同涉及的范围至少要包含两个及两个以上享有地方立法权的行政区划。区域崛起是公共事务外溢化的一种必然[4]，因此国家顺应趋势制定一系列方针政策，正是为努力消除我国“行政区经济”负面影响，消除行政区划间的市场壁垒，推动区域联动发展的有力举措。

2. 区域协同发展立法

区域协同发展立法主要发生在跨行政区划或跨地域组成的空间地域中。它是不同的立法主体为规范区域内的公共事务，避免法律冲突，促进区域协调发展，实现区域整体利益最大化而进行友好磋商、平等交流，从而达成法律法规上的协调一致的立法活动。区域协同发展立法最重要的是在立法准备阶段开展协同，即在平等协商的基础上确定立法项目，使区域内各地共同关注且需要共同应对的公共问题能够通过各地人大的立法规划得以协调，而并非是严格意义上的“齐步走”[5]。因为实践中各地的现实情况及立法需求并不相同，可能会

---

3 王得新：《我国区域协同发展的协同学分析——兼论京津冀协同发展》，载《河北经贸大学学报》2016 年第 3 期。

4 公丕祥：《还是区域法治概念好些——也与张彪博士、周叶中教授讨论》，载《南京师大学报（社会科学版）》2016 年第 1 期。

5 焦洪昌、席志文：《京津冀人大协同立法的路径》，载冯玉军主编：《京津冀协同发展立法研究》，法律出版社 2019 年版，第 120—124 页。

出现某地某一领域的立法需求强烈，远超其他几地对该领域的立法需求，如果立法规划的确定完全由政治地位高或者经济实力雄厚的某市或者某几市来主导，那么其他几市就只能沦为服从主导配合的一方，这并不符合区域平等协商的原则。因此区域协同发展立法机制在立法规划的提议、协商、审议过程中就应当充分发挥作用，即要贯彻平等协商、对等交流的原则，确保各市立法规划编制过程中的公平性，保障各市的立法参与权，避免因政治地位不对等或经济实力不匹配而造成的立法规划异化。

（二）区域协同发展立法的主体

区域协同发展立法的主体是各行政区划中拥有立法权的主体，即各行政区划的人大及其常委会和各行政区划的人民政府。有学者认为，应由区域内各地立法主体指派成员设立区域行政立法委员会，对区域内相连的公共事务进行统一立法管理[6]。这一种观念打破了我国二元制的行政体系结构，突破了现行法律的规定，可操作性较低。因此大部分学者支持另一种观点，即各行政区划内的人大及其常委会或各行政区划内的人民政府在制度协调的基础上进行协同立法。先对需进行协同立法的具体事务具体分析，对需制定地方性法规的公共事务由地方人大及其常委会统一协商处理，若情况紧急或制定法规条件不成熟时就由直接管理公共事务的地方政府制定相应的地方规章，这样有利于构建完整的区域法规体系。

（三）区域协同发展立法的运作方式

在实践中区域协同发展立法的运作方式主要有：签订有关立法协作的协议；定期或不定期召开联席会议；对立法规划、立法项目等进行协商沟通[7]；各行政区划的人大之间或政府部门之间协商一致后确定示范性文本，再各自进行个性化表述，分别出台相关的法规规章；区域内各地人大代表进行联合视察；组织区域内各地人大代表学习培训与工作经验交流。区域协同发展立法的形式是协商一致分头立法，而非强制让地方立法主体针对共同事项进行统一立法，因为区域协同发展立法的目的是避免立法重复与冲突，促进区域法制协调，而不是要求各地制定一样的规章制度，如果强求统一，反而可能会脱离实际情况，达不到因地制宜的效果。

6　王春业：《区域行政立法模式研究——以区域经济一体化为背景》，法律出版社 2009 年版，第 127—129 页。

7　刘松山：《区域协同立法的宪法法律问题》，载《中国法律评论》2019 年第 4 期。

二、珠三角九市开展区域协同发展立法的样本选取

我国珠江三角洲区域一体化程度高，但区域内各市的地方性法规的协同性并不高，尚未形成区域协同发展立法的机制，甚至不同地区之间存在规则的冲突与抵触。为了寻求适合珠三角九市开展区域协同发展立法的路径，有必要首先学习和考察国内其他区域的先进立法模式和立法经验。

（一）长三角区域协同立法模式

被赋予建设“具有全球影响力的世界级城市群”使命的长三角城市群，在我国的区域协同发展立法方面处于优势地位。早在2007年的长三角法制论坛上，江苏、浙江、上海两省一市的人大常委会法工委、政府法制办、法学会等九家单位负责人就针对两省一市立法协作明显滞后于经济协作的现状，共同签署了《苏浙沪立法工作协作座谈会会议纪要》，要求加快“法治长三角”建设进程，通过立法统一来协调区域经济社会共同发展。但由于缺乏合适的契机，如没有可切入的立法合作项目，项目纳入各地立法计划的程序性制约等，长三角的区域立法协作并没有实际落实。

直到2014年，恰逢国家加强对雾霾等大气污染的治理，上海市人大常委会以长三角大气污染防治为切入点，组织江苏省、浙江省、安徽省的人大常委会，联合成立了长三角区域大气污染防治协作小组，开始了长三角区域协同立法的探索与实践[8]。在探索与实践的基础上，三省一市人大常委会间的协同立法确定了协调互补模式：即先共同协商确定一个示范性文本，各地再因地制宜对示范性文本进行个性化表述，最终形成各自的立法文件，由各地人大常委会分别审批通过。之后沪、苏、浙、皖四地都集中在2014年至2016年间分别通过了各省市的大气污染防治条例，并都专章规定了长三角区域大气污染防治协作的内容。

2018年6月，“进一步完善长三角地区立法工作协同座谈会”在上海召开，四地人大立法部门建议将长三角地区水污染防治、社会信用管理、道路联通、长江岸线的保护和开发、固体废物等方面纳入立法协同项目。同年7月，“长三角地区人大常委会主任座谈会”在杭州召开，四地签署了长三角地区人大工作协作机制的协议和人大常委会地方立法工作协同的协议，建立了年度会商和工作推进机制。同年9月，“长三角地区三省一市人大代表工作协作交流协调会”在上海召开，建立了长三角地区三省一市全国人大代表联合视察活动长效机制、

8 毛新民：《上海立法协同引领长三角一体化的实践与经验》，载《地方立法研究》2019年第2期。

代表工作经验交流长效机制、人大代表学习培训协作长效机制。长三角区域现已形成了“三级运作、统分结合”的区域合作机制，即被誉为“八巨头会议”的三省一市主要领导座谈会，作为决策层，负责决定、决策、审议关系长三角区域发展的重要事项；长三角区域合作与发展联席会议，作为协调层，负责协调推进主要领导座谈会部署的区域合作重点难点事项；长三角区域合作办公室、联席会议办公室和专题合作组等机构作为执行层，负责加强战略决策研究谋划、制订年度工作计划并推进落实、统筹协调和督促检查等。[9]

长三角区域协同立法模式主要有三点可以借鉴。其一，要针对合适的立法需求，抓住立法机遇。长三角区域正是借着国家防治大气污染的契机，针对各省市整治大气污染的立法需求，把区域立法协作从理论构想变为立法现实。其二，要有合适的牵头者与带领者。上海市人大常委会组织推动了长三角区域的立法协作。其不仅组织成立了长三角区域大气污染防治协作小组，还多次到其他地区调研，学习经验，熟悉情况，对长三角立法协作的顺利开展功不可没。除《大气污染防治条例》外，上海市陆续出台的《上海市标准化条例》《上海市水资源管理若干规定》《上海市环境保护条例》等条例中都规定了要与长三角区域相关省建立相应的协调合作机制。上海市人大还将“长三角地区一体化发展相关立法项目”列入了2019年立法计划中的重点调研项目。其三，建立相应的工作交流机制。从2014年起，长三角三省一市每年都会召开一次立法协作会议，由三省一市轮流承办，让立法协作会议成为每年的例会。2018年1月，由三省一市指派的16名人员组成的长三角区域合作办公室在上海成立。长三角的区域合作立法机制日趋完善。

（二）京津冀区域协同立法模式

2014年2月，习近平总书记首次提出京津冀协同发展是重大国家战略。自此，京津冀地区开始了区域协同发展立法的探索与实践。从2015年起，京津冀三地人大先后轮流召开过五次立法协同座谈会，彼此交流并通报了各自的五年立法规划与年度立法报告，协商通过了四个立法协同文件，搭建起了三地人大沟通平台。

京津冀地区开展了多个项目的立法协同，主要集中在生态环保、交通一体化及产业转移升级等重点领域。其中在生态环保领域制定的《大气污染防治条例》时，三地首次实现了形式协同，即三地人大法制工作机构在立法过程中，互相通报审议程序安排，还专门分赴其他两地召开座谈会征求意见，最后分别

9　参见上海市发展和改革委员会《对市政协十三届一次会议第0362号提案的答复意见》。

在本省市的人民代表大会上通过了这项协同法规[10]。京津冀地区三地人大不断加强并创新推动生态环保领域协同立法，2018 年的协同立法项目为制定机动车和非道路移动机械排气污染防治条例，其协同立法目标是，力争推进该项目草案实现“一个文本，三家通过”。生态环境领域的深度立法协同，带动了其他领域协同立法稳步推进。在京津冀地区人大间的协同立法如火如荼进行时，三地政府也开始探索区域协同立法。三地政府法制机构签订了《京津冀政府法制工作区域合作协议》，确定了不同领域的立法合作计划，为政府协同立法的开展奠定了基础。2017 年三地还在北京召开了京津冀政府法制工作区域协同发展研讨会，进一步明确了三地政府法制工作协同发展的思路和重点。

京津冀区域协同立法能取得实质效果，与中央直接领导和参与是密不可分的。国家层面成立了“京津冀协同发展领导小组”和相应的专家咨询委员会，以及“京津冀协同发展领导小组办公室”，国务院各部委还对京津冀的生态环保、交通、产业转移、经济等多个领域制定了规范性文件。这是京津冀作为首都城市圈有别于东北三省、长三角等区域的一大特征。

京津冀地区区域协同立法的整体工作机制为广东省区域协同立法提供了重要的借鉴经验。首先，京津冀地区探索了人大和政府分别进行区域协同立法的方式，扩大了区域协同立法的立法主体范围，推动了区域合作的纵深发展。其次，京津冀地区制定了相对完善的协同立法工作流程，对立法规划、立法内容、地方性法规的立、改、废、释、备案审查和立法后评估等区域立法协作进行了较为具体的规定，具有较强的可操作性。最后，京津冀地区规定的区域内各省市进行协同立法的交叉备案制度具有一定的创新性，是区域协同立法完成之后的延伸，有助于将区域协作的精神延续到立法过程的末端，有利于促进区域内各省市之间的立法交流，增强区域立法的协调性。[11]

（三）酉水河流域两地协同立法模式

《恩施土家族苗族自治州酉水河保护条例》（以下简称《酉水河保护条例》）是湖北省恩施州与湖南省湘西州为共同保护酉水河及其流域的生态而开展的跨行政区域立法合作项目，是市级行政区划协同立法与民族区域立法合作的有益尝试与成功探索。《酉水河保护条例》的立法合作主体是湘西州人大常委会与恩施州人大常委会。《酉水河保护条例》立法的正式合作方式是联席会议，联席会议的成果以会议纪要的形式呈现，而后双方会在立法条款中体现会议纪要的相

10 熊菁华：《京津冀立法协同的阶段性总结与分析》，载《人大研究》2019 年第 5 期。

11 焦洪昌、席志文：《京津冀人大协同立法的路径》，载《法学》2016 年第 3 期。

关内容。双方联合成立了立法工作协调领导小组，确定由人大常委会主导立法与委托的第三方参与立法，还聘请了专家咨询评估。双方在第一次联席会议上先确定将《西水河保护条例》分别纳入 2015 年度各自治州人大常委会立法计划中，再向各所在省的人大常委会负责立法的工作机构及时汇报，将制定《西水河保护条例》纳入 2016 年度省人大常委会的立法计划中。之后双方共同委托专家组进行草案起草工作，两方人大常委会再对草案进行审议，最后报请各省人大常委会批准。《西水河保护条例》的形式是地方性法规，而不是自治州单行条例与政府规章，因为自治州人大常委会的会期比自治州人大的会期更灵活，周期更短，且地方性法规较政府规章更规范及保护时限更长[12]。这也是设区的市都拥有地方立法权后以地方性法规的形式首次进行的区域立法合作。西水河流域两地协同立法模式的借鉴点主要有二：其一，不同于东北三省、长三角、京津冀等区域都是省际协同立法，西水河流域是两自治州进行的两地之间的立法协同，具有创新意义；其二，西水河流域的协同立法是专门针对河流治理领域的，并不涉及其他领域之间的协同，牵涉范围窄，实施难度较低，可为其他省市针对河流、大气、文化保护等某一专门领域开展区域立法协同提供借鉴。

京津冀地区、长三角地区及珠三角九市的立法协同，都是为满足国家战略安排，响应国家政策，实现发展需求所顺势而为的，都是在我国共同的政治社会背景下对区域一体化发展下的治理问题的解答，面临的状况类似，所涉及的领域基本重合，因此选择的路径、构建的机制在一定程度上也相同。因此，珠三角九市要构建区域协同立法机制应当充分吸收国内其他地区的先进经验，规避发展漏洞，从而实现合作共赢。

三、珠三角九市区域协同发展立法模式的探索

珠三角九市就改革开放方面大都走在了全国的前列，但在区域协同发展立法方面却远远落后于长三角区域和京津冀区域。为此，学习和借鉴国内其他区域协同发展立法的经验，探索珠三角九市区域协同发展立法的模式，有利于全面提升该区域社会治理和经济建设一体化发展的质量和水平。

（一）珠三角九市区域协同发展立法的意义

1. 便于粤港澳大湾区的建设

现今国家的重点战略对象粤港澳大湾区，就是在珠三角九市的基础上增添

12 戴小明、冉艳辉：《区域立法合作的有益探索与思考——基于〈西水河保护条例〉的实证研究》，载《中共中央党校学报》2017 年第 2 期。

了香港和澳门。打造粤港澳大湾区，是充分贯彻“一国两制”方针，实现“一带一路”倡议的有力举措，便于进一步扩大开放、深化改革，贯彻落实新发展理念[13]。建设粤港澳大湾区显然是珠三角九市的一个新的发展方向。但是，粤港澳大湾区的建设过程仍困难重重。这既涉及港澳与大陆为三个不同法域的问题，也涉及珠三角城市群与港澳不同行政层级对接不匹配的问题。实践中，也多是由内地方面提供便利，给予利益。如在珠海与澳门之间，珠海允许挂有澳门车牌的车辆进入珠海，但是澳门并不允许挂珠海车牌的车进入澳门管辖区域；建筑师领域中的资质互认情况，也是大陆单方面认可港澳的建筑师资质。珠三角城市群如果不能达成一致的适用规则，而由各市分别跟港澳对接，可能会造成无法平等对话的情况出现。因此可先在珠三角九市间进行立法协同，形成协调的区域法律体系后，再衔接港澳的法律制度。这样既能为粤港澳大湾区的建设积累更有针对性的经验，也能在一定程度上推动粤港澳大湾区在更广泛的领域内合作共赢。

2. 促进立法资源有效配置及区域内法制统一

目前珠三角城市群之间的法规规章并不完全协调，各地的立法能力与立法范畴也不统一。深圳与珠海作为经济特区，广州作为省会城市，相较于其他六市更早地拥有了立法权，且这三市经济发达，教育资源丰厚，汇集了大量的立法人才。而其他几市虽因《立法法》的修改而拥有了地方立法权，但在立法方面的积累与经验显然比不上之前的三市，如能实现区域协同发展立法，更利于消除短板效应，实现立法经验与立法人才的共享。且在一体化程度高的珠江三角洲区域，各市交往密切，如适用不同甚至相抵触的法规规章，容易引发矛盾。如针对垃圾处理，惠州市对不合标准处理垃圾的处罚较轻，周围市区就会借制度的漏洞，将垃圾倾泻到惠州。如能推动跨区域协同发展立法，不仅能实现区域内利益平衡，达到区域利益最大化，也能维护珠三角九市的法制统一，缓解规则不统一造成的矛盾。

3. 增加我国立法协同层级

目前我国开展的区域协同发展立法探索主要发生在省际，各设区的市还处于各自探索本地立法的阶段，没有开展进一步的区域协同发展立法。如果珠三角九市可以先行开展市际间的区域协同发展立法，在市级层面进行探索，将会成为我国先行先试的重要例证，这一举措可以丰富我国的立法框架，从原来的国家立法、各省市、自治区单独立法、省际协同立法之外增加了市际协同立法，使我国的立法工作更具有层次性。珠三角九市作为改革开放的示范区，在创新方面具有一定的优势，开展区域协同发展立法是通过设区的市的立法权加强市

---

13 参见《粤港澳大湾区发展规划纲要》。

际沟通合作的重要手段，能够充分发挥珠江三角洲区域，乃至广东省在全国的示范作用，有力地体现了先行先试的精神，进而为其他地区开展市际区域协同立法创造经验。

（二）珠江三角洲区域协同发展立法的必要性和可行性

1. 立法需求紧密相连

珠三角九市地域毗邻，文化背景相通，且九市立法权限内的公共事务也大多相连，符合区域协同发展立法的良好需求和条件。如前山河流域的中下游是珠海市，河流污染严重，为此珠海市制定了《珠海经济特区前山河流域管理条例》。该条例的第八条提到“市政府协调前山河流经的其他市政府建立前山河流域共同保护机制”，但是上游的中山市或许曾经基于自身发展的需要及利益权衡，对河流污染的治理并没有珠海市那么迫切，配合的动力不大。类似的情况也同样发生在淡水河上游的深圳与淡水河下游的惠州之间。又如珠三角九市间行政执法裁量标准差异大，因为法律许可的自由裁量权大，珠三角九市没有统一的标准，要促进区域联合执法，还是要先推动区域协同发展立法。

然而，随着新时代的发展，国家对各省市环境治理与保护水平的要求提高，且珠三角各市之间的经济水平差距逐步缩小，尽管上游或上风口对环境治理的需求没有下游或者下风口那么迫切，在国家方针政策的影响下，上游或上风口也拥有了共同治污的愿望和认知水平，这在一定程度上为珠三角九市区域协同发展立法提供了新的契机和切入点。

2. 相关政策有力支撑

推动珠江三角洲区域一体化的相关政策在一定程度上也为珠三角九市区域协同发展立法奠定了基础。自《珠江三角洲地区改革发展规划纲要（2008—2020年）》出台后，广东省人大常委会紧接着制定了《广东省实施珠江三角洲地区改革发展规划纲要保障条例》，该保障条例为珠三角区域一体化改革提供了法律依据。因珠三角九市隶属于广东省，为此广东省政府又相继制定了《珠江三角洲环境保护一体化规划》《珠江三角洲产业布局一体化规划》《珠江三角洲基础设施建设一体化规划》《珠江三角洲城乡规划一体化规划》《珠江三角洲基本公共服务一体化规划》等一系列政策性文件来落实该发展规划纲要。这些政策性文件也有利于推动珠三角九市区域协同发展立法。珠三角区域一体化程度高，各市之前也都进行过不同领域之间的合作，有丰富的协商经验，这也便于在立法领域进行新的合作。

3. 法律障碍影响不大，协作基础好

珠三角九市都处于广东省的管辖范围内，并不像京津冀、长三角等地区开展的立法协作需要跨省进行沟通交流，不仅难度提升，还涉及法律许可问题，即法律层面并无明文规定省际的区域协同发展立法、法律地位及立法机构等，珠三角九市只需进行市际间的交流协商，沟通成本较小，且无须突破法律规定。因广东省政府法制办近几年每年都会组织各市的立法人员进行专业培训，既加深沟通交流，也能相互学习立法经验，这为珠三角九市区域协同发展立法奠定良好的基础。珠三角九市在广东省政府的统一领导下，曾多次进行过协同管理，如在高速公路收费、医疗保险、公积金等多个民生领域都实现了全省统一标准。在广东省幅员辽阔，经济差距大，粤东粤西文化背景显著不同的条件下，都能实现全省统一标准协同发展，珠三角九市间协同发展立法显然具有可行性。

（三）珠三角九市区域协同发展立法的重点领域

1. 河流领域

广东省境内的跨界河流污染最严重的有“两河”和“四河”，其中深圳惠州之间的淡水河、跨深圳东莞的茅洲河、深圳东莞之间的石马河、广州佛山跨界河流四条河流都位于珠三角九市区域内，因此珠江三角洲区域是跨界河流污染整治的重点。基于污染物的流动性、环境利益的一致性与生态环境的整体性，区域生态环境的协同保护意义重大且具有紧迫性。立法工作是规制流域治理工作的首要工作，现阶段各市开展的流域治理的合作以政策引导和软法规制为主，使得市际合作后续活动难以长效维持和有效规制，导致治污效果并未达到理想状态。如果河流治理领域的市际合作能确定区域协同发展立法机制，通过协商沟通的方式明确各市的义务责任，用法律的强制力来规制治污行动，促进良好合作关系的形成从而协调流域上下游之间水环境保护利益矛盾，就能在一定程度上实现区域合作治污的重大突破。或者针对珠三角流域的污染情况，全流域各市制定整个区域甚至是专门的水法规来解决问题，例如参照酉水河流域两地协同立法模式，珠三角流域的各市也可在沟通协商的基础上，共同制定《珠江三角洲流域保护条例》，用法律的形式进行长效性的规制。

2. 珠三角水资源污染和保护领域

广东省水资源总量大，但人均水资源占有量并不高，仅为2100立方米，低于全国人均2200立方米的水资源占有量[14]，部分地区水资源供需矛盾日趋尖锐。广东省水资源管理与水污染防治应从珠三角九市入手。珠三角九市工业发达，人口聚集，工业排污和生活用水需求极大。2018年《广东省水资源公报》

14　参见广东省人民政府《关于统筹全省水资源保护及开发利用问题的若干意见》（粤府〔2008〕13号）。

显示，珠三角九市总用水量221.1亿立方米，占全省总用水量的52.5%，其中多为工业用水和生活用水。《珠江三角洲环境保护一体化规划》规定“珠三角九市要建立跨界水污染联防联治机制。深化广佛肇、深莞惠、珠中江三个经济圈的内部合作，加强协调、集中资源、分工合作、攻坚克难、共同推进环保一体化进程”。因此珠三角九市可协同制定水资源管理与水污染保护条例，构建珠三角九市水污染联防联治机制。借着《环境保护法》和《广东省环境保护条例》完成修改，下位阶也需进行对应的修改调整之际，珠三角九市可借机进行协商并达成共同防治水污染方面的共识，形成切合珠三角水污染防治特色的地方性立法。

3. 交通领域中的异地上牌现象管理

基于缓解交通拥堵和改善城市大气环境的目的，广州市2013年7月开始实施《广州市中小客车总量调控管理办法》，对配额车牌数量严格控制，导致大量消费者选择到佛山、东莞等地上牌。一大批广州车辆异地上牌，导致广州流失了大量可用于交通建设的税费收入，致使广州交通管理部门难以对外地牌照车进行有效管理，更重要的是，并没有真正缓解交通拥堵问题。为遏制异地牌照，珠江三角洲区域的佛山、东莞、中山、江门、珠海、肇庆、惠州及广州周边的清远、茂名等市于2016年6月进行了居住证改革，规定需办理居住登记，居住满半年后才可申请居住证。

2018年6月，为准确管控以异地上牌在广州使用的方式来规避《广州市中小客车总量调控管理办法》的车辆，广州市颁布了《关于非广州市籍中小客车通行管理措施的通告》，明确外地车辆驶入广州，连续行驶时间不得超过4天，再次驶入需间隔4天以上（即“开四停四”政策）。这个政策在一定程度上遏制了异地上牌现象的频发，缓解交通拥堵状况，但是不可避免地也有一些弊端，如个人车牌拍卖的均价大幅上涨，不利于“广佛候鸟”和因摇不到号而上了其他粤牌但在广州有房的人群。要想真正解决异地上牌问题，首先要清楚该问题是由区域内不同行政区划之间的政策或法规不能相互协调甚至存在冲突而导致的。广州规定“开四停四”政策，珠三角城市群进行居住证改革等一系列举措都是为管理异地上牌现象，如果珠三角城市群能针对异地上牌问题协同立法，真正从源头上遏制异地上牌的现象发生，协调好周边城市的利益，而不是由广州直接强制规定，或许能达到更让公众满意的效果，也更能推动珠三角九市交通一体化建设。

（四）珠三角九市区域协同发展立法的路径选择

1. 明确省市两级立法主体的权限

珠三角九市要想建立区域内的协同立法机制，首先要明确好参与立法的主体。该区域的立法主体有两类，一类是省级立法主体，即广东省人大及常委会和广东省政府，另一类是市级立法主体，即九市的人大及常委会和各级政府。其中市级的立法主体还分为有经济特区立法权的立法主体如珠海市、深圳市和只有设区的市的立法权的立法主体即其他七市。严格来说，市级立法主体才是珠三角九市协同发展立法的主体，省级立法主体发挥的是协调指导作用以及行使立法审批权。如公共事务在设区的市的立法权限内时，先由市级立法主体讨论协商，协商一致分头立法，再报省级人大常委会批准；协商不成由省级立法主体协调指导。如公共事务超越设区的市的立法权限时，即只有经济特区立法主体和省级立法主体有立法权时，可由市级立法主体以协同立法机制的平台先进行沟通、协商，再把达成共识后的结果上报给省级立法主体，最后由省级立法主体参照协商结果统筹立法。省级立法主体在珠三角九市区域协同发展立法机制中的作用，一是居中协调各市的利益冲突，帮助解决区域内的利益争端；二是作为高一级的立法主体，能更好地让协同立法的成果得到贯彻落实；三是充分监督立法协作事项的合理性、合法性。

珠三角九市可借鉴京津冀的协同立法模式，既在人大层面展开立法协同，也在政府间展开合作。各地的人大常委会间可定期或不定期召开珠三角九市人大立法协同座谈会，构建九市人大沟通平台。鉴于人大立法实行三审制，而政府立法只需政府常务会议通过，立法程序相对简单，在情况紧急或制定法规条件不成熟时，各市政府间也可召开区域间政府法制工作区域协同发展研讨会。

2. 签订协议并确定联席会议形式

从域内的各种区域协同立法模式来看，珠三角九市要想建立区域协同立法机制，应首先签订《珠三角九市区域协同发展立法框架协议》，以此作为协同发展立法的制度基础。在框架协议中可确定协同立法过程的组织形式，立法座谈会的召开时间、地点、频率等细则性问题[15]。其次可规定珠三角九市区域协同发展立法项目的起草方式：一方起草，其他几方密切配合；联合起草、协同修改；商定基本原则，分别起草；共同委托第三方机构起草，各方协商讨论四种。各市的会议代表再将协商通过后的示范性文本带回各市立法机关，再因地制宜对示范性文本进行个性化表述，最终形成各自的立法文件。最后通过联席会议的形式来组织讨论。建立珠三角九市人大联席会议机构，即九市人大常委会平等沟通和协商，省级人大常委会协调指导，从而达成区域协同发展立法的共识。会议的具体召开时间、地点、频率由《珠三角九市人大联席会议机构章程》规定。珠三角九市人大联席会议机构并不拥有立法权，只是定期召开会议，组织

15 陈丹雪：《珠三角区域立法协作模式研究》，广东外语外贸大学 2018 年硕士学位论文。

各市进行年度立法计划交流，并及时听取省级人大常委会的意见。珠三角九市要实现协同发展立法，可借鉴长三角区域协同立法模式中上海牵头的经验，先选取合适的牵头者与带领者，如可以由广州深圳等经济发达的市区来组织，广州为省会，深圳为经济特区，立法组织协调能力较强；也可由有立法需求的市区推动，如珠海和惠州都位于河流的下游，对协同上游区域进行河流整治有着迫切的立法需求。

珠三角九市区域协同发展立法可考虑先从几个市之间开展，如按照《珠江三角洲地区改革发展规划纲要（2008—2020年）》的“深莞惠”“珠中江”“广佛肇”三个经济圈，或者依河流流域治理需求如珠海中山、惠州东莞等来进行区域协同发展立法，然后再逐步根据实际需要扩大到珠江三角洲区域或者粤港澳大湾区。

3. 构建信息交流与共享机制

因为区域协同发展立法涉及多个设区的市之间的立法合作，参与主体多，涉及范围广，需协商处理的事项杂，立法过程同步性要求高，因此各设区的市的立法主体需要进行高频率的立法沟通和信息共享，因此有必要构建畅通有效的信息交流与共享机制。

首先，要加强在立项时的协商沟通。各设区的市在拟订立法规划和年度计划时，要及时与其他设区的市通报总体思想，并向其征求意见。对于共同关注的重点立法项目、关联度高且需协调的项目，要尽量安排在立法计划的同一档期。

各设区的市在立法过程中涉及其他设区的市的利益时要主动征求其他市的意见。对可学习借鉴的立法项目，各设区的市可通过走访座谈、互送简报、实地调研等方式，共享重要资料及相关制度安排等信息[16]。

其次，建立会外信息沟通合作平台。因联席会议召开频率低且级别较高，因此需要搭建会外信息沟通合作平台，以辅助联席会议机构的工作。可效仿长三角区域三省一市各自指派人员联合成立长三角区域合作办公室、联席会议办公室等，珠三角九市也可各派一定数量的立法人员联合成立珠三角九市合作办公室等常务机构，完善珠三角九市合作常态长效体制机制，也可及时沟通共享立法协作过程中的新情况、新办法和新思想等。

最后，增强对合作领域的地方法规规章的改、释、废等工作的信息互通。珠三角九市区域协同立法机制构建后，各设区的市应就协同立法所涉及领域的现有立法进行改、释、废等工作，对与现实情况不相适应的法规和规章进行及

---

16 参见《关于加强京津冀人大立法工作协同的若干意见》。

时清理。各设区的市之间应互相征求意见，并积极提出建议，避免与现有的立法合作相冲突。

4. 建立区域利益共享与补偿机制

珠三角九市开展区域协同发展立法工作的主要目的是促进区域法制协调，实现区域整体利益最大化。在区域协同发展立法机制的实际运行过程中，各市都是基于自身利益的考量而进行协商沟通的，立法项目的选择、年度立法计划的确定、立法工作的分工等多个方面都能看到各市之间的利益权衡，难免会有一些设区的市为促成区域协同发展立法而主动或被动地放弃自身的一部分利益，因此建立区域利益共享与补偿机制是有必要的。

区域利益共享机制是指各市在开展区域协同发展立法的过程中，要尽量满足各方的合理利益需求，对各市进行合作后可能获得的预期利益大致要做到公平分配。当部分地区确实会因为区域协同发展立法而受到暂时的利益受损时，为确保区域协同发展立法的顺利进行，以期在未来获得更大的整体利益和局部利益，在区域协同发展立法的框架中就要建立相应的利益补偿机制。区域利益补偿机制可以通过在市际间的协议或者在区域协同发展立法文本中对各方的权利义务作出规定，对利益受损方有所倾斜，适当增加其享受的权力。在特殊情况下，如果各方在开展区域协同立法工作之前已就相同的事项签订过市际协议，在协同立法文本起草的过程中，可以参考该市际协议作出相应的规定。此外，还可以通过金钱补偿的方式来平衡各方在区域协同发展立法过程中的利益，比较典型的是环境保护方面的区域协同发展立法。当区域内各市就环境保护事宜进行协同立法时，通常会存在利益受损方，在这种情况下就需要建立生态环境的利益补偿机制，例如可通过横向财政转移制度改变受损利益格局。[17]

5. 构筑保障与监督的长效机制

为保障珠三角九市区域协同发展立法模式持续有效运行，可以考虑通过建章立制并狠抓落实形成长效机制。一是建立珠江三角洲地区九市人大代表或常委会委员联合视察制度，即确定立法项目之前可先到各市调研，了解立法需求，法案通过生效后，又可到各地了解规范性文件的适用情况，促进相互理解、信任与配合；二是建立各市立法工作者经验交流分享平台，实现各市立法资源的充分利用与有效配置；三是成立各市立法工作者的学习培训协作机制，可由省级人大常委会或者省级政府立法部门牵头，对各市的立法工作者进行培训，提高区域内整体的立法水平。

在珠三角九市区域协同发展立法的保障机制建立后，仍需要有效地监督才

---

17 王健：《我国生态补偿机制的现状及管理体制创新》，载《中国行政管理》2007 年第 11 期。

能维持机制的长效。这种对立法活动的监督可从多个方面、多个阶段、多种途径展开。一是充分发挥同级党委和上级党委的全面领导和监督；二是充分发挥省级人大及其常委会的事前参与、事中审批、事后监督作用；三是有效调动全媒体通过公开报道、评论、讨论、批评等多种方式开展监督的积极性；四是引导并规范公众有序、深入参与立法活动并开展监督；五是积极开辟政协、群团组织、社会团体、企事业单位等参与立法监督的途径；等等。

只有坚持以国家大局和人民利益为出发点，充分调动省市两级立法机关的积极性，真正落实保障和监督措施，才可以构建并维系完备的珠三角九市区域协同发展立法长效机制。

新时代地方立法科学机制构建研究

黄晓慧*

【内容提要】广东省作为"立法实验田"，改革开放以来，一直承担着将地方"先行先试"所累积的经验注入国家法律制度的"排头兵"角色。在落实党的十九届四中全会精神，推动"各方面制度更加成熟更加定型"[1]方面，广东应当发挥更大作用。构建新时代地方立法科学机制，是提高立法质量的关键。广东经济高质量创新发展，需要高质量的地方立法。建立科学的立法预测评估机制，及时将"先行先试"中行之有效的政策法定化，是推进制度型开放、高质量打造稳定、公平、透明、可预期的法治化国际营商环境的关键步骤。

【关键词】高质量立法　立法预测评估　政策法定化　制度型开放

党的十九届四中全会审议通过的《中共中央关于坚持和完善中国特色社会主义制度　推进国家治理体系和治理能力现代化若干重大问题的决定》，"是完善和发展我国国家制度和治理体系的纲领性文件"，[2]它"既阐明了必须牢牢坚持的重大制度和原则，又部署了推进制度建设的重大任务和举措"，[3]为我国新一轮高水平开放、高质量发展指明了努力方向和实现路径。广东省作为"立法

* 黄晓慧——广东省社会科学院法学研究所研究员。

1 《中共中央关于坚持和完善中国特色社会主义制度　推进国家治理体系和治理能力现代化若干重大问题的决定》，载《人民日报》2019年11月6日。

2 人民日报社论：《为实现中华民族伟大复兴提供有力保证（社论）》，载《人民日报》2019年11月1日。

3 人民日报社论：《为实现中华民族伟大复兴提供有力保证（社论）》，载《人民日报》2019年11月1日。

实验田”，改革开放以来，一直承担着将地方“先行先试”所累积的经验注入国家法律制度的“排头兵”角色。在落实党的十九届四中全会精神，推动“各方面制度更加成熟更加定型”[4]方面，广东应当发挥更大作用。本文通过对扎实做好新时代地方立法工作的具体路径的研究，希望有助广东以高质量立法为“推进国家治理体系和治理能力现代化”[5]作出新的贡献。

一、推动广东经济高质量创新发展需要高质量的地方立法

研究表明，法治水平与人均GDP、城市化率和工业化进程具有高度的相关关系，2020年到2035年是广东省由法治成长型社会发展至法治成熟型社会的关键十五年。[6]目前，中美贸易关系日趋紧张，国内外市场竞争更为激烈。我省经济发展面临一系列的冲击和挑战：严峻的形势对政府职能转变和公共管理水平提出了更高的要求，区域发展的平衡和环境资源的保护任务更加繁重，教育科技文化等各项事业的发展需求巨大，社会公平和社会保障机制亟待完善，各阶层利益协调日趋复杂，等等。要“运用制度威力应对风险挑战的冲击”，[7]高质量的地方立法需求迫切且十分必要。

（一）以高质量立法推进制度成熟定型，确保充足有效的制度供给

高质量发展需要一个能提供公平机会、有利于创新创业的制度环境，高质量的立法是构建这一制度环境的首要步骤。广东“新一轮改革的‘立’主要在市场制度建设，就是要构建一套适应社会主义市场的体制机制，说到底，就是一套有效的制度供给”。[8]法治能否产生效应，取决于制度供给是否有效。制度供给的有效性是指降低交易成本，实现公平、透明与可信的制度安排。但是，法律法规林立并不是法治。制度供给不能被简单地理解为制定多少个条例、公布多少个规定，如果制定的规则不能实施或实施中走样，必然会影响制度的有效性与制度制定者的公信力[9]，导致市场经济改革所急需的法律制度供给低效或

4 《中共中央关于坚持和完善中国特色社会主义制度　推进国家治理体系和治理能力现代化若干重大问题的决定》，载《人民日报》2019年11月6日。

5 《中共中央关于坚持和完善中国特色社会主义制度　推进国家治理体系和治理能力现代化若干重大问题的决定》，载《人民日报》2019年11月6日。

6 广东省社会科学院法学研究所课题组：《2035广东法治发展趋势分析》。

7 习近平：《关于〈中共中央关于坚持和完善中国特色社会主义制度 推进国家治理体系和治理能力现代化若干重大问题的决定〉的说明》，载中央人民政府网，http：//www.gov.cn/xinwen/2019-11/05/content_ 5449035.htm，最后访问于2019年11月20日。

8 王珺：《像过去抓GDP一样来抓制度建设》，载《南方日报》2014年1月3日。

9 王珺：《像过去抓GDP一样来抓制度建设》，载《南方日报》2014年1月3日。

失效。正如习近平总书记指出的："人民群众对立法的期盼，已经不是有没有，而是好不好、管用不管用、能不能解决实际问题；不是什么法都能治国，不是什么法都能治好国；越是强调法治，越是要提高立法质量。"[10]只有高质量的立法，才能提高法律制度的有效供给。

（二）以高质量立法推进制度型开放，打造法治化的国际营商环境

随着《粤港澳大湾区发展规划纲要》（以下简称《大湾区规划纲要》）的出台，如何推进落实成为三地的中心议题。从广东地方立法的角度看，将涉及粤港澳大湾区建设的各种优惠政策法定化，是推进《大湾区规划纲要》切实落地实施的关键步骤。因为高质量发展不仅要靠政策，更要靠法律。法治的确定性源自法律的安定性，正如福山在《落后之源》中所言，"拉美地区多年的事实证明：经济运行的政治背景并非仅仅由政府的短期政策或某项具体计划的细节所决定，而是由一系列更加广泛的法律制度所构成，这些法律制度赋予了政治上的合法性。旨在提供一种有效的引导机制，以激励人类去努力创造财富并大胆革新"。[11]日本任天堂公司曾经推出的一款风靡全球的手机游戏[12]，完美诠释了福山的上述论断。该款手机游戏软件不需要政府提供任何形式的自主创新补贴，只是凭借任天堂拥有世界上一些最有价值的游戏角色知识产权，以及登陆国家良好的知识产权保护环境和互联网开放市场，成功地将大数据、云计算、"互联网+商业+旅游+文化+动漫+娱乐+健身"有机融合，形成新业态。国内外实践都证明，只有更加系统配套、更加成熟和更加定型的法律制度，才能建构法治化的国际营商环境。

（三）以高质量立法推进良法善治，促进制度优势转化为治理效能

良法是善治之源。高质量的行政立法精髓就是要在行政机关公务人员的行政活动中强力植入法治理念，转变并规制政府行为，提高行政决策水平。目前，

---

10 习近平总书记2013年2月23日在十八届中央政治局第四次集体学习时的讲话。

11 ［美］弗朗西斯·福山编著：《落后之源》，刘伟译，中信出版社2015年版，第221页。

12 2016年7月，日本任天堂公司借着《口袋妖怪 Go》游戏（任天堂与美国的游戏开发商 Niantic 联合出品的一款拿着手机，以歌谷地图为指引，在现实生活中捕捉虚拟神奇宝贝的游戏）进军手机游戏市场，这款游戏率先在美国、澳大利亚、新西兰、英国和德国发布。在发布第三天便登上美国最高收益应用榜榜首，股票市值累计上涨超过600亿元。此后，该项目在200多个国家登陆，一时间，项目登陆国家的名胜古迹遍布用手机捉虚拟精灵的年轻人，顺带实现"全域旅游"促销。鉴于这种强大的知识产权优势，任天堂和迪士尼（Disney）之间已达成"互联网+"合作项目。2019年7月25日，任天堂宣布在《Disney Tsum Tsum 嘉年华》发售时推出限定版 NS，这款限定版主机充满了各种迪士尼元素。

供给侧改革不是权宜之计，而是宏观结构性转型。以法治的确定性抵御供给侧改革中的风险与不确定性，缓解社会矛盾，推动供给体系和供给结构的改善，是确保广东经济稳定、均衡、高质量发展的关键。实践中，良法善治就是人大、政府、司法各司其职，法律问题归法律管理。以劳动法制处理劳资纠纷，以环境法制处理环保纠纷，以知识产权法制打击“制假贩假”，以游行集会法制提升社会治理预警系统的准确率和依法解决争端的示范性，预防因劳资纠纷或环保“邻避效应”等导致的非法群体性事件的发生。以社会法治平衡社会利益，调节社会关系、规范社会行为，从而提高社会治理法治化水平，维持社会稳定和繁荣发展。

二、广东地方立法存在的问题和改进的方向

改革开放近四十年来，广东取得了巨大的社会经济成就，尤其是在立法机制创新方面，创下了多个“全国第一”。[13] 但是，按照十九届四中全会“加快形成完备的法律规范体系、高效的法治实施体系、严密的法治监督体系、有力的法治保障体系”[14] 的要求，广东地方立法还存在一些问题，需要在反映社会的发展规律、体现立法本身的发展规律、注重司法实践的现实可操作性等方面提高立法质量。

（一）立法缺乏前瞻性、协调性、系统性，导致市场经济改革要求的平等性法律制度供给不足

目前，我省经济正处于转型升级时期，整个社会迎来了前所未有的快速发展，与此相伴随的是社会结构的快速局部性变迁。一方面，这种社会结构的迅速变迁对立法的冲击体现为信息更新速度的加快和信息规模数量的激增，导致立法主体获取有效和准确的立法需求信息的难度增加，从而难以从容把握法律规范的制定时机。另一方面，由于法律属于社会上层建筑的范畴，安定性是法律的必备特性，这导致已经制定的法律法规并不必然随着社会经济基础的变化而变化，且多数时候是滞后的，当社会急剧变动时，滞后的法律可能对社会发展起着制约作用。

以广东的立法实践来看，按照国民经济和社会发展每五年规划期限，广东省人大常委会已经建立相应的五年立法规划项目库，立法规划本身就已涵盖了

---

13 刘冠南、陈捷生：《法治领航 南粤闯出新天地》，载《南方日报》2015年11月26日。

14 《中共中央关于坚持和完善中国特色社会主义制度 推进国家治理体系和治理能力现代化若干重大问题的决定》，载《人民日报》2019年11月6日。

对广东省五年以内的立法发展趋势和未来状况的考察和测算。且近年来，广东省人大在法规后评估方面也颇有建树，但是，由于缺乏科学的中长期立法预测和立法后评估机制，对社会主义市场经济发展的立法需求规律以及社会主义市场经济法律体系的内在规律缺乏研究，没有把握和预见立法的发展情势，对于要新增、修改或废除什么部门法，多数凭部门提案，甚至出现了一种“媒体热议、立法积极跟进的现象”。这种推进立法的压力模式，逐渐显露其缺乏通盘考虑、立法结构部分失衡、立法秩序无章可循、立法内容相互冲突的弊端。结果是数量繁杂、规模庞大的行政管理法制已经成为我省法规体系最主要的构件，市场经济所要求的平等性法律制度供给不足。

（二）立法调研不足，立法体系自身发展缺乏一致性，导致立法的司法可操作性不足

科学的立法不仅要注重社会发展的规律性，还要注重法律制度发展的内在规律性。所谓法律制度发展的内在规律性，就是把法律制度的发展作为一个整体来看，考察其发展的趋势，从社会对立法的接受能力、司法与执法实践的可操作性、社会公民自觉遵守的动力性等方面作出科学预判，从而保证法律内容的内在同一性和法律体系的内在一致性。立法本身是一项公正平衡各方利益诉求、系统观照各种可能性社会后果的活动，是立法者需要集良知和智慧于一体才能从事的高度专业技术性工作。多年来，我国的立法尤其是经济立法多采用管理型立法范式，立法技术粗放，缺乏对立法设计生成的复杂社会效应的多重成本—收益变量分析，导致司法治理功能低效。

从目前广东的立法实践看，诸多“热点入法”的立法屡屡遭遇司法失灵。因为这一立法决策模式忽略了司法机制运作可观察性、可检验性的刚性约束，忽略了法律控制与社会规范等非法律控制的分工边界，缺乏司法与执法实践的现实可能性与可操作性，加之立法和执法中的司法统一性不明显、不配套，导致倡议书式法条的司法不可操作性，反而减损了法律的权威和立法的效益。例如，广东率先制定的《广东省自主创新促进条例》（2011），在2016年修定时增补了第五十六条，对利用本省财政性资金设立的软科学研究项目、社会科学研究项目和软件开发类项目规定了较高的人力资源成本费提计比率，但由于没有建立该条例第五十七条第一款规定的相关成果专家评审制度，所以，即使是法规明文规定的优惠也没法落地实施。[15]

---

15 参见《广东省自主创新促进条例》第五十六条、第五十七条。

（三）经验总结不及时，政策法定化不足，导致广东“立法试验田”的优势未能充分发挥

“广东近代以来就是开风气之先的地方，在中国历史上具有重要的地位，改革开放以来更是发挥着排头兵的作用。”[16]尤其是在立法机制创新方面，广东被誉为“立法试验田”，创下了多个“全国第一”。[17]但目前一些认识上的不足，妨碍了广东人将“敢为天下先”精神的发扬光大。

一是对广东“立法试验田”的区位优势和及时政策法定化的重要性认识不足，对“先行先试”经验的总结、提炼，以及将体现地方特色的成功经验和政策法定化不及时。坐等依赖“政策红利”，以为“简政放权”就是法治。在维护市场竞争秩序、降低市场准入门槛方面，政府职能转换仍处于“简政放权”阶段，市场竞争不充分，法律机制的撬动作用不明显。政府支持经济发展手段方式陈旧，仍然习惯于以“补贴”“优惠”政策代替扎实的市场法治环境建设。目前，很多官员仍把建立自贸区看成是取得优惠政策的一种制度安排，广东自贸实验区在法制上还没有重大突破。

二是对依法行政、审慎监管和保护改革、促进创新之间的辩证统一关系认识不足，对在妥善处理好大数据、云计算数据等互联网领域的发展创新与安全规范管理方面的立法研究不足，对互联网领域的管理以临时政策为主，导致管制政策武断、随意，与互联网思维特别是以支持全球化公司产品生产为目标建立现代化数据网的理念相左。这在一定程度上既阻碍了海外直接和间接投资的引进，也妨碍了内地以智能生产为主导企业的发展和创新潜力。同时，对互联网时代吸引全球研发人才留在广东、抢占国际商事仲裁服务市场的巨大份额，以及构建我国领衔的“一带一路”倡议争端解决机制都有不利影响。

三、构建新时代地方立法科学机制的框架思路

党的十九届四中全会决定重申要“全面推进科学立法、严格执法、公正司法、全民守法，推进法治中国建设”。目前，国家统一法制下的地方授权立法权限日趋宽泛，广东地方立法在通过实验和试错的改革方式来放大法治效应方面大有可为。具体的工作思路是立足广东省情，建立科学的立法预测评估机制，

---

16 岳宗：《广东省召开全省领导干部会议 赵乐际宣布中央决定胡春华任广东省委书记》，载《南方日报》2012年2月19日。

17 刘冠南、陈捷生：《法治领航 南粤闯出新天地》，载《南方日报》2015年11月26日。

提高立法质量，及时将“先行先试”中行之有效的政策法定化，推进制度型开放，高质量打造稳定、公平、透明、可预期的法治化国际营商环境。

（一）优化制度供给，加快政策法定化，完善立法规划项目库入库制度，建立立法预测和评估招投标制度

对广东“先行先试”经验及时总结，加快政策法定化的步伐。对于已经被实践证明是行之有效且关系到改革发展稳定、加快转变经济发展方式，调整产业结构、保障和改善民生、加强和创新社会管理等方面的政策措施，应优先法定化。为此，要完善立法规划项目库入库制度，入库立法规划要以建立在社会效应的多重成本—收益变量分析基础上的立法预测为基准。通过对立法的社会背景和社会需求的科学分析预测，在着眼长期法律效能的基础上，制订突出重点领域的长远立法规划。

立法预测是一项要求使用一定的科学技术、涉及学科领域较为广泛的活动，建立科学的立法预测模式是一项专业性极强的工作。我国目前的立法模式决定了立法预测只能是由立法主体组织有关专家、学者以及其他人员进行。立法主体采用课题招标的方式进行立法预测，并建立立法预测招标课题评审专家库，这是在不增加立法机构专职人员情况下的最有效的方法。立法主体以课题招标的方式确立立法预测编制日标。但是，课题招标不应以立法主体预设主题的方式进行，这样会导致立法预测一开始就成为立法主体的自我估测，不利于集思广益。立法主体只需设定招标的大致范围，如有关建立健全社会主义市场经济法律体系的立法预测，有关建立社会管理长期稳定机制的立法预测等。

（二）注重立法设计，以具体制度将法治的思维根植于政府行政决策者的头脑中，强化制度执行力

立法的效能在于实施和遵守，就立法机关而言，欲以立法形式规制某一社会现象，对应的制度设计必须具备赫尔维茨意义上的“可实施性”，在纳什均衡概念下，通过司法机制使得受规制主体有足够的激励选择法律设定的行为模式，[18] 从而强化制度的执行力。法治思维产生并支配法治方式，正如习近平总书记一再强调的“要发挥法治对转变政府职能的引导和规范作用，既要重视通过制定新的法律法规来固定转变政府职能已经取得的成果，引导和推动转变政府职能的下一步工作，又要重视通过修改或废止不合适的现行法律法规为转变政府职能

18　参见杨哲英、关宇编著：《比较制度经济学》，清华大学出版社 2011 年版，第 36 页。

扫除障碍”。[19]依法行政要成为政府行政的基本原则，执政者由管理型思维转变为法治思维尤其重要。通过高质量立法，以具体制度将法治的思维根植于政府行政决策者的头脑中，形成“强制执行力”。

行政法律制度的精髓就是要在行政机关公务人员的行政活动中强力植入法治理念，转变并规制政府行为，提高行政决策水平。任何一项行政法律法规，要实现其以一种综合的方法挑战传统的管理方式的立法目标。立法时应设计一些细化条款，同时把制定配套法规摆在更加突出的位置，使得该项法律法规在具体操作方面有“强制执行力”，从而迫使行政机关判定其行政行为的社会影响，以避免政府职能转化停留于纸上谈兵。这样一种“具有强制执行力”的制度设计包括三个方面：一是强制公开披露信息，推进行政履职法定化。例如，制定和公布各级政府及其部门的权力清单、责任清单、负面清单、中介服务清单、收费清单，实现清单之外无权力。二是公众参与贯穿始终，增强行政决策科学性。例如，制定重大行政决策程序条例，把公众参与、专家论证、风险评估、合法性审查、集体讨论决定等确定为法定程序，使得公众参与成为实质性的，即以制度主体的身份参与到公共权力的运作中，确保公众对行政机关的监督作用得到充分有效的发挥。三是完善司法审查制度，提高行政执法公信力。

（三）推进制度型开放，以法律制度的竞争力和支撑力服务高质量战略，形成引领区域发展的法治化国际营商环境

推进制度开放，是法治软环境建设的最快捷途径。在经济全球化和区域一体化背景下，综合实力的竞争越来越受制于法律制度的竞争力和支撑力。广东要打造法治化的国际营商环境，优化制度供给的重点是从知识产权保护、市场公平竞争、促进成果转换、知识产权惩罚性赔偿等方面加强地方立法和执法。在经贸规则、法律规范、政府服务、运作模式等方面的探路先行使广东有先天独厚的区位优势。可以充分利用CEPA协议中对广东“先行先试”的承诺，通过梳理将正面清单中有关市场准入、知识产权、人才交流、电子商务、环境保护等方面的规定内化到广东省的地方法制中，为变革优化国内相关经济体制及法律体系提供立法准备。广东自贸试验区作为制度创新的新高地，可以考虑在广东自由贸易试验区内允许更加灵活的跨境数据流动，为利用法律法规和标准规范引导培育人工智能、物联网、下一代通信网络等新技术新应用提供“先行先试”经验。

---

19 《习近平谈依法治国——在中共十八届二中全会第二次全体会议上的讲话》，载《人民日报海外版》2016年8月17日。

法律法规系统配套是优化制度供给的充分必要条件。可以借鉴日本《工矿业技术研究组合法》、韩国《合作研究开发振兴法》，制定省级条例，推动构建一批企业主导、产学研合作的产业技术创新战略联盟，使企业成为名副其实的科技创新主体。同时，借鉴美国《小企业技术创新进步法》，在融资、创业人才引进、市场竞争环境的公平等方面向中小企业倾斜，促进中小企业的创新驱动发展。同时，以绿色开放的法治思维研究制定有关知识产权质押、股权质押、动产质押、保险等业务的法律制度，尽快出台《广东省优化营商环境条例》及相关配套措施。修订《广东省实施〈中华人民共和国政府采购法〉办法》，推动政府职能向提供优质公共服务方面转变。高新技术产业发展基金的设立与运作借鉴国际做法，子基金按照《公司法》《合伙企业法》的规定设立。在《广东省展会专利保护办法》的基础上制定《广东省展会专利保护条例》，加快粤港澳区域技术转移中心建设，形成综合性、国际性的创新资源交易交流平台。借鉴韩国《科学家教育法》，完善创新人才培养、引进和使用机制。

军民融合战略下我国空域管理体制改革法治化的基本路径

张超汉　蔡亚琦*

【内容提要】 加快推动空域管理体制改革、深化空域精细化管理、聚焦低空空域管理改革试点，是加快形成空中交通运输军民深度融合发展格局的重大举措。实现国家对空域的统一管理，建立安全高效的现代化空中交通管理体系，需要破解制约空域管理的体制性障碍、机制性矛盾和法治性缺陷，严格遵循空域管理改革“三步走”战略，坚持走军民深度融合发展道路，不断推动空域管理统一法律体系建构。通过制定《空域管理法》，解决统一性法律缺位的体制困境；通过清理和修订空管冲突性法规，解决单行性立法冲突的机制瓶颈；通过学习借鉴特色空管法治经验，解决部门性法规粗糙滞后的法治障碍。

【关键词】 军民融合　空域管理　体制改革　法治建设

航空业是国家战略性产业，在国民经济建设中发挥着基础性、先导性、服务性等重要作用。航空活动是国家政治、经济、军事生活的重要组成部分，是经济社会发展进步的重要支撑。构建现代综合交通运输体系，打造国际化的航空运输网络，是引领经济发展新常态、深化航空业供给侧结构性改革与支撑交

---

* 张超汉——西北政法大学国际法学院、军民融合发展研究院副教授，长安青年学者，法学博士、博士后；蔡亚琦——西北政法大学国际法学院助理研究员。本文系陕西省社会科学基金一般项目“空中丝绸之路经济带建设中的陕西航权开放法律问题研究”（2016F009）、教育部人文社会科学研究青年基金项目“冲突地区民航飞行风险预防机制及中国对策研究”（19YJC820070）和西北政法大学“一带一路”重大国际法问题研究青年学术创新团队项目的研究成果。

通强国建设的客观要求。[1]而空域是航空活动的基础性战略资源。随着航空活动的快速发展，空域资源的稀缺性、经济性日益凸显。[2]目前，中国现行空中交通管理体制仍沿用1950年建立的军队主管制度，存在诸多弊端，已严重制约中国民航业的纵深发展。

空域管理体制改革需立足于我国国情和空管实际，科学统筹公共运输航空、通用航空和军事航空协调发展的现实需求；按照国家统一管理的目标导向和空域管理改革“三步走”的战略，调整空管领导体制、管理机制和政策法制；按照军民融合发展战略思路，重构空域运行的管理体制；按照供给侧结构性改革要求，转变空域资源配置使用模式并通过法律固定下来，从而加快构建管理体制科学、运行机制高效、规划结构合理、法规标准健全、体系配套完善的国家空域管理系统，提高空域资源管理使用的科学化、集约化与精细化水平，[3]为建立航空强国提供有力的组织管理机制和法治保障。

一、我国空域管理体制的变迁与法治进程

我国空域管理法律制度的演进和不同时期空域管理体制的变迁密不可分。从20世纪40年代民国时期的“民用航空法”到20世纪90年代的《民用航空法》，空域所有权、管理权、使用权等权属问题在这一系列航空法律法规的实践中逐渐明晰，空域管理体制不断发生变化，空域管理的法律制度及法律体系也随之经历了形成期、建设期、改革期和完善期。

（一）20世纪40年代：空域管理体制与法治的形成期

我国空域管理的历史最早可追溯至20世纪40年代。当时空中交通量极小，中国航空公司和中央航空公司共载客约3万人次，货物约4000吨。[4]为保障飞航安全，促进民用航空发展，健全国内民航制度并与国际民用航空标准接轨，国民政府出台了《民用航空法》，该法第三条规定：“交通部为管理及辅导民用

---

1 《国务院关于印发“十三五”现代综合交通运输体系发展规划的通知》，载http：//www.mot. gov. cn/zhuanti/shisanwujtysfzgh/guihuawenjian/201703/t20170301_ 2170528. html，最后访问于2019年10月30日。

2 空域是地球表面以上可供航空器运行的一定范围的空气空间。空域资源是在空中交通运输生产上能够满足人类当前或未来使用需要，能产生使用价值并影响劳动生产率的空域要素。参见徐肖豪、王莉莉：《关于改善我国当前国家空域资源使用政策的建议》，载《南京航空航天大学学报（社会科学版）》2008年第2期。

3 蔡军：《深化空域管理体制改革，助力世界级城市群的建设》，载《民航管理》2017年第6期。

4 董襄宁、赵征、张洪海编：《空中交通管理基础》，科学出版社2011年版。

航空事业，设交通部民用航空局”；第四条规定：“空域之运用及管制区域、管制地带、限航区、危险区与禁航区之划定，由交通部会同国防部定之。”基于此，国民政府于1947年成立民用航空局，隶属于国民政府交通部。新中国成立前的民国空中交通管制虽有短暂的历史，但总体来看，尚未脱离空域管理建设模式的雏形，远没有在全国范围内构建起一个统一、完整、合理的空域管理体系，且未进行有效的空中交通管制。

（二）20世纪50年代：空域管理体制与法治的建设期

新中国成立后，空域管理面貌焕然一新。1949年11月，国家成立了中央军委民航局。为了维护国家领空主权，规范中华人民共和国境内的飞行活动，保障飞行活动安全有序进行，1950年11月颁布了新中国首部《飞行基本规则》，规定：“中国人民解放军空军司令部……各部门航空器包括军用飞机在民航航路飞行时受民航局空中交通管制部门指挥”，由中央军委下属的民航局对空中飞行活动进行管理，即空域管理权限完全由空军所有，对境内所有的飞行活动实行统一管制。此后，民航管理经过了一段徘徊于军地双方管制的发展历程：1952年民航局改属空军管理；1954年改为由国务院直接管理；1958年划归到交通部，并同时接受空军的部分指导；1962年又归属国务院直接管理，并同时接受空军的部分指导；1969年正式归属部队，作为国家军事力量的组成；1980年又脱离部队管理，重新划归至国务院直属局，但由空军代管。民航主管机构在多次改革过程中不难发现，20世纪50年代到80年代期间，我国的空域管理体制及法律制度建设处于起步阶段。在这一阶段，民航局具有指挥权的空域仅占全国空域的7%，空域的管理权和管辖权始终归于军队，且20世纪70年代修订的《飞行基本规则》也明确规定，军用航空器和民用航空器各自的飞行活动所适用的空域由军队统一管理。

鉴于新中国成立初期国内外严峻的空防形势，空军担负着繁重的国土防空任务，因此实施由军方统一管制、军民航分别指挥的空域管理极为必要。但是，这一状态也隐藏着较为严重的危机。首先，空军无法事先得知民航及其他用途飞机的具体飞行情报，无法对特殊情况作出相应的应急管理措施；其次，民航局由空军代管、归空军领导，民航局虽然能够掌握具体飞行情况的信息，但由于没有管制权，无法进行灵活指挥和调配；再次，如果在飞行中遇到特殊情况需要作出临时应变，民航部门需通过层级报告，最后由军方作出决定，从而导致实施具体飞行指挥的单位无法及时获取信息，贻误决断时机；最后，在一个空域、一条航线、一个机场之内，如果出现两个以上的单位组织飞行，因不同飞行器由不同单位管理，相互之间缺乏有效的协调，在实践中很容易发生军民航飞机相撞事件。

（三）20 世纪 80 年代：空域管理体制与法治的改革期

改革开放后，我国航空业迎来了大发展的春天。仅 1980 年至 1991 年运输总周转量年均增长就达 20%，1992 年达到 32%。航空运输发展速度虽然很快，但仍然无法满足经济社会发展对空运的需求。空域资源的固有稀缺性和总量有限性使原有空域管理体制的弊端逐步显现，人民群众日益增长的航空需求与空域管理体制之间的矛盾进一步凸显。究其原因，一方面，空域资源分布与地区航空运输体量不适应。东部航路网线密集，西部总体航线稀疏，西安、兰州、乌鲁木齐等区域性空域节点呈现紧张局面，导致西部 80% 的国土面积仅有 20% 的航空运输量。另一方面，空域资源稀缺严重阻碍航空业的长足发展，民航空域平面资源不足全国空域平面总资源的 20%，且民用航空航路航线必须避让军方划设的限制区、危险区、禁飞区等。军民航飞行矛盾开始显现，影响了民用航空的进一步发展。

为此，20 世纪 70 年代起，我国恢复联合国合法席位和国际民航组织成员国地位后，开始积极、全面学习国际民航组织有关航空运输、空中交通服务及空域划设、管理方面的标准和建议措施。[5] 1980 年 3 月，中央军委决定由国务院直接领导民航业，民航局成为国务院直属单位，但全国的空域管理与空中交通管制工作仍由空军负责。这次民航体制改革拉开了我国空域管理改革的序幕，空域管理体制及其法治建设步入改革期。这一时期有三个决定和一部法律值得注意：一是 1986 年国务院、中央军委决定成立国家空中交通管制委员会和国家空中交通管制局，负责全国的飞行管制工作。但 1987 年国务院在机构改革中撤销了国家空管局，空管委则被继续保留。二是 1990 年国务院、中央军委决定成立国务院、中央军委空中交通管制委员会办公室，明确空管委对全国空域管理工作实行统一领导，全国的飞行管制仍由空军组织实施，保持空军、民航分别负责空管工作的原则基本不变。三是 1993 年国务院、中央军委决定采纳空域管理考察报告中关于我国空域管理体制改革分“三步走”的战略规划，并明确提出空域使用应遵循平战结合、灵活使用的原则。四是 1995 年《民用航空法》，该法继承了上述 3 个文件中有关空域管理的原则和改革战略，其中第七十条明确规定“国家对空域实行统一管理”；第七十一条明确规定了空域划分和空域使用的基本原则，即兼顾民用航空和国防安全的需要及公众的利益。对于空域管理

5　谢进一、石丽娜编著：《空中交通管理基础》，清华大学出版社 2012 年版。

的具体办法，该法第七十二条规定由国务院和中央军事委员会制定。[6]

（四）2000年至今：空域管理体制改革与法治建设的攻坚期

自2000年以来，我国运输航空保持了年均13.6%以上的增长速度，已成为全球第二大航空运输体系。“十二五”期间，我国民航运输总周转量、旅客运输量和货邮运输量三大指标保持稳定增长。与此同时，军事航空训练强度加大，军机飞行量也不断增加。运输航空、通用航空和军事航空三大空域用户飞行量的大幅增长，对我国现行空域管理体制、机制和法制提出了严峻挑战。[7] 2002年3月《国务院关于印发民航体制改革方案的通知（国发〔2002〕6号）》指出，随着社会主义市场经济体制建立，市场供求关系变化，民航业竞争日趋激烈，我国民航管理体制、运行机制方面的一些深层次矛盾和问题逐步显现……不能适应完善社会主义市场经济体制的要求，不能适应加入世界贸易组织后国际航空业激烈竞争的需要，进一步深化民航体制改革已经成为当前的一项紧迫任务。为此，一方面，根据航空运输跨省、跨地区运作的特点，将当时的民航总局—地区管理局—省（区、市）局三级行政管理改为民航总局—地区管理局两级管理，保留民航华北、华东、中南、西南、西北、东北和乌鲁木齐7个地区管理局，由民航总局授权，负责对所辖地区的民用航空事务实施行业管理和监督，同时撤销先前的24个民航省（区、市）局；另一方面，按照集中统一的原则，建立民航总局空管局—地区空管局—机场空管中心（站）为一体的空中交通管理体系，三级空管机构分别管理和指挥各职能范围内的空域飞行活动。至此，我国民航管理体制改革基本完成。

在空域发展建设方面，2003年1月，国务院、中央军委联合发布《通用航空飞行管制条例》，专门创设了适应通用航空发展的临时飞行空域，[8] 划设临时飞行空域的批准权限视具体情形分别由军地双方飞行管制部门负责；[9] 为了进一

6 但遗憾的是，到目前为止，国务院和中央军事委员会并未根据该条的要求制定空域管理的具体办法。

7 孙卫国：《中国空域管理的改革方向》，载《民航管理》2017年第7期。

8 《通用航空飞行管制条例》第七条规定：“从事通用航空飞行活动的单位、个人，根据飞行活动要求，需要划设临时飞行空域的，应当向有关飞行管制部门提出划设临时飞行空域的申请。划设临时飞行空域的申请应当包括下列内容：（一）临时飞行空域的水平范围、高度；（二）飞入和飞出临时飞行空域的方法；（三）使用临时飞行空域的时间；（四）飞行活动性质；（五）其他有关事项。”

9 《通用航空飞行管制条例》第八条规定：“划设临时飞行空域，按照下列规定的权限批准：（一）在机场区域内划设的，由负责该机场飞行管制的部门批准；（二）超出机场区域在飞行管制分区内划设的，由负责该分区飞行管制的部门批准；（三）超出飞行管制分区在飞行管制区内划设的，由负责该管制区飞行管制的部门批准；（四）在飞行管制区间划设的，由中国人民解放军空军批准。批准划设临时飞行空域的部门应当将划设的临时飞行空域报上一级飞行管制部门备案，并通报有关单位。”

步规范民用航空活动相关空域的建设和使用，2004 年 5 月，原民航总局颁布了《民用航空使用空域办法》（CCAR—71），明确了空域是国家资源的法律地位，并提出空域建设和使用应当遵循七大基本原则：保证飞行安全、保证国家安全、提高经济效益、便于提供空中交通服务、加速飞行活动流量、具备良好的适应性以及与国际通用规范接轨等；同年 10 月，国务院、中央军委将空域使用的指导思想调整为："和平时期，重点保证民航事业的发展，同时保证军航需要，做到军民航协调发展；一旦战争突发，一切服从服务于作战需要"；2010 年 8 月，国务院、中央军委发布《关于深化我国低空空域管理改革的意见》（以下简称《低空空域管理改革意见》），该意见明确提出把低空空域管理改革作为今后一个时期国家空管改革和建设的重点任务，同时将分类划设低空空域、加快推进深化低空空域管理改革试点、构建低空空域法规标准体系等作为深化低空空域管理改革的主要任务和措施。

在协调空域管理方面，2012 年 7 月国务院发布的《国务院关于促进民航业发展的若干意见》（国发〔2012〕24 号）对空域、军民航空域协调、低空空域管理和与空域管理相关的法律法规等民航业的改革工作提出指导，推动形成一整套既有中国特色又符合低空空域管理改革发展特点的组织模式、制度安排和运行方式；《国务院关于印发"十二五"国家战略性新兴产业发展规划的通知》（国发〔2012〕28 号）紧接其后，将"加快制定民用航空工业法律法规，加速推进和落实低空空域管理政策"作为发展航空产业的重大政策；2016 年 5 月国务院办公厅发布的《关于促进通用航空业发展的指导意见》将科学规划空域、提高审批效率作为扩大低空空域开放的重要措施；研究制定并组织实施空域分类标准，在国（边）境地带、空中禁区、全国重点防控目标区和重点防空目标等重要地区划设管制空域；2017 年 2 月《国务院关于印发"十三五"现代综合交通运输体系发展规划的通知》（国发〔2017〕11 号）中明确提出要全面深化交通管理体制和空域管理体制改革，扎实推进空域规划、精细化改革试点和"低慢小"飞行管理改革、航线审批改革等重点工作，加快开放低空空域。在上述政策文件指导下，经过诸多改革实践和持续努力，我国空域管理体制改革攻坚期的基本目标顺利完成，空域管理法治建设得以发展与完善。

二、我国空域管理体制与法治建设存在的问题

（一）我国现行空域管理体制存在的问题

实现国家对空域的统一管理是我国空域管理的终极目标，但是目前空域管理仍存在着体制性矛盾、机制性障碍与法治性缺陷三大问题。随着空域资源供

需矛盾加剧，我国军民航空中交通需求的快速增加与空域容量供给不平衡、不充分之间的矛盾日益突出，空域日益拥挤、延误不断增加、服务品质不断降低三大问题更加突显，[10]成为我国空域充分、合理、有效利用的瓶颈和障碍。

首先，从空域管理体制上看，“统一管制、分别指挥”的空域管理体制已越来越不能适应经济社会的发展，与民航业迅猛发展的态势之间的矛盾越来越突出。在这一体制下，全国的飞行活动由空军实行统一管制，空军和海军航空兵指挥军用航空器，民航指挥民用航空器和外国航空器。在过去几十年中，这种空域管理体制为保证军民航飞行安全作出了重大贡献。但是，随着民用航空事业的迅速发展，“统一管制、分别指挥”这一管理体制的弊端暴露得越来越明显：飞行指挥不统一，在一个空域内有多个机构指挥，航空器遇到紧急情况需要临时改变飞行状态时，因请示层级多，有时得不到及时答复，容易失时误事，酿成事故；航空设施建设不统一，管制手段落后，不同程度地影响了空中交通的通畅和效率。[11]

其次，从空域管理机制上看，“条块分割式”的空域规划结构与军航、民航二元分离的管理结构导致空域资源配置不平衡、使用不充分。我国现行航路航线网络是在20世纪70年代划设的。由于历史原因，目前军民航机场交错分布，民航航路航线与军航训练空域交叉重叠、相互影响，空域结构矛盾点多；民航航路航线没有确定上下限，军航训练空域固定划设，没有建立主动释放机制，造成空域资源使用效益不高。[12]军民航两类不同的飞行管制主体既是空域的管理者，也是空域的使用者；军民航管制区的划定、飞行程序和运行标准的不统一又造成了军民航飞行矛盾的扩大，埋下了潜在的航行安全隐患。根据《飞行基本规则》第二十八条的规定，我国境内的飞行管制实质上由空军统一组织实施。而此规则确定的军队主导空域体制赋予了空军管理空域资源的最高权限，这种空域管理权力过大，易使民航在空域资源分配中缺失话语权，导致空域资源配置出现严重失衡。

（二）我国空域管理法治建设存在与面临的主要问题

我国空域管理法律制度的发展以政策驱动为直接动力、以产业发展为根本动力，其法律制度体系以军航法规为实际主导、以民航法规为辅助补充。这两大特点基本反映了目前我国空域管理法律制度的客观情况，即空域管理主体不

10 苗旋：《空中交通需求与空域容量供给失衡探析》，载《中国民用航空》2013年第2期。

11 曹建海：《自然垄断行业的竞争与管制问题研究——以中国民航运输业为例》，载《中国工业经济》2002年第11期。

12 孙卫国：《中国空域管理的改革方向》，载《民航管理》2017年第7期。

统一、空域管理效率事倍功半，空域划分被特定功能相对固化，空域资源难以物尽其用，空域管理制度中救济制度严重缺乏。[13]空域管理的客观现实映射在现行空域管理法治体系建设上，主要表现为以下三大问题：

1. 统一性法律缺位：我国空域管理法治建设面临的体制困境

我国空域管理法律体系缺乏全国统一的空域管理基本法，且空域管理和使用的法规标准不完善、不一致，存在制度层面上的缺陷。现有空域管理法律制度体系中位阶最高的是《民用航空法》，整体上确立了航空法在国家法律体系中的地位，基本建立起了我国民用航空法律体系的架构，但就空域管理而言，该法仍存在着明显的局限性，如对空域的性质、划分、使用、管理等影响空域资源使用效率的关键事项并未进行规定，对空域管理的主体、职责、权限和原则也没有明确。另外，作为现有空域管理法律制度体系中实效最强的《飞行基本规则》，其与《民用航空法》由不同的立法主体制定，立法目的也不同，故在空域管理实践中，各个部门、各个地区对空域划设标准尺度的掌握不尽相同，难以形成步调一致、部门齐全、法规完善的空域管理法律体系，极大地降低了空域管理的效率。随着航空强国建设的推进，继续以“军民分离、重在管制”的简单思维主导空域管理体制，已不能适应国家航空现代化和经济高质量发展的时代需求。因此，只有打破军民航分离体系，制定军民航统一的《空域管理法》，才能从根本上解决空域分类管理及与此相关的体制性问题；明确空域的属性、空域类别、管理体制、服务标准，简化通用航空使用空域的程序，保障军用、民用、通用三大航空用户主体依法使用空域的权利，[14]在充分考虑国土防空安全的基础上尽量减少军方训练对民航、通航发展的影响，最大限度地满足航空用户对空域的需求。[15]这是突破我国空域管理法律体制的困境所在。

2. 单行性立法冲突：我国空域管理法治建设面临的机制瓶颈

我国空域管理法律体系先天存在着单行性立法相互冲突的机制瓶颈。同一片空域允许两个职能完全不同的主体依据各自的法规和规章进行管理，必然出现法律冲突的局面。《民用航空法》《中国民用航空飞行规则》以及《民用航空使用空域办法》等规范性法律法规与军用航空空域管理法规之间具有较大差异。这些法律规范存在的冲突，造成空管主体行为效率低下、职责不清、依据模糊、

---

13 李亚凝：《综合交通运输体系下无人机安全运行法律制度研究》，载《中国法律评论》2018年第2期。

14 罗群辉：《加快〈航空法〉立法 解决通用航空发展瓶颈》，载人民网，http：//finance. people. com. cn/caac/BIG5/114103/12055769. html，最后访问于2019年11月10日。

15 冯军红：《西部地区通用航空发展分析》，载《科技创新导报》2015年第33期。

责任不明等问题，无法满足空域高效公平、公正有序的管理需要。[16] 例如，在空域管理运行标准方面，《飞行基本规则》通常要求军航以穿云航线等非精密仪表或者目视飞行为主，而《中国民用航空飞行规则》则要求民航必须以精密仪表飞行以保证飞行安全；在空域管理差错标准方面，民航主要适用行业标准《民用航空器飞行事故征候》，而军航则缺乏明确的差错标准。空域管理运行标准和差错标准方面的差异说明，空域资源的传统管理模式已越来越难以适应民航发展的需要。[17] 尽管军方领导的国家空管委在制定和发布空域管理政策文件时，较多地通过国务院和中央军委联合或共同发布空域管理的决定、命令及行政措施，但从空域管理的实际效果来看，军方领导下的空管委既是空域活动的重要参与者，又是空域管理规则的制定者，具有双重身份，由此制定的空域管理文件较多倾向于维护军方的空域利益，易忽视民航在空域使用方面所提出的相关诉求和主张。这种管理体制的缺陷表现在空域管理法律制度中，即形成了空域管理的单行性立法冲突。这一问题是我国空域管理法律发展的机制瓶颈，必须在空域管理统一性立法中加以解决。

3. 部门性法规滞后：我国空域管理法治建设面临的法制障碍

在一个划定的管制区域内，由一个空中交通管制单位负责该空域内航空器的空中交通管制，是国家对空域实行交通管制的基本原则，也是世界各国空中交通管制发展的总趋势。我国1995年《民用航空法》第七十条、第七十一条明确规定了空域管理的基本原则，但至今仍未通过法规细则和部门规章对该基本原则进行具体落实。以低空空域管制为例，《飞行基本规则》《通用航空飞行管制条例》《民用航空使用空域办法》《一般运行和飞行规则》和《中国民用航空空中交通管理规则》等法规对低空空域飞行予以规范，但是这些法规条例对低空空域飞行的管理方式比较粗放，不够精细，缺乏灵活性，与国际低空空域管理法律制度相比，滞后性明显。在《低空空域管理改革意见》出台前，我国一直将低空空域作为管制空域进行管理，导致低空飞行的空域审批程序复杂、环节多、时限长，通用航空主体持续多年反映该问题，[18] 严重影响了低空飞行运行的效率。在此背景下，部分通用航空飞行器的拥有者和运营单位不惜铤而走险，违法违规飞行，这也从侧面反映出我国低空空域管理明显滞后于通用航空实践的发展。除此之外，从通用航空业的发展实际来看，通用航空大多为“低

---

16 郝秀辉：《我国低空空域管理法规体系建构论》，载《北京理工大学学报（社会科学版）》2012年第1期。

17 熊小勇：《我国空域资源管理相关法律问题分析》，载《中国民用航空》2012年第10期。

18 董念清：《中国通用航空发展现状、困境及对策探析》，载《北京理工大学学报（社会科学版）》2014年第1期。

空、慢速、小目标”的飞行，通用航空器种类较多且差异大、业务范围广，但其组织与人员培训机制弱、受外界干扰因素大，积累了通用航空的飞行安全风险。因此，随着通用航空业的发展日益壮大，有关部门更应重视行政机制的放管结合和法律规范的宽严相济。我国现行的《飞行基本规则》和《通用航空飞行管制条例》虽然列举了航空活动应当遵守的规则及应当予以处罚的违规情形，但是对于惩处违规行为的执法主体、执法程序、执法手段、惩罚措施均缺乏明确的规定。[19]

因此，对于空域管理改革中条件还不成熟，需要进一步先行先试的空域管理法律政策，应当按照《立法法》的规定，依法定程序作出授权，既不允许随意突破既有法律红线，也不允许简单以现行法律没有依据为由迟滞改革；对不适应空域管理体制改革要求的军航空域管理法律制度和民航空域管理法律制度，应当及时进行修改或废止，不能让一些过时的、滞后的、与航空产业发展不相适宜的法律条款成为空域管理改革的“绊马索”，不能让一些相互冲突的、相互掣肘的、效率较低的法规条例成为实现国家对空域实行统一管理的“绊脚石”。

三、我国空域管理体制法治化建设的基本路径

（一）坚持走军民融合发展之路是完善空管法治的现实路径

1. 军民航深度融合是全球航空业发展的趋势和我国实施军民融合战略的必然要求

空域不仅是国家资源的组成，更是国家主权的象征。空域的双重特性决定了空域的发展必须同时承担国家经济建设与国防安全建设的双重任务，走军民航深度融合发展的道路。当前，全球航空发达国家无不重视航空业的军民融合，通过实施军民融合政策加速军用技术民用化，[20] 促进军民航融合式发展，不断开放空域并持续加强空域安全监管，[21] 推动空域资源统一管理，不断改进空管体制、完善空域保障体系，以合理、有效、充分地利用空域资源。

以美国空域管理为例，早期美国空管由军航和民航负责，产生了航路紧张、空中碰撞等负面影响。经过空管体制改革，美国修改 1938 年《民用航空法》，

---

19 罗群辉：《尽快制定航空法 促进通用航空发展》，载腾讯新闻网，https：//news. qq. com/a/20100311/002890. htm，最后访问于 2019 年 11 月 9 日。

20 宋琳、刘昭：《国家政策：技术与市场经济的融合——以中国民用无人机技术发展为个案研究》，载《北京科技大学学报》2016 年第 5 期。

21 李寿平、欧阳彦美：《美国通用航空产业发展的法治经验及对中国启示》，载《时代法学》2015 年第 1 期。

通过了1958年《联邦航空法》，成立联邦航空局。其主要职责是保证航空安全和管理国家空域资源，制定航空安全法规和技术标准，提高空域使用效率和充分使用航空导航设施，促进民用航空发展。联邦航空局统一管理全国空域资源，平时隶属运输部，战时归入国防部。为协调战时空中交通管制指挥权，美国航空法明确规定，平时，民航可充分和优先利用空域发展经济；战时，总统可将运输部长的权力交给国防部长行使。为协调军民航关系，美国在国防部设立一个政策委员会，由民航和军航各派员参加，共同负责协调军民航关系，理顺了两者关系。另外，1995年美国引入协调决策理念，在管制机构和空域用户间建立了协同决策机制，利用统一信息平台协调矛盾，共同评估决策，确保管理方案最优化。通过建立统一的军民共用空管系统，高效地协调全国空域，既促进了商业航空的发展，又满足了国防的需要。[22]此外，加拿大、英国、俄罗斯，甚至是后起的发展中国家如巴西等，都从20世纪下半叶开始以不同方式改革空管体制，或由国家统一管理，或由军民航共管，或由空管公司统一管理，从而使空域资源得到充分开发。这种实行统一管理、军民航融合发展的模式，已成为全球航空业发展的大趋势，[23]与我国正在推进的军民融合深度发展战略的现实要求相一致。

2. 军民航空域动态管理和灵活使用机制是空域管理体制改革的重要抓手

我国航空业正处于飞速发展期，空域资源利用率低已成为制约空中交通发展的主要因素。[24]空域作为一种有限的战略资源和经济资源，随着民用航空、通用航空的发展而日益紧张，空域拥挤状况变得越来越突出，航班延误频发，不仅影响了人们的日常出行，也制约了我国航空经济的发展。因此，提升空域使用效率成为当务之急。目前，我国依旧遵循传统的空域管理方式，即空军控制着绝大多数空域，民航只能在预先划定的民用航道飞行，且民航与军航的空管部门分别对其航空器提供管制服务。这套军民航联合运行体系虽然保证了航空器的安全运行，满足了空军对空域资源使用的主动性，保证了国家的领空主权，但随着民航和通用航空对空域利用需求的日益增多，该机制在运行中逐渐暴露出一些问题，如空管基础设施标准不统一、管制指挥方式差异较大、空域使用不灵活、运行体系不完善、信息传递不畅通、[25]航路结构单一、航路分布

---

22 张超汉：《完善空域管理，促进航空发展》，载《中国社会科学报》2016年10月19日。

23 张超汉：《完善空域管理，促进航空发展》，载《中国社会科学报》2016年10月19日。

24 高海超、于淼：《欧洲空域灵活使用对我国空域管理的启示》，载《指挥信息系统与技术》2014年第1期。

25 卓星宇等：《我国军民航空管联合运行的运行体系和信息传递》，载《交通企业管理》2016年第3期。

不均等。长此以往，临时航路短缺导致只能依靠减少流量等方式缓解空中交通拥挤；各机场空域条块分割、不同情报区依据各自的要求进行管理，缺乏空域共享机制；军航空域固定划设多致使训练中无法及时释放空域资源。基于此，我国有必要借鉴欧洲国家的“空域灵活使用”方案，[26]在军民航协调方面进行改革的同时，尝试建立空域动态管理机制和灵活使用机制，通过对空域结构的实时灵活调整来实现空域使用需求的平衡。[27]

首先，在军民航关于空域使用矛盾较多的地区建立空域灵活使用机制，即根据空域资源的使用状况对临时航路进行优化设计，建立计划协调、运行协调、应急协调三个层次的空域使用协调机制，针对不同层次的问题及时处理，实现空域资源从静态管理向动态管理转型，提高空域资源利用率。

其次，加大力度开发西部地区的空域资源以缓解东部民航航路过于密集的状况。在实现上述空域动态管理的情况下，在西部划设更多航路，将东部飞往东欧甚至是西欧等地区的航线转移至西部地区，舒缓东部航线航路密集分布压力的同时提高西部地区空域资源的使用率和国家整体空域资源的使用率。

最后，应在空域动态管理成熟时打破传统的军航、民航分区块对空域资源进行管理的状态，在空域管理委员会的基础上成立实体性的国家空域管理局，对军民航进行统一管制，减少由于分散管理而出现的协调度低、矛盾多等情况，实现航空领域的军民深度融合。

3. 低空空域的开放与管理改革是军民航深度融合下空域管理的重点领域

我国将真高1000米以下的飞行称作低空飞行，[28]低空空域分为管制空域、监视空域和报告空域三大类。[29]随着民用航空技术的不断发展，真高1000米（含）以下的低空空域使用问题成为航空业发展的焦点。低空空域的主要用户为通用航空，即除军事、公共航空运输以外，主要从事抢险救灾、科学实验、喷洒农药等飞行活动。作为发展中大国，我国通用航空在经济发展、科技进步的

---

26 “空域灵活使用”这一概念源自欧洲航行安全组织（EUROCONTROL），在20世纪80年代的欧洲，空中交通量以每年10%的速度飞速增长，随之产生的问题是欧洲东南部和南部由于空域用户拥挤，使得25%的航班出现延误的情况。为了解决这一问题，欧洲民用航空会议经过研究和实践，达成一致意见，即建立欧洲中央流量管理单元以实现空中交通流量管理，推进欧洲空中交通管理程序一体化，其中空管部分的重要内容便是空域灵活使用（Flexible Use of Airspace，FUA），空域灵活使用侧重于军民航在国家范围内实现空域资源共享和空域资源协调配置。参见［法］简·保罗·罗默尔等：《空域灵活使用的途径》，秦绪林编译，载《空中交通管理》2009年第12期。

27 滕英元、高申坤：《基于动态空域管理的安全性研究》，载《沈阳航空航天大学学报》2011年第4期。

28 闫少华、邢文文：《国际低空空域管理办法与启示》，载《中国民用航空》2009年第11期。

29 陈林：《低空空域管理改革与通用航空的发展》，载《空运商务》2012年第18期。

带动下，在农业灌溉、科学探测、气象观察等方面的运用日益增多。空域条件是制约通用航空发展的关键因素。我国目前低空空域限制多、开放不足，存量空域资源中管理手续复杂，及时性较差，存在“有飞机却不能飞”的状况，[30]导致通用航空发展受阻，加之缺乏相关法律法规的规制，一方面经常出现无人机等新型航空器干扰民用航空正常运营的现象；另一方面严格限制了无人机的使用范围，使无人机物流产业的发展面临巨大的空域飞行障碍。[31]

低空空域开放及其管理制度、法律法规的完善，是我国空域管理发展的重要组成部分。可以说，低空空域开放、低空开放后的管理问题，[32]是阻碍通航产业发展的根本，是导致公共航空运输与通用航空运输产业结构严重失衡的根源。[33]低空空域运行管理机制的建设应当以广泛的宣传教育为基础，以合理的职责分工为前提，以科学的空域分类为抓手，以完善的立法执法体系和监督考评机制为保障。[34]早在2010年，国务院、中央军委印发了《关于深化我国低空空域管理改革的意见》，对我国低空空域管理的深化改革作出若干部署，强调要解决“上天难”的问题。但时至今日，低空空域管理改革进展缓慢，试点空域“孤岛”问题突出，空域管理、安全管理、飞行服务保障设施建设等方面仍难以满足通用航空发展需求。[35]由此，笔者认为，可从以下几个方面应对这一问题：

（1）建立低空空域管理机制

我国目前的空域划分中尚未对低空空域进行合理划设。对于飞行计划的报告主体，只能依靠用户个人或者通用航空单位自己申报。在传统的空域用户分类中，低空空域用户处于边缘地位，这就决定了使用低空空域需要向多个航空管制部门申请，致使低空空域使用程序复杂，无法体现通用航空的灵活性，降低了低空空域的使用率，造成空域资源浪费。因此，低空空域管理机制的建立，可通过利用互联网、云计算、大数据等先进信息技术，对空域数据进行整合、处理、挖掘、分析，[36]建立空域数据统一管理机制与平台，从根本上提升飞行

30　李堃：《加快我国通用航空发展的建议》，载《宏观经济管理》2014年第12期。

31　郑翔：《无人机物流业发展的法律障碍和立法思考》，载《北京交通大学学报（社会科学版）》2018年第1期。

32　许冀威：《基于数据分析的中国通航发展情况研究》，载《中国民航飞行学院学报》2017年第5期。

33　赵冰：《我国通用航空经济的发展模式研究》，载《改革与战略》2015年第12期。

34　刘鲁江：《关于持续深化我国低空空域管理改革的探讨》，载《中国民用航空》2011年第7期。

35　胡祖才：《释放市场潜力、扩大有效供给，促进通用航空业持续健康发展》，载《宏观经济管理》2016年第7期。

36　赵光辉：《大数据与交通融合发展的特点与展望》，载《宏观经济管理》2018年第8期。

流量战略管理水平与空域管理机制运行能力。通过建立空域管理大数据，辅助国家空域管理改革决策；应用空管大数据，推进飞行安全和风险管理；挖掘空域大数据，进行空域精细化管理；活用空管大数据，构建统一性的空管数据库以实现军民航空管数据共享。[37] 通过健全“事前预防—事中监管—事后服务”的低空空域资源配置和服务机制，加强各航空管制部门之间的协调性，有利于减少低空空域用户的使用成本，提高低空空域利用率，推动我国通用航空业的发展。

（2）建设低空空域配套保障体系

低空空域的使用主体基本上是通用航空。目前，通用航空发展面临多方面挑战，通用航空整体发展水平严重滞后于公共航空运输，[38] 原因之一就是缺乏相应的软硬件配套保障设施。在硬件方面，目前适用于通用航空的机场及临时起降点较少，这源于两个重要因素：一是机场建设实行严格审批制，二是让通用机场“享受”了运输机场的“待遇”。[39] 再加上塔台及其他空管硬件的缺失，既限制了通用航空功能的发挥，也限制了低空空域的使用。在软件方面，通用航空技术人员的短缺使通用航空飞行器及相应的空管服务无法满足目前通用航空业的发展需求。众所周知，飞行员和管制员的培训是高成本、高投入的。如果没有足够的飞行员及其配套技术人员，即使短期内从国外引进专业人员对管制中心进行建设，也仅能暂时解决通用航空发展的困境。管制技术人员的缺失导致低空空域内运行的航空器无法得到良好的空管服务，增加了飞行安全隐患。因此，加强对低空空域用户及其管制服务等方面的软硬件投入，有利于完善我国低空空域服务体系，促进我国空域管理体系和技术的成熟。

（3）健全低空空域法律法规

低空空域管理效率的提升依赖于法律制度的保障。目前我国规制低空空域的法律法规存在缺失，行业规章和行政法规之间存在碎片化和零散化的特点，没有一套成体系的制度规范。因此，我国应首先适时制定一部适应国情的《空域管理法》，并在该法中明确界定低空空域的概念、性质；其次为了保证该法的有效实施，我国可颁布相应的行政法规、部门规章；最后在上位法律、法规原则的指导下，我国应制定相应的行业手册，鼓励低空空域用户进行自律管理。通过这三个层级法律法规的有机组合和有效规制，促使低空空域管理制度化和

37 谭经纬等：《基于信息融合的空管大数据构建路径研究》，载《创新科技》2018 年第 3 期。

38 张军：《空域开放背景下我国私人飞机制造业面临的机遇与挑战》，载《特区经济》2012 年第 3 期。

39 董念清：《中国通用航空发展现状、困境及对策探析》，载《北京理工大学学报（社会科学版）》2014 年第 1 期。

体系化，以带动低空空域用户发展，保证低空空域使用的安全性和高效性。

（4）合理划分和有效利用空域资源

提高空域使用效率、提升空域容量的关键，在于如何优化配置和及时调整空域资源。[40]空域管理的本质即通过对空域资源进行合理配置以满足不同空域用户的需求。但目前来看，一方面，随着经济社会的发展，在我国境内从事航空活动的单位、人员越来越多，航空活动量越来越大，空域资源越发紧张，亟须建立健全空域管理与航空产业有效对接、相互促进的良性互动机制。[41]另一方面，随着城市化步伐加快，机场净空环境日益恶化，许多机场逐渐陷入城镇的包围之中，这使得航空安全问题越来越复杂，矛盾越来越突出，管理难度越来越大。[42]我国现有的《民用航空法》并未涵盖我国领空活动的所有法人，也未涉及军事、警务、海关缉私飞行等航空活动，以致产生许多干扰和损害空防安全、飞行安全、公共航空安全的不法不当行为。因而，实施空管一体化、合理划分和利用空域资源，成为完善我国航空法律体系，提高航空安全法治化水平的必然选择。根据国际民航组织和航空发达国家的先进经验和做法，设立一体化、统一性的空管机构，保障航空安全，建立互信、互利、开放、公平与兼容的空域管理原则就显得尤为必要。[43]因此，应鼓励国家设立独立的空管部门对全国空域进行调配与管理，以此优化空域使用效率，实现军民融合深度发展。

（二）坚持不懈地建构空管统一性法律是完善空域管理法治的应然路径

1. 尽快颁布《空域管理法》，解决统一性法律缺位的体制困境

实现国家对空域的统一管理，笔者认为，应当首先解决空域入宪问题，在宪法中明确规定空域属于国家所有，空域在平时主要用于国家航空事业；其次将空域问题从《民用航空法》中分离，制定独立的《空域管理法》，以调整包括但不限于中华人民共和国境内的民用航空、军用航空等任何飞行活动，并重点规定以下内容：第一，明确空域的法律性质，空域属于国家所有，把对天空的认知从领空主权向空域资源转变，尤其要明确空域资源的经济属性；[44]第二，在坚持空域资源由国家所有的前提下，明确空域的管理主体、使用主体，对空

40 黑妍茹、胡明华：《空域资源优化配置及调整策略研究》，载《中国民航大学学报》2011年第2期。

41 陈爱莲：《大力发展通用航空产业》，载《人民论坛》2016年第9期。

42 张超汉：《完善空域管理，促进航空发展》，载《中国社会科学报》2016年10月19日。

43 张超汉：《完善空域管理，促进航空发展》，载《中国社会科学报》2016年10月19日。

44 王锡柱：《空域私法权利建构论纲》，载《河南财经政法大学学报》2017年第5期。

域使用采取分类管理的制度，如公共航空运输空域管理、通用航空空域管理和无人机空域管理，并将防空识别区制度、禁空制度等纳入其中。同时还要明确空域资源管理、使用、服务、收益各方在不同空域类型中的权利义务，[45]依法保护空域使用者的合法权益；第三，明确各单行性空域管理法规必须以综合性的《空域管理法》为纲，使空域管理法律体系更加科学、系统，可操作性更强，目标更明确，以增强空域管理体制的权威性和有效性。从空域长远发展来看，空域管理法规体系应形成以《空域管理法》为依据，以《空域使用管理法》为基础，以《通用航空飞行管制条例》和《低空空域使用管理条例》为主体，以相关法规为重要补充的层次分明、相互衔接、内在统一的法律规范体系。[46]需要说明的是，有观点认为我国的空域改革应当趋向于赋予人民飞行自由或承认其低空使用权，但是鉴于“赋予人民飞行自由将直接改变我国空域立法的规范路径和航空管理的制度设计”，[47]且航空自由作为一项基本权利，实非《空域管理法》所能拟制，因此，目前暂时不宜将其纳入空域管理立法议程中。

2. 及时清理修订空管冲突性法规，破解单行性立法冲突的机制瓶颈

我国现行空域管理立法除了缺乏国家层面的统一性法律之外，还存在着大量的单行航空立法之间相互冲突、单行航空法规与国际航空条约相冲突、现行航空法规与航空产业发展不相适应等诸多问题，需要下大力气进行清理和修订，为国家扫除空域统一管理在法律实施过程中的障碍。目前，我国形成了以《飞行基本规则》为引领的军航空域管理法规子体系和以《民用航空法》为基本法，以《民用航空使用空域办法》《中国民用航空飞行规则》《民用航空空中交通管理规则》《民用航空通信导航监视工作规则》《民用航空情报工作规则》和《中国民用航空气象工作规则》为民航空域管理法规子体系，两大不同法规体系在空域管理的具体实施过程中经常出现法律冲突。在当前我国实施军民融合法治规划的背景下，某些不适应空域管理体制改革要求的法律规范应及时修改或废止，必须在空域管理统一性立法实施之前，通过规范性文件的清理和修订使其与统一性立法保持高度一致。具体而言，我国应对《飞行基本规则》和《中国民用航空飞行规则》中相冲突的内容进行技术性规定；修订《飞行基本规则》与《民用航空法》《民用航空使用空域办法》的法律规范所冲突的地方；修订空域管理运行与人员培训标准的冲突之处，使军民航空域管理标准尽可能保持一致，以更好地实现军民航空域资源的融合式开发利用。

45　黄俊等：《我国通用航空发展影响因素》，载《沈阳航空航天大学学报》2015 年第 5 期。

46　赵晓冬：《关于低空空域管理法制建设的思考》，载《中国民用航空》2010 年第 6 期。

47　陈学军：《低空开放背景下的低空使用权》，载《北京航空航天大学学报（社会科学版）》2016 年第 1 期。

3. 参鉴国内外空管法治建设有益经验，解决部门性法规滞后的法制障碍

近年来，我国在空域分类、低空空域管理改革、临时航线管理、小机场大分区空域管理改革等方面进行了有益探索，形成了一系列有利于空域管理和有效利用空域资源的政策和规定。但这些符合我国国情和国际惯例、促进军民航达成共识的空域管理改革成果，只有上升为国家法律规范，才能为合理、充分开发利用空域资源提供稳定的制度保障，才能有效解决军民航协调困难、空域利用率低的问题，才能有助于解决因空域管理部门性法规滞后而造成的法制障碍。[48]因此，推进空域管理法治体系建设，要立足于我国空域管理体制改革及其法治实践，不断运用法治思维和法治方式总结有益经验。同时，空域管理法治化要以科学化为前提，须积极借鉴其他航空大国的空域管理模式。目前，全球空域管理朝着军民空管一体化的方向迅速发展，主要航空大国（地区）和航空组织无不通过国内立法或改革积极推进本国空管一体化建设。例如，国际民航组织通过推行“全球空中航行计划”，在机场运行、航站和航线运行、潮汐式运行、空管自动化和信息交流机制这五个方面实现了空管一体化；美国空域管理法律的统一化从联邦航空管理局成立之前的空管立法到1958年《联邦航空法》，再到代表美国新一代航空运输系统的《Vison 100法案》，都遵循着空管法律一体化、统一化规律，努力打造更加可靠的安全保障措施，使机场、空域和空管保持协同运行，使航空器安全运行和空中交通管理高效运作；英国的空域管理机制采用联席制管理模式，即军民航在统一空中交通管理系统中联合实施空域管理的模式，由英国国家空中交通服务公司（National Air Traffic Service, NATS）统一提供空中交通管制服务，实现面对面的空域协同管理，建立了有效的军民航协调和灵活使用空域机制，并由英国国家空中交通服务公司对军民航的协调问题作出处理；德国经过40年的调整改革，各自独立运行的军民航空管系统才最终实现了空中交通管制服务（Deutsche Flugsicherung, DFS）的一体化，基本满足了德国目前以及未来空域用户的需求；再如，欧盟通过实施单一天空计划和空域灵活使用方案，[49]建立了一个无缝链接的泛欧空中交通管理系统，解决了欧洲空管系统的分散管理、空中交通延误和低效问题，提升了空域资源使用率，实现了军民航和谐使用空域的目标。

因此，在我国推进空域管理改革的进程中，除了总结自身的空管法治经验外，还应从国际社会空域管理法律制度的发展趋势和法治建设实践中汲取有益

---

48 《加快制定航空法，为实现航空强国提供法律保障》，载北京广播网，http://topic.rbc.cn/10zht/qglhbd/yata/201003/t20100313_1640202.htm，最后访问于2019年10月28日。

49 覃睿等：《国内外空域管理体制比较研究》，载《天津职业技术师范大学学报》2014年第3期。

经验，并结合我国空域管理的现实体制、机制与法制，大胆借鉴，不断创新，制定国家统一性空管法规标准，落实国家空域法治顶层统管、顶层设计，建立军民航协同联动的信息共享平台，保证军民航、空管与空防联合运行，尽快出台低空空域使用管理规定和无人驾驶航空器管理规定，克服部门性法规滞后的法治障碍，走出一条具有中国特色的空域管理法治道路。

共建共治共享社会治理格局下和谐劳动关系的构建

——以广东的实践为例

李继霞*

【内容提要】 劳动关系治理是社会治理的重要组成部分。广东将劳动关系治理融入共建共治共享社会治理的大格局，积极探索建构和谐劳动关系的新途径。文章从加强劳动领域立法、推进工资集体协商机制建设、探索企业工会直选实践及健全劳动争议多元处理机制四个方面，考察广东构建和谐劳动关系的实践，并总结其经验教训，以在理论上丰富和谐劳动关系构建的内容，并为其他省市构建和谐劳动关系的实践提供有益的启示。

【关键词】 社会治理　劳动关系　劳动立法　工资集体协商　工会直选　劳动争议

党的十八届三中全会首次使用了“社会治理”概念，党的十九大报告指出“打造共建共治共享的社会治理格局”，党的十九届四中全会进一步强调，要坚持和完善共建共治共享的社会治理制度。“社会治理”已取代“社会管理”，已然成为当下中国公共管理领域的最新话语和制度设计理念，并在各地广泛实践。“共建、共治、共享”凝聚了党的十八大以来党和全国人民社会治理探索的集体智慧，也给未来社会治理的发展和创新提出了新目标和新要求[1]。劳动关系是生产关系的重要组成部分，是最基本、最重要的社会关系之一。劳动关系的和谐程度直接影响社会秩序的形成、社会稳定的维系与社会意识形态的走向。劳动

* 李继霞——广东省社会科学研究院研究员。

1 马庆钰、单苗苗：《准确理解共建共治共享的内涵》，载《学习时报》2017 年 11 月 8 日。

关系治理亦是社会治理的重要组成部分，将劳动关系治理融入共建共治共享社会治理的大格局，把劳动关系治理的策略、机制和制度的效能放到其所处的社会环境中考察，对于提升劳动关系治理能力、营造劳资合作氛围、构建和谐劳动关系至关重要。广东位处中国改革开放的前沿，是全国流动人口和转移劳动力第一大省，劳动关系更加复杂多样。以广东的实践为例探讨如何在共建共治共享社会治理格局下构建和谐劳动关系，意义尤为重大。

一、社会治理语境下构建和谐劳动关系的重要意义

早在2011年，习近平总书记就从国家治理的高度指出了构建和谐劳动关系的意义。他指出，构建和谐劳动关系，是建设社会主义和谐社会的重要基础，是增强党的执政基础、巩固党的执政地位的必然要求，是坚持中国特色社会主义道路、贯彻中国特色社会主义理论体系、完善中国特色社会主义制度的重要组成部分，其经济、社会、政治意义十分重大而深远[2]。

（一）经济意义：加快经济发展方式转变，保障经济持续健康发展

首先，和谐劳动关系可以增强企业竞争力。当前我国经济发展进入增速换挡、结构调整、改革攻坚的新常态发展阶段，经济下行压力加大，企业面临国际国内的市场竞争日趋激烈。和谐劳动关系是一种特殊的生产力，是企业发展的原动力。积极构建和谐劳动关系，维护劳资双方的合法权益、正当权益，充分调动企业和职工的积极性，有利于保持企业和职工群众的创造活力，有利于提升人力资本质量、为企业创新发展提供不竭动力。随着追求社会公正与劳资双赢的群体意识的形成，和谐稳定的劳动关系恰恰能增强企业的竞争力。其次，和谐劳动关系可以加快经济发展方式的转变。研究表明，中国廉价劳动力时代已经结束，人口红利不复存在。自2010年以来，我国就业市场总体的求人倍率均大于1，其中2014年前三季度的求人倍率分别为1.11、1.11和1.09，分别比上年同期提高了0.01、0.04和0.01[3]。这组数据表明目前我国的劳动力市场总体上是求大于供。企业，尤其是非公有制企业，要想在市场上取得一席之地，就必须注重科学发展理念，提高科技含量、实现转型升级。企业必须从劳动密集型转向技术密集型，要求劳动力从数量向素质提升。能否正确处理转型过程

2　新华社：《习近平出席全国构建和谐劳动关系先进表彰会并讲话》，载中华人民共和国中央人民政府网，http：//www.gov.cn/ldhd/2011－08/16/content_1926777.htm，最后访问于2019年11月3日。

3　国家信息中心宏观经济形势课题组：《2015年我国就业的主要影响因素分析》，载中研网，http：//www.chinairn.com/news/20150105/095303807.shtml，最后访问于2019年11月3日。

中的各种利益纠纷和矛盾冲突，成为非公有制企业能否顺利转型升级的重要前提。构建和谐劳动关系由此成为加快经济发展方式转变的重要因素之一。

（二）社会意义：维护社会和谐，创新社会治理

首先，构建和谐劳动关系是维护社会和谐的迫切需要。劳动关系是观测社会关系的“晴雨表”，和谐劳动关系是社会和谐的组成部分。当前，经济结构调整、经济发展方式转变、劳动力供需关系变化等因素导致我国劳动关系进入矛盾凸显期和多发期，劳资矛盾已成为突出的社会矛盾之一，如劳动争议案件数量居高不下，欠薪等损害劳动者利益的现象仍较突出，集体停工事件和群体性事件时有发生。2017年，广东法院审结一审劳动争议案件4.2万件，占全国劳动争议案件比重达9.05%[4]。劳资矛盾已成为危害社会和谐的一大因素。只有构建和谐劳动关系，妥善解决影响劳动关系和谐稳定的突出问题，才能促进全社会的和谐稳定。其次，构建和谐劳动关系是创新社会管理的重要途径。构建和谐劳动关系是加强社会管理、创新社会治理的重要内容。构建和谐劳动关系可以倒逼企业治理理念的更新和治理手段的创新。企业，尤其是非公有制企业，治理劳动关系是其参与社会管理和社会治理的切入点和着力点。例如：作为解决劳资矛盾重要手段的工资集体协商制度，其推行和开展就是企业在工会指导下对企业劳动关系治理的积极探索。工资集体协商制度的实践为推进基层协商和社会组织协商进行了有益的探索，对于推进国家治理体系和治理能力现代化也是一种有益的尝试。

（三）政治意义：扩大党的群众基础，巩固党的执政地位

工人阶级是我国的领导阶级，也是我们党的阶级基础。根据中华全国总工会发布的第八次全国职工队伍状况调查报告结果，截至2017年底，全国职工总数已达3.91亿人，比2012年的3.5亿人增长了11.8%[5]。在我国工人阶级队伍中广大企业职工是主要组成部分，也是建设中国特色社会主义的主力军，广大企业（尤其是民营企业）经营者是推动我国经济发展的重要力量。至2017年底，全国民营企业数量超过2700万家，个体工商户超过6500万户，注册资本超过165万亿元。民营经济贡献了50%以上的税收，60%以上的国内生产总值，70%以上的技术创新成果，80%以上的城镇劳动就业，90%以上的企业数量。

---

4 董柳、潘玲娜：《2017年广东审结的一审劳动争议案占全国9.05%》，载金羊网，http://news.ycwb.com/2018－01/15/content_25891068.htm，最后访问于2019年10月12日。

5 《第八次全国职工队伍状况调查领导小组负责人答记者问》，载中国工会新闻网，http://acftu.people.com.cn/n1/2018/0117/c67560－29769330－2.html，最后访问于2019年10月11日。

作为中国改革开放先行地，广东不仅是全国经济增长的领头羊，也一直是民营经济发展的重镇。全国8300万家民营企业和个体工商户，广东省就占了1000万家[6]。只有构建和谐劳动关系，才能保障广大职工体面劳动、广大企业经营者努力创业，才能实现职工群众和企业经营者共同发展的双赢局面。可见，构建和谐劳动关系可以把各方面力量紧紧凝聚在党的周围，有利于增强党的阶级基础、扩大党的群众基础，团结一切可以团结的力量，不断开创中国特色社会主义事业新局面。

二、社会治理视角下广东构建和谐劳动关系的积极探索

作为全国流动人口和转移劳动力第一大省，面对复杂多变、矛盾丛生的劳动关系现状，广东把劳动治理置于社会治理的大格局下，主要从以下四个方面积极探索构建和谐劳动关系的新途径。

（一）加强劳动领域立法

2011年中国特色社会主义法律体系基本形成，标志着我国进入了“后立法时代”。“后立法时代”对地方立法工作提出了更高要求：从注重立法数量转向提高立法质量；从注重立新法转向注重法规的修改完善；既要注重保障法律的有效实施，又要注重社会领域和其他领域立法的均衡发展。近年来，广东纠正之前重视经济立法、轻视社会领域立法的倾向，出台、修订了一批劳动关系相关法规和规范性文件。 是印发《广东省建设领域工人工资支付分账管理暂行办法》。2015年3月，广东八部门[7]联合中国人民银行广州分行共同印发了《广东省建设领域工人工资支付分账管理暂行办法》。该《办法》规定施工单位需设立建设项目工人工资支付专用账户，与工程款项分开银行账户管理，专户资金专用于支付工人工资。近年来，建设领域拖欠工资问题已成为广东新时期劳资纠纷的“重灾区”。工程款与工人工资混同是引起建设领域欠薪现象的原因之一。工程款与工人工资混同，极易引发“包工头”以讨要工人工资为由，捆绑追讨工程款的群体性事件。该《办法》的出台有力破解了这一难题，有效预防了欠薪现象的发生。建设领域工人工资支付分账管理制度，不仅可以督促建设单位和施工单位依法支付工人工资，还可以有效预防欠薪违法行为发生，同时

6　李文、魏凯：《数读：广东民企的“56789”和四个第一》，载南方网，http：//news.southcn.com/nfdsb/content/2018-11/06/content_183957208.htm，最后访问于2019年10月12日。

7　八部门指：广东省人力资源和社会保障厅、广东省财政厅、广东省住房和城乡建设厅、广东省交通运输厅、广东省水利厅、广东省总工会、广东省代建项目管理局和广东省通信管理局。

也为相关职能部门及时稳妥处置欠薪引发的群体性劳资纠纷增加了制度依据。二是出台《广东省劳动人事争议处理办法》。2017年3月，广东省政府发布《广东省劳动人事争议处理办法》（省政府令第234号）。该《办法》在劳动人事预防、调解和仲裁制度等方面都有创新举措，如规定基层调解组织快立快调15日内办结，助推劳动人事争议简便快捷解决；四项措施保障调解与仲裁程序的顺利衔接[8]；明确仲裁管辖范围，以简易程序提升仲裁效能；首次确立当事人本人到庭制度；等等。该《办法》的出台为相关部门、机构和组织依法处理劳动人事争议案件提供了规章依据。三是修订《广东省社会保险基金监督条例》。2016年3月，广东省第十二届人民代表大会常务委员会第二十五次会议通过了对《广东省社会保险基金监督条例》的修订。修订后的《条例》共8章71条，在篇幅上，较2004年原条例共20条（不分章节）有较大的扩充；在内容上，深入贯彻落实国家上位法要求，紧密结合广东社会保险事业发展实际，着眼构建人大监督、行政监督和社会监督“三位一体”的社会保险基金监督体系，进一步明确了社会保险基金监督主体和监督内容，完善了基金监督预防机制，规范了基金监督检查程序，强化了法律责任，使广东省社会保险基金监督工作更加有法可依。

（二）推进工资集体协商机制建设

广东作为改革开放的前沿，从1993年开始探索建立工资集体协商制度。但这一时期工资集体协商大多是由政府自上而下推进，劳资双方缺乏实质性谈判，集体协商制度没有发挥其解决利益争议的功能。2010年广东发生南海本田事件等系列停工事件，面对产业转型升级和劳动者对生产秩序的冲击，广东省委政府开始意识到只有平衡经济发展与劳动者保护的关系才能形成双赢的局面。工资集体协商再次引起社会重视，并被视为破解收入分配问题、构建和谐劳动关系的重要举措之一。2014年9月，《广东省企业集体合同条例》出台，专章规定集体协商，从协商内容的确定、协商代表的产生到协商程序都作了详细规范。该《条例》为集体协商制度提供法律保障的同时，也为广大劳动者维权提供了详尽的操作指引。在实践层面，截至2013年9月底，广东省共签订工资集体合同9.47万份，覆盖38万家企业，工资集体协商建制率为78.9%，97.7%的世

8　四项措施包括：一是调解不成功的，调解组织应当同时为申请仲裁的当事人提供指引和协助。二是仲裁机构可以委托调解组织办理仲裁申请的收件或者受理工作。三是当事人可以自调解协议生效之日起15日内，共同向有管辖权的仲裁机构申请仲裁审查确认，材料齐备的，仲裁机构可以当场作出审查决定，审查确认后不履行的，可依法申请法院强制执行。四是当事人达成调解协议后，未提出仲裁审查确认申请，一方当事人在约定的期限内不履行的，另一方当事人可以依法申请仲裁。

界500强在粤企业都建立了工资集体协商制度[9]。2015年，全省企业劳动合同签订率达93.8%，工会集体协商建制率为80.5%[10]。广东集体协商制度的生命力源于其制度的创新性与合理性。一是集体协商利益争议处理机制设置合理。在集体协商利益争议处理上，《广东省企业集体合同条例》设置的处理途径有协商、调解和协调，在处理流程上是先协商后调解、先社会组织协调后行政部门协调。这种协调处理机制不同于国家层面的《劳动法》和《集体合同规定》，突出了首先利用社会力量解决争议的思路。根据《劳动法》和《集体合同规定》的规定，一旦劳资双方协商不成出现僵局，当事人只能申请劳动行政部门或者行政部门主动介入进行协调处理。这种处理方式深刻体现了政府控制劳动关系的思路，不仅破坏了市场经济下劳资双方的正常博弈，而且使政府成了遭人诟病的"救火队"，深陷劳资争议的旋涡，又不被劳资双方所信任。广东处理机制的突破点是改变了原来由政府部门直接介入的做法，而是先由其他社会组织进行协调处理，协调处理没有解决的，再由行政部门介入。这既有利于发挥社会力量解决劳资冲突，又把政府置于具体争议事件之外。二是合理利用社会力量解决集体利益争议。根据《劳动法》和《集体合同规定》的规定，双方不能协商解决的集体利益争议，当事人只能向政府劳动保障行政部门提出处理申请，而不能申请其他部门、组织和个人介入。广东则突破了这种做法，将协调处理人员扩展到社会人士，具体介入途径有两种：由人力资源社会保障行政部门派出或由人力资源社会保障行政部门从集体协商专家名册中指定。虽然广东并没有将争议的协调处理直接交给社会力量，还要由人力资源社会保障部门指定，但毕竟首开政府重视专业人才解决劳资利益争议的先河，打破了以往政府是解决争议的唯一主体的做法。这既避免了广大劳动者质疑政府中立性问题，又能大大提高劳动争议的解决效率。三是将调解方式合理引入集体协商利益争议解决途径。以往，我国对于集体利益争议只规定了协商和协调两种处理方式，广东首次增加了调解的解决途径[11]。广东允许劳资双方自愿选择协商、调解程序，也可以未经协商直接进入调解程序。广东率先为利益争议设置了调解程序，在全国尚属首次。以多种方式解决处理劳资争议的做法，已经得到了国际劳工组织的认同与支持，也是很多发达国家处理劳动争议的经验。

9　数据来源：《中国工会年鉴·2014》，中华全国总工会2014年版，第242页。

10　数据来源：《广东年鉴·2016》，广东年鉴社2016年版，第328页。

11　《广东省企业集体合同条例》第三十二条规定，职工方与企业不愿协商、协商不成或者达成和解协议后不履行的，可以向依法设立的基层人民调解组织或者具有劳动争议调解职能的组织申请调解。

（三）探索企业工会直选实践

广东工会主席直选的实践可以追溯至 1986 年，且一直保持着一定的时间连贯性。1986 年广东深圳蛇口工业区率先试点工会直选，1988 年全面铺开。2003 年，据时任广东省总工会副主席的孔祥鸿统计，广东三分之一的基层工会组织都是民主直选产生的[12]。2012 年 5 月，深圳 163 家到期换届的企业工会将实行“直选”的消息公布，广东又掀起了新一轮的工会直选运动。2014 年，广东省总工会宣布计划用 5 年时间实现全省企业工会组织由普通民主直接选举产生。工会直选是广东劳动关系治理领域的新举措，其重大意义体现在两个方面：一方面，可以缓解广东所面临的紧张劳动关系的压力；另一方面，广东在国家的政治生活中一直扮演着“先行先试”的角色，广东各方面的改革往往具有全国性示范意义。其具体意义体现为以下几点：一是体现了广东劳动关系治理理念的改变和社会治理理念的更新。现代社会治理理念不仅突出保障民生，而且注重全社会的共建共治共享。工会直选同时体现了广东劳动关系治理理念的改变和社会治理理念的更新。以往工会的行政化角色直接体现了政府对劳动关系领域更多的是管理，而工会直选仅从程序上就保障了三个方面的民主：“会员代表民主产生”，使得会员代表大会具有充分的代表性；“工会委员民主产生”，工会委员候选人名单由工会会员代表通过投票确定，虽然上级组织有权对投票的结果名单审查和审核，但并没有取代和否定民意；“工会主席民主产生”，工会主席不是由工会委员会投票产生，而是由会员代表大会来决定，这个环节是完全的直接选举形式，强化了主席民主产生机制。这种程序民主直接保障了结果民主，在劳动关系治理领域充分体现了共建共治共享。二是有利于推动广东产业转型。广东以往的经济模式是典型的出口导向型，工业化发展依赖于人口红利，以便宜、守纪律、非熟练的劳动力为基础。然而，这种经济模式的弊端明显，难以持续：低附加值企业大规模生产导致短缺资源快速消耗和生态环境严重破坏；同时，劳动力的低端化也在一定程度上增加了政府社会治理的难度。近年来，劳动力短缺、工资上涨，人口红利不复存在。通过工会直选，政府的劳工政策由压制型为主转向合作型为主，把工人的利益同企业利益和工业控制结构结合起来，以达到更充分地在经济上调动工人积极性的目的。这有利于提高劳动者的稳定性和责任感，并最终促进劳动生产率的提高，使广东经济顺利转型。三是有利于推进工资集体协商。以往的企业工资集体协商实效饱受质疑，学界

12 吴辉：《直选不是作秀：广东省 1/3 企业基层工会直接选举产生》，载《南方都市报》2003 年 7 月 9 日。

普遍认为其通常是一个资方代表与由资方控制的企业工会代表在地方工会提供的标准合同文本上签字盖章的仪式而已，不是一个真正谈判的过程，也不会出现劳资对峙的局面，更没有工人的广泛参与[13]。工会直选在一定程度上赋予了工会一方相应的独立性和代表性，工会直选制度对于推进企业的集体协商一般有以下几个主要优势：一是协商代表民主产生。企业工会组织协商代表通常由自下而上的选举产生，在保证企业劳动者立场、增强工会自身民主性的同时，也通过劳动者的高度关注和广泛涉入来增强工会的谈判力量。二是协商过程较长。此种情形下的协商是真正的协商谈判过程，合同的每一条款都是劳资双方博弈的结果，通常需要很多轮的争吵和休会、力争和妥协，才能最终艰难达成合意。三是协商实效明显。与最低工资标准的涨幅相比，集体协商的结果大多能实现工人工资较大幅度的增长，并逐步建立工人工资与企业经营绩效挂钩的机制。深圳一家实行工会直选多年的企业，5 年来通过工资集体协商带来工人工资 58% 的增长[14]。

（四）健全劳动争议多元处理机制

自 2008 年《劳动合同法》实施以来，广东劳动争议案件呈持续高位运行态势。据统计，全省 2016 年一审新收案件量为 44199 件，二审案件量为 20310 件，再审及再审审查案件量为 1593 件[15]。虽然通常情况下劳动争议案件标的并不大，但因为涉及劳资双方切身利益，且往往存在涉案人数众多和诉求复杂多样等特点，极容易引发社会矛盾，处置不及时或处置措施不当，甚至会上升为群体性纠纷。广东一直重视劳动争议解决机制的构建，也取得了一定的成效。一是畅通劳动人事争议多元处理渠道。广东省劳动人事争议案件数量持续高位运行且呈上升趋势，2018 年广东省劳动人事争议案件数量和涉及劳动者人数同比分别上升 18. 86% 和 18. 18%，预计 2019 年仲裁立案受理案件和涉及劳动者人数再创历史新高[16]。针对这种情况，2018 年 6 月，广东省人社厅会同广东省综治办、省高院、省司法厅、省财政厅、省总工会、省工商联、省企联/省企业家协会等部门，联合印发《关于进一步加强劳动人事争议调解仲裁完善多元处理机制的

---

13 闻效仪：《集体合同工作中的行政模式以及工会困境》，载《中国党政干部论坛》2013 年第 5 期。

14 闻效仪：《工会直选：广东实践的经验与教训》，载《开放时代》2014 年第 5 期。

15 章宁旦、林晔晗：《广东探索多元化解劳动争议新机制》，载法制网，http：//www. legaldaily. com. cn/locality/content/2017 -04/27/content_ 7126850. htm? node =37232，最后访问于 2019 年 10 月 18 日。

16 程景伟：《广东省劳动人事争议调解中心揭牌》，载中国新闻网，http：//baijiahao. baidu. com/s? id =1648714007319239963&wfr = spider&for = pc，最后访问于 2019 年 11 月 2 日。

实施意见》。该《实施意见》提出畅通争议多元处理渠道，完善基层多方联动调解、创新劳动人事争议仲裁、优化调裁诉衔接三方面机制，以推动构建多主体、多方式、多层次，相互协调、有序衔接的劳动人事争议多元处理格局。为更好落实该《实施意见》，2019年10月，广东省劳动人事争议调解中心正式揭牌。该中心是全国首个由政府主导设立，委托社会力量运营，面向广东省用人单位和劳动者跨地域提供劳动人事争议在线调解服务的区域性调解组织。二是构建“法院+工会”诉前诉中诉后全程调解模式。2016年10月，广东省高院与省总工会共同签署了《关于预防和化解劳资纠纷构建和谐关系沟通联系制度》，2017年4月双方与省人社厅、省工商联、省企业联合会，会签了《进一步加强调裁诉衔接多元化解劳资纠纷的意见》。根据这一系列部署安排，由法院和总工会在法院诉讼服务中心联合挂牌设立劳动争议诉调对接工作室，并把工作室作为探索多元化解矛盾纠纷的突破口，由总工会指派特约律师或法律工作者驻场对诉前诉中劳动争议进行调解，并做好诉后职工释法安抚等工作。2017年4月27日，广东省高级人民法院和佛山市两级法院劳动争议诉调对接工作室正式挂牌成立。三是创新劳动争议裁审衔接工作。统计显示，2017年全省调解仲裁机构处理的劳动人事争议案件占全国的七分之一，全省法院一审处理劳动人事争议案件数占全国的十分之一[17]。为适应《广东省出租汽车经营管理办法》《广东省人口与计划生育条例》等法规政策变化，及“互联网+”新经济形态的发展以及裁审思路的转变，2018年7月，广东省高级人民法院和广东省劳动人事争议仲裁委员会联合印发《关于劳动人事争议仲裁与诉讼衔接若干意见》（粤高法发〔2018〕2号）。该《意见》在广泛征求意见的基础上，进一步统一裁审衔接意见，及时回应网约车、工伤劳动者仲裁阶段财产保全的诉讼衔接等问题，充分体现了对工伤劳动者、患病非因工负伤劳动者权益的保护。该《意见》整合了仲裁与诉讼两种制度的优势，是针对广东这个劳务用工大省的劳动关系主体及利益诉求呈现多元化特点，构建和谐劳动关系的新举措。

三、广东实践对社会治理视角下构建和谐劳动关系的启示

广东是我国改革开放的窗口，经济先发展起来的地区。广东在构建和谐劳动关系中遇到的问题及解决办法，可以在理论上丰富我国和谐劳动关系构建的内容，同时，也可为其他各省市和谐劳动关系的构建提供有益的启示。

---

17 潘玲娜、刘薇：《广东高院与省仲裁委联合出台〈关于劳动人事争议仲裁与诉讼衔接若干意见〉》，载南方号，http://static.nfapp.southcn.com/content/201808/16/c1402545.html，最后访问于2019年10月19日。

（一）以构建和谐劳动关系为目标，完善劳动立法

劳动法的制度完善是一项巨大工程，此处仅从宏观角度阐述在立法构建劳动制度时应将立法工作置于共建共治共享社会治理的大格局中，改变以往“头痛医头、脚痛医脚”的做法，以构建和谐劳动关系为总目标，统领今后的劳动立法工作。中共中央、国务院《关于构建和谐劳动关系的意见》提出，加快健全党委领导、政府负责、社会协同、企业和职工参与、法治保障的工作体制，首次以规范性文件的形式正式将党组织纳入劳动关系协调和处理的政策制度框架。党领导和谐劳动关系的建设，可以有效地将“以人民为中心”的执政理念与构建和谐劳动关系应以促进企业发展和劳动者权益保障相结合、共建共享与劳资双赢统一起来，强化劳资利益一致性[18]。构建和谐劳动关系需要贯彻共建共治共享理念。共建共治共享是和谐劳动关系的条件也是目的，共享要依靠共建共治推动，共建共治的目的是共享。共建共治除了依赖规章制度、职工民主管理机制，还需要拓宽劳资沟通和对话机制，广泛听取职工意见，激发广大职工的主人翁精神。共建共治同时蕴含着人人参与，激励创造之意，劳动立法应为劳动者拓宽培养机制。共享更有赖于法律对劳动成果的合理分配。劳动立法应将民主决策、共建共享等理念贯穿于法律制度之内，以真正实现劳动关系和谐的目标。

（二）完善集体协商制度，促进劳资自治

党的十九大报告指出，要完善政府、工会、企业共同参与的协商协调机制，构建和谐劳动关系。显然，如何推进我国工资集体协商，对保障劳资双方权益，构建共建共治共享社会治理格局意义重大。广东创新了集体协商制度，为推行实践提供了一定的法律保障。但由于上位法的限制，广东地方立法对“不当行为”的规定过于宽泛，变相剥夺了劳动者的罢工权，限制了劳资双方正常的博弈行为，导致现行的集体协商制度尚达不到真正的劳资自治。要推行真正的集体协商，罢工始终是一个绕不过去的话题。西方市场经济发达国家通常根据工人诉求通过立法，将罢工区分为经济性罢工和其他罢工，并以不同的方式区别处理。以美国为例，经济性罢工和不当劳工行动罢工受到《国家劳动关系法案》第七条的保护。参加这两种类型罢工的工人不会受到惩罚或被解雇。如果雇主处罚或解雇了参加

18　谢德成：《新时代劳动法的功能拓展与制度调适》，载《当代法学》2019 年第 4 期。

了两种类型罢工的工人，就属于不当劳工行为，就会受到法律的严厉处罚[19]。当前，我国劳资关系仍然处于资强劳弱的局面，劳方仍然无法与资方对抗。让集体协商机制真正运行起来的关键是协商双方能够势均力敌。因此，我国的当务之急是借鉴西方劳资关系成熟和法律制度完善的国家的做法，以法治理念区分劳动关系中的经济行为和政治行为，并针对两种不同性质的行为设计不同的处理措施加以立法规范，适当保护并合理限制工人的罢工权及其行使，充分保障劳方的集体协商权。

（三）积极推动工会直选，增强工会代表性

工会组织作为代表和维护劳动者合法权益的群众性组织，是共建共治共享社会治理格局中的重要主体。中国工会十七大报告明确指出，劳动关系是否和谐，事关经济发展与社会和谐，事关广大职工和企业的切身利益，是加强和创新社会治理的重要内容[20]。工会组织作为劳动者权益和利益的法定代表者和维护者，在和谐劳动关系构建中有着不可替代的地位。但是工会能否真正代表劳动者利益，一直广受质疑。广东的工会直选实践在很大程度上增强了工会的代表性，促进了劳动关系的和谐。但如果继续推进该项工作，还必须看到工会直选面临诸多的结构性障碍。如资强劳弱的局面依然存在，这就意味着企业工会能否直选在一定程度上还依赖于资方的态度。当资方态度强硬，不愿意给予工人太多利益的时候，工会方并不能像西方发达国家那样组织工人罢工，这是政治禁忌。可见，工会并没有制约资方的任何措施，“工会直选对于雇主只是一只没有牙齿的老虎”[21]。又如，工人群体的成熟度也是影响工会直选能否顺利进行的因素。一部分农民工并不珍惜自己拥有的民主权利，投票行为有较大的随意性，并不是基于其对候选人深入理性的了解。一部分对工会有期盼的工人，往往功利化地认为工会就是涨工资的工具，缺少组织概念。再加上工人流动率高的现实，导致工会缺乏忠诚且稳定的会员队伍，无法建立有效的会员管理体系，这更加虚化了工会的力量。因此，推动工会直选，仍然任重而道远。

---

19 ［美］约翰·W. 巴德：《劳动关系：寻求平衡》，于桂兰等译，机械工业出版社2013年版，第248—249页。

20 王东明：《以习近平新时代中国特色社会主义思想为指导 团结动员亿万职工 为决胜全面建成小康社会夺取新时代中国特色社会主义伟大胜利而奋斗——在中国工会第十七次全国代表大会上的报告》，载中华全国总工会网站，http：//www. acftu. org/template/10041/file. jsp？cid = 222&aid = 97209，最后访问于2019年11月5日。

21 闻效仪：《工会直选：广东实践的经验与教训》，载《开放时代》2014年第5期。

（四）“预防为主，重在调解”，从源头处理劳资纠纷

近年来，我国劳动关系总体平稳，但劳动争议案件数量居高不下，类型复杂多样，可以预见随着经济发展和社会转型，劳动治理的难度与挑战将会不断加大。广东作为经济大省和用工大省，其对劳动关系治理的探索，体现在劳动争议解决机制方面，可以概括为预防为主、重在调解。即建立长效预警防范机制，推进劳资关系调处从被动应对转向主动防范；构建“四级”劳动争议调解网络，充分发挥调解在劳动争议处理中的基础性作用，从源头处理劳资纠纷。科技的发展和信息化优势为预警机制的构建提供了物质基础。劳资纠纷原因多样，但经济利益始终是引起双方争议的主要因素，可以借鉴东莞的做法，预警系统的构建可以先从工资支付监控开始。东莞从 2005 年开始，就建立了工资支付监控系统，2010 年在此基础上建立和完善“两网化”系统，逐步推进劳资关系预警系统和应急工作机制的建立及完善。借助预警系统监控用人单位的主要经营情况，再结合联动跟踪、帮扶监控等手段，可以提早介入和较快解决劳资纠纷。与仲裁和诉讼相比，调解制度的优势在于，其遵循了劳资合作的发展方向，顺应了劳动争议 ADR 方式解决的国际趋势。广东注重发挥调解制度的作用，把劳动争议解决在基层，分流和过滤案件，最大限度地减轻审裁机构的压力。着力构建市、区、街道（乡镇）、社区（村）四级调解体系，使街道（乡镇）基层调解组织全覆盖。并整合劳动监察、劳动争议调解和劳动争议仲裁等相关职能，针对中小企业全力编织“普法网”和“监察网”，从源头解决劳资纠纷，最终实现劳动关系形势的总体平稳可控的目标。

违法发放贷款罪共犯形态研究

——基于裁判文书大数据的分析

姜金良*

【内容提要】通过对违法发放贷款罪的大数据样本分析发现，违法发放贷款罪中主观方面存在争议，与单位犯罪的界限模糊，在违法发放贷款行为与骗取贷款行为存在对合犯情形下以及向自己违法发放贷款等对合对象重合情形下，司法实践的定性也不统一。违法发放贷款罪并非复合罪过犯罪，而是故意犯罪，造成的损害后果应作为内在客观处罚条件；按照对合犯处罚的界限，应以违法发放贷款人是否超越构成要件定型范围作为判断是否与贷款者构成共犯的标准；违法发放贷款人的违规审批行为不属于被害人承诺，不构成贷款者免责的事由，应以合规性作为判断标准；在存在犯罪分工的复杂共犯情形下，可根据犯罪分工、第三者参与等情形具体认定。银行工作人员违规向自己发放贷款的，构成违法发放贷款罪与其他犯罪的想象竞合犯，应从一重罪处罚。

【关键词】违法发放贷款罪　客观处罚条件　对合犯

引言

伴随着经济的繁荣和活跃，经济犯罪的行为方式也日益复杂和庞杂，许多行为方式超出了立法时的预期，本文对违法发放贷款发案情况进行统计研究，通过大数据案例进行类型提取，以共同犯罪为研究视角，将司法实践中具有争议

---

* 姜金良——南京大学法学院博士研究生，江苏省扬州市中级人民法院法官，研究室副主任。
本文系北京市社会科学基金项目《北京市新型涉众型经济犯罪的立法规制与司法适用》（17FXC021）阶段性成果。

性的问题和学术研究进行信息过滤，反映出违法发放贷款罪在实践中的新样态，对违法发放贷款罪共犯形态进行理论探讨。

一、样本的基本形态与研究框架

（一）样本的选取与基本特征

在数据库选取上，本文以无讼案例数据库为取样数据库。首先，以罪名“违法发放贷款罪”作为搜索关键词，共得到相关案例845件，相比于北大法宝数据库案例数（196件）和中国裁判文书网（545件）中裁判文书数量，无讼案例数据库取得的样本数量更大，更符合大数据研究样本的要求，并且在搜索方式上更为灵活。其次，通过裁判文书的大数据研究，可以回避传统实证研究中抽样调查的非精确性或者选择性观察，通过全样本反映出违法发放贷款罪的司法现状全貌。

统计案件基本情况如下：涉及北京等23个省市，其中最多的是河南省共122件，最少的是甘肃省共2件；在审理法院层级上，最高人民法院1件（实为公报案例），高级人民法院3件，中级人民法院291件，基层人民法院520件；在文书形式上，判决文书554件，裁定等其他文书289件；在审理程序上，一审案件541件，二审案件162件，再审案件8件，其他涉及减刑假释等程序的案件133件；在分布年度上，2013年之前共99件，2014年182件，2015年225件，2016年236件，2017年103件。

（二）本文研究思路

本文以共同犯罪作为违法发放贷款罪的研究视角，根据我国刑法中共同犯罪传统理论，共同犯罪是数人故意共同实施犯罪的犯罪实行形态，将违法发放贷款行为与取得贷款行为理解为对合犯关系，由此认定违法发放贷款罪和取得贷款的行为（骗取贷款罪或者贷款诈骗罪）属于必要共犯中的对合犯。因此本文通过对司法案例的各类问题进行提炼，主要对以下问题进行研究：（1）对违法发放贷款罪的主观方面分歧进行梳理，对于本罪能否构成共犯的前提要件进行界定，案例库中涉及“过失”的主观心态的案例共19件；（2）对与共同犯罪相似且容易混淆的单位犯罪进行分析，相关案例中涉及单位犯罪的案例共53件；（3）涉及共同犯罪的共105件，对构成共同犯罪的各种形态进行分析；（4）司法实践中出现了违法发放贷款人向自己发放贷款的行为，梳理发现涉及“向自己发放贷款”共63件，由此引起了犯罪定性的分歧，也对本罪是否属于必要共同犯罪提出了挑战。

二、关于违法发放贷款罪共犯前提的界定

从违法发放贷款罪的立法沿革来看，1995年6月30日，全国人大常委会通过的《关于惩治破坏金融秩序犯罪的决定》第九条规定了违法向关系人发放贷款罪，1997年刑法修订过程中，立法机关将其纳入刑法典，还同时从玩忽职守罪中分离出了违法发放贷款罪。2006年颁布的《刑法修正案（六）》将刑法原来规定的违法向关系人发放贷款罪和违法发放贷款罪合并，并作了一定修改。但在理论中对于违法发放贷款罪犯罪构成要件的主观方面、共犯形态等基本问题还存在争议。关于违法发放贷款罪的主观方面，理论中以故意论为通说，但在司法实践中以过失犯罪作为辩护理由或者认为本罪为过失犯罪的也不乏其例证，共计19件，其中有的判决认为违法发放贷款罪为过失犯罪，因此多行为人情形下不构成共同犯罪。[1]有的判决中没有明确认定本罪的主观方面为过失，表述为"在贷款发放过程中，不认真履行职责，违反信贷制度规定，违法发放贷款"，与疏忽大意的过失内容更接近。有的判决认为违法发放贷款罪在主观方面包括故意和过失，[2]即属于复合罪过；其中10份判决认为违法发放贷款罪中行为人对于违法发放贷款行为属于故意，对于违法发放贷款行为可能造成的重大损失属于过失。与司法实践分歧相对应，在理论中对本罪的主观方面也存在着过失说、故意说、过失和间接故意说、过失和复合罪过形式说的理论争议。[3]

之所以形成分歧，一方面，在立法沿革中，违法发放贷款罪是从滥用职权罪中独立出来的，《关于惩治破坏金融秩序犯罪的决定》第九条特别强调本罪客观方面是玩忽职守或者滥用职权，由此从沿革解释方法上认为本罪主观方面包括过失犯。然而有的观点按照沿革解释却得出了相反的观点，"现行刑法删除上述罪过规定，实则是将本罪的罪过形式设置成了故意犯。意即行为人对其违法向关系人发放贷款的行为是清楚的，对其很可能导致重大损失也是了然于心的，虽然如此行为人仍然追求或放任此种结果发生"。[4]另一方面，犯罪客观构成要素的立法规定也导致了解释的分歧。《刑法修正案（六）》增加了"数额巨大"作为犯罪成立的选择要件，而不仅仅将"造成重大损失"作为构成犯罪成立的唯一要件。从形式上看，与违法发放贷款数额巨大相对应的主观形态应该是故意，而与对造成重大损失相对应的主观心态一般是过失。如何协调一个罪名中

---

1 （2015）绥刑初字第23号刑事判决书。

2 （2015）红刑初字第217号刑事判决书。

3 孙国祥、魏昌东：《经济刑法研究》，法律出版社2005年版，第361—362页。

4 屈学武：《金融刑法学研究》，中国检察出版社2004年版，第283—284页。

可能出现不同的犯罪主观形态，也成为理论的死结。理论中有复合罪过形式说，有观点认为本罪主观方面既可以是故意，也可以是过失。表面上，复合罪过形式学说占据了优势，可以回避一些司法实践难题，但复合罪过形式说一方面容易形成客观归罪的窠臼，另一方面容易消解累犯等刑法制度的适用。关于“造成重大损失”的主观心态，有的观点认为违法发放贷款罪属于严格责任，“违法发放贷款罪其危害性应体现在对国家贷款管理秩序的破坏和贷款本身的巨大风险，因此主观罪过应集中在对非法发放贷款本身的主观态度，这无疑是一种故意的态度（包括直接故意和间接故意），而对于非法发放贷款造成的损失后果而言，不属于本罪主观方面评价的对象，即无论是故意还是过失，均不影响该罪的成立。这种对最终结果采取的是严格责任的立场”。[5]

为了解决上述理论难题，引入“客观处罚条件”的理论逐步占据上风，认为违法发放贷款罪的主观构成要件应属于故意，客观方面“造成重大财产损失”属于客观处罚条件。[6]“客观处罚条件”是在大陆法系国家犯罪论体系即构成要件符合性、违法性与有责性之外进行补充以引起可罚性的事情。其实质是对构成犯罪产生现实可罚性的一个附带条件，因而它与犯罪的成立无关，与故意和过失无关，也不影响对行为的违法性和有责性评价，重要的只是它存在或不存在。如果在行为时或行为后存在客观的处罚条件，即使行为人没有认识到它的存在或者不能预见到它的出现，都不影响行为的可罚性；如果实际上缺乏客观的处罚条件，即使行为人相信它存在或者会出现，其行为也不会成立犯罪的未遂。[7]处罚性的客观条件在德国、意大利、日本的刑法中都得到普遍承认。[8]

而我国刑法理论中引入客观处罚条件理论的目的在于平息部分罪名罪过认定的争论，张明楷教授最早引入这一理论并提出了“客观的超过要素”概念，即以丢失枪支不报罪和违法发放贷款罪作为例证，来解决罪过形式难以界定的

---

5 孙国祥：《刑法基本问题》，法律出版社2007年版，第194—195页。

6 采客观处罚条件说的著作主要有：白洁：《刑法中的客观处罚条件研究》，群众出版社2017年版，第220页；陈兴良、周光权：《刑法学的现代展开Ⅱ》，中国人民大学出版社2015年版，第299页；汪红飞、徐政楠：《违法发放贷款罪的认定》，载《河南科技大学学报（社会科学版）》2016年第5期；黄艳玲：《客观处罚条件研究——以违法发放贷款罪为例 》，西南财经大学2005年硕士学位论文。

7 赵秉志主编：《外国刑法原理（大陆法系）》，中国人民大学出版社2000年版，第173—182页。

8 德国刑法中应受处罚性的客观条件，是指这样一些情况，它们与行为直接相关，但既不属于不法构成要件也不属于责任构成要件。［德］汉斯·海因里希·耶赛克、托马斯·魏根特：《德国刑法教科书》，徐久生译，中国法制出版社2017年版，第747页。客观处罚条件是犯罪的可罚性问题，而可罚性是指实施犯罪后应该受到处罚的状态或者说是联系犯罪及犯罪的法律后果的桥梁。［意］杜里奥·帕多瓦尼：《意大利刑法学原理》，陈忠林译，中国人民大学出版社2004年版，第133页。

难题。所谓“客观的超过要素”是指在犯罪客观要件中，不需要行为人具有认识与希望或放任的态度，但行为人对之具有预见可能性的客观要素。客观结果的客观的超过要素，只应存在于有双重结果的犯罪中。具体包括三种情况：一是犯罪行为既有物质性结果也有非物质性结果时，可能只要求行为人认识到其中的一种结果，而另一种结果是客观的超过要素；二是犯罪行为既存在无具体对象的危害结果，又存在针对具体对象的危害结果时，后者可能是客观的超过要素，违法发放贷款罪即属于这一类；三是犯罪行为存在直接危害结果时，间接危害结果可能是客观的超过要素。在每对“双重危害结果”中，总有一个属于“客观的超过要素”，即不需要行为人对之具有希望或放任的态度，而对另一个危害结果，行为人则具有希望或放任的态度。它仍然是犯罪构成的要素，而不是犯罪构成要件以外的内容，不是所谓的客观处罚条件。[9]周光权教授根据某种条件和违法性的密切程度，将客观处罚条件分为内在的客观处罚条件和外在的客观处罚条件，并认为内在的客观处罚条件要求行为人至少有未必的认识。外在的客观处罚条件不是违法事实的部分，不要求行为人认识。这样将超过的客观要素归入内在的客观处罚条件。[10]其中违法发放贷款罪中“造成重大损失”属于内在的客观处罚条件，内在客观处罚条件仍然是犯罪构成体系的内容，属于违法性要素，由此认定违法发放贷款罪中对非法发放贷款本身的主观态度是故意，即认识到自己的行为违反存贷款的制度，而造成重大财产损失属于内在的处罚条件。因此本文观点认为违法发放贷款罪属于故意犯罪，并以此作为认定其共犯形态的前提。

三、违法发放贷款罪的对合行为研究

（一）典型对合行为的法律适用

对合犯是二人以上的行为相互以存在对方的行为为要件的犯罪。对于违法发放贷款罪对合行为存在着多种类型，典型的对合行为即放款人员违法发放贷款与贷款人不存在串通的情形。主要有两种类型：（1）发放贷款人明知贷款人不符合贷款条件，仍然违法发放贷款，而贷款人不存在过错；（2）贷款人具有骗取或者占有贷款的故意，贷款发放人对此不知情，却违反规定违法发放贷款。

典型的对合行为不适用刑法总则关于共同犯罪的规定，应按照各自的行为认定。关于对合犯处罚的理论根据，主要存在三种观点：（1）立法者意思说，

9　张明楷：《“客观的超过要素”概念之提倡》，载《法学研究》1999年第3期。

10　陈兴良、周光权：《刑法学的现代展开Ⅱ》，中国人民大学出版社2015年版，第301页。

立法者在制定刑法分则时已经考虑到对合行为参与方；（2）实质说，对参与性对合行为不处罚，因为实质上参与人是被害人或者参与人缺乏责任；（3）折中说，立法者在规定某些必要共犯时，可能将侵害法益的一部分人的行为予以构成要件化，有的排除在构成要件之外，也有可能排除在可罚框架外。犯罪论以构成要件为基础理论，根据构成要件在刑法中的基础地位，在共犯领域也应确保构成要件所具有的保障机能，构成要件是用来设定可罚性行为的界限，即构成要件的限定机能，即使是在共犯处罚这一形态中也不能脱离这个界限。[11] 按照刑法主流的立法者意思说，立法者在规定某些必要共犯时，就将可能侵害法益的一部分行为予以构成要件化（类型化），同时将另外一些人的行为排除在构成要件之外。根据犯罪成立理论，犯罪化在刑法上是定性的，非犯罪化在刑法上是定型的。[12] 例如，在事前不存在串通、合谋行为时，挪用公款罪中使用人、渎职犯罪类的行为对象人都不构成相应的共犯，因此从构成要件罪刑法定机能理解，对合犯处罚范围是立法对构成要件的定型化预设。从立法者意思上，还涉及刑法分则与刑法总则直接规范的逻辑关系。必要共犯，由于是构成要件预定必须由复数人的行为才能完成的犯罪，本来就得由分则条文特别规定，故属于刑法分则规定的独立的共犯类型。[13] 刑法总则关于共犯的规定是对刑法分则具体犯罪的规定的补充，但必然以刑法分则存在补充必要性和可能性为前提。如果刑法分则对某种情形已经不再作为犯罪来处理，那么刑法总则的补充就存在规范上的障碍。刑法分则的规定之于刑法总则的规定是处于优越地位的，没有必要再从共犯的构成要件上寻找根据，[14] 因此对于不存在犯意沟通典型的违法发放贷款行为与违法贷款的对合行为，不适用刑法总则关于共犯的规定，应分别根据刑法分则对应的构成要件直接认定，违法发放贷款行为构成违法发放贷款罪，贷款人不存在过错情形下不构成犯罪；贷款人具有骗取或者占有贷款的主观故意的情形下，应认定为骗取贷款罪或者贷款诈骗罪。这种情形，在刑法理论和司法实践中认定相对一致。

（二）对合行为一方片面帮助情形的法律适用

放贷行为人明知借款人在进行贷款诈骗或者提供虚假材料申请贷款而违法

---

11 ［日］西田典之：《共犯理论的展开》，江溯、李世阳译，中国法制出版社 2017 年版，第 47 页。

12 周光权：《刑法总论（第二版）》，中国人民大学出版社 2010 年版，第 441 页。

13 ［日］大谷实：《刑法讲义总论》，黎宏译，中国人民大学出版 2008 年版，第 358—360 页。

14 陈兴良：《教义刑法学（第二版）》，中国人民大学出版社 2014 年版，第 699 页。

向其发放贷款的行为如何认定，即片面犯意联络是否构成共犯。有的观点认为根据现行刑法的规定，片面共犯不构成共同犯罪，不能认定为共犯。[15] 也有观点认为这种情形下放贷人应与借款人形成共同犯罪，但在定性上也存在分歧：(1) 认为构成贷款诈骗罪共犯，放贷人直接故意发放贷款的应以贷款诈骗罪论。根据贷款业务的一般操作程序，在贷款发放前，金融机构要对借款人进行信用判断，通过信用分析可以判断或者大体判断借款人的还款能力，如通过分析明知借款人肯定不会归还本息，行为人仍然发放贷款，可以推定行为人有主观上与借款人诈骗而实施帮助活动，应构成共犯。[16] (2) 认为构成贪污罪或者侵占罪。行为人对本身不具备借款条件又无可靠担保的借款人发放贷款，并且认识到借款人根本不可能归还贷款，构成贪污罪或者侵占罪共犯。[17]

对于片面共犯是否属于共同犯罪，因刑法总则中没有明确规定，刑法分则和特别刑法中有的规定可以理解为关于片面共犯立法的规定。例如《刑法》第一百九十八条第四款、第三百五十条第二款、第三百六十三条第二款[18] 可以理解为片面共犯的特别规定，1998 年《全国人民代表大会常务委员会关于惩治骗购外汇、逃汇和非法买卖外汇犯罪的决定》第一条第三款规定，明知用于骗购外汇而提供人民币资金的，以共犯论处，也可以理解为片面共犯。有观点认为这些规定不是刑法总则的规定，不具有普遍的约束力，根据现行刑法的规定，片面共犯不能认定为共犯，[19] 应按照对合行为各自定罪处罚。我们认为对于片面共犯的定性还应回归到对合犯的处罚根据上。按照立法者意思说，对合行为分别认定的前提条件是对合行为没有超越必要参与尺度。[20] 对合犯行为如果超越了立法者意思说所设定的构成要件定性范围，应适用刑法总则关于共犯的规定。但立法者意思说也存在着模糊性，所谓立法者意思，并不是反映立法者当初的所谓愿意或者本意，而是刑法的客观含义或者刑法的精神。正是因为刑法

15　李永升：《金融犯罪研究》，中国检察出版社 2009 年版，第 350 页。

16　胡启忠、石奎：《修正金融刑法适用研究：立法·理论·实务》，法律出版社 2013 年版，第 140 页。

17　陈伶俐、于同志、鲍艳：《金融犯罪前沿问题审判实务》，中国法制出版社 2014 年版，第 78—79 页。

18　《刑法》第一百九十八条第四款规定的内容是：保险事故的鉴定人、证明人、财产评估人故意提供虚假的证明文件，为他人诈骗提供条件的，以保险诈骗的共犯论处。第三百五十条第二款：明知他人制造毒品而为其生产、买卖、运输前款规定的物品的，以制造毒品罪的共犯论处。第三百六十三条第二款：为他人提供书号，出版淫秽书刊的，处三年以下有期徒刑、拘役或者管制，并处或者单处罚金；明知他人用于出版淫秽书刊而提供书号的，依照前款的规定处罚。

19　李永升：《金融犯罪研究》，中国检察出版社 2009 年版，第 350 页。

20　［德］约翰内斯·韦塞尔斯：《德国刑法总论》，李昌珂译，法律出版社 2008 年版，第 333 页。

的客观含义不一定明确，有时可能难以作出形式的判断，必要的时候应当考虑违法性的实质标准。[21] 对于实质标准，有的论述认为应着眼于具体犯罪构成要件所保护的法益，根据混合惹起说，应以行为是否存在构成要件上的法益侵害，是否该当共犯的犯罪类型性来加以解决。[22] 但对合行为对于法益侵害均具有加功，按照法益侵害的判断规则仍然无法判断出是按照各自的行为处罚还是按照共同犯罪处理。因此在法益侵害的基础上，我国台湾地区刑法学者提出了应该根据法益侵害的方向进行判断，区分对合犯与聚合犯的标准应从犯罪意思上区分，所谓的“平行一致性”与“对立一致性”的关系，在犯罪的基本意义上，两个人的犯罪意思是平行的即成立共犯，呈对立一致关系的即对合犯。[23] 我国学者也承认对于这类犯罪的对合行为在分则条文没有明文规定的情况下，不能认定为共同犯罪，而只有同向性行为才能直接根据总则共同犯罪的规定进行认定。如对合行为人唆使原没有犯意的行为人决意并实施了贩卖淫秽物品牟利、伪造居民身份证的行为，则可以看作是同向性的教唆行为，以共同犯罪加以认定。[24] 按照法益侵害的方向判断，片面共犯中具有单向意思联络的一方属于同向性法益侵害，应认定为共同犯罪，违法发放贷款人应认定为借款人的片面帮助犯，按照想象竞合犯从一重处的原则，应认定为违法发放贷款罪。

（三）对合双方串通情形的法律适用

在金融机构的放贷人与借款人相互勾结串通的情形下，发放贷款的行为如何认定，在司法实践中争议较大：（1）认为构成违法发放贷款罪的共同犯罪；[25]（2）认为在相对人骗取贷款的情形下，构成骗取贷款罪的共犯；[26]（3）认为贷款审批人的行为已构成违法发放贷款罪，又与他人构成骗取贷款罪的共犯，依法应按照想象竞合犯从一重罪处罚，以违法发放贷款罪追究其刑事责任；[27]（4）认为贷款审批人与相对人的行为分别认定，“行为人违法发放贷款的行为与骗取贷款的行为相互关联，对于上述两种行为应当根据刑法的规定分别定罪”。[28]

21　张明楷：《刑法学（第四版）》，法律出版社 2011 年版，第 350 页。

22　杜文俊：《论片面对向犯的出罪路径——以法益侵害为视角》，载《政治与法律》2009 年第 12 期。

23　黄荣坚：《基础刑法学》（下），中国人民大学出版社 2009 年版，第 490 页。

24　赵宁：《罪状解释论》，上海人民出版社 2014 年版，第 64—65 页。

25　（2014）本刑二终字第 00111 号刑事判决书。

26　（2015）温苍刑初字第 1339 号刑事判决书。

27　（2016）皖 0822 刑初 42 号刑事判决书；（2016）皖 08 刑终 217 号刑事判决书；（2015）沈中刑二终字第 400 号刑事判决书。

28　2015 浙杭刑终字第 839 号刑事判决书。

在刑法理论上，有的认为银行工作人员与贷款人内外勾结的，故意骗取贷款且具有非法占有目的的，应以贷款诈骗罪论处。[29] 对于挪用型犯罪，根据1998年最高人民法院《关于审理挪用公款案件具体应用法律若干问题的解释》第八条规定："挪用公款给他人使用，使用人与挪用人共谋，指使或者参与策划取得挪用款的，以挪用公款罪的共犯定罪处罚。"有的观点认为如果非金融机构工作人员与审批人员合谋，因为审批人员具有最终审批权，银行不存在被"骗"的可能。[30]

按照对合犯理论，对于金融机构放贷人相互勾结串通的情形，已经超出了违法发放贷款罪所设定的构成要件定型范围，应构成共同犯罪。但在具体罪名认定上的争论，应回归到共犯与身份的理论问题，因违法发放贷款罪系身份犯，理论上应先明确借款人即申请贷款人可否构成违法发放贷款罪的共犯。关于无身份者与有身份者共同犯罪如何定性的问题，刑法学界出现了多种观点：主犯决定说，主张以主犯的性质决定共同犯罪的性质；分别定罪说，主张有身份者与无身份者应分别定罪；实行犯决定说，主张以实行犯基本特征为根据决定共同犯罪的性质；身份说，主张应按照身份性质对共同犯罪人定罪；区别对待说，主张对有身份犯与无身份犯同为实行犯的情形，区分具体情况对待；有身份犯与无身份犯不构成共犯说。[31] 按照身份犯本质与特定义务相关联的原理，共同犯罪中无特定身份者不可能成为特定身份要求的金融犯罪的实行犯。这是由身份犯中实行行为的规范性和整体性决定的，身份总是和犯罪主体的权利义务相联系，尤其是法定身份。[32] 因此贷款审批人的行为已构成违法发放贷款罪，又与他人构成骗取贷款罪共犯，依法应按照想象竞合犯从一重罪处罚，以违法发放贷款罪追究其刑事责任。借款人申请贷款中主动协助，可能构成违法发放贷款罪的帮助犯，按照想象竞合犯从一重罪处罚。

银行工作人员还可能存在复合身份情形，国有银行从业人员中的发放贷款人既具有从事贷款审批、发放职责，又具有国家工作人员身份。有的观点认为国家机关工作人员违法发放贷款的，其行为侵犯的主要客体是国家机关工作人员职务行为的廉洁性，应认定为滥用职权罪或玩忽职守罪，不属于违法发放贷款罪的规制范围。[33] 但根据最高人民法院、最高人民检察院《关于办理国家出资企业中职务犯罪案件具体应用法律若干问题的意见》第六条规定，经国家机

29 陈兴良主编：《罪名指南》（下），中国人民大学出版社2008年版，第448页。

30 王晓辉、袁昕炜：《违法放贷犯罪的司法适用模型》，载《中国律师》2015年第9期。

31 曹坚：《从犯问题研究——以经济刑法为视角》，上海社会科学院出版社2009年版，第103—106页。

32 刘宪权：《金融犯罪刑法学原理》，上海人民出版社2017年版，第90页。

33 胡洪春：《我国存贷款犯罪研究》，上海社会科学院出版社2013年版，第227页。

关、国有公司、企业、事业单位提名、推荐、任命、批准等，在国有控股、参股公司及其分支机构中从事公务的人员，应当认定为国家工作人员；经国家出资企业中负有管理、监督国有资产职责的组织批准或者研究决定，代表其在国有控股、参股公司及其分支机构中从事组织、领导、监督、经营、管理工作的人员，应当认定为国家工作人员。因此，在国有控股或者参股银行中，符合上述情形的工作人员，应认定为国家工作人员，尚不属于国家机关工作人员，不应作为渎职罪的犯罪主体。我们认为在内外勾结型贷款诈骗的违法发放贷款犯罪行为中，构成贪污罪与贷款作骗罪的想象竞合犯，应从一重罪处理。

（四）合规性分析

在司法实践中，贷款审批人或者发放人明知贷款人具有骗取贷款行为的，贷款人是否可以将其作为不构成犯罪的免责事由。司法认定中主要存在三种观点：（1）银行等金融机构工作人员虽负有责任，但不是被告人的免责理由，即银行工作人员的过错不影响对被告人的定罪量刑。（2）金融机构的工作人员不等于金融机构，只要金融机构的决策人员被骗，就应当认定欺骗成立。（3）此种情况可以阻却犯罪的成立。在银行工作人员没有被骗的情况下，银行为了通过贷款谋取自身的利益而继续向行为人发放贷款，即丧失刑法对其保护的必要性，即使日后造成损失，也属于刑法中的被害人自我答责的范围，阻却犯罪的成立。因此，在这种情况下贷款人的行为不应构成骗取贷款罪。[34] 关于被害人自我答责的范围，只要被害人任意支配着损害结果的发生，损害结果的发生仍然处在被害人的行为所能控制的领域之内，被害人对不发生损害结果就存在优先负责性，就要由被害人自己对所发生的损害结果予以答责。[35] 因此，自我答责的本质是通过承诺，权利人将行为人的行为转化为自己的行为。[36] 在经济犯罪中，行为人在授权范围内同意审批行为并不代表单位的意志，经济犯罪中同意的界定，应借用合规的概念进行分析，合规意味着对某种特定规则的遵守，例如对医疗、经济、伦理和法律规则的遵守，刑事合规是所有必要的和允许的、避免企业职员因为业务相关行为承担刑事责任的措施。[37] 因此，在经济犯罪中，行为人的行为合规性能构成自身行为和相对人的免责事由，违法审批贷款人或

34 孙国祥：《骗取贷款罪司法认定的误识与匡正》，载《法商研究》2016 年第 5 期。

35 冯军：《刑法中的自我答责》，载《中国法学》2006 年第 3 期。

36 ［德］乌尔斯·金德霍伊泽尔：《刑法总论教科书》，蔡桂生译，北京大学出版社 2015 年版，第 117 页。

37 ［德］埃里克·希尔根多夫：《德国刑法学——从传统到现代》，江溯等译，北京大学出版社 2015 年版，第 505 页。

者发放人明知申请行为有瑕疵或者是骗取贷款、贷款诈骗的行为，构成违法发放贷款罪，如果是相互串通的行为，构成共同犯罪，应从一重罪处理。

四、违法发放贷款中存在犯罪分工的复杂共同犯罪认定

（一）第三人参与对合行为的情形

第三人参与对合犯，是指对合犯的必要参与人以外的第三人协力、参与对合犯的一方或者双方行为的情形。[38]根据对合犯的各种形态，第三人以教唆、帮助方式参与“同罪同刑”对合犯，以该罪的共同犯罪论，如非法买卖枪支、弹药、爆炸物罪；第三人参与“只罚一方”的对合犯，依照应处罚一方的行为认定；第三人以教唆、帮助方式参与“异罪异刑”对合犯的，立法和司法解释对之有不同规定。一般以参加该方行为的共同犯罪论处，如果都参加了，作为想象竞合犯，从一重罪论处。[39]违法发放贷款罪与对合行为属于“异罪异刑”对合犯，应该根据具体参与的一方行为认定行为性质。司法实践中经常出现帮助贷款的行为，涉及第三人周转的问题，第三方申请贷款后再转给实际借款行为人。对此，（2016）浙0382刑初1904号刑事判决书中认为，被告人林某“协助银行工作人员，违反国家规定发放贷款，造成特别重大损失，其行为已构成违法发放贷款罪”。有的时候，第三方行为还可能构成独立的犯罪，如（2014）当刑初字第00148号刑事判决书中认为，违法发放贷款罪共犯被告人陈某作为银行工作人员，伙同被告人刘某违反国家规定发放贷款。被告人葛某、潘某、刘某甲帮助刘某用POS机套取现金，致其违法发放贷款的犯罪行为得以完成，其行为均与刘某构成共同犯罪，应以违法发放贷款罪定罪处罚，同时构成非法经营罪，此时应从一重罪论处。

（二）共同犯罪与单位犯罪的界分

样本案例中涉及单位犯罪案件共计53件，其中认定为单位犯罪的案件2件，以被告人行为构成单位犯罪辩护的案件51件，具体包括：放款行为系接受单位领导指派的任务；贷款审批行为经过相关的权限人员或者贷款委员会审批。

在单位犯罪和自然人犯罪的界定上，《全国法院审理金融犯罪案件工作座谈会纪要》（法〔2001〕8号）中明确以单位名义实施犯罪，违法所得归单位所有的，是单位犯罪。从刑事审判案例实证分析，单位意志决定、为单位谋取非法

---

38 钱叶六：《对向犯若干问题研究》，载《法商研究》2011年第6期。

39 陈志军：《共同犯罪的理论与实践》，中国人民公安大学出版社2012年版，第95页。

利益适用于多数的单位故意犯罪和经济犯罪、以单位名义实施是多数单位犯罪的行为表象，违法所得归单位是司法实践常见的事实。[40]不论是理论还是司法实践中对于认定单位犯罪应该综合各方面的因素，具体界定单位犯罪和自然人共同犯罪主要应考虑以下因素：（1）行为人实施犯罪是否以单位的名义实施；（2）即使是单位决策行为，单位决策过程中得到的信息也应该是全面的，决策时是否存在被隐瞒信息的情形，因为“贷审会根据调查报告作出是否发放贷款的决定，不负责审查调查报告内容的真实性”，[41]决策机构在信息不充分，被欺骗情形下作出决策即使是以单位的名义作出，仍属于个人共同犯罪；（3）违法发放贷款的获利归属，如果违法所得归单位所有，可认定为单位犯罪，[42]在一些案件中“个人为了完成上级放贷任务，提高个人绩效工作而实施了放宽贷款政策，系为谋个人之利，并无为单位谋利的主观故意”，[43]因此应认定为个人犯罪。

五、向自己违法发放贷款行为的定性

随着经济犯罪手段的多样化，传统的必要的共同犯罪类型出现了变异形态，例如串通投标罪中“投标人相互串通投标报价，损害招标人或者其他投标人利益”的行为类型，实践中出现了一人挂靠多家企业围标的行为，属于一人犯罪，基于实质解释的立场将其认定为串通投标罪。在对合犯中，传统学说认为是指二人以上的行为相互以存在对方的行为为要件的犯罪。在违法发放贷款罪中贷款行为人和申请贷款的对合行为人也可能重合，形成自己申贷自己放贷，即金融机构中贷款审批人或者工作者违规向自己发放贷款。这种情形如何认定在实践中分歧较大。

在案例库中，通过“向自己发放贷款”“贷款给自己使用”为搜索内容共搜索到相关案件63件。对于行为人主观上不存在非法占有目的的情形，主要有以下几种处理意见：（1）认定为构成违法发放贷款罪的共5件，[44]因为金融机构工作人员具有特殊主体身份，违反法律、行政法规有关贷款发放条件、程序等规定，以虚构借款人身份或者借用他人身份的方式，虚构借款人财产状况和贷

---

40 李翔：《单位犯罪司法实证研究》，上海人民出版社2016年版，第170—171页。

41 （2015）红刑初字第217号刑事判决书。

42 （2014）矿刑初字第103号刑事判决书。

43 （2014）平刑初字第00143号刑事判决书。

44 （2015）达中刑终字第165号刑事判决书；（2014）辽中刑初字第570号刑事判决书；（2015）沈中刑二终字第400号刑事判决书；（2012）丹刑二终字第00073号刑事判决书；（2013）平刑初字第00295号刑事判决书。

款用途的方式，贷出给自己使用，造成重大损失，其行为侵犯了国家对金融机构贷款活动的管理制度，故其行为符合违法发放贷款罪的构成要件。（2）认定为骗取贷款罪的共17件，借用他人门市，冒充业主接受贷款调查，以欺骗手段取得银行贷款，情节严重，其行为应当构成骗取贷款罪。[45]（3）认定为同时构成违法发放贷款罪和骗取贷款罪，应择一重罪按违法发放贷款罪对其定罪处罚。[46]（4）认定为挪用资金（公款）罪的共20件，有的判决认为利用工作上的便利，挪用他人的户头贷款归自己使用，数额较大，且超过三个月未归还，其行为已构成挪用资金（公款）罪。[47]很多此类案件中，检察机关以挪用资金（公款）罪起诉，但法院认为行为人虽然系金融机构工作人员，但并不具有主管、经手本单位资金的工作职权，其行为不符合挪用资金罪的构成要件。[48]

对于行为人以非法占有为目的向自己违法发放贷款的，主要有两种观点分歧：（1）认定为职务侵占罪的共2件，例如，张某利用其任山东省巨野县农村信用合作联社谢集信用社主任的职务便利，使用欧某提交给谢集信用社的个人资料，在欧某不知情的情况下，制作虚假贷款资料，冒用欧某的名义从谢集信用社贷款20万元，占为己有，法院认定为职务侵占罪。[49]（2）认定为贷款诈骗罪的共2件，例如，被告人李某明知其个人贷款、陈欠太多无法获取银行贷款，利用农户法律意识淡薄，采取帮助提供虚假土地承包合同，虚构土地承包面积、数量的方法通过银行审核，以农户名义骗取银行数额特别巨大贷款归自己使用，法院认定为贷款诈骗罪。[50]

对于申请贷款行为和放款行为均由同一行为人实施的情形，按照对合犯理论，形式上构成违法发放贷款罪，对合行为也可能构成骗取贷款罪、贷款诈骗罪等。

既有贷款批准权又有资金主管、分管、经手职务便利的行为人，违法向冒名、顶名的本人发放贷款时，该发放贷款行为是为了谋取行为人本人的利益，应认定为挪用资金（公款）罪的挪用行为，其行为可能同时符合骗取贷款罪、违法发放贷款罪和挪用资金（公款）罪，从一重罪处罚。[51]

45　（2016）川1723刑初24号刑事判决书；（2015）灯刑初字第278号刑事判决书；（2015）淅刑初字第427号刑事判决书。

46　（2014）辽中刑初字第432号刑事判决书；（2014）辽中刑初字第519号刑事判决书。

47　（2015）商刑初字第81号刑事判决书。

48　（2014）辽中刑初字第519号刑事判决书。

49　（2016）晋1021刑初17号刑事判决书；（2013）芜中刑终字第00255号刑事判决书。

50　（2016）黑81刑终59号刑事判决书；（2013）沁刑初字第00007号刑事判决书。

51　汪红飞、徐政楠：《违法发放贷款罪的认定》，载《河南科技大学学报（社会科学版）》2016年第5期。

中国企业刑事合规风险的基本样态及其防控基准

——基于2439份生效裁判文书的实证研究

张志军*

【内容提要】目前中国企业家作为市场经济的重要主体，涉嫌刑事合规犯罪的现象越加频繁，并呈现出多样化和复杂化趋势。通过检索“中国裁判文书网”，以2014—2018年2439份生效裁判文书为分析样本，结果显示：从总体情况来看，男性企业家犯罪所占比例远高于女性，民企企业家犯罪所占比例高于国企，“40—49岁”和“50—59岁”是企业家犯罪的高峰期，具有大学（大专）学历群体是企业管理人员犯罪的主要人群，企业主要负责人又是企业管理层犯罪的主要群体；从涉案环节分布来看，企业在日常经营管理的各个环节皆有可能发生刑事合规犯罪；从涉案行业分布来看，制造业居首；从刑罚适用结构来看，对企业家采用“轻刑”处罚方式，呈现出相对普遍的态势；从犯罪高发地域分布来看，经济越发达的地区，企业家犯罪现象越突出，两者存在显著正相关关系。通过对企业刑事合规风险的识别和类型化梳理，发现融资类犯罪比重较大，民企融资制度性障碍突出；职务犯罪普遍，国企企业家制度性角色错位严重；国企、民企企业家犯罪罪名差别巨大，市场竞争相对不足；刑事手段干预经济活动逐渐泛化，背信犯罪高发，企业家精神严重缺失。

【关键词】企业刑事合规风险　实证分析　基本样态　防控基准

* 张志军——上海财经大学法学院2018级博士研究生，上海市法学会研究部副主任。本文系国家重点研发计划“全流程管控的精细化执行技术及装备研究”（2018YFC0830400），研究阐释党的十九大精神国家社科基金专项“深化司法体制综合配套改革研究”（18VSJ078）的阶段性成果。

引言

近年来，葛兰素史克、西门子、中石油、中粮集团等境内商业反腐的大案要案、窝案串案连续爆发，以及中国迅速扩大海外投资规模，2019年出台的《外商投资法》又承诺最高水平开放及建立相应的营商法治环境，无不预示着“刑事合规”在中国已经日益成为关键议题。客观上企业家的经济行为广泛复杂，既包括对企业的规划、组织、领导、控制等内部行为，又包括同其他市场主体的交流、谈判、贸易等外部行为。同时，作为社会财富的重要创造者和社会创新的重要引擎，企业家对于社会的健康发展具有举足轻重的影响力，其借助积累的职业技能和能量实施犯罪之时，必然给社会造成更为深重的危害。事实上一名企业家的倒下，往往意味着一个企业的重创、衰落以及倒闭，甚至会影响到整个行业和地区的经济发展。

基于此，中国刑事立法作出了积极回应，日益强调“修复型惩治”与“预防性合规”并行不悖。目前，除了传统意义上企业中的个人刑事违规问责，刑法明文规定“单位犯前款罪的”，罪名主体为单位，或者出现“直接负责的主管人员和其他直接责任人员”的相关罪名，这些罪名在裁判中的适用频度明显提高。根据1997年《刑法》以及《刑法修正案（一）》至《刑法修正案（十）》的规定，单位犯罪的罪名数量呈逐渐上升趋势：1997年《刑法》规定了146个涉及单位犯罪的罪名，而后10个修正案又增加了41个相关罪名。目前，中国刑法共有187个罪名涉及单位犯罪，占刑法罪名总数的41.4%。而从近年司法实践案例分析，刑事合规风险是当下中国企业家面临的最严峻风险。

一、国内外主要研究文献综述

（一）“风险社会”语境下推动企业合规的刑法立场

这一立场认为，在风险社会语境下，刑法为企业管理者“刑事犯罪圈的扩张”提供了理论根基。贝克[1]和吉登斯[2]可以被视为“风险社会”理论的首倡者和构建者，强调在风险社会中，风险的规模和程度都发生了根本性变化，该理论对刑法学界影响深远。比如，德国刑法学家Jakobs在风险社会范畴上，提出了刑法机能主义理论，认为刑法要达到的效果是对规范同一性的保障以及对宪法和

1 ［德］乌尔里希·贝克：《风险社会》，何博闻译，译林出版社2004年版，第25页。

2 ［英］安东尼·吉登斯：《现代性的后果》，田禾译，生活·读书·新知三联书店2000年版。

社会的保障，并力图用规范保护取代法益保护。[3] 机能型刑法要求刑法干预提前，从处理阶段进入预防阶段，在立法上的表现就是法益保护提前化。

中国刑法学界也积极支持这种观点，认为应引入西方“风险社会”和“风险刑法”理论，针对特定风险行为，刑事立法应与时俱进不断调整，赋予刑法新功能，修改或者增加相关内容，及时回应人们对安全价值的需求，提前法益保护的时间点，积极应对风险带来的理论更新。有观点认为，“社会的变革、经济的转型、利益格局的变化、技术的发展、社会观念的转变，必然导致企业大量经济越轨行为，这些行为危害极大，对之犯罪化是刑事立法及司法对经济越轨行为的必然反应”[4]，“伴随着风险社会的来临，刑法体系面临着由罪责刑法到安全刑法的转变”。[5]

为积极回应公众对社会热点问题的舆论导向、关注焦点，刑法在修订过程中对容易引发社会风险、危害社会的问题及时进行了规制。具体表现为：一是犯罪类型更多，刑罚更重[6]；二是采取了新型方式规制危害社会公共利益的风险行为[7]；三是扩大刑法调整对象，将刑法调整对象延伸至法益受害的可能性[8]；四是调整构成要件要素[9]，降低定罪标准，逐步严密规范体系，适度扩大刑法统摄范围。上述做法不约而同印证了风险刑法理论者的观点。[10] 刑事立法的变化适应了现代社会多样化的风险防控需求，体现了现代刑法调整范围的扩张化趋势，反映了法律对各主体提出的行为规范性要求。伴随刑事立法的变化，各社会主体尤其是企业的行为将受到越来越严格的刑事合规审查。

（二）国家规制向国家与企业多元化共治转型的刑法立场

这一阵营认为，应对风险社会的挑战，刑法因应之策不是基本立场的背离和机能的转变，而是对谦抑性的捍卫与犯罪多元治理的深度实践。[11] 换言之，刑事合规的落地有赖于慎重推进，“以避免带来一个新的制度风险——风险社会

---

3 王莹：《法治国的洁癖——对话 Jakobs“敌人刑法”理论》，载《中外法学》2011 年第 1 期。

4 孙国祥：《刑事合规的理念、机能和中国的构建》，载《中国刑事法杂志》2019 年第 2 期。

5 高铭暄、曹波：《当代中国刑法理念研究的变迁与深化》，载《法学评论》2015 年第 3 期。

6 如《刑法修正案（五）》第一条设置了妨害信用卡管理罪，弥补了原有立法的欠缺。《刑法修正案（六）》对重大责任事故罪的犯罪主体范围进行了拓展，对犯罪责任加重处罚。

7 如《刑法修正案（三）》增设投放射性物质入罪的规定。

8 如《刑法修正案（九）》增加了载人超载超速入罪的规定。

9 白建军：《犯罪圈与刑法修正的结构控制》，载《中国法学》2017 年第 5 期。

10 《刑法修正案（二）》将非法占用耕地罪修改为非法占用农用地罪。《刑法修正案（八）》将生产、销售假药罪由危险犯修改为行为犯，将生产、销售伪劣产品罪由结果犯改为危险犯。

11 田宏杰：《“风险社会”的刑法立场》，载《法商研究》2011 年第 4 期。

的刑法危险”。[12]作为普遍存在的社会现象，犯罪的出现离不开当时的社会环境，“每一种犯罪都是行为人的身体状况与社会环境相互作用的结果”[13]。因此，学界对企业家刑事合规风险增大的影响因素的研究逐渐深入到企业家所处的政治、经济、文化环境等多个层面。“研究企业家犯罪，唯有注重他与由制度体系所构建的社会生态环境之间存在的十分密切的互动关系，才能找准‘企业家犯罪为何会如此存在’的症结所在。”[14]基于这一认知，相关研究从立法和司法两个层面展开研究。

1. 在立法层面，有所为有所不为。“法治发展初期，刑法是社会治理的中流砥柱。”[15]因此，刑法介入企业管理的深浅应与社会的实际情况相适应。实践中，学者们在立法层面提出了一系列的具体方案：一是注重改善企业家生存的制度环境，认为这才是预防和抑制企业家犯罪的治本之策。[16]二是坚持罪刑法定原则，摒弃“刑法至上”“刑法前置”及“刑罚万能”的观念。[17]三是政策性价比比对，采取其他措施预防可能比单纯的法律禁止更为有效，[18]认为对非法吸收公众存款罪、集资诈骗罪和擅自发行股票、公司、企业债券罪等争议较大的罪名，要随国内市场经济的深化同步变化。[19]四是确立刑法定罪限制评判准则，（1）该行为是否受刑法外的法律部门规范；（2）规制该行为的方法是否合适；（3）能否通过社会政策规制该行为；（4）将该行为定罪是否具有操作可能性。[20]事实上，通过这些创新性措施的有效实施，推动了对企业管理人员犯罪国家规制模式的丰富和发展。

2. 在司法层面，尚无实证支撑刑法扩张与抵御社会风险之间的不可替代性，风险社会并不必然要求重刑。学界研究在司法层面也提出了相应的因应之策：一是强调通过司法抑制重刑主义是在难以从立法上实现刑罚轻缓化情况下的一

12 龙敏：《秩序与自由的碰撞——论风险社会刑法的价值冲突与协调》，载《甘肃政法学院学报》2010年第5期。

13 ［意］恩里科·菲利：《犯罪社会学》，郭建安译，中国人民公安大学出版社2009年版，第150页。

14 李本灿：《公共机构腐败治理合规路径的构建》，载《中国刑事法杂志》2019年第2期。

15 ［英］梅因：《古代法》，沈景一译，商务印书馆1959年版。

16 梅传强、张永强：《背离与回归：企业家犯罪刑法规制的谦抑立场》，载《河南大学学报》2014年第6期。

17 付立庆：《论积极主义刑法观》，载《政法论坛》2019年第1期。

18 贾元：《风险社会背景下刑事政策变化和刑法机能的发展研究》，载《宁夏社会科学》2016年第6期。

19 毛玲玲：《互联网金融刑事治理的困境与监管路径》，载《国家检察官学院学报》2019年第2期。

20 孙国祥：《集体法益的刑法保护及其边界》，载《法学研究》2018年第6期。

种合理选择[21]。二是强调凡能用民事手段、商事手段、行政手段解决的矛盾纠纷和一般违法问题，就绝不动用刑法手段。[22]三是强调经济领域中的一些涉刑要案在本质上系民事纠纷，有的还不能称之为纠纷。[23]在这种观念指导下，长期以来人们对企业管理人员犯罪持有高容忍心理，政府尤其是司法部门为保护经济发展，对公司犯罪采取放任甚至是放纵态度。[24]为了扭转这一困局，Thomas Rotsch 教授强调"突破传统思维，引入新的企业犯罪预防理念或者替代模式"[25]的主张，强调引入被刑法认可的组织内部规范、制度以调整组织及其成员各类行为，督促组织及其成员行为合法合规，降低相关行为刑事违法的风险。

（三）大数据背景下企业家犯罪规制实证研究之提倡

前述两种立场表现形式各异，规范方式各有侧重，但在内涵上具有一致性。第一种立场过分依赖刑法对风险的防控作用，有陷入"刑法万能"主义的嫌疑；第二种立场强调捍卫刑法的谦抑性，要求尽量减少刑法资源在社会治理中的投入，具有违法成本过低，放纵罪犯的潜在危险。两种立场对刑法的角色定位截然不同，但本质上都是根据社会发展状况运用刑法采取宽严相济的原则规范企业经营，预防、处理企业家犯罪问题。需要说明的是，风险社会语境下扩大刑法调整范围，强化刑法治理功能的决策科学性尚无充分证据佐证，刑法治理社会的实效还有待司法实践加以证明。如果仅梳理企业经营活动的各个环节而不结合具体实例深入考察风险源，则难以挖掘出风险产生的具体诱因和风控时机。如果没有大量的案例作支撑，也难以总结出风险发生的规律性、风险面相的多维性和防控策略的多元性。然而，目前国内学者对于刑法与社会治理的关联性研究大多集中在纯粹理论分析层面，相关实证分析十分有限。探究刑法与社会治理，尤其是刑法与企业规范发展之间的深层联系，必须紧密结合实证。因此，注重加强企业犯罪规制策略的实证研究，对于明确企业常见风险类型，促进企业合规发展，优化社会资源配置具有不可忽视的指导作用。

中国企业家犯罪状况，从某种程度上来说是检测国内营商环境、法治环境以及文化环境的实验标本。为了评估中国企业家犯罪的基本现状，揭示企业家

---

21 李晓明、陈争尧：《"并合主义"刑罚观对我国刑法立法的推动》，载《政法论丛》2016 年第 2 期。

22 高铭暄：《对经济领域的冲突纠纷应慎用刑事手段》，载《法人》2013 年第 3 期。

23 蒋德海：《将民营企业家从刑事法律风险中解放出来》，载《统一战线学研究》2019 年第 1 期。

24 蒋熙辉：《公司犯罪刑事责任问题研究》，中国人民公安大学出版社 2011 年版，第 177 页。

25 ［德］乌尔里希·齐白：《全球风险社会与信息社会中的刑法：二十一世纪刑法模式的转换》，周遵友、江溯等译，中国法制出版社 2012 年版，第 263—264 页。

犯罪与社会环境尤其是制度性环境之间的内在联系，以此推进中国企业管理层刑事合规风险防控实践的发展，本研究以2014—2018年连续五年中国31个省级行政辖区在“中国裁判文书网”上公布的2439份生效判决文书为分析样本，制作企业刑事合规的特征数据库，归纳出企业家犯罪的基本样态特征，分析其内在原因、涉及要素，提出相应防范治理的对策建议。

二、中国企业刑事合规风险的样态和特征分析

1. 总体情况

本文试图分析2439份生效裁判文书，以此来呈现中国企业刑事合规风险的总体特征，详见表1。从性别角度而言，男性企业家犯罪占比为78.9%，女性企业家占比为21.1%。由此可见，企业家犯罪以男性为主，女性处于边缘地位。从企业所有制角度而言，民营企业多于国有企业。从年龄角度而言，“40—49岁”和“50—59岁”是企业家犯罪的高峰期。从学历角度而言，具有大学（大专）学历群体是企业管理人员犯罪的主要人群。从职务角度而言，以企业主要负责人为代表。基于此，我们可以给企业家最容易犯罪群体画像，“40—49岁的具有大学（大专）的男性，且在民营企业中担任企业主要负责人”这一群体。

表1　企业家刑事犯罪的基本样态

一级指标	二级指标	频数（人/件）	占比
性别	男	2160	78.9%
	女	578	21.1%
企业所有制	国有企业	361	14.8%
	民营企业	2078	85.2%
年龄	20—29岁	218	8.0%
	30—39岁	542	19.8%
	40—49岁	854	31.2%
	50—59岁	749	27.4%
	60—69岁	291	10.6%
	70岁以上	84	3.1%

续表

一级指标	二级指标	频数（人/件）	占比
学历	小学及以下	212	7.7%
	初中	708	25.9%
	高中（中专）	622	22.7%
	大学（大专）	733	26.8%
	研究生	463	16.9%
职务	企业主要负责人	1684	61.5%
	其他核心部门负责人	487	17.8%
	实际控制人、股东	214	7.8%
	财务负责人	115	4.2%
	销售（采购）负责人	63	2.3%
	其他核心部门负责人	175	6.4%

2. 涉案环节分布

刑法适用观念是反映刑法是否公平、公正的关键指标，既表达了国家对危害行为的评价，又直接涉及行为人是否犯罪、犯何种罪、是否处刑、如何处刑的司法判断结果。我国企业家犯罪刑罚通过兜底条款和口袋罪名的设计实现了从无到有、由疏到密的蜕变，并且在核心条款的设置上呈现出逐步严密化的“泛刑法化的思维模式”特征，实现了由“厉而不严”向“严而不厉”的立法结构转变，尤其是在金融犯罪、危害食品、药品安全的犯罪遏止层面。通过对2439份案件所产生的企业运作环节进行梳理，我们发现其大致分布特征如下：

表2　企业刑事合规风险环节及其占比

一级指标	二级指标	频数（件）	占比
传统法律风险	合同管理	239	9.8%
	招投采购	200	8.2%
	知识产权	61	2.5%
	纠纷处置	93	3.8%
合规与内控风险	投融资	427	17.5%
	资产处置	407	16.7%
	公司架构与治理	685	28.1%
	信息安全	56	2.3%

续表

一级指标	二级指标	频数（件）	占比
传统法律风险	环境侵权风险	61	2.5%
	运营安全	151	6.2%
	经营开发	59	2.4%

可见，经营管理高风险环节有：公司架构与治理（28.1%），投融资（17.5%），资产处置（16.7%），合同管理（9.8%），招投采购（8.2%），运营安全（6.2%）。经营管理低风险环节有：纠纷处置（3.8%），知识产权（2.5%），环境侵权风险（2.5%），经营开发（2.4%），信息安全（2.3%）。结合企业刑事合规风险环节，综观中国企业家涉刑案件司法实践，不难发现，普遍存在"刑法至上"[26]"刑法前置"[27]及"刑罚万能"[28]的片面思维，这进一步增大了企业家的刑事合规风险，使得刑法扩张风险从局部向全局蔓延。

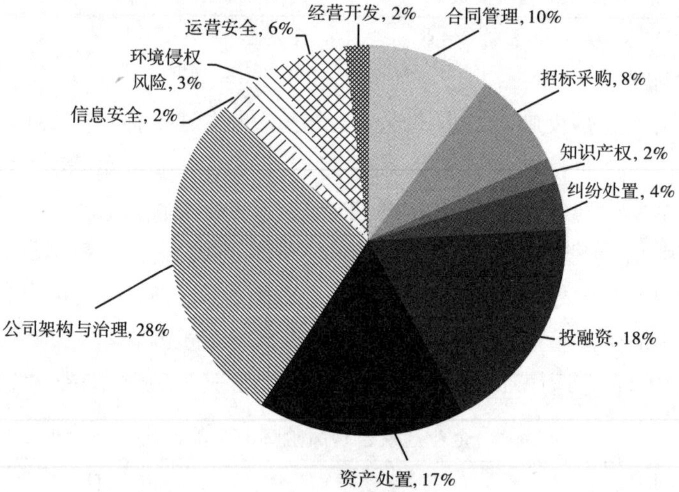

图 1　企业刑事合规风险环节占比

26 "刑法至上"观念主要表现为在社会行为的调整过程中，当某种"越轨"行为出现时，并不是寻求其他社会行为规范体系或者其他法律规范体系进行规制，而是直接诉诸刑法。

27 "刑法前置"观念产生于刑法社会防卫功能扩大化的错误逻辑，是对刑法的社会防卫功能过于迷信的结果，主要强调刑法在社会行为评价过程中的先入为主，与刑法的谦抑性及刑法在社会行为评价体系中的优先次序相矛盾。

28 "刑罚万能"是一种对刑罚功能过度迷恋的表现，虽然"刑罚万能"的虚幻性早已被各国早期的酷刑史所证实，"刑罚万能"观念也受到学界的诟病，但人们对"刑罚万能"的迷恋并未减弱。

3. 涉案行业分布

表3　企业家犯罪涉案行业分布

序号	行业	频数（件）	占比	序号	行业	频数（件）	占比
1	农、林、牧、渔业	126	5.2%	11	房地产业	132	5.4%
2	采矿业	61	2.5%	12	租赁和商务服务业	91	3.7%
3	制造业	748	30.8%	13	科学研究和技术服务业	34	1.4%
4	电力、热力、燃气及水生产和供应业	89	3.6%	14	水利、环境和公共设施管理业	77	3.1%
5	建筑业	175	7.2%	15	居民服务、修理和其他服务业	109	4.4%
6	批发和零售业	157	6.4%	16	教育	27	1.1%
7	交通运输、仓储和邮政业	101	4.1%	17	卫生和社会工作	44	1.8%
8	住宿和餐饮业	32	1.3%	18	文化、体育和娱乐业	45	1.8%
9	信息传输、软件和信息技术服务业	68	2.8%	19	公共管理、社会保障和社会组织	37	1.5%
10	金融业	289	11.9%				

犯罪涉案高频率行业有：制造业（748 件，30.8%），金融业（289 件，11.9%），建筑业（175 件，7.2%），批发和零售业（157 件，6.4%），房地产业（132 件，5.4%），农、林、牧、渔业（126 件，5.2%），居民服务、修理和其他服务业（109 件，4.4%），交通运输、仓储和邮政业（101 件，4.1%）。

犯罪涉案低频率行业有：租赁和商务服务业（91 件，3.7%），电力、热力、燃气及水生产和供应业（89 件，3.6%），水利、环境和公共设施管理业（77 件，3.1%），信息传输、软件和信息技术服务业（68 件，2.8%），采矿业（61 件，2.5%），文化、体育和娱乐业（45 件，1.8%），卫生和社会工作（44 件，1.8%），公共管理、社会保障和社会组织（37 件，1.5%），科学研究和技术服务业（34 件，1.4%），住宿和餐饮业（32 件，1.3%），教育（27 件，1.1%）。

4. 刑罚适用结构

表4 犯罪企业家刑罚适用结构

刑罚结构			频数（人）	占比
免予刑事处罚			194	7.1%
主刑	管制		5	0.2%
	拘役		131	4.8%
	有期徒刑	5年以下	1744	63.7%
		5年以上10年以下	318	11.6%
		10年以上	268	9.8%
	无期徒刑		77	2.8%
附加刑	罚金刑		990	59.3%
	没收财产		45	2.7%
	剥夺政治权利		35	2.1%
	驱逐出境		0	0.0%

通过上表可以得出以下几个基本判断：

（1）企业刑事合规风险显著增大。一方面，调控企业家经济行为的各类规则制度无法及时匹配市场经济的发展步伐，具体表现为有制度空白点，调控力度有限，这为企业家责任风险的加大提供了客观基础；另一方面，由于市场经济自身新陈代谢容易产生新的风险，而现有的风险防控、分散和救济制度设计无法针对新型风险提供可供借鉴的指引，这种市场行为的超前性与制度调控的滞后性之间的错位为企业家刑事合规风险的增大提供了现实可能。

（2）对企业家采用轻刑刑事处罚方式是一个普遍态势。这可以从刑事立法和司法实践两个层面分开阐释，在刑事立法领域，对于纯粹自然人犯罪的最高刑责要普遍高于单位犯罪中的自然人。[29]在司法实践领域，法官群体不约而同地积极主动控制刑罚资源的过量投入，这种通过司法抑制重刑主义是实现刑罚轻缓化的一种合理选择。具体表现为两个方面：一是轻刑化是主流刑罚趋式，采用5年以下有期徒刑、拘役、管制方式占比达到了68.7%[30]，显示出法官在司法活动

29 比如走私普通货物、物品罪对前者的最高徒刑是无期，对后者是10年；高利转贷罪对前者的最高徒刑是7年，对后者是3年；内幕交易、泄露内幕信息罪对前者的最高徒刑是10年，对后者是5年；诱骗投资者买卖证券、期货合约罪对前者的最高徒刑是10年，对后者是5年；受贿罪对前者的最高徒刑是死刑，对后者是5年；为利用影响力行贿罪对前者的最高徒刑是10年，对后者是3年；行贿罪对前者的最高徒刑是无期，对后者是5年。

30 最高人民法院工作报告即是以5年作为标准进行轻重罪案件的统计工作的。

中的刑罚适用观发生了较大转变，特别是“厉而不严”的刑罚轻缓化观念已在司法工作人员内心根深蒂固；二是对犯罪企业家适用无期徒刑和死刑的数量极少，减少甚至废除死刑的适用乃是大势所趋，通过观察对犯罪企业家无期徒刑以及死刑适用情况可以得出，我国在司法实践中落实了严格控制死刑的基本政策。

在总体肯定企业刑事法律责任轻刑处罚的同时，我们也要防止“过犹不及”的弊病。实践中，由于集体主义的思维惯性，一般认为，为了集体利益而进行违法犯罪的企业家人员，其主观恶性相对较小，因此倾向于作出相应的轻缓化处理。我们认为这是对法益侵害理论的误读，因为危害性大小的衡量标准是法益侵害，不论是为了集体利益还是个人利益，其对法益造成的损害具有等值性，刑罚裁量也不应当有所差异。仅因为打着公司犯罪的名义，而享受与自然人犯罪中的法定刑相去甚远的刑罚优待，是刑法对犯罪行为的让步，也是对罪责刑相适应原则的违背。

5. 犯罪高发地域分布

表5　犯罪高发地域分布

序号	地区	频数（件）	序号	地区	频数（件）
1	江苏	255	17	陕西	70
2	广东	186	18	黑龙江	63
3	河南	175	19	内蒙古	62
4	山东	166	20	贵州	59
5	上海	160	21	重庆	56
6	安徽	149	22	天津	49
7	河北	140	23	福建	49
8	湖北	119	24	云南	46
9	四川	112	25	广西	40
10	山西	106	26	甘肃	36
11	湖南	105	27	青海	29
12	浙江	91	28	新疆	27
13	吉林	89	29	宁夏	22
14	江西	86	30	海南	16
15	辽宁	84	31	西藏	14
16	北京	78			

（1）散点图划分模式。按照所涉31个省份进行划分，具体见表5，各省域发案量排名自上而下如下：①第一集团（100件以上）省区有：江苏（255件）、广东（186件）、河南（175件）、山东（166件）、上海（160件）、安徽（149件）、河北（140件）、湖北（119件）、四川（112件）、山西（106件）、湖南（105件）；②第二集团（50—100件）省区有：浙江（91件）、吉林（89件）、江西（86件）、辽宁（84件）、北京（78件）、陕西（70件）、黑龙江（63件）、内蒙古（62件）、贵州（59件）、重庆（56件）；③第三集团（50件以下）省区有：天津（49件）、福建（49件）、云南（46件）、广西（40件）、甘肃（36件）、青海（29件）、新疆（27件）、宁夏（22件）、海南（16件）、西藏（14件）。

（2）三元划分模式。1986年全国人大六届四次会议通过“七五”计划，全国按经济发展水平划分为东部、中部和西部。1997年全国人大八届五次会议又作了调整。西部地区包括12个省级行政区[31]，涉及案件573件，占比为23.5%；中部地区包括8个省级行政区[32]，涉及案件892件，占比为36.6%；东部地区包括11个省级行政区[33]，涉及案件1274件，占比为52.2%。由此可见，仅仅东部地区的企业家犯罪率就已经过半，说明经济越是发达的地区，企业家犯罪的现象更为突出，两者存在显著正相关关系。

三、中国企业刑事合规风险类型化梳理

1. 融资类犯罪比重大，民企融资制度性障碍突出

表6　融资类犯罪分布

罪名 \ 频数（件）\ 年份	2014	2015	2016	2017	2018
非法吸收公众存款罪	65	64	61	152	272
集资诈骗罪	21	14	11	34	51
骗取贷款、票据承兑罪	8	29	8	33	41
合同诈骗罪	35	40	6	16	15

目前，中国处于改革发展的攻坚时期，经济结构更加多元，社会矛盾日益突出，企业家犯罪问题也愈演愈烈。融资类犯罪比重加大，其中非法吸收公众

31　分别是四川、重庆、贵州、云南、西藏、陕西、甘肃、青海、宁夏、新疆、广西、内蒙古。

32　分别是山西、吉林、黑龙江、安徽、江西、河南、湖北、湖南。

33　分别是北京、天津、河北、辽宁、上海、江苏、浙江、福建、山东、广东、海南。

存款罪所占比重最大，2014 年至 2016 年数据稳定在 60—65 件之间，2016 年后其上升速度加快，2018 年数据飙升为 272 件。这反映了我国经济改革进入了深水区，中小企业出现了“融资难”的情况，一旦企业家融资方式出现问题就很容易触犯非法吸收公众存款罪。而集资诈骗罪在近几年的分布趋势超过了合同诈骗罪，这也从另一个方面说明了我国如今资本市场的现状。

近年来，互联网金融发展如火如荼，许多 P2P 借贷平台如雨后春笋般涌现。一些为网络融资提供担保、资产管理等保障性服务的公司在主业务范围外也提供借贷金融服务，一定程度上越位行使金融机构的部分职责。互联网金融凭借新兴经济形态的优势享受着自由的政策优待，然而其相关服务的合法性尚无充分法律依据，更多介于合法与非法的模糊地带，因而刑事合规风险比较普遍。司法实践中，不少网贷平台负责人因涉嫌非法吸收公众存款罪被立案调查。究其原因：一是重刑思想和刑法适用的优先性。过分依靠刑法维持市场环境非但无法顺利实现制度的初衷，反而暴露了政府管控能力的欠缺。二是立法技术缺陷。现有法律要么未对相关问题作出规定，要么规定不明，理解适用不具确定性。最高人民法院和最高人民检察院为明确法律含义，增强法律规范的可操作性，以便打击犯罪，往往扩大解释相关条款适用范围，将许多行为纳入刑法范畴，致使众多企业家在正常经营活动中也不得不承受落入法律解释陷阱的风险。[34] 三是操作经验和人才缺乏。互联网金融在国内发展历史并不长，实践尚未取得丰富经验，相关人才体系还未全面建立，执法和司法规则仍然处于缺位状态。

2. 职务犯罪普遍，国企企业家制度性角色错位严重

表 7　职务犯罪分布

罪名 \ 频数（件） \ 年份	2014	2015	2016	2017	2018
受贿罪	56	56	89	102	136
贪污罪	39	19	57	76	77
挪用公款罪	22	13	15	27	46
私分国有资产罪	5	2	16	13	16
职务侵占罪	3	5	3	11	12

34　以“非法经营罪”为例，《刑法》第二百二十五条通过叙明罪状的形式对三种具体的非法经营犯罪行为进行列举后，在其第四项中规定了“其他严重扰乱市场秩序的非法经营行为”，在没有相关司法解释限定的情况下，该种“口袋式”的规定容易将刑法没有明确规定的经营行为进行犯罪化处理。

职务犯罪主要表现为贪污贿赂、挪用公款等经济犯罪和渎职侵权犯罪。职务犯罪在最近几年呈现出一种上升趋势，而且上升幅度高于前几年的水平。如受贿罪2014年和2015年的数据皆为56件，2016年至2018年呈上升趋势，从89件一直上升到136件。

受贿罪和贪污罪是职务犯罪的主要构成部分，无论从绝对数量上还是变化趋势上都反映了职务犯罪在当下中国的发展情况，虽然我国反腐力度加大，社会对于职务犯罪深恶痛绝，但是职务犯罪仍然呈现出一种日益严重的态势，因此打击职务犯罪仍然是我国法律界日后需要关注的重点领域。我们认为，出现上述问题的原因主要在于两个方面：（1）我国的国企企业家因制度性安排而成为我国企业家群体中手握特殊经济资源的特权阶层。在我国，国有企业大多靠政府扶持、给予垄断地位和特殊政策而存在，国企企业家因此具有了“官商合一”的身份地位，握有合法合规而不合理的特权，自古以来都是滋生各种腐败最适宜的温床。(2) 国有企业的特殊性决定企业产权和委托代理关系问题成为企业管理最先面临最需要解决的问题。现阶段，国企企业家在经营管理中容易陷入角色认识误区，将自己视为国有资产的真正老板，把国有企业当作谋取私人利益的跳板。

3. 国企、民企企业家罪名差异巨大，市场竞争相对不足

犯罪既是一个法学概念，又是一个社会学概念，犯罪的发生与当时的社会环境密切相关。“每一种犯罪都潜藏着行为人与社会环境互动的影子。”[35] 通过对国企和民企企业家涉嫌的主要罪名分析，可以发现因为国企企业家有着国家工作人员的特殊身份，所以国企企业家犯罪的主要罪名以受贿罪、贪污罪以及挪用公款罪为主，而民企企业家的罪名不受身份的限制，既可能是职务侵占罪，又可能是非法吸收公众存款罪，还可能是虚开增值税专用发票罪。

表8　国企、民企高频率犯罪比较分析

国企高频率犯罪			民企高频率犯罪		
时间	罪名	频数（人）	时间	罪名	频数（人）
2014年	受贿罪	56	2014年	非法吸收公众存款罪	64
	贪污罪	39		诈骗罪	54
	挪用公款罪	22		挪用资金罪	39

35　［意］恩里科·菲利：《犯罪社会学》，郭建安译，中国人民公安大学出版社2009年版，第150页。

续表

国企高频率犯罪			民企高频率犯罪		
时间	罪名	频数（人）	时间	罪名	频数（人）
2015年	受贿罪	56	2015年	虚开增值税专用发票、用于骗取出口退税、抵扣税款发票罪	109
	贪污罪	19		职务侵占罪	99
	挪用公款罪	13		非法吸收公众存款罪	64
2016年	受贿罪	89	2016年	非法吸收公众存款罪	100
	贪污罪	57		职务侵占罪	92
	挪用公款罪	15		虚开增值税专用发票罪	89
2017年	受贿罪	102	2017年	虚开增值税专用发票罪	279
	贪污罪	76		非法吸收公众存款罪	232
	挪用公款罪	27		职务侵占罪	211
2018年	受贿罪	136	2018年	非法吸收公众存款罪	414
	贪污罪	77		虚开增值税专用发票罪、用于骗取出口退税、抵扣税款发票罪	334
	挪用公款罪	46		单位行贿罪	181

从国企企业家高频犯罪分布来看，拥有特殊主体身份的国企企业家涉及的罪名主要为受贿罪、贪污罪以及挪用公款罪。其中，受贿罪和贪污罪是国企企业家犯罪的重灾区。这与上一部分统计的职务犯罪类型的主要分布相吻合。主要的数据分布趋势也比较类似，其中受贿罪呈现上升趋势，由2014年的56件递增到2018年的136件，而贪污罪呈现出稳定的趋势。

相比之下，民企企业家的罪名分布较为广散，每年的罪名分布差异较大。从2014年到2018年五年间民企企业家犯罪数量快速上升，远高于同期国企企业家犯罪数量的增长速度。需要关注的主要罪名是单位行贿罪，仅2018年就检索到181件，我们认为，民营企业家勾结权贵并非由于对法律风险的无知，反而是经过深思熟虑的理性结果。在行政力量强势干预企业发展的情况下，一旦攀附上合适的行政官员，就相当于让企业发展插上了翅膀，甚至有时行政力量可以让企业发展绝处逢生。因此，从某种意义上而言，民营企业家行贿有时也是被逼无奈的选择。为弥补竞争劣势，持续性获得发展机会，其具有强烈的向相关权力部门行贿的动力。

4. 背信犯罪高发，企业家精神严重缺失

企业家精神是企业家在创业或者参与企业经营管理实践过程中形成的以创新、诚信与责任为主要内涵的文化慧命。缺乏企业家精神，企业将难以长久稳定发展。现阶段，中国企业家背信犯罪高发，很大程度上源于企业家精神的弱化甚至失传。究其原因，既有企业家自身修为不足的主观因素，也有错综复杂的外在缘由。一是传统的道德缺位致使企业家难以可持续发展。社会对商人的负面评价具有深刻的历史根源，“商人重利亲离别”致使人们普遍轻视生意人。改革开放后，部分企业家乘着政策快车走上了致富道路，拉开了与一般大众的收入差距，也引发了外界对其财富来源合法性的质疑。与此同时，时常爆出的企业竞争丑闻进一步加剧了外界质疑。在这样的外部环境下，企业家对自我价值和社会责任的认可度普遍较低。二是市场经济失范打击企业家诚信经营信心。国内市场经济还处于初级阶段，行业发展还不规范，无序竞争现象还比较严重，企业家诚信经营信心严重缺失，动力严重不足。在劣币驱除良币效应下，如果没有权力部门的支持，企业不要说发展，在某些行业甚至连生存都困难重重。三是办案机关的压力传导使然。企业家发生违法违规行为，经媒体宣传后极易催生强大舆论压力，不当干扰办案机关公正办案。实际情况中，遇有企业家涉案，公众在非理性情绪的裹挟下容易枉顾法律规定，过分苛责当事人，这无疑扩大了企业家的刑事合规风险。

表9 背信犯罪发生的基本分布

罪名 \ 频数（件） \ 年份	2014	2015	2016	2017	2018
生产销售伪劣产品罪	21	9	13	25	17
骗取贷款、票据承兑、金融票证罪	—	29	20	62	69
职务侵占罪	36	99	101	222	153
挪用资金罪	39	44	53	104	85
污染环境罪	—	24	10	37	25
贪污罪	39	19	57	76	77
挪用公款罪	22	13	15	27	46
受贿罪	56	56	89	102	136
滥用职权罪	—	—	1	9	9

职务侵占罪是背信犯罪的主要构成部分，从2014年的36件持续增加到2017年的222件，2018年虽然有所下降，但是绝对数值仍然很大，高达153件。职务侵占罪的爆发数量体现了企业家的诚信度，也是企业家精神的一种表达，更是社会信用体系建设情况的反映。就刑法规定来看，企业家背信犯罪罪名数量较多，跨越行业广泛，有贪污贿赂、侵占挪用、滥用职权、环境污染等。表中显示，贪污罪、挪用公款罪、受贿罪这三种犯罪几乎每年呈现一种上升趋势，这也就说明了企业家犯罪所体现出的社会诚信体系的不完善。

四、中国企业刑事合规风险的防控基准与对策建议

1. 风险文化：提升企业家刑事合规风险的认知能力

在现代化的“风险社会”中，企业所面临的风险是必然存在的，而且是不可能完全消除的。企业在市场经营活动中，既要为自身带来利润的增长，实现企业的社会价值，但同时也应当承受由其经营决策行为的失控和受外部环境的影响所带来的包括刑事合规风险在内的各种风险。在“风险社会”理论的奠基者安东尼·吉登斯看来，“我们生活在这样一个社会里，危险更多的来自我们自己而不是外界”。所以，风险更多的是来自人的实践活动。人们对未来结果可能性的一种认知或判断，是建立在认知行为与决策意义上的，是人类活动的反应，企业的刑事合规风险则是来自企业家对自身的经营活动行为和对刑事合规风险的认知失误的可能性。为了使企业家有效防控企业刑事合规风险，在当前“风险社会”的大背景下，应当培育企业家的风险文化意识，提高其对于风险的防控意识。

企业刑事合规风险的产生直接源自企业失控的决策行为和不当的经营行为。企业家在实施了相应的经营行为之后，各种风险就因此而产生，刑事合规风险则是其中最为危险的一种。企业家由于自身能力和素质参差不齐，对于风险特别是对涉及的刑事合规风险的感知能力也不尽相同。在当今现代化的“风险社会”中，风险无处不在，现代的专业分工和细化使得人们很难具备所有的专业性知识和风险认知能力，人们对于风险的防控更多依赖于专家的知识和技术。但由于个人精力和时间的有限性，每个人都成为全能的专家是不可能的，企业刑事合规风险涉及的是法律专业性质的风险，对其防控需要企业家增强对刑事合规风险的认知能力。企业家专注于经济，必然在法律特别是刑事法律方面不够专业，因此培育企业家的风险文化意识，提升自己的刑事合规风险认知能力则是防控企业刑事合规风险的合理途径。

2. 宽严相济：打造多元化企业家刑事处罚策略集

“最好的社会政策就是最好的刑事政策。”正因为如此，企业家犯罪问题才需要放在具体的、变化的社会情境中持续研究，并以此为据不断调整与完善。

对于企业家刑事犯罪处罚不能采用固化的单向度统一罚则策略，而是应结合社会背景，伴随利益格局、科技和社会观念的变化而有所侧重和选择。具体表现为“三宽三严”。

（1）技术及经营创新的问题当宽。在刑法层面上，要求国家在企业技术和经营创新方面保持相对宽松的政策态度，注重区分创新、违法和犯罪的界限，合理实现刑法规制与政策助推之间的平衡。例如对于近年来蓬勃发展的互联网金融和电商，其必然在一定程度上冲击着传统的金融与实体商业，但是由于这些新兴事物很可能为经济发展开拓全新领域，为社会进步提供新的增长点，因此，刑法规制应保持一种宽允态度。

（2）企业涉税问题当宽。目前，我国企业税负还比较沉重，经营成本比较高。过高的税率不但阻碍了企业发展，而且一定程度上成为涉税案件的诱因。目前，国内经济整体疲软，企业发展前景不容乐观，资本外流现象严重。为此，党中央、国务院作出2019年减轻企业税收和社保缴费负担近2万亿元的重大决策部署，因而在企业家涉税案件问题上，刑事政策应当适当放宽。

（3）经营性融资案件当宽。围绕民营企业的融资问题，在加大集资诈骗犯罪打击及宣传防范力度的同时，对为解决企业正常生产经营活动的融资则应采取更为宽松的对策。非但如此，还应当从正面积极疏通民间闲置资金保值增值渠道，出实招优化民营企业的融资环境，从根本上破解近些年来难以破局的“民间融资怪圈”。

（4）民生领域案件当严。随着民众对环境问题关注度的提高，整个社会观念正在发生深刻变化。环境问题极易引发激烈的社会对抗。为此，政府部门的强力监管与严厉规制绝对不能缺位。目前，生产安全、食品安全类、环境安全类犯罪案件的监管、查处范围及处罚力度都还有待强化。

（5）市场秩序失范案件当严。类似破坏公平市场秩序的犯罪并非没有被害人，只是被害人处于分散或不明确的状态。然而，正是被害人的分散和不明确，导致遭受类似违法犯罪行为侵害的被害群体难以维护自己的权利，监管部门及司法机关对这类违法犯罪的介入动力相当微弱，使得这类违法犯罪受到实际追究的概率及严厉程度很低，这就相当于变相鼓励这类犯罪的发生。因此，必须在刑事政策上明确并积极贯彻从严规制破坏公平市场秩序犯罪的执法和司法理念。

（6）涉及腐败问题当严。腐败是阻碍社会发展的一剂毒药。近些年有关企业家腐败案件的新闻报道不在少数。如贵州茅台原董事长袁仁国等国企高管凭借职位之权，以企业为稻场，肆意收割国有资产，损耗公共利益，导致市场资源的不适当配置，资源利用效率过低，加剧市场失灵问题。所以，国家应该采取严格的刑事手段管控企业家腐败问题，真正实现腐败零容忍。

3. 刑事合规：构建防止和发现违法行为的有效内控机制

现阶段企业或者企业家犯罪现象还十分普遍，一度存在愈演愈烈的发展趋势。然而，这并不能成为刑罚防控犯罪无用论的依据。从刑法与社会治理的历史来看，刑法既有其固有的震慑功能，又存在某些事项无法触及的局限性。一个相对完善的治理体系，光有刑法不行，没有刑法更不行，应该是刑法与其他规范手段相互配合、浑然一体。在调控社会风险的多元化手段中，以犯罪与刑罚为基本内容的刑法只能作为其他调控手段无效时的最后手段。从这个角度而言，建立在单一的刑罚威慑框架之下的企业犯罪控制很难起效，应构建防止和发现违法行为的企业合规内控机制。

所谓企业刑事合规机制，指的是以企业为主体的团体，综合考虑自身性质、文化和规模等条件，为最大限度降低刑事责任风险，依法设立的有关预防、控制和报告企业涉刑行为的机制。[36] 从这个定义中不难看出，刑事合规的核心要素包含两个：内部控制措施以及与此相关联的刑罚意义。换言之，如已经存在防止和发现违法行为的有效内控机制，但仍然发生某犯罪行为，在具体的罚金量定时，可以减免罚责。[37] 通过刑事合规制度设计，可以推动组织体进行自我管理，进而达到犯罪预防以及组织体自身责任减轻或者消解的目的。从这个角度而言，这是一个用来降低现代社会中潜在风险的工具。这一制度设计的目的在于通过量刑激励，促进企业进行自我管理，建立内部合规组织，预防和发现犯罪。这样的制度首先在美国《联邦量刑指南》[38] 中出现，并迅速扩展开来。德国《反洗钱法》《银行法》以及《证券交易法》，日本《反垄断法适法计划辅导》，意大利《231 号法令》，英国《2010 贿赂罪法案》[39] 都对合规计划进行了规定。此外，一些发展中国家的法律以及国际公约、地区公约也规定了本区域

36 李本灿：《企业犯罪预防中合规计划制度的借鉴》，载《中国法学》2015 年第 5 期。

37 《联邦量刑指南》允许将罪责指数予以降低，由此可以导致罚金数额降低 30%。通常情况下，一个有效的企业合规计划可以使涉案企业在被量刑时减少数百万美元的罚金。

38 《联邦量刑指南》第八章“组织量刑”导言开篇就指出：“本章旨在维持预防、发现和举报犯罪的内在机制，使对组织及其代理人的制裁总体上能够提供公正的惩罚、足够的威慑和对组织的激励。”并且该项指南列出了有效合规的“一般标准”：（1）建立合规政策和标准，合理预防犯罪行为的发生；（2）制定高层人员监督企业的合规政策和标准；（3）禁止向那些可能有犯罪倾向的个人授予重大自主决定权；（4）通过培训等方式向员工普及企业合规的政策和标准；（5）建立有效合规的合理措施，如利用监测、审计系统发现犯罪行为，建立违规举报制度，确保员工举报可能的违规行为；（6）建立惩戒机制，严格执行合规标准；（7）在犯罪行为发生后，采取必要措施应对犯罪行为，预防类似行为再次发生，如修改完善合规计划等。

39 该法案第七条“商业组织预防腐败失败的法律效果”中第二部分规定，如果该商业组织拥有旨在预防组织成员实施犯罪行为的足够的措施，则构成合法辩护。

合规计划。可以说，刑事合规计划已经成为世界各国的价值共识。

正是基于这种认识，中国第一个企业合规国家标准——《合规管理体系指南》在2018年应运而生。目前，在金融领域的合规计划实践正在如火如荼地开展，国内银行普遍制定了有关合规管理的手册和业务操作指南，建立了合规制度体系，并且取得了积极成效。部分民企为实现刑事合规也积极敲响了反腐锣鼓，“京东”和“淘宝”不仅是国内领先的电商平台，也是刑事合规制度的推动者和实践者。前者采取高管轮岗机制一路领跑民企反腐实践；后者在集团内组建专职部门，负责反腐工作。总的来说，企业反腐意识逐渐觉醒，企业家越来越认识到企业内部刑事合规机制设计、运作的重大功能和现实意义。

治理视角下公共法律服务的法治目标及其制度前景

——以群体性劳动关系纠纷治理为中心

刘　兵*

【内容提要】 管理向治理的转型意味着政府主导下的多元主体参与和协调治理，治理依赖于各个治理主体之间关系的制度化水平与法律构造。公共法律服务能够在政府职能转变、实现权利平等与社会自治等方面发挥重要的治理功能。群体性劳动关系纠纷治理作为地方和基层的重要治理领域，是观察公共法律服务功能发挥与实现机制的重要窗口。群体性劳动关系纠纷治理存在治理目标冲突，容易导致公共法律服务的专业化程度降低、法治目标被替代。因此，公共法律服务体系建设应当权衡不同的治理目标，鼓励和支持地方与基层政府在坚持法治目标的基础上，进行混合供给模式的制度创新和硬化。

【关键词】 群体性劳动关系纠纷　治理　公共法律服务　法治目标　供给模式

我国在改革开放以后逐步建立起以法律援助为主的公共法律服务制度，但长期以来，政府主导下的法律援助模式明显受到供给体制的制约，无法满足城乡居民日益增长的公共法律服务需求。党的十八大以来，中央高度重视并积极推进公共法律服务体系建设。党的十八届四中全会从推进全面依法治国的战略高度提出“推进覆盖城乡居民的公共法律服务体系建设”。党的十九届三中全会

---

*　刘兵——山东科技大学文法学院讲师，硕士生导师，法学博士。

提出要加强和优化政府法律服务职能，推动公共法律服务主体多元化、提供方式多样化。2019年3月19日，中央全面深化改革委员会第七次会议审议通过《关于加快推进公共法律服务体系建设的意见》，指出要“加快建设覆盖城乡、高效便捷、均等普惠的现代公共法律服务体系”。[1]公共法律服务体系建设的要求和目标是在全面推进依法治国的新时代背景下提出的，其根本目的在于满足城乡居民对优质高效公共法律服务的需求，通过公共法律服务体系建设完善国家治理体系，提升国家治理能力，尤其是防范和化解社会矛盾与风险的能力。如何在推进国家治理现代化与法治中国建设的进程中，将公共法律服务纳入法治轨道，在具体的治理领域和层次建立健全党委领导、政府主导、社会协同、公众参与、法治保障的公共法律服务供给模式和机制，实现公共法律服务的治理功能与法治目标，是新时代改革与发展中的重大理论与实践课题。

一、问题的缘起

公共法律服务通常是指由承担公共职能的政府或社会组织向公民提供的，旨在保障公民基本权利，维护公民合法权益，实现社会公平正义必需的法律服务。公共法律服务属于基本公共服务，公共服务作为公共产品被认为是现代国家的基本职能，政治学、经济学和管理学等学科对公共服务理论已有长期的研究，萨缪尔森的公共产品理论、布坎南的公共选择理论、登哈特的新公共服务理论等理论学说在公共服务的属性，以及政府与市场关系、政府角色与职能转变、非市场决策等问题上已有充分而深刻的阐释。在法学领域，著名法学家狄骥就提出了现代公法的重要命题：“现代国家职能已经发生或者应当发生根本性变化：从主权的统治到为公众服务。”[2]西方发达国家在制度上构建现代公共法律服务体系起步也比较早，主流的观点普遍认为面向贫困者提供的公共法律服务是其必需品，而非奢侈品。

中国的公共法律服务体系和制度建设起步较晚，2003年颁布的《法律援助条例》被认为是我国以法律援助制度为主的公共法律服务体系建设的里程碑。但是，我国的法律援助制度在供给模式、经费保障、服务监督等方面都存在着体制上的障碍和制约，其覆盖范围和实际效果都不尽如人意。[3]在我国经济社会

1 《习近平主持召开中央全面深化改革委员会第七次会议》，载《人民日报》2019年3月20日。

2 王本存：《狄骥对现代公法理论的重构——从主权到公共服务》，载《现代法学》2009年第5期。

3 胡铭、王廷婷：《法律援助的中国模式及其改革》，载《浙江大学学报（人文社会科学版）》2017年第2期。

转型发展过程中，人们对优质高效公共法律服务的需求不断扩大，过去的法律援助、公证制度等服务形式已经难以适应新时代的要求和人们的需求，这种体制和机制已经制约了法治中国建设以及国家治理能力和治理水平的提升。正是在这种背景下，中央提出要加快推进公共法律服务体系建设。

对于中国而言，经济和社会发展已经进入新时代，社会主要矛盾的变化，以及改革进入深水区、攻坚期所面临的新问题、新挑战都是前所未有的，公共法律服务体系建设也面临同样的时代背景和问题与挑战。西方关于公共服务的理论学说和制度虽有启发意义，但中国的问题还是需要立足于中国的改革与发展实践进行理论上的解释和制度上的创新。中国关于法律援助、公证制度等公共法律服务具体类型的研究在规范建构、实践运行、制度创新等方面均已有非常多的研究成果。近年来，法学领域的相关研究已经开始拓展到公共法律服务体系建设方面，面向构建中国特色公共法律服务体系以及具体的制度建设进行了非常广泛而深入的研究，而不再局限于公共法律服务的具体类型。

由于"推进覆盖城乡居民的公共法律服务体系建设"这个要求是在党的十八大以后才正式提出的，中央和地方也只是出台了相关的指导意见，因此，学界的相关研究最初主要聚焦于公共法律服务体系建设的理想图景，包括平台建设、政府购买服务的应然模式与路径等方面的问题。[4]这些研究对理顺体制、创新机制、推动公共法律服务体系建设提供了知识谱系的学术积累。但是，相关研究理论建构有余，实践关照不足，对于当前中国国家治理转型以及治理法治化背景下公共法律服务法治功能的研究还不够深入。另外，有些研究倾向于采取"总体主义"的进路，关心公共法律服务体系的顶层制度设计，认为顶层制度设计能够对地方和基层公共法律服务体系建设起到直接的指导作用。但这些研究并没有充分认识到，"改革开放以来，由于简政放权、权力下放，导致多中心时代的到来"。[5]在法治与治理的"多中心时代"，公共法律服务体系、平台等方面的顶层制度设计固然重要，地方和基层政府在解决具体问题时表现出来的创造性可能更为重要。

值得注意的是，很多学者已经开始关注地方和基层在"摸着石头过河"的过程中遇到的困境，以及在解决问题时所展现出来的制度创造力，从纠纷调解、

---

4 许同禄、刘旺洪：《公共法律服务体系建设的理论与实践》，江苏人民出版社 2014 年版；刘炳君：《当代中国公共法律服务体系建设论纲》，载《法学论坛》2016 年第 1 期；邓搴：《论政府在购买公共服务中的角色定位及其法律责任——以法律关系基本构造为分析框架》，载《行政法学研究》2018 年第 6 期；张鲁萍：《政府购买法律服务：正当性、困境与路径》，载《求实》2018 年第 3 期；孙海涛：《我国公共法律服务供给模式的革新》，载《江苏警官学院学报》2018 年第 3 期。

5 葛洪义：《多中心时代的"地方"与法治》，载《法律科学》2016 年第 5 期。

社会治理、乡村振兴的具体领域对公共法律服务进行观察和研究。[6] 这些研究凸显了学界对公共法律服务在地方或基层治理中的功能发挥方式，以及突破瓶颈进行机制创新的强烈的现实关照。在我们看来，恰恰是在这些具体治理领域中才能够更深入地分析公共法律服务的法治意义及其治理功能，理解地方和基层在实现治理目标的过程中如何，以及为什么采取这样或那样的方式提供具体的公共法律服务。

群体性劳动关系纠纷[7] 的治理就是观察公共法律服务治理功能及其供给机制的一个有意义的视角，公共法律服务供给中存在的矛盾在群体性劳动关系纠纷治理中有集中的体现。群体性劳动关系纠纷是劳动者与用人单位之间因工资福利、社会保险、劳动保障等争议而采取集体停工、聚集、上访行为引发的群体事件。劳动关系纠纷是我国当前群体性事件最为多发的领域，所以，群体性劳动关系纠纷也是地方和基层进行社会治理、防范风险的着力点。很多地方政府在探索群体性劳动关系纠纷的治理机制时，已经开始重视面向劳动者的公共法律服务的供给，以适度消除劳动关系双方的信息不对称、地位不平等问题对纠纷的理性化、法治化解决产生的阻碍。然而，群体性劳动关系纠纷治理中的公共法律服务供给仍然面临很多矛盾：首先，群体性劳动关系纠纷多重治理目标之间的冲突影响着地方政府完善公共法律服务供给机制的动力。这种矛盾在某种程度上与当前由管理向治理转型的过程中，地方政府对公共法律服务治理功能还没有清晰的认识有关。其次，公共法律服务在群体性劳动关系纠纷中存在供需矛盾，这里所谓的供需矛盾主要不是说劳动者的公共法律服务需求不足，而是在很多情况下，劳动者更倾向于采取集体行动表达和实现诉求，而不是以寻求公共法律服务的帮助，与用人单位协商谈判的方式解决问题。这些矛盾不仅使公共法律服务供给失去方向，而且对群体性劳动关系纠纷的法治化解决机制产生制约，因此研究群体性劳动关系纠纷治理中公共法律服务的治理功能以及供给机制完善是有必要的。

群体性劳动关系纠纷在我国是从 20 世纪 90 年代中期以后开始大量出现的，

---

6 薛永毅、尹芳元：《“枫桥经验”在政府购买人民调解服务中的创新运用》，载《社会治理》2018 年第 10 期；郭海南：《“互联网 + 公共法律服务”体系助力新时代乡村振兴战略初探》，载《中国司法》2018 年第 10 期。

7 出现在公开报道中的劳动关系领域的群体性事件常被冠以“罢工”“停工”“停运”“罢运”等名称，学界则称之为“群体性劳动争议”“群体性劳资冲突”“群体性突发事件”“集体劳动争议”等，其内涵和外延存在某些差别。由于集体劳动争议主要指进入仲裁或司法程序的劳动争议，而本文所研究的对象主要是尚未进入仲裁或司法程序的，以群体性聚集、上访、停工等方式表现出来的劳动关系矛盾，因此本文统一称为“群体性劳动关系纠纷”，纠纷双方则以规范的法律术语称为“劳动者”与“用人单位”。

学界有关这方面的研究已有较多的成果，关于政府角色与劳动关系治理模式的研究受到普遍关注。[8]进入21世纪以来，群体性劳动关系纠纷出现了某些不同以往的特点，而地方政府对群体性劳动关系纠纷的治理方式也开始出现了某些值得注意的变革，学界普遍将2010年作为中国劳动关系的分水岭。[9]因此，劳动者采取集体行动的形成动力、组织形态、发展趋势、对国家治理方式的潜在影响，是近年来学术和政策研究的重要议题。[10]其中，有学者注意到地方政府在处理群体性劳动争议时为鼓励劳动关系妥协所采取的创新性策略，包括对劳动者的情绪或精神安抚，以及经济补偿的物质安抚，因而提出“安抚型国家”的概念。[11]但是，学界关于公共法律服务在群体性劳动关系纠纷治理中的功能及其供给模式和机制的研究还不多。因此，本文以群体性劳动关系纠纷治理为中心，从治理与法治的双重维度讨论公共法律服务的治理功能及其法治目标，并在此基础上分析公共法律服务在治理具体领域中的供给模式与机制。本文试图说明，在管理向治理的转型过程中，公共法律服务具有不可替代的治理功能，在权利实现和保护、政府职能转变与社会自治等方面推动着法治中国建设，在混合供给模式下公共法律服务供给机制完善应当围绕其法治目标进行制度创新和硬化。

二、治理转型与公共法律服务的治理功能

（一）管理向治理转型中的群体性劳动关系纠纷解决模式

近几年来，我国的群体性劳动关系纠纷频发。中国社科院近几年发布的《社会蓝皮书》中均指出劳动关系领域是群体性事件最为多发的领域，[12]有媒体将社科院报告中的数据解读为“劳动争议‘领跑’社会矛盾冲突‘排行榜’”，根据全国总工会的数据，2014年前三个季度发生了52起1000人以上的大规模

8 张皓、吴清军：《改革开放40年来政府劳动关系治理研究述评》，载《中国人力资源开发》2019年第1期。

9 常凯：《劳动关系的集体化转型与政府劳工政策的完善》，载《中国社会科学》2013年第6期；孟泉：《塑造基于“平衡逻辑”的“缓冲地带”——沿海地区地方政府治理劳资冲突模式分析》，载《东岳论丛》2014年第5期。

10 汪建华：《包揽式政商关系、本地化用工与内地中小城市的劳工抗争》，载《社会学研究》2017年第2期。

11 郑广怀：《劳工权益与安抚型国家——以珠江三角洲农民工为例》，载《开放时代》2010年第5期。

12 李培林、陈光金、张翼主编：《2019年中国社会形势分析与预测》，社会科学文献出版社2019年版，第13页。

群体性劳动争议事件。[13]我国群体性劳动关系纠纷频发主要是由于经济发展进入新常态，发展方式转变、产业结构调整、环境整治力度加大等形势政策导向因素的变化，企业“关停并转迁”情况逐年增加。经济增长和转型与社会发展不平衡、不协调，甚至断裂，成为当今中国群体性劳动关系纠纷数量大幅攀升的渊薮。同时，劳动者权利意识增强，自我组织能力提升，以及网络新媒体等信息传播和召集手段也是不可忽视的影响因素。

尽管近期的群体性劳动关系纠纷中劳动者的集体行动也出现了理性化倾向，并且相比其他群体性事件，群体性劳动关系纠纷主要是劳动关系双方的利益争议，其破坏力与挑战性相对较小。但群体性劳动关系纠纷仍然是社会矛盾的“风险点”，如果处理不当就可能会使劳动关系矛盾激化，甚至使劳动关系矛盾转化为“劳政矛盾”。因此，为避免群体性劳动关系纠纷激化或转化对经济和社会秩序产生的负面效应，无疑应当建立群体性劳动关系纠纷的防范化解机制。现代市场经济国家对集体劳动关系的调整大致上存在“协约自治”与“国家统合”两种典型模式。[14]我国的群体性劳动关系纠纷解决究竟应当采取何种模式，学者们还存在争论，“到底是强化政府，建立国家高度管制的体制，还是强化社会，使劳动关系当事人借助各种社会的多元力量，自主争取权利，实现综合平衡”？[15]实践中各个地方政府在处置和应对群体性劳动关系纠纷时也有不同的介入方式。[16]有学者认为：“在现有的制度框架下，我国劳动者与用人单位之间‘力的对抗’的不均衡，以及劳动者‘法的发动’的主观偏好，都决定了我国只能采取政府主导型的解决模式。”[17]但政府主导的解决模式并不意味着政府的权力可以任意介入。实践已经表明，在群体性劳动关系纠纷中，政府的角色不可缺位，更不能错位，越俎代庖的介入可以平息个别的群体性劳动关系纠纷，但并非解决问题的长久之计。因此，有学者主张：“对群体性劳动争议，我们应当走一条发挥政府优势，从政府控制到政府主导、政府引导，最终走向劳资自治、劳资合作之路。”[18]

13　张子扬：《社科院报告：劳动争议“领跑”社会矛盾冲突“排行榜”》，载中国新闻网，http：//www. chinanews. com/gn/2014/12 -24/6908824. shtml，最后访问于 2019 年 11 月 3 日。

14　肖竹：《群体性劳动争议应对中的政府角色》，载《行政法学研究》2014 年第 2 期。

15　董保华：《中国劳动关系的十字路口——管制与自治：富士康、本田案件提出的法治命题》，载《探索与争鸣》2011 年第 3 期。

16　孟泉：《塑造基于“平衡逻辑”的“缓冲地带”——沿海地区地方政府治理劳资冲突模式分析》，载《东岳论丛》2014 年第 5 期。

17　杨欣：《我国集体劳动争议处理法制模式及其选择——以利益性争议为关注》，载《广东行政学院学报》2012 年第 6 期。

18　肖竹：《群体性劳动争议应对中的政府角色》，载《行政法学研究》2014 年第 2 期。

当前由政府主导、社会力量参与已经开始成为各个地方政府在应对群体性劳动关系纠纷时的主要选项，2010 年广东几起群体性劳动关系纠纷的处理就具有典型意义，代表我国对群体性劳动关系纠纷的应对处置由管理向治理转型的开启。地方政府已经不再像过去那样强势介入群体性劳动关系纠纷，对警力的使用也十分谨慎，取而代之的是政府的有限介入，设立劳动关系双方的“缓冲地带”，通过工会组织、律师、专家学者等社会力量参与，引导劳动关系双方以协商谈判的方式解决争议。“从‘管理’到‘治理’的语词变化，蕴含着深刻的管制理念的变动。管理建立在管理者与被管理者之间支配与服从的线性关系基础上，治理则依赖于各方主体结构性协同参与，所以，治理必然依赖于各个治理主体及其相互关系制度化的水平与法律构造，也就必然深刻地依赖于法治发展。”[19]

党的十八届三中全会将“社会管理”改称为“社会治理”，既是中央关于社会建设的理念革新，也是对我国经济与社会转型时期社会矛盾或问题解决方式转变的回应。管理向治理的转型具有三个主要特征：目标愿景由“维护社会稳定”转变为“追求社会公平正义”，治理主体由“政府单一主体控制”转变为“社会多元主体共治”，实现手段由“行政理念与命令”转变为“法治思维与方式”。[20] 群体性劳动关系纠纷应对解决在理念和方式上的转变正是我国社会管理向治理转型的组成部分。群体性劳动关系纠纷的治理转型意味着政府主导下的多元共治与劳动关系自治需要在制度和机制上不断完善。由于法治是社会治理的合法性来源，也是增强社会治理的权威性和公信力的根本保障，因此社会治理必须走法治化的道路，“法治是最优治理模式”。[21]

（二）公共法律服务在群体性劳动关系纠纷中的治理功能

群体性劳动关系纠纷治理法治化需要解决诸多重大问题，包括政府职权法定、权责明确，调解与仲裁、司法程序的衔接，工会组织等社会力量依法参与的方式，等等。其中，如何使已经采取集体行动的劳动者明确权利和利益诉求，在获得与用人单位实际平等地位的基础上进行协商谈判，是实现劳动关系自治与群体性劳动关系纠纷法治化解决的关键。由于劳动关系中劳动者处于天然的弱势地位，其采取集体行动在很大程度上是为了争取在与用人单位的谈判中获得平等地位，甚至某种优势地位，以实现更大的利益。在个体性劳动争议中，

19　葛洪义：《中国的地方治理与法治发展》，载《政法论丛》2019 年第 2 期。

20　郁建兴：《走向社会治理的新常态》，载《探索与争鸣》2015 年第 12 期。

21　叶青：《法治是最优治理模式》，载《人民日报》2017 年 11 月 1 日。

劳动者完全可以自行寻求市场化法律服务的帮助，能够通过仲裁或诉讼等程序维护自身权益。但在群体性劳动关系纠纷中，由于劳动者的“集体无意识”，松散的组织等因素都导致其寻求市场化法律服务存在种种障碍。正因如此，在群体性劳动关系纠纷中为劳动者提供必要的公共法律服务就显得十分重要。公共法律服务在群体性劳动关系纠纷解决机制中具有不可替代的治理功能。

1. 促进政府权力收缩和职能转变

传统的管理体制下群体性劳动关系纠纷的应对解决主要是以政府的直接介入为主，地方政府在维稳任务与考核指标的压力下，经常会突破权力边界对劳动者和用人单位双向施压以平息事态或解决问题。由此也产生了严重的治理危机，地方政府往往不堪重负，群体性劳动关系纠纷甚至越治越多。在管理向治理的转型中，政府开始以辅助性角色介入群体性劳动关系纠纷，引导工会和社会组织等社会力量参与治理，培育劳动关系双方的自治能力。其中公共法律服务的供给就是政府发挥辅助性作用的重要机制。

公共法律服务是群体性劳动关系纠纷治理中的必需品，但这种公共产品具有较强的专业性，因此政府往往并不是直接供给，而是以购买服务的方式向劳动者提供。政府只是公共法律服务的统筹者、协调者、监督者，根据辅助原则间接参与劳动关系双方的协商谈判，政府的职能开始发生转变。政府向社会放权实际上也意味着政府权力收缩，“法治版的社会治理不仅要求规约市场主体和社会主体的行为，也强调对政府自身行为的约束”。[22] 政府逐渐厘清权力边界，实现职权法定与依法治理，这也是法治的内在要求。

2. 实现劳动关系双方法律地位的平等

社会和市场主体法律地位平等是法治最基本的内涵，所谓治理的法治化，在很大程度上就是在主体法律地位平等基础上的合作与自治。但是，在劳动关系中用人单位和劳动者之间存在管理与被管理的关系，其地位具有天然的不平等性。群体性劳动关系纠纷中劳动者以集体行动维护和实现利益诉求，主要不是由于劳动者的权利或利益在立法和制度上没有得到保护，更多是因为劳动者与用人单位在信息、资源等方面的不平等，导致劳动者维权的成本高，因此，劳动者才会采取停工、聚集、上访等集体行动而不是采取法律行动来寻求与用人单位的平等地位，甚至优势地位。

劳动关系双方的平等地位不是仅仅靠法律规定就能实现的，在实践中处于相对弱势地位的劳动者能否实现与处于强势地位的用人单位之间的平等对话和协商，还需要国家行政机关、司法机关等通过某些具体的制度、程序、措施等

22 郁建兴：《走向社会治理的新常态》，载《探索与争鸣》2015 年第 12 期。

予以保障。公共法律服务在这个方面就能够发挥其法治功能。在群体性劳动关系纠纷中，为劳动者提供必要的公共法律服务，就是通过法律咨询、援助等形式为劳动者“撑腰”，使劳动者在法律信息、权利表达、法律服务等方面获得与用人单位平等的地位，从而能够引导劳动者通过平等协商、对话表达来维护正当利益、理性解决纠纷。

3. 推动劳动者利益诉求向权利诉求的转化

法治之所以被认为是社会治理的最优模式，其重要的原因就是法律以最权威的方式平衡各方的利益，将正当的利益权利化，并且通过理性化的法律程序和救济机制解决权利冲突。在法治社会中，法律所确认和保障的权利通常就是存在利益冲突的各方通过协商解决争议的前提，因此，能否将某种利益权利化对于争议或纠纷的解决就显得至关重要。

群体性劳动关系纠纷是否能够以法治化方式解决，在很大程度上取决于劳动者通过集体行动表达的利益诉求能否被权利化，如果劳动者的利益诉求不能被权利化，也就难以确立其利益诉求的法律基础，劳动者与用人单位之间通过协商谈判解决争议的可能性就会大大降低。当然，在群体性劳动关系纠纷中，有时劳动者没有能力将其利益诉求权利化并为其权利保障提供明确的法律依据，有时劳动者可能也不愿意将其利益诉求权利化，而仅仅期望通过集体行动实现利益。因此，在这种情况下就需要为劳动者提供必要的公共法律服务，由专业律师等法律服务人员帮助、引导劳动者明确利益诉求，将利益诉求权利化，并且在与用人单位协商谈判时将劳动者受法律保护的权利明确地表达出来，作为协商谈判的基础。当劳动者有能力、有意愿将其利益诉求权利化的时候，群体性劳动关系纠纷的理性化、法治化解决就向前迈出了一大步，在这个意义上，公共法律服务的法治与治理功能是其他方式无法取代的。

三、公共法律服务的法治目标检视

（一）治理目标的冲突

近年来，中央和地方都非常重视群体性劳动关系纠纷治理以及其中的公共法律服务体系建设问题，并且进行了大量的制度设计和实践探索。但是，公共法律服务在群体性劳动关系纠纷中的功能发挥与治理成效并不尽如人意。有些地方政府认为公共法律服务增加了治理成本，降低了治理效率，因而在处理群体性劳动关系纠纷时不愿意主动引入公共法律服务。在某些情况下，即使公共法律服务的供给得到保障，劳动者也不自愿接受，甚至有所排斥。为什么设计良好的制度和改革会在实际运行中产生这种矛盾？究其原因，主要是由于公共服务深嵌于社会治理的整体性结构中，其功能的发挥往往会受到治理结构的制约。[23]在群体性劳动关系纠纷的治理结构中，治理目标的冲突会使公共法律服务在治理实践中被边缘化，而各个地方在治理过程中对公共法律服务供给机制的建构往往变通有余，制度硬化不足，这些问题都影响着公共法律服务治理功能的实现。因此，有必要对群体性劳动关系纠纷治理中公共法律服务供给的法治目标进行检视。

实践表明，地方政府对群体性劳动关系纠纷的治理目标往往是多元化的，治理任务及目标也并不具有法定性、常态性和唯一性。例如，在某些特殊敏感时期，社会稳定会成为“压倒性”任务和目标，而在地方经济增长压力变大的时候，“保护民营企业合法权益、建立法治化营商环境”也会成为治理目标。多元化的治理目标之间并不存在恒定的等级序列关系，因而也经常会发生目标冲突，进而影响公共法律服务在群体性劳动关系纠纷治理中的功能实现。治理目标冲突在很大程度上是由于中国政府的科层体制中，地方政府治理任务存在多重性，既有上级安排的“规定目标”，也有地方政府自主设定的目标，[24]除此之外还有上级安排的大量临时任务。上级任务和目标是必须完成的刚性任务，对这些任务上级政府往往设定严格的检查考核制度，以督促下级完成目标。即使上级政府治理压力增大，也可以通过层层加码，将任务转移给下级，形成一种所谓的“压力型”体制。[25]学者们对中国地方政府运作逻辑的解释中提出的治理矛盾或目标冲突的问题，在群体性劳动关系纠纷治理的公共法律服务供给中也同样存在。这种目标冲突会导致地方政府在治理过程中“左右为难”，在“压力型”体制下为了完成各种任务和目标而对法律和政策进行变通执行也就不足为奇。

尽管存在目标冲突问题，但在群体性劳动关系纠纷治理的公共法律服务供给中，法治目标也并不是可有可无的。我们并不否认地方在治理实践中通常会在存在冲突的目标之间进行权衡，但需要明确的是地方政府在目标权衡过程中，法治目标与其他治理目标之间严格地说并不是冲突关系，而是竞争关系。在竞争关系中，法治目标不是以“全有或全无”的方式出现的，而是在重要性程度上进行权衡比较，以确定目标的优先次序，即使法治目标没有被作为首要目标，

---

23 陈家建、赵阳：《“低治理权”与基层购买公共服务困境研究》，载《社会学研究》2019年第1期。

24 王汉生、王一鸽：《目标管理责任制：农村基层政权的实践逻辑》，载《社会学研究》2009年第2期。

25 荣敬本、崔之元等：《从压力型体制向民主合作型体制的转变》，中央编译出版社1998年版，第28页。

其在治理中也并不会隐退，而仍然是需要考量的因素，并且对治理机制和措施产生着影响。从这个意义上来说，法治目标就是所有治理目标的“压舱石”，这不仅仅是因为法治目标已经越来越多地成为法治政府建设的考核内容，而且更重要的是，法治目标的设定，以及在治理目标考量中的“在场”能够促进有效治理，并且在很大程度上避免地方政府仅仅基于功利目的采取策略行动进而出现对“善治”目的的背离。

（二）法治目标检视

在群体性劳动关系纠纷治理中，公共法律服务供给追求的法治目标当然包括依法办事、权利平等、职权法定、权力监督与制约等法治的一般目标或原则，同时，在这个更为具体的领域中，以解决问题为导向的法治目标也更为具象化，应当成为群体性劳动关系纠纷治理的制度构建与具体措施的考量因素。

1. 尊重和保障劳动者的选择权

在群体性劳动关系纠纷治理中，面向劳动者的公共法律服务供给具有价值上的正当性和治理上的功能性。但是，劳动者作为公共法律服务的消费者，对这种公共产品是有选择权的。这就意味着，无论公共法律服务具有何种治理价值，都不应将其强加给劳动者，更不应为了完成某种考核任务而采取“填鸭式”供给方式，劳动者的选择自由应当得到足够的尊重和保障。哈耶克说：“我们永远不可能确知谁比行动者本人能更好地知道他的利益。”[26]

治理的目的是在平等保护劳动关系双方合法利益的基础上实现劳动者的权利，劳动者必然是治理的参与者，而并非“他者”，以牺牲劳动者的选择权为代价实现劳动者权利的做法得不偿失，也不具有任何正当性。公共法律服务的供给既尊重劳动者的选择权，又能实现其治理功能，从供给侧而言就要求不断扩大公共法律服务的参与范围，通过机制创新吸引优秀的法律服务机构、社会组织和专业人员提供更加优质的公共法律服务。

2. 治理权力优先向基层配置

群体性劳动关系纠纷都是发生在地方和基层，其治理任务，包括公共法律服务的供给，也主要由基层政府承担，所以基层政府的治理能力决定着公共法律服务供给与群体性劳动关系纠纷的治理成效。治理能力与治理权限有着直接的关系，如果在体制上仅仅要求基层承担治理责任，却不赋予其相应的治理权限，那么基层的治理能力就难以提升，所谓的治理就非常容易被异化为管制或

---

26 ［英］哈耶克：《自由秩序原理》（上），邓正来译，生活·读书·新知三联书店1997年版，第90页。

放任这两个极端。有学者研究表明，中国的基层治理存在“低治理权”现象，治理责任与治理权限倒置影响着公共服务效能的发挥，甚至使专业化服务不得不进行某种妥协。[27]因此，有学者主张在治理权力的配置上应当坚持“基层优位观”，即倾向于将治理权力优先配置到基层这个治理层级。[28]这个观点是有道理的。

基层政府是距离劳动关系纠纷最近，也最能直接反映劳动者意愿和诉求的治理层级，因此基层在群体性劳动关系纠纷治理中具有特殊重要性。在政府间纵向的权力配置上，应当将公共法律服务的供给方式、措施等治理权力向基层下放，发挥基层政府根据本地方实际选择公共法律服务供给方面的积极性。党的十九大报告指出：“推动社会治理重心向基层下移，发挥社会组织作用，实现政府治理和社会调节、居民自治良性互动。”这一要求反映出治理权力优先向基层配置在中国有着现实基础。如果说法治意味着职权法定，科学合理地设定各级国家机关的事权，[29]那么群体性劳动关系纠纷治理中公共法律服务供给的事权和财权优先向基层配置，就是值得追求的法治目标。

3. 政府协调下的劳动关系自治

社会自治是现代国家治理、社会治理的基本内容和重要目标。社会自治是社会成员通过法定或约定程序自主决定或管理共同事务，自我负责的治理方式。在现代社会中，国家管制与社会自治的有机结合是治理方式上的重大转变。[30]张文显教授认为：“良好的国家治理总是与社会自治紧密结合的”[31]，国家治理必须遵循法治规律和原则，而法治则要尊重社会自治，为社会自治留下足够的空间。社会自治的内容丰富、形式多样，劳动关系自治也属于社会自治的重要形式。

我国的《劳动法》《劳动合同法》《工会法》等法律已经建立起劳动者权利保护以及劳动合同集体协商制度，为劳动关系自治预留了充分的法律空间。但是，在具体劳动关系中，“资强劳弱”的状况依然存在，特别是劳动关系主体双方在目前还都不成熟，因此，当群体性劳动关系纠纷出现时，往往就需要政府

27　陈家建、赵阳：《“低治理权”与基层购买公共服务困境研究》，载《社会学研究》2019 年第 1 期。

28　李旭东：《“在地治理原理”对国家治理体系现代化的意义》，载《哈尔滨工业大学学报（社会科学版）》2019 年第 1 期。

29　葛洪义、严文俊：《法治视域内职权设定及其方式的改造》，载《江海学刊》2017 年第 4 期。

30　王利明：《法治与社会自治》，载王利明：《人民的福祉是最高的法律》，北京大学出版社 2013 年版，第 64—65 页。

31　张文显：《法治与国家治理现代化》，载《中国法学》2014 年第 4 期。

的适当介入和干预，为相对弱势方的劳动者提供必要的公共法律服务，创造劳动法治环境，培育劳动关系双方主体为自己事务负责的法治素养，逐步扩大劳动关系自治的程度。常凯教授主张，“逐步实现政府协调下的劳动关系自治，则是政府劳动关系政策的最终目标”。[32] 进言之，劳动关系自治不仅仅是群体性劳动关系纠纷治理的政策目标，也是建立公共法律服务供给机制所追求的法治目标。

四、公共法律服务的制度前景

（一）公共法律服务的一般供给模式

1. 政府供给模式

公共法律服务属于公共服务，因此与其他公共服务的供给相类似，最初都是以政府供给为基本模式，即由政府承担提供公共法律服务的职能，并且设置政府机构或事业单位直接向社会供给公共法律服务，同时政府也是公共法律服务的管理者与监督者。我国在过去很长一段时间里，公共法律服务主要是由政府供给和保障的。政府供给模式的好处是能够确保公共法律服务的公共属性，但其供给主体、产品类型往往过于单一，公共法律服务的覆盖范围有限、质量不高。因此，单纯的政府供给模式不能满足社会需求。

2. 市场—社会供给模式

在市场经济发展和社会建设进步的过程中，国家向社会放权，政府收缩权力范围，公共法律服务供给的市场与社会模式逐渐形成。市场与社会模式顾名思义是指由市场主体和社会组织作为公共法律服务的供给主体。例如，由律师事务所、司法鉴定机构和公证机构等市场主体，律师协会、公益组织等社会组织向社会提供某种形式的公共法律服务。市场与社会供给模式的优势在于公共法律服务产品丰富，服务的专业化和覆盖面都要比政府供给模式高。但是，市场与社会供给模式发挥积极作用的前提是市场与社会组织的高度成熟与自律，尤其是法律职业化的发达和职业共同体的形成，使公共法律服务不仅仅是其“溢出效应”的产物，而且成为某种自觉行为。否则公共法律服务供给的市场与社会模式不仅难以使弱势群体享受必要的公共法律服务，反而会加剧不同社会阶层在法律服务方面的不平等，容易形成与法治目标背道而驰的结果。

32　常凯：《劳动关系的集体化转型与政府劳工政策的完善》，载《中国社会科学》2013 年第 6 期。

3. 混合供给模式

纯粹的政府供给模式与市场—社会模式均存在自身难以克服的“失灵”问题，导致公共法律服务的短缺。而两种模式的取长补短，由政府与市场主体和社会组织分工合作向社会提供公共法律服务的混合供给模式则成为当代大多数国家的选择。混合供给模式主要包括两种形式：其一，直接由法律规定市场主体和社会组织承担公共法律服务的义务。例如，《律师法》第四十二条规定：“律师、律师事务所应当按照国家规定履行法律援助义务，为受援人提供符合标准的法律服务，维护受援人的合法权益。”《法律援助条例》第六条规定：“律师应当依照律师法和本条例的规定履行法律援助义务，为受援人提供符合标准的法律服务，依法维护受援人的合法权益，接受律师协会和司法行政部门的监督。”除此之外，《工会法》《妇女权益保障法》等也规定了工会组织、妇女组织为有困难的职工或妇女提供必要的法律服务、法律帮助的义务。其二，政府通过向市场主体或社会组织购买服务的方式为社会提供公共法律服务。例如，政府按照《法律援助条例》第二十四条的规定，为办理法律援助案件的律师或社会组织人员发放办案补贴。在实践中，我国很多地方政府都在探索建立各种形式的政府购买公共法律服务的机制，通过招投标的方式吸引更多优质法律服务资源参与到公共法律服务项目中。

（二）群体性劳动关系纠纷治理中公共法律服务的混合供给模式

我国当前的群体性劳动关系纠纷治理，既不是传统管理模式中的国家或政府统合，也不是采取完全放任的劳动关系自治，而是逐渐形成了“党委领导、政府主导、社会协同、多元参与”的治理格局。公共法律服务深深地嵌入到这种治理格局中，因此其供给模式也必然受此影响。从实践角度而言，在群体性劳动关系纠纷中，政府不应该成为公共法律服务的直接供给者，否则就会导致政府角色错位，使群体性劳动关系纠纷的解决更加复杂。同时，由于群体性劳动关系纠纷的复杂性和敏感性，市场化的法律服务缺乏动力，而工会组织的独立性和社会组织的成熟度还不够，难以独自承担向劳动者提供公共法律服务的责任。因此，群体性劳动关系纠纷中的公共法律服务供给也只能实行混合供给模式。

关于公共法律服务的混合供给模式，群体性劳动关系纠纷与其他治理领域最大的不同就是地方总工会和企业工会的参与，在某些涉及女职工劳动权益保护的纠纷中，妇女组织也可能会参与其中。工会和妇联在我国具有不同于其他社会组织的特殊法律地位，其本身也有向职工或妇女提供法律服务或帮助的职责。在实践中，各级工会或妇女组织也都建立了某种形式的法律服务机制。因此，在群体性劳动关系纠纷的治理中，如何协调各个参与主体以及各种法律服务机制，就是公共法律服务混合供给模式所要解决的重要问题。尽管各地在解决群体性劳动关系纠纷的过程中，已经开始探索和建立各具特色的公共法律服务供给方式，但其供给机制仍然需要“制度硬化”，需要在中央和上级政策与法律制度框架下建立某些“次级规则”，方能使混合供给模式良好运行。具体的公共法律服务供给机制至少应当在以下几个方面建立具体的制度和措施：（1）将公共法律服务供给机制纳入群体性劳动关系纠纷的预警、化解与调处的整体机制中，在群体性劳动关系纠纷的萌芽、发展和解决的全过程中劳动者都能获得便捷高效的公共法律服务。（2）建立司法行政机关主导，工会组织、律师协会等多元主体参与的公共法律服务机构和人员遴选与培训机制，使优秀的法律服务机构和人员能够参与群体性劳动关系纠纷的公共法律服务供给。（3）政府购买公共法律服务，并鼓励和支持法律服务机构和人员开发面向群体性劳动关系纠纷中的劳动者提供的法律服务产品，形成不同机构和产品间的良性竞争机制，满足劳动者日益增长的对公共法律服务的需求。（4）实行政府部门、工会组织、法律服务机构和人员在群体性劳动关系纠纷中各负其责的同步介入机制，保持信息沟通，主动收集了解劳动者的诉求，激发其法律服务需求，及时提供公共法律服务产品。（5）完善政府主导下工会组织、律师协会、劳动者代表等多元主体参与的公共法律服务的监督机制，在事前、事中、事后进行全方位的监督，确保法律服务的质量及其公共属性。

结语

中国当前正在推进的公共法律服务体系建设是国家治理能力和治理体系建设的重要组成部分。在管理向治理转型过程中，公共法律服务能够满足人民群众日益增长的公共法律服务需求，保护和实现权利，促进政府职能转变并提升社会自治能力，推动治理的法治化。群体性劳动关系纠纷治理中的公共法律服务供给只是整个公共法律服务供给体系的一个缩影，对前者的研究可以作为理解后者的一个透视窗口。对于中国公共法律服务供给体系的整体而言，也遵循了同样的逻辑：由国家统合向政府主导的多元治理与供给模式转变。公共法律服务的供给深深地嵌入到了治理结构中，政府主导下的社会治理以及公共法律服务体系建设在中国是个不能否认的现实，但社会组织与市场力量已经越来越多地涉入公共法律服务供给，并且发挥着不可替代的作用。同时，应当看到，由于地方发展冲动和区域经济发展的不平衡，包括群体性劳动关系纠纷治理在内的社会治理也呈现出高度地方化特征，[33]地方和基层政府为解决所面临的具体问题进行的制度创新，同样是实现国家治理法治目标的重要组成部分。实际上，当前中国公共法律服务体系建设的“四梁八柱”已经搭建起来，逐渐步入技术化的“微调时代”，公共法律服务供给的进退存在于国家、市场与社会互动的前沿阵地，具体的机制完善与制度建设是公共法律服务体系建设今后发展的主要方向。

33 Lee，Ching Kwan，Against the Law：Labor Protests in China's Rustbelt and Sunbelt. Berkeley，CA：University of California Press，2007，pp. 11－12.

基层执法提质增效减负的功倍路径

——来自深圳市公安局罗湖分局的探索

广东警官学院公共安全研究基地课题组*

【内容提要】优化执法机构设置和职能配置，构建简约高效的基层执法机制，是提高执法效能的关键环节。长期以来，基层警力不足已经成为困扰基层公安执法的瓶颈，基层与部门之间、基层与警种之间受制于职能局限，难于形成强大的团队合力，“单线作战”“低效运转”“各自为战”“两人办案”“隔层监督”等传统工作模式已无法满足新形势下公安工作的需求。近年来，罗湖公安分局根据罗湖的实际情况，开展相关专题调研，充分听取基层民警意见和呼声，召开专门工作会议研究，决定采取收押专业化、追逃统一化、调证集中化、涉众金融打防团队化、信访维稳工作系统化五大专项措施，整合警种部门资源，发挥团队作战优势，使工作效率和整体效能得以显著提高。

【关键词】执法效能　执法机构　增效减负　基层执法机制

优化执法机构设置和职能配置，构建简约高效的基层执法机制，是提高执法效能的关键环节。长期以来，基层警力不足已经成为困扰基层公安执法的瓶颈，基层与部门之间、基层与警种之间受制于职能局限，难于形成强大的团队合力，“单线作战”“低效运转”“各自为战”“两人办案”“隔层监督”等传统工作模式已无法满足新形势下公安工作的需求。近年来，罗湖公安分局根据罗

* 课题组主要成员：牟春生——深圳市公安局罗湖分局局长；陈湘滨——深圳市公安局罗湖分局政委；马建文——双博士，广东警官学院治安系教授，广东省公共安全重点研究基地主任，中南财经政法大学博士生合作导师；主要研究领域：公安法学。

湖的实际情况，开展相关专题调研，充分听取基层民警意见和呼声，召开专门工作会议研究，决定采取收押专业化、追逃统一化、调证集中化、涉众金融打防团队化、信访维稳工作系统化五大专项措施，整合警种部门资源，发挥团队作战优势，使工作效率和整体效能得以显著提高。

一、收押专业化——以“安全高效、服务基层”为原则，打造收押专业团队，解决“收押累、收押险”问题

公安基层一线执法工作要求高、任务重，办案民警压力大，重复繁杂的收押体检工作不仅耗费了大量办案警力，更由于缺乏统一规范的收押管理，办案民警在收押过程中的风险也很难有效管控。一直以来，让基层办案民警最头疼的不是破案抓人，而是体检送押。据派出所测算，办案民警带1名嫌疑人体检、看押、送监等过程，需要至少3名警力，单次耗时约2.5小时到3小时。以此推算，罗湖仅收押一项工作，一年内就需耗费警力4万个小时。除了耗费大量的警力物力之外，由于民警综合素质和风险把控能力参差不齐，被押人的情况复杂多样，收押工作存在着大量潜在事故风险，更由于削弱了民警办案精力，容易顾此失彼，往往导致对案件的深挖彻查方面力度弱化。

2015年11月，罗湖公安分局党委针对收押过程中“不规范、不安全、低效能”等问题，决定成立收押专业队，依托看守所，抽调8名民警（现增至12名）和36名辅警，配备2辆中巴押运车、2辆警戒车接收押送嫌疑人，开始推行集中收押“一站式”服务。每天9时和20时，收押专业队依次到各派出所办理收押手续，带嫌疑人完成体检后分别送至监管场所。2016年下半年，为了全力支持配合基层办案需要，针对重特大案件、团伙性案件等根据办案单位需求随时办理上门收押，基本做到有需必应，不限制时间和人数。在专班运作顺畅后，逐步将专班权限下放，由派出所主管案件的副所长和收押大队大队长直接沟通对接，尽全力为办案单位提供便利条件。如今，办案民警只需要一个电话，就可轻松享受“上门服务”。此外，罗湖区看守所于2017年11月1日成立看护中队，10名队员纳入收押大队统一管理，主要负责被监管人员出所就医及所外住院等情况的看护工作。与此同时，进一步完善了人员物品交接、体检入所、押送看管等环节流程，组织民警和辅警学习押解技战术，确保能及时有效处置突发事件。

收押大队的成立不但节省了人力物力，其安全性、专业化运作也得到了保障，最大限度保证嫌疑人在押送过程中的安全，同时其安全效能、警力效能、社会效能、打击效能凸显。截至2019年6月，成功收押各类嫌疑人23478人（含艾滋病患者115人，肺结核患者123人）。累计出动警力1.9万余人次，安全行驶19余万公里，累计节约用警3.9万人次，节省民警工作时长8.1万小时，

节省车辆行驶里程41余万公里，“集约、专业、安全”的收押模式，减轻了办案民警的工作量，节省了警力资源，受到基层民警的高度赞扬。

二、追逃统一化——以“集中研判、统一抓捕”为手段，打造追逃专业团队，解决“追逃散、追逃弱”问题

以往网上追逃工作存在统筹协调分散、效率低下、警务成本浪费严重等问题，基层民警疲惫奔波于案件后续消化跟进等环节，尤其是部分案件已经侦破，嫌疑人员身份也已确定，但由于日常值班、勤务等事项，民警无精力开展后续的研判抓捕工作，对传统追逃模式普遍存在“有心无力”的困境，罗湖公安分局历年以来未抓获在逃人员存量达587人。2017年12月，罗湖公安分局党委决定成立追逃专业队，依托刑警大队，从刑警、网警、机训、派出所等单位抽调8名骨干民警，集成研判力量、平台权限和专业手段，统筹推进追逃工作。团队创新构建了“信息收集、逐一建档、全面研判、线索推送、走访摸排、适时抓捕、结果反馈”的闭环工作模式，总结提炼了“关系人追逃法”“人像追逃法”“车辆追逃法”等多种实用追逃作战法，拔除在逃“钉子户”361人，不断强化异地协作与感化劝投工作，跨区域成功抓获在逃人员173人，争取87名在逃人员投案自首，为基层节省了大量前期侦查的时间和警力。追逃专业队成立以来，2018年抓获分局逃犯621人，同比上升50.7%，自主研判抓获逃犯361人，同比上升225%；其中，抓获严重暴力、积命案、侵财类、涉黑类等逃犯，同比分别上升36.4%、50%、55.4%、249%，追逃专项考核从历年的倒数升至全市第一。

三、调证集中化——以“便捷共享、控制风险”为特点，打造调证专业团队，解决“调证难、调证慢”问题

“证据是诉讼的灵魂”，证据制度的完善是实现审批为中心的前提，分局领导在法制部门调研中发现，各办案单位存在证据未及时调取的情况，存在不少执法隐患。而且，传统调证缺乏统筹，大量警力开展异地银行流水、交易视频、账户冻结等调证工作，导致异地出差调证工作耗费了大量警力、财力，仅2017年呈报调取证据文书10122份，协外调取证据841份，需要警力累计2.1万余人次。为切实解决调证工作的痛点难点，2018年8月，罗湖公安分局党委决定成立调证专业队，依托指挥处情报中心，抽调8名民警（现增至13名）和3名辅警，集中帮助基层办案单位调取证据材料。通过创新构建“五个一”工作机制，即成立一个专班、规范一份文书、简化一套流程、拓展一批资源、整合一个归口，打造了便捷高效的调证模式，实现了民警工作量、执法风险和调证时长

“三个明显下降”。调证专业团队，在“集约高效机制、凸显价值专业化、符合实战信息化”三驾马车驱动下，朝着“集约型、高效化、专业性”转型发展，成效逐步显现。截至目前，共调取各类银行流水、第三方流水、前科类、工商信息等证据材料5010单9119份，约占全局调证需求量的70%，累计节约警力90%。2019年3月，分局开始整合各单位异地调证需求，分线集中出差办理调证业务，目前已出差调证21次，足迹遍布全国21省56个市县，调取证据229单，平均每次出差调取证据11单，节约经费10万元，两个月以来，共计为分局节约出差办案经费200余万元，全年预计节约超过1200万元。

四、涉众金融打防团队化——以“基础排查、以防为先”为方式，打造涉众金融风险打防专业团队，解决“基础不牢、防控不力”问题

2018年7月，罗湖公安分局党委按照“侦办维稳并重，化解风险优先”的思路，决定成立涉众型经济犯罪防范与打击专业队，依托经侦大队，专门抽调包括1名副处级和1名正科级警官在内的12名精干警力，负责统筹全局应对涉众型金融风险防控处置工作，积极争取区委区政府支持，从高端写字楼入手，全面排查金融风险企业；针对投资受损人员，通过采取建立工作组、局领导亲自接访、民警进维权群、官方案件通报、加强预警监测等方式，有效落实稳控措施，实现集访非访事件“零发生”。2018年，国内P2P网贷行业出现“爆雷潮”，多个平台负责人跑路，给投资人造成不同程度损失，群众反应强烈，严重影响社会的和谐稳定。据调查统计，罗湖区P2P风险企业有134家，当中存在企业经营地、经营规模、涉及金额及人数等情况不明，维稳防控压力大。团队成立后，成功挤压清退外迁“酒掌柜”“瑞信富盈”“钱眼金融”等16家风险企业，督促指导25家仍在运营企业缩量瘦身，待偿余额由原来72.5亿元降至43.4亿元，待偿人数由4.1万人降至2.1万人，大幅降低了辖区网贷平台爆雷风险。此外，专业队持续加大案件侦办及追赃挽损工作力度，共侦破案件38宗，逮捕92人，起诉96人，冻结涉案金额9000余万元人民币、查封房产17套、查扣车辆6辆，在2018年全市经侦部门护航金融“利剑行动”考核中排名第一。

五、信访维稳工作系统化——以“高位统筹、高效联动”为模式，打造信访维稳工作专业团队，解决“维稳成本大、效果差”问题

过去罗湖公安分局维稳模式属于“小马拉大车”，主要以派驻各街道综治维稳中心的23名警力对接政府部门，因警力分散往往无法形成合力，因多头指挥

往往没有工作方向，因缺少平台往往沟通配合不畅，最终导致无论在情报信息收集、事态掌控、矛盾化解、实际处置等方面，都很难有切实的作为，一直没有摆脱被动应急和末端管控局面。2016 年 10 月，罗湖棚改正式启动前夕，在市局领导的指示下，罗湖公安分局党委以加强棚改治安维稳工作为契机，安排第一副局长牵头，收回派驻人员，抽调 4 人组建信访维稳工作专业团队，搭建统一指挥调度平台，从统筹与联动两个关键环节入手，对上对接党委政府，对下联系各警种及派出所，运用法治思维方式破解了基层维稳难题。团队成立以来，坚持政府主导和部门协同理念，坚持源头治理和抓早抓小的原则，坚持依法履职和分层管理方式，助力政府促成 334 户业主签下安置协议，签约率达 95.16%，妥善解决武警医院旧改片区业主回迁问题；训诫维权人员 28 人，刑拘维权人员 6 人，对三九花园住户过激维权进行纠偏调处，协助解决数万群众子女入学问题，促成未来学校平稳顺利开工；每日 70 名重装警力检查车辆 366 部、查处交通违法 235 宗、收缴刀具 49 把清理隐患，分流 936 户商户及 5000 余名上下游从业人员，促成东门市场商户平稳搬迁；成功处置 300 人规模群体性聚集事件，推动政府优化调整设计建设方案找到与嘉宝田 1984 户居民诉求之间的“最小公约数”，促成宝安北污水泵站平稳开工。实践证明，信访维稳运行机制保障了民生、稳定、发展等多方共赢，解决了属地派出所最“头疼”的隐患，得到了区委区政府高度认可。专业团队系统整体发力，最大限度地打破孤岛、整合资源、形成合力，让警力在无增长的情况下，实现警务效能的最大化，团队战斗力和优越性得到充分体现。

新时期新形势需要新型的警务运作模式，如何在警务机制改革的大背景下推进基层执法勤务机制的创新变革，除了要完善各项工作保障外，更重要的是要尽快在思想上从传统的警务模式转变到新型警务模式上来，牢固树立大格局意识及专业化意识，强化服务观念、配合观念、支持观念、协作观念，树立合成作战、整体作战、联动作战的战术思维，不断提升服务基层办案单位的水平，通过将有限的警力进行整合，优化配置，形成合力，从而达到提高打击犯罪的力度与效果。破解基层警力长期不足问题，真正实现为基层减负增效，需要继续在“团队”“合成”“集约”“扁平化”上做文章，以适应治安形势变化的要求。

环境行政公益诉讼目的之实现

——以行政权、监督权、审判权关系为视角

吴一冉*

【内容提要】环境行政公益诉讼目的的实现在该制度中居于核心地位。然而通过对该类败诉案件的梳理发现，行政权、监督权和审判权运行不畅和错位将直接导致诉讼目的实现不能，主要症结在于行政权主体地位弱化、监督权不当扩张、审判权不充分能动。因此须厘清环境行政公益诉讼中的三种权力及其良性运行机制，借此完善环境行政公益诉讼目的的诉前、诉中、诉后实现路径。

【关键词】环境行政公益诉讼　诉讼目的　行政权　监督权　审判权

一、环境行政公益诉讼目的的界定

诉讼目的不仅贯穿于诉讼全程序，决定着诉讼制度的整体架构，而且各诉讼主体间的权利（权力）均围绕诉讼目的予以配置、运行。因此，在整个诉讼过程中，诉讼目的居于核心地位。《最高人民法院、最高人民检察院关于检察公益诉讼案件适用法律若干问题的解释》（以下简称《检察公益诉讼司法解释》）第二条明确规定了法院、检察院办理公益诉讼案件的主要任务。具体到环境行政公益诉讼中，其诉讼目的实际上存在两个层级：第一个层级（初级目的）为对生态环境和资源保护监督管理机关的不作为或违法作为进行监督，督促其依法行政；第二个层级（终极目的）系在经督促而生态环境和资源保护监督管理机关仍不作为或违法作为致生态环境领域在内的国家利益和社会公共利益受到

---

* 吴一冉——武汉大学环境法研究所博士研究生，徐州市中级人民法院环境资源审判庭法官助理。

损害的，由检察机关提起诉讼以维护环境公益。虽然学者对“维护环境公益”目的内涵探讨不一，[1]但是学界对环境行政公益诉讼目的在于“维护环境公益”却均系共识。[2]

但是对比《中共中央关于全面推进依法治国若干重大问题的决定》（以下简称《决定》）提出的建立检察机关提起公益诉讼制度来看，目前的环境行政公益诉讼在第二层级的诉讼目的上进行了限缩。《决定》中提出的检察公益诉讼所要维护的不仅仅是已经受到侵害的国家和社会公共利益，可能对国家和社会公共利益有侵害危险的行政不作为或乱作为亦在诉讼目的的范围内。而不管是试点中还是《行政诉讼法》第二十五条第四款的法条表述，均将环境行政公益诉讼第二层级的诉讼目的界定在行政不作为或违法作为所致国家利益或社会公共利益受到的侵害范围内。究其原因，笔者以为这种“实然”损害标准所具有的确定性使得环境行政公益诉讼目的更易实现，但是与该制度的设立目的不符，亦有悖于环境法上的风险预防原则，直接导致环境行政公益诉讼终极目的实现的“避重就轻”。

基于环境行政公益诉讼目的的“两层级性”，在实现诉讼目的时须对这两个层级统筹衡量、分别判断，实际上系对环境行政公益诉讼中行政机关的行政权、检察机关的监督权以及审判机关的审判权的配置与运行问题。

二、环境行政公益诉讼中权力运行的疏失——对司法判例的检视

行政权、监督权和审判权运行不畅和错位将直接导致诉讼目的实现不能，笔者对检察机关败诉的环境行政公益诉讼案件进行了梳理，发现存在以下权力运行问题：

（一）行政权的主体地位弱化

在延吉市人民检察院诉延吉市环境保护局不履行法定职责环境行政公益诉讼案件中，[3]第三人恒盛公司雇用个体运输户将1.3万吨左右暂时不利用的粉煤灰运输并擅自倾倒在未建设贮存设施和无害化处理的小营镇东光村南山沟。运

1 徐以祥、周骁然：《论环境民事公益诉讼目的及其解释适用——以“常州毒地”公益诉讼案一审判决为切入点》，载《中国人口·资源与环境》2017年第12期。

2 参见肖建国、黄忠顺：《环境公益诉讼基本问题研究》，载《法律适用》2014年第4期；余敏、宋国强：《我国行政公益诉讼制度构建的基本理论》，载《人民检察》2017年第7期。

3 吉林省敦化市人民法院（2017）吉2403行初12号行政判决书；吉林省延边朝鲜族自治州中级人民法院（2018）吉24行终114号行政判决书。

输过程中有沿途丢弃、遗撒的现象。延吉市环保局遂对其作出《2001号处罚决定》:(1)责令恒盛公司立即停止违法行为,在2015年3月31日前将小营镇东光村南山沟擅自倾倒的粉煤灰处恢复原状;(2)罚款8万元。该决定书于当日送达后,恒盛公司当日缴纳罚款8万元。但恒盛公司在清运约4000吨粉煤灰后,约在2015年5月中旬停止了清运。2016年3月24日,延吉市人民检察院向延吉市环保局发出《检察建议书》,建议其“立即采取有效措施,依法确保《2001号处罚决定》确定的延吉市小营镇东光村南山沟处限期恢复原状”。延吉市环保局书面回复对未能恢复原状的情况进行了说明,包括存在的运输安全隐患、道路维修以及延吉市目前没有规划性应急贮灰场所等,且对粉煤灰倾倒场所进行了环境损害评估采样、对粉煤灰污染下游排洪沟等进行了水质检测。2016年4月25日至5月24日,在延吉市环保局的现场监管下,东光村南山沟处共转移清理粉煤灰12800吨。2016年7月29日,延吉市检察院提起环境行政公益诉讼,诉请:(1)确认延吉市环保局作出《2001号处罚决定》后,未依法履行职责违法;(2)判令延吉市环保局对上述行政处罚决定所涉违法行为,依法继续履行职责。在案件审理过程中,延吉市环保局发现南山沟处仍有污染物(粉煤灰、炉渣和建筑垃圾)存在,在调查后对违法行为人分别进行了行政处罚。2017年9月1日,小营镇东光村南山沟处违法倾倒的粉煤灰被全部清理完毕。在法院释明后,延吉市人民检察院撤回了第二项诉讼请求,但是并未撤回起诉。一审法院经审理认为,延吉市环保局在收到检察建议后,主观上没有怠于履行法定职责的故意或过失,客观上积极采取有效措施,在合理期限内依法履行了法定职责。在延吉市人民检察提起诉讼之前,延吉市环保局即已经履行了案涉《2001号处罚决定》的全部事项,遂判决驳回延吉市人民检察院的诉讼请求。延吉市人民检察院不服该判决提起上诉,延边朝鲜族自治州中级人民法院经审理后判决驳回上诉,维持原判。

环境保护管理机关系环境保护领域的主管机关,具有该领域的专业知识和法定监管职责,在前述案件中,延吉市环保局不管是在收到检察建议之前、之后以及案件审理过程中,均积极履行其环境保护的监督管理职责。亦即在延吉市环保局行政权正常运行的情况下,已经可以使维护环境公益的目的得以实现,此时并不需要监督权介入。而检察机关在发出检察建议后未待环保机关继续正常行使行政权的情况下即以提起环境行政公益诉讼的方式实现维护环境公益的目的,实际上是变相弱化了行政权所应具有的主体地位。

(二)监督权的不当扩张

在德惠市人民检察院诉德惠市朝阳乡人民政府要求履行环境监督管理职责

环境行政公益诉讼案件中，[4] 德惠市人民检察院在朝阳乡政府辖区内松花江河道发现有 6051.5 立方米垃圾堆放。德惠市人民检察院遂向朝阳乡政府发出检察建议书，建议依法履行统筹和监管职责，对违法存在的垃圾堆放场立即进行治理。朝阳乡政府回复称，朝阳乡党委及政府制定了朝阳乡垃圾堆放场整治方案。德惠市人民检察院在收到回复后先后四次复查现场，认为有少量垃圾仍处于裸露状态，朝阳乡政府未依法履行监管职责。故向德惠市人民法院起诉，要求确认朝阳乡政府不履行对垃圾处理的监管职责违法；判令朝阳乡政府立即履行监管职责，对违法形成的垃圾场进行治理，恢复原有生态环境。德惠市人民法院经审理后裁定驳回了德惠市人民检察院的起诉。德惠市人民检察院不服，提起上诉，长春市中级人民法院审理认为，德惠市人民检察院所诉请的系朝阳乡政府怠于履行垃圾治理的监督管理职责。然而依据法律法规以及规范性文件的规定，朝阳乡政府不是履行该监督管理职责的责任主体；同时，乡镇政府宏观的环境监管职责不属于《行政诉讼法》第二十五条第四款所规定的受案范围。据此，裁定驳回上诉，维持原裁定。

在本案中，德惠市人民检察院提起环境行政公益诉讼的目的确系维护环境公益，因在其起诉时少量垃圾仍然裸露，垃圾堆放地亦未作防渗漏、防扬散及无害化处理。但是，德惠市人民检察院在履行监督权时却忽视了行政权的法定性，以实现维护公益之目的而要求不适格的行政机关履行无明确执法依据的监督管理职责，无疑是以不当扩张的监督权苛责行政权。

（三）司法权的不充分能动

环境行政公益诉讼的诉讼目的虽具有公益性，但是任何一件诉讼案件的提起和审理均牵涉社会公共资源和司法资源，其中不乏案件调查、审理等所耗费的人力、财力和精力。笔者检索后发现，在德惠市人民检察院诉德惠市朝阳乡人民政府环境行政公益诉讼案件一审裁定作出之前，[5] 吉林省抚松县人民法院对吉林省抚松林区人民检察院诉吉林省抚松县露水河镇人民政府同类案件已经以不属于行政公益诉讼的受案范围为由裁定不予立案。[6] 而在德惠市人民检察院诉德惠市朝阳乡人民政府环境行政公益诉讼案件二审裁定于 2017 年 12 月 26 日作出之后，2018 年 5 月 28 日，吉林省江源林区人民检察院仍针对同类案件向吉林

---

4 吉林省德惠市人民法院（2017）吉 0183 行初 42 号行政裁定书；吉林省长春市中级人民法院（2018）吉 01 行终 49 号行政裁定书。

5 该案一审裁定作出日期为 2017 年 12 月 26 日。

6 吉林省抚松县人民法院（2017）吉 0621 行初 30 号行政裁定书，裁定日期：2017 年 6 月 9 日。

省靖宇县人民法院提起环境行政公益诉讼，法院经审查后仍以不属于行政公益诉讼受案范围为由裁定不予立案。[7]这三件均发生于吉林省的环境行政公益诉讼案件系同一类案件，被告性质、案件事实、诉讼请求均类似，可以说，至少在吉林省内法院对该类案件不属于行政公益诉讼受案范围已经形成了相对统一的认识。然而在首件案件裁定不予立案后，司法机关并未积极采取系统内部或者与检察机关外部的沟通联动制度将此类案件的审理思路通过会议纪要或类案推送的方式予以明确，致使检察机关就此类案件多次无效诉讼。

三、环境行政公益诉讼中的权力分析

（一）缘起：行政权的运行

行政权的概念内涵因时代的发展而不断发展。现代法律意义上的行政权有了更丰富的内涵：

1. 行政权行使主体的特定性。依据行政法律法规的相关规定，在我国，行使行政权的主体是法律规定的国家行政机关、行政机关的工作人员以及法律法规授权行使公共管理职责的组织。具体到环境行政公益诉讼中，所规制的行政权行使主体限于生态环境和资源保护监督管理机关。

2. 行政权的法定性。这种法定性主要表现在行政职权的法定性。具体来讲，就是行政机关的行政职权来源、范围、行使程序等均需法律规定。行政机关只能在法定的职权范围内依据法定方式依法行政，不得怠于行使职权亦不得违法行使职权。值得注意的是，行政权的法定性并非硬性的刻板规定，行政主体在其法定职权范围内享有对行政行为的行政判断权和自由裁量权。在环境行政公益诉讼中，生态环境和资源保护监督管理机关是否依法行使行政权的判断标准即为：是否依法享有生态环境和资源保护监督管理职权、是否依据生态环境和资源保护监督管理法律法规的具体规定行使法定职权。

3. 行政权执行的强制性。行政权具有执行性，其行使将必然会对行政相对人的权益产生直接影响。一旦行政机关的行政决定发生法律效力，行政相对人即须依法履行。在环境行政公益诉讼中，第一层级的诉讼目的为督促依法行政，其中不容忽视的是该依法行政是否涉及行政相对人的合法权益。

4. 行政权行使目的的公益性。行政权是基于法律法规的规定而进行社会公共事务管理的权力，其目的在于维护社会公共管理的正常秩序，推进社会福祉最大化。在这个意义上，其与环境行政公益诉讼第二层级的诉讼目的是重合的，

---

7 吉林省江源林区人民法院（2018）吉0622行初8号行政裁定书。

亦即在行政权正常运行的情况下，不需行政公益诉讼的介入即可实现维护环境公益的终极目的。

（二）规范：检察监督权的介入

行政权的良性运行是社会正常发展的理想状态，但是，由于种种原因，[8]行政权在运行过程中往往出现运行不畅、运行不当等行政权行使的失范问题，主要表现为超越职权、滥用职权、程序违法、不当裁量、行政不作为等，导致偏离行政权行使的目的宗旨，因此，行政权运行的核心问题即是对行政权的规制。传统意义上，对行政权的控制主要体现在内部控制和外部控制两方面，其中检察机关提起行政公益诉讼即是外部监督的方式之一。申言之，检察机关提起环境行政公益诉讼的检察监督权具有如下特点：

1. 监督方式以事后监督为主要表现。检察机关提起环境行政公益诉讼是在生态环境和资源保护监督管理机关不作为或违法作为致环境公益受到侵害的情况下所提起的诉讼，因现行法律制度对诉讼目的第二层级的限缩，故目前的这种监督对已经受到侵害的环境公益来说具有事后性。

2. 监督权行使的目的性。检察机关提起的环境行政公益诉讼均系围绕“两个层级”的诉讼目的而展开，行政权行使目的的公益性使得二者在目的上部分重合，因此，就环境行政公益诉讼目的的实现形式来说具有多样性。《行政诉讼法》第二十五条第四款规定了检察机关提起环境行政公益诉讼的诉前程序，即法定前置程序。除此之外，在诉讼过程中，行政机关仍可以通过依法履职的方式实现环境行政公益诉讼的诉讼目的，检察机关亦可就此向法院申请撤回起诉。[9]

3. 监督权行使的补充性。检察机关提起环境行政公益诉讼系检察监督权的行使，其无法代替行政机关直接行政，是对依法行政的补充。追本溯源在于，行政权和监督权均应在各自的职权范围内运行，任何一种权力的僭越均是对其他权力的不当干预。环境行政公益诉讼在实现督促依法行政的第一层级目的时，亦应尊重行政机关的首次处断权和自由裁量权。[10]

（三）裁判：审判权的定争

当检察机关向法院依法提起环境行政公益诉讼时，第三种权力——司法审

---

8 邓晔：《论行政权的扩张与控制》，载《法学杂志》2008年第2期。

9 参见北京市昌平区人民法院（2016）京0114行初255号行政裁定书。

10 孙长柱、齐迹、郭朋：《检察机关提起行政公益诉讼基本原则与实践问题》，载《中国检察官》2018年第1期。

判权即加入运行机制中。检察公益诉讼司法解释要求人民法院在审理环境公益诉讼案件时，应遵循诉讼制度的原则和审判权的运行规律，环境行政公益诉讼中司法权的主要特征申言如下：

1. 司法权的中立性。环境行政公益诉讼虽由检察机关提起，但是从诉讼法理论来说，“两造”平等要求作为被告的生态环境和资源保护监督管理机关与公益诉讼起诉人检察机关在诉讼地位上是平等的，因此，在诉讼过程中，审判权与行政权、检察权构成等腰三角形并处于顶点。

2. 司法权的适度能动性。司法权的启动具有被动性，即所谓的“不告不理”。但是，环境行政公益诉讼案件诉讼目的的公益性要求突破传统司法被动性的界限，法官应对案件的审理采取适当积极主动的方式。比如能动地进行案件释明、调查、取证、督促生态环境和资源保护监督管理机关在诉讼过程中履职等多种方式，从而使审判活动、司法判决促成环境行政公益诉讼目的的实现，达到社会效果与法律效果的统一。[11]

3. 司法权的判断性。司法权归根结底是对诉讼争议的裁断，但是这种判断权同时受到以下因素的制约：第一，司法裁判须在适法性基础上作出，受法律法规以及相关法律原则的制约。在环境行政公益诉讼中，法官须以行政诉讼法、环境资源保护法律法规为依据对检察机关的诉讼请求予以审查。第二，司法裁判具有谦抑性，生态环境和资源保护监督管理机关作为专业领域的部门，具有对该领域行政管理的专业判断，因此，审判权对行政权范围内的合理正常运行不应予以干涉。第三，司法的裁判须合比例。即判决的判项应对于环境行政公益诉讼所保护的公益、对行政机关行政权的干预、行政相对人或其他利害关系人的相关权益具有必要性和适当性。法院在裁判时应在实现诉讼目的的前提下，选择对行政权干预最小的方式，且如将对行政相对人或其他利害关系人的相关权益有所损害，则不应与其所得利益显失均衡。

综上，在环境行政公益诉讼中，我们可以将行政权、监督权、审判权的运行关系概如下图：

11　周珂：《以能动司法与环境正义理念推进绿色司法》，载《人民法治》2018年第Z1期。

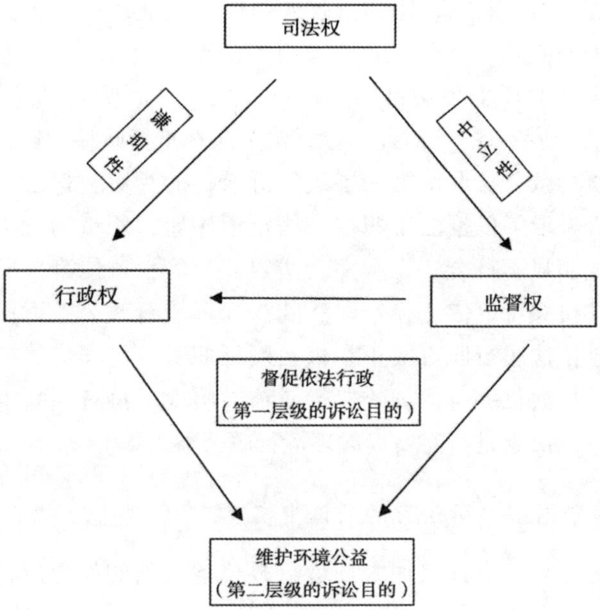

图1　行政权、监督权、审判权运行关系

从上图可见，一方面，行政权、监督权、审判权三种权力的运行构成了环境行政公益诉讼的全过程；另一方面，三种权力虽然各自具有不同的运行特性，但是均以实现环境行政公益诉讼目的为运行模式。在三种权力中，诉讼的提起源自监督权的行使，诉讼的过程赖于审判权的导引，而最终诉讼目的的实现则仍需行政权的运行。因此，虽然行政权是被规制的对象，但是却是实现诉讼目的的关键。

四、权力良性运行下的环境行政公益诉讼目的实现路径

（一）诉讼目的的诉前实现

在维护环境公益这一终极目的上，存在着行政权的行使与环境行政公益诉讼目的的部分重合，因此，就诉讼目的实现来说不必然均需通过诉讼的方式。基于此，须厘清诉前程序在诉前实现环境行政公益诉讼目的的独立价值。

在法律规范要求上，检察机关须先就生态环境监督管理部门不履行或违法履行职责的行为督促履行，只有在该部门不依法履行职责时才可向人民法院提起环境行政公益诉讼。行政权所具有的直接执行力和专业性能够更有效率地实现维护环境公益的目的，从而更有利于节约诉讼资源。但是值得注意的是，行

政权的行使受多方面的制约，比如行政处罚或行政强制在作出前须经过法定的调查、听证等程序或者尚依赖于其他部门的沟通与配合等。因此，检察机关督促建议中所欲实现的环境公益目的存在行政机关书面回复时尚待实现的情况，即“诉前程序的延后实现”。对此，检察机关应尊重行政权的运行规律和自然周期，以提起环境行政公益诉讼第一层级的诉讼目的为审查标准。即生态环境监督管理机关是否采取了依据法定职权和法定程序履行职责的行为，如果尚未采取或采取的方式明显不符合法定程序、法定职权等，致使第一层级的诉讼目的无法实现，检察机关可以依法径行向法院提起环境行政公益诉讼；如生态环境监督管理机关已依法履行职责或正在依法履行职责，检察机关第一层级的诉讼目的已经实现，检察机关应待行政权行使结果出现后再行判断第二层级的诉讼目的是否实现，以决定是否需要提起环境行政公益诉讼。

（二）环境行政公益诉讼目的的诉中实现

进入诉讼程序后，审判权加入环境行政公益诉讼的权力运行机制，并在实现诉讼目的时发挥着不同的作用。

1. 检察机关在提起诉讼时应坚持客观标准。检察机关在实现第一层级诉讼目的时一般采取的是主观标准，即基于监督权行使的立场，但是环境行政公益诉讼的第二层级目的是维护环境公益，本身系客观诉讼。[12]且审判机关在审判时对诉讼目的的实现的判断标准是在行政权适法性上的客观标准。因此，如检察机关在提起环境行政公益诉讼时偏重于监督机关的主观标准，极易导致与环境行政公益诉讼客观诉讼的性质、审判标准客观性的偏差而被驳回起诉或驳回诉讼请求，不仅难以实现诉讼目的，亦将导致公共资源的浪费。与传统行政诉讼的行政相对人或利害关系人相比，检察机关在调查取证、案件事实分析、法规检索等方面有着更强的诉讼能力，且诉讼目的的公益性要求检察机关在对起诉条件自我审查时应采取更严格、更客观的审查标准，如在起诉时被告不仅要满足法律规定的“明确性”，亦应具备“适当性”等。对此，可通过创建审查起诉清单，细化生态环境监督管理机关的主体、职权、执法程序、诉前程序的实现情况等，并通过大数据检索类案裁判，预判判决的可能性。

---

12 刘艺：《构建行政公益诉讼的客观诉讼机制》，载《法学研究》2018 年第 3 期。

环境行政公益诉讼起诉审查清单
一、主要违法事实简述 二、诉前程序实现情况 三、拟诉的违法行为及法律依据 四、拟诉的生态环境监督管理机关及相关职权依据 五、拟诉案件的主要证据 六、拟提起的诉讼请求 七、类案裁判情况

图2　环境行政公益诉讼起诉审查清单

2. 在进入审判阶段后，审判机关所应发挥的作用主要表现在：（1）充分运用释明权。在立案审查阶段，法院应对检察机关的起诉材料进行全面审查，对检察机关所提的诉讼请求尚不足以实现诉讼目的或者实现时具有法律上障碍的，应向检察机关释明增加或变更诉讼请求；对“诉前程序延后实现”的，法院应在立案审查时将行政权的运行规律和自然周期纳入审查标准，对检察机关可能的诉讼风险予以提示。在诉讼过程中，生态环境监督管理机关纠正违法行为或者依法履行职责而使检察机关诉讼请求全部实现的，法院应向检察机关及时释明案件情况，由检察机关研判撤回起诉抑或变更确认原行政行为违法。（2）适用行政公益诉讼庭前会议制度。为了对开庭审理做好准备，《民事诉讼法》第一百三十三条第四项、[13]《最高人民法院关于适用〈中华人民共和国民事诉讼法〉的解释》第二百二十四条规定了庭前会议制度。[14]《行政诉讼法》及其司法解释、检察公益诉讼司法解释虽然均未规定行政公益诉讼的庭前会议制度，不过《行政诉讼法》没有规定的，可以参照适用《民事诉讼法》的相关规定。[15]庭前会议所具有的提高诉讼效率、节约诉讼成本的功能对环境行政公益诉讼来说至关重要。根据环境行政公益诉讼的性质，庭前会议主要包括以下内容：①明确行政公益起诉人的诉讼请求和被告答辩，确定案件的争议焦点；②审查处理起

13　《民事诉讼法》第一百三十三条第四项：“需要开庭审理的，通过要求当事人交换证据等方式，明确争议焦点。”

14　《最高人民法院关于适用〈中华人民共和国民事诉讼法〉的解释》第二百二十四条：“依照民事诉讼法第一百三十三条第四项规定，人民法院可以在答辩期届满后，通过组织证据交换、召集庭前会议等方式，作好审理前的准备。”

15　《行政诉讼法》第一百零一条：“人民法院审理行政案件，关于期间、送达、财产保全、开庭审理、调解、中止诉讼、终结诉讼、简易程序、执行等，以及人民检察院对行政案件受理、审理、裁判、执行的监督，本法没有规定的，适用《中华人民共和国民事诉讼法》的相关规定。”

诉状副本送达被告后公益诉讼起诉人提出的新的诉讼请求、案件是否存在需要变更被告、追加共同被告、第三人；③审查处理诉讼期间行政行为应否停止执行；④根据当事人的申请决定调查收集证据、委托鉴定、具有专门知识的人的出庭；要求当事人提供证据，进行勘验，进行证据保全；⑤组织交换证据等。

（三）环境行政公益诉讼目的的诉后实现

环境行政公益诉讼目的在诉讼中具体体现为案件的诉讼请求。《最高人民法院关于适用〈中华人民共和国行政诉讼法〉的解释》第六十八条第一款规定了诉讼请求的具体内容。从已经审结的环境行政公益诉讼案件来看，绝大部分针对行政不作为，因此多限于确认生态环境监督管理机关行政不作为违法并判决继续履行或采取补救措施。[16]此时，将产生环境行政公益诉讼目的实现与诉讼请求实现的错位。盖因确认违法之诉并不直接产生对环境公益的矫正，其仍赖于行政机关的后续履行或执行。环境行政公益诉讼目的与诉讼请求的实现出现了不同步的时间差。因此，虽然环境行政公益诉讼的诉讼目的反映在具体案件的诉讼请求上，但个案中诉讼请求的实现并不一定保证环境行政公益诉讼目的的最终实现，诉讼程序的终结不是诉讼目的的终结。基于此，笔者认为在环境行政公益诉讼目的的实现上应建立诉后监督机制。主要包括：（1）生态环境监督管理机关的执行报告制度。生态环境监督管理机关应将案件裁判情况以及后续执行情况向所属的人民政府或者上级主管机关报告，其报告和执行情况应纳入生态环境监督管理机关的年度考核范围。（2）检察机关的个案后评价制度，比如对恢复原状、污染修复的现场监督执行、组织专家评估等，对未达到环境公益目的的，可再次向生态环境监督管理部门发送检察建议。（3）审判机关的判后回访和协助执行制度。对生态环境监督管理部门的判决履行情况定期回访，对在回访中发现的问题可向生态环境监督管理部门或其主管部门发送司法建议；如在执行中尚需其他部门予以协助的，可依生态环境行政监督管理部门的申请向有关机关发送协助执行函。（4）环境司法执法联动制度。建立生态环境监督管理部门、检察机关、审判机关在内的诉后监管机制，对环境行政公益诉讼中的问题定期总结、研商，形成共识，并以会议纪要或规范性文件予以细化明确。

16　刘超：《环境行政公益诉讼判决形式的疏失及其完善——从试点期间典型案例切入》，载《浙江工商大学学报》2018年第5期。

"共建共治共享"理念下司法专门化的反思

——从旅游法庭的实践出发

姜　红*

【内容提要】司法专门化是司法改革中的热点问题。随着环境法庭、知识产权法庭以及互联网法院的设立以及成功示范，司法专门化近乎成为破解司法改革困境、提升审判质量的良好举措。因此，全国各地的人民法院掀起了设立司法专门化审判机构的热潮。但不少专业性审判机构的设立值得商榷。旅游法庭因其受案数量偏少、审理案件的非同类化以及审理模式的非专业化而备受关注。"共建共治共享"的新型社会治理理念给司法专门化提供了新的理论注脚，其倡导从"单一主导"向"多元协同"调整、从"利益分化"向"利益分享"调整的结构改进方式，对解决司法专门化的当前问题具有指导意义。

【关键词】司法专门化　旅游法庭"共建共治共享"　结构调整

一、问题的提出

《最高人民法院在关于全面深化人民法院改革的意见——人民法院第四个五年改革纲要（2014—2018）》提出，要建立中国特色社会主义审判权力运行体系，优化人民法院内部职权配置。2016年9月，最高人民法院出台了《关于进

* 姜红——贵州大学法学院副教授，法学博士。本文系贵州省教育厅高等学校人文社会科学研究基地项目《贵州旅游法庭运行实效分析》（编号：2017JD017）、贵州大学引进人才项目《环境侵权制度比较研究》（编号：贵大人基合字〔2015〕024号）以及甘肃省循环经济与可持续发展法制研究中心科研资助项目《比较法视野下环境污染损害鉴定评估制度研究》（编号：CELCYT201604）的阶段性研究成果。

一步推进案件繁简分流优化司法资源配置的若干意见》，明确提出推广专业化审判，确定审理类型化案件的专业审判组织，提升人案配比科学性，推行裁判文书繁简分流，优化资源配置。这两份意见的出台为司法专门化提供了顶层支撑。司法专门化的提倡与推广，背后有着深厚的实践基础。主要原因在于随着案件的大量涌现以及案件类型的日益复杂，导致之前的全知全能型审判模式难以为继。世界各国也在探索诉讼爆炸时期的司法改革路径。如美国和英国广泛提倡的家事关系法院，澳大利亚设置的土地与环境法院，均是司法专门化的具体表征。从国内司法实践来看，铁路法院和海事法院均可视作司法专门化的雏形，也有学者追溯到更早的水上运输法院和森林法院等。由上述实践来看，似乎走司法专门化道路是解决诉讼爆炸、分解法院压力、提升案件审判质量、回应社会需求的不二法门。但正如陈瑞华先生所指出的，“我国近年来的司法改革，尽管试图解决一些长期困扰司法体制运行的宏观问题，也推行了一些较为激进的改革措施，但由于理论准备的先天不足，加上改革决策者缺乏必要的实证调查，造成不少改革措施前后不能兼顾，甚至发生相互间的冲突”。[1]司法专门化也存在类似问题。在对司法专门化一致持赞誉之声的时候，更有必要将其置于司法改革的宏阔视野中，剖析其运行实践，细梳其制度机理，体察其背后的影响因素，以期对司法专门化的微观操作有所检视，对其整体布局有所体悟。基于此思路，本文拟从司法专门化的现实样态入手，着重探讨旅游法庭遭遇的实践困境，以此例说司法专门化进程中的相关问题，继而借助“共建共治共享”理念对司法专门化重新进行结构调整，拟为司法专门化的进一步改革提供有益参考。

二、参差不齐：司法专门化的现实样态

本文所指的司法专门化，单指审判的专门化，不涉及司法行政部门的专门化问题。其意指审判机构根据社会纠纷所呈现出的类型化特点，组建专门法院、专业化法庭、专业化合议庭等机构，对特定类型的案件进行专门化的审判活动。司法专门化与社会分工的精细化程度密切相关，也与司法实践的发展状况有一定关联。在法律体系的建构尚未完成，人们对审判活动仍处于模糊的认识状态下，即便诉讼案件大量积压，司法专门化活动也无法在此种状况下产生。司法专门化活动出现的主要原因还在于司法专门化的客观需要与人们的主观认识形成了统一。国内最好的例证就是环境法庭的设立。随着环境案件的频发，单独通过民事、行政或刑事诉讼程序来解决环境案件中的相关问题已显得捉襟见肘，环境案件的司法需求、民间要求设立环境法庭的呼声以及司法部门的行政支持

1 陈瑞华：《司法体制改革导论》，法律出版社2018年版，第156页。

终于促成我国历史上第一个专门环境法庭——清镇市人民法院环境保护法庭（以下简称清镇环保法庭）的诞生，从而开启了我国环境司法专门化的历程。此后，环境司法专门化以令人瞩目的发展态势在全国迅速展开。截至2019年6月，全国共有环境资源审判机构1201个，其中环境资源审判庭352个，合议庭779个，巡回法庭70个。[2]环境司法专门化的成功给其他类型案件的审判专门化带来了新的触动，司法专门化进程得以在全国各级法院中迅速展开。知识产权法院（庭）、互联网法院（庭）、旅游法庭、少年法庭、大数据法庭、计划生育法庭等司法专门化机构如雨后春笋般破土而出。上述司法专门化审判机构的出现，给司法专门化的理论探讨提供了鲜活的样本。

（一）成功范本：环境司法专门化的实践

毋庸讳言，只要谈及司法专门化，首先考虑的是环境司法专门化，环境司法专门化几乎成为司法专门化的代名词。从最高人民法院公布的环境审判五年成果来看，其在专门机构的设置、审判工作机制的创新、执行机制的完善以及社会效果方面均已取得丰硕成果。

首先，设立了多层次的专门审判机构。为适应环境资源案件所具有的高度复合性、系统性和技术性等特点，最高人民法院指导全国各级人民法院稳步推进设立环境资源专门审判机构，包括环境资源审判庭、派出法庭或合议庭、专业化审判团队，对环境资源案件进行专业化审理。在高级法院普遍设立相关机构，在中基层法院则按需设立。目前，河北、福建、贵州、海南等省已基本建立二级法院环境资源审判组织体系。

其次，创新了审判工作机制。在案件管辖方面，实行多合一归口审理模式。现在实践中的多合一归口审理主要包含三种模式，分别为民事、行政案件“二合一”模式，民事、行政、刑事案件“三合一”模式以及民事、行政、刑事、执行案件“四合一”模式。在管辖机制创新方面，还探索了以流域等生态系统或者以生态功能区为单位的集中管辖机制。例如，贵州省在2014年就形成了由省高院、四个中级人民法院和五个基层法院跨区域集中管辖全省生态环保案件机制。此外，在立法层面还正式建立了环境公益诉讼制度。虽然该制度在2014年才正式确立，但清镇环保法庭早在2007年就审理了由两湖库管理局作为原告的公益诉讼案件，这也是我国第一个跨行政区域环境公益诉讼案件。

最后，完善了执行机制和执行方式。最高人民法院鼓励地方各级法院坚持

---

2 《最高法召开环境资源审判庭成立五周年发布会》，载最高人民法院网，http：//courtapp. chinacourt. org/zixun - xiangqing - 173952. html，最后访问于2019年8月3日。

系统保护思维和恢复性司法理念，充分发挥司法智慧，积极探索创新审判执行机制和执行方式，预防环境损害后果的发生和扩大，力促生态环境得到及时有效修复。例如禁止令的实施，浙江、河南、贵州等多地法院积极探索以发布禁止令的方式在诉前或诉中实施行为保全。此外，各地法院还积极探索异地修复、替代修复、代履行、第三方监督、执行回访等制度，推动责任落实到位。

环境司法专门化的实践，的确在为纳税人提供便捷的环境司法服务、回应解决环境案件的客观需求、有利于环境法律的正确执行以及减少群体性环境事件的发生等方面起了积极作用。[3]更为重要的是，环保审判用其实践印证了司法专门化的可行性。

（二）积极探索：知识产权的司法专门化

就目前来看，知识产权司法专门化主要采取“专门法院+专门法庭+专门审判庭”的审判组织格局。从2014年北京、上海、广州三家试点知识产权专门法院成立，到2018年最高人民法院又陆续成立了包括武汉在内的21个知识产权专门法庭，再到2019年1月1日“最高人民法院知识产权法庭”设立。这标志着以该法庭为首，由北上广知识产权法院、各独立的知识产权法庭和遍布全国的420多个各级知识产权审判庭组成的我国知识产权司法体系的基础建设工程基本完成。[4]这也意味着知识产权司法专门化业已从试点正式向全国法院系统推广。

知识产权司法专门化首先在机制创新方面作了一定探索。例如，北京知识产权法院设立了立案庭、审判第一庭、审判第二庭、审判第三庭、审判监督庭共5个审判庭，同时成立了技术调查室和司法警察支队2个司法辅助机构，并辅以1个综合行政机构。在审判机制方面，上海知识产权法院率先引入先行判决机制。对于侵权性质可以判定，而其他事实尚需进一步审理的案件，法院可先行判决停止侵权行为，提升司法救济的实效性。与此同时，上海知识产权法院针对知识产权案件技术性、专业性强的特点，还进一步完善了技术调查、技术咨询、专家陪审和技术鉴定“四位一体”的技术事实查明机制。[5]

随着知识产权司法专门化的推广，知识产权司法保护逐渐呈现如下特征：一是案件数量持续增长，难度加大；二是裁判影响力显著提升；三是审判质效

3　王树义：《论生态文明建设与环境司法改革》，载《中国法学》2014年第3期。

4　刘春田：《知识产权司法的大国重器》，载《法律适用》2019年第3期。

5　《2018年知识产权司法保护状况白皮书（全文）》，载搜狐网，http：//www.sohu.com/a/309709360_120054912，最后访问于2019年7月3日。

明显提高；四是保护力度全面加强。[6]知识产权司法专门化对推动知识产权保护无疑起了巨大作用，但我们仍要看到，由于我国知识产权立法体系并不完善，知识产权审判机构“三审合一”的审判模式仅限于某一法院内部，无法解决同一地域内不同法院审判的同案同判问题，再加之知识产权审判人员素质参差不齐，案件的审判结果也呈现出较大差异性，上述问题的出现对知识产权专门化造成了一定阻碍。

（三）重大革新：互联网法院的实践

从严格意义上看，互联网法院只是包括从起诉、调解、立案、举证、质证、开庭、判决到执行等在内的网上一体化诉讼通过互联网技术（包含但不限于电子邮件、视频会议、网络广播、在线传输）搭建服务平台的在线运行机制。[7]其与我们以审理同类案件的专门化法院还是有一定的差距，但作为互联网诉讼规则、互联网司法治理的“试验田”，[8]其专门性正在逐渐彰显，为此，将互联网法院视为专门性法院具有一定的合理性和前瞻性。

目前全国有三家互联网法院，分别是杭州互联网法院、北京互联网法院和广州互联网法院。三家互联网法院均以审理涉互联网案件作为其功能定位，专注于审判业务与技术创新的深度融合。审理过程呈现出涉网案件审判管辖专业化、涉网案件审理方式在线化、涉网案件解纷能力智能化、网上数据处理一体化、涉网纠纷化解多元化五大基本特征。[9]三家互联网法院在内部机构设置方面区别不大，主要设立了立案庭、互联网审判庭、综合审判庭、审监庭、执行警务局、办公室、政治处、研究中心和信息中心等内设机构。在案件审理模式上，上述三家互联网法院各具特色。杭州互联网法院采取的是异步审理模式，这是一种将涉网案件各审判环节分布在杭州互联网法院网的诉讼平台上，法院与原告、被告等诉讼参与人在规定期限内按照各自选择的时间登录平台以非同步方式完成诉讼的审理模式。[10]北京互联网法院创建了电子证据平台天平链，实现了电子数据的全流程记录、全链路可信、全节点见证。[11]广州互联网法院上线

---

6 高艺宁、孙莹：《最高法：2017 年知识产权案件数量持续增长，新类型不断涌现》，载 https：//baijiahao. baidu. com/s？ id = 1598149156540853675，最后访问于 2019 年 7 月 4 日。

7 涂永前：《互联网法院 VS 传统法院：是竞争还是互补》，载《社会科学报》2018 年 8 月 23 日。

8 陈琨：《正确认识互联网法院的三个维度》，载《人民法院报》2018 年 5 月 22 日。

9 陈增宝：《互联网大发展催生互联网法院》，载《人民法院报》2018 年 9 月 26 日。

10 《杭州互联网法院构建涉网案件审判新机制》，载人民法治网，http：//www. rmfz. org. cn/contents/2/156815. html，最后访问于 2019 年 11 月 9 日。

11 孙满桃：《北京互联网法院建电子证据平台天平链，三个月在线证据采集数据超过 100 万条》，载东方网，http：//news. eastday. com/s/20181223/u1ai12101834. html，最后访问于 2019 年 11 月 9 日。

了“网通法链”系统，有效地破解了网络纠纷案件多、电子证据存证举证难、电子证据可信度低且难以验证等多个难题，真正推进了互联网司法工作的数字化。[12]

互联网法院对审判专业化与网络空间治理化之间的深度融合进行了积极探索，但由于互联网本身带来的风险，例如，诉讼平台的安全问题、电子证据的效力问题、法院在技术应用层面的短板以及网络环境的易受攻击性等，互联网法院的专门化之路仍面临严峻挑战。

三、看上去很美：旅游司法专门化的实践

随着旅游业的快速发展，旅游过程中的纠纷也逐渐增多，为快速解决上述纠纷，也为了践行人民法院“司法为民”的宗旨，很多基层人民法院都设立了旅游法庭。一般而言，设置旅游法庭的主要目的在于“实现旅游纠纷案件就地立案、就地审理、当庭裁决和立即执行的快速处理机制，为提升涉旅游矛盾纠纷化解能力，满足人民群众在旅游方面的司法需求提供有力保障”。[13]

（一）广泛设立：旅游法庭的现实存在

由于环境司法专门化的成功示范，设立专门性的审判机构已被各地人民法院视为解决案件堆积、落实司法保障的快捷通道。其实，早在 2002 年海南省三亚市城郊人民法院就已在南山、天涯、亚龙湾设立了旅游巡回法庭，成为全国第一家拥有旅游法庭的法院。此后，旅游法庭在全国各基层人民法院迅速成立。如贵州省已在青岩古镇景区、遵义会议会址等景区设立了 12 个旅游法庭。[14]云南省目前已有 70 个旅游法庭，73 个巡回审判法庭。[15]截至 2018 年 4 月，江西省 5A 级风景区已全部建立或正在筹建旅游法庭，景区重要景点均设立了旅游巡回审判点，其他景区 77% 以上都建立了旅游巡回法庭或旅游巡回审判点。[16]沈阳市作为国家级旅游业改革创新先行区，也在 2018 年设立了 9 个旅游巡回法

12 吴笋林：《广州互联网法院上线“网通法链”系统》，载南方网，http：//news. southcn. com/gd/content/2019 -04/14/content_ 186658954. htm，最后访问于 2019 年 11 月 9 日。

13 朱忠保：《“旅游巡回法庭”方便旅游快维权》，载《人民法院报》2017 年 12 月 3 日。

14 《贵州设旅游法庭一站式解决旅游纠纷》，载搜狐网，http：//www. sohu. com/a/72999042_ 268507，最后访问于 2019 年 11 月 12 日。

15 《截至 3 月云南省 16 个州市 92 个县区基层法院共设立旅游巡回法庭 70 个》，载东方网，http：//news. eastday. com/eastday/13news/auto/news/china/20170402/u7ai6656822. html，最后访问于 2019 年 11 月 12 日。

16 《江西旅游法庭建设形成“一区一庭一点”新模式》，载，中国法院网，https：//www. chinacourt. org/index. php/article/detail/2018/04/id/3257631. shtml，最后访问于 2019 年 7 月 13 日。

庭。[17]由此可见，旅游巡回法庭已成为司法专门化的代表性审判机制之一。

旅游法庭审判机制也具有一定的独特性。综观众多旅游法庭的审判机制，较具代表性的有如下几种：一是三亚旅游法庭的三定（定期、定点、定人）、四就（就地立案、就地审理、就地调解、就地执行）、一重（注重调解）、两免（对小额旅游纠纷案件免收诉讼费和申请执行费）的审判工作机制。该机制能有效应对旅游服务不可贮存及旅游过程的流动性、缔约形式的不规范性可能带来的问题。二是武夷山景区旅游法庭的"513"审判工作机制。"5"是指实施远程办案制度、流动调处制度、速裁速审制度、判前沟通制度、先行赔付制度；"1"是构建一支专业化涉旅审判队伍；"3"是与游客、旅游企业、旅游主管部门有效对接。这种模式也获得了良好成效，在2014年审理的47件涉旅纠纷中，无一发回改判。[18]三是广州市旅游巡回法庭构建的"四快"审理机制。"四快"是指"快调、快立、快审、快结"四条快速通道，旨在为旅游纠纷案件各方当事人提供集成式、一站式的司法便民服务。[19]无论何种模式，旅游法庭审判机制的最主要特征在于能够灵活运用简易程序，其快立、快审、快执的特点与游客停留时间短等特点相符合，有利于及时化解纠纷，更好保障游客权利。

（二）左右为难：旅游法庭遭遇的多重困境

旅游法庭的广泛设立并不能掩盖其在实践过程中呈现的多重困境，主要表现如下：

第一，旅游法庭受理的案件量偏少。如贵阳青岩古镇旅游法庭自2016年4月至2017年2月，只收到涉旅案件6件，接受游客电话咨询10余次。[20]广州越秀区人民法院在2014年受理旅游纠纷案件177件，2015年202件，2016年145件，2017年136件。[21]而作为全国最先设立旅游法庭的三亚市城郊法院，其旅游审判庭2013年办理案件数为159件，2014年为130件，2015年为9件，呈逐

---

17 《沈阳9个旅游巡回法庭统一挂牌成立》，载沈阳市中级人民法院网，http：//syzy. chinacourt. gov. cn/article/detail/2018/03/id/3433322. shtml，最后访问于2019年11月13日。

18 武夷山法院：《武夷山法院推行"513"涉旅审判工作机制》，载福建法院网，http：//fjfy. chinacourt. gov. cn/article/detail/2014/02/id/1212634. shtml，最后访问于2019年11月3日。

19 朱忠保：《"旅游巡回法庭"方便旅游快维权》，载《人民法院报》2017年12月3日。

20 《法庭"四重奏"助力游客清新游》，载贵阳市花溪区人民法院，http：//huaxi. guizhoucourt. cn/fyxw/18554. jhtml，最后访问于2019年11月5日。

21 董柳等：《广州市旅游巡回法庭今日"开张"审案》，载人民网陕西频道，http：//sn. people. com. cn/n2/2017/1129/c378297－30977727. html，最后访问于2019年11月5日。

年下降趋势。[22]

第二，旅游法庭所审案件并非全部是同类案件。为了不使旅游法庭无案可审，同时也为了节约司法资源、平衡不同审判机构法官的考核压力，旅游法庭除了涉旅案件之外，还要审理其他类型的案件。如四川省达州市中级人民法院在万源法院、宣汉法院、渠县法院、达川法院、开江法院等辖区重点景区设立旅游环保巡回法庭，专门审理涉及环境资源保护的旅游案件。案件类型既涉及滥伐林业、非法捕捞水产品、失火犯罪等破坏林业生态资源、渔业生态资源、水生态资源刑事案件，也涉及土地承包经营权流转和林业、水产品、矿产资源经营等民事案件。[23]采取类似做法的旅游法庭不在少数。

第三，旅游法庭审案过程不需要具备太多的专门化知识。由于旅游纠纷案件本身就不复杂，大多涉及旅游过程中游客人身、财产损害纠纷。主要包括涉及旅游、交通、住宿、餐饮、导服、景点观赏等其他相关服务的旅游合同纠纷以及旅游产品纠纷等。审理上述纠纷并不需要太复杂的专门化知识。且在具体操作过程中，为了促使涉旅纠纷能得到迅速解决，大多数旅游法庭的审理机制都以“快”为先，在立案时就对其进行繁简分流，简单案件由旅游法庭审理，相对复杂的案件则走一般审理程序。

通过上述梳理可以看出，旅游法庭的审案数量、审案类型以及专门化程度均与环境法庭、知识产权法庭、互联网法院存在较大差异，其遭遇的实践困境给其设置的合理性提出了质疑。基于此，我们有必要对旅游司法专门化甚至司法专门化的一般性问题重新进行检视。

四、“共建共治共享”：司法专门化的理论新起点

司法专门化的本意在于通过精细化的业务分工，将类似且具有一定技术含量的案件交由专门的审判机构进行审理，从而节省司法资源、切实解决司法需求供给不足的现实难题。旅游法庭的实践困境给司法专门化提出了新问题，即什么时候需要设立专门化的审判机构？设立专门化的审判机构是否要有一定的前提与标准？要回答此问题，单纯从法院的内在视角进行审视可能无法提供有力的解答。因为根据《人民法院组织法》第二十七条规定，“人民法院根据审判工作需要，可以设必要的专业审判庭”，是否设立专业审判庭是人民法院的职

22 《海南三亚旅游巡回法庭创新审判审理模式》，载呆萌客旅游网，http：//www.daimengke.com/lyzx/28837.html，最后访问于2019年11月5日。

23 《达州法院护航生态环境资源可持续发展》，载搜狐网，https：//m.sohu.com/a/318945398_364195/，最后访问于2019年11月5日。

能，外人似乎无从置喙。但若将司法审判视为社会治理的一种方式，正如罗斯科·庞德将法律视为一种社会控制工具时，司法专门化的社会意义才得以彰显，对其的探讨才能得以深化。

（一）新型治理："共建共治共享"理念之于司法专门化的意义

司法界与学术界均将司法专门化视为司法改革的重要推手，力图通过司法专门化的进程使我国的司法审判呈现出更多的专业性色彩，从而能够更好地回应国家对法院的角色要求以及社会对法院的司法需求。但从目前司法专门化的进程来看，其过度地强调了国家对法院的角色要求，而有意或无意地忽视了社会对法院的司法需要，导致司法专门化在一些领域背离了法院在社会治理结构中的角色定位，而与其他治理手段发生了混同。法院的司法功能在此过程中遭到削弱，社会功能却得到加强，从而给司法专门化以及司法改革造成了更深层次的矛盾。"共建共治共享"作为一种新型的社会治理理念，其主要强调社会力量在社会治理过程中的共同建设、共同治理和共同享有。与之前社会治理理念相比较，其在治理主体、治理进程以及治理成效方面提出了新的要求，给司法专门化提供了新的理论注脚。

首先，司法专门化要求社会力量的理性参与、合作共建。之前的司法专门化对社会力量的参与程度、参与环节几乎没有涉及。在司法专门化过程中是否需要社会力量的介入，其实有两个基本问题值得思考：一是司法专门化进程中的复杂性。司法专门化除了涉及政府的审批支持、法院的权能配置，更直接关涉公众在司法专门化后所产生的利益变动，既然牵涉民众的基本利益，就应当像社区治理一样，吸纳社区的公民参与其治理进程。[24]二是必须尊重公众的创造精神。习近平总书记多次指出："人民是创造历史的动力，我们共产党人任何时候都不要忘记这个历史唯物主义最基本的道理。"[25]既然司法专门化是涉及公众利益的事项，应当依靠公众的力量，发挥公众的才智，引导公众积极参与。

其次，司法专门化要求社会力量参与到其实施进程中。"激发和引导多元主体共同参与社会事务治理，既是现代社会治理的内在要求，也是提升社会治理能力水平的必然途径。"[26]这里所谓的社会力量参与，并非是指社会力量应分享

---

24 ［美］理查德·C. 博克斯：《公民治理——引领21世纪的美国社区》，孙柏瑛等译，中国人民大学出版社2014年版，第2页。

25 中共中央宣传部：《习近平总书记系列重要讲话读本》，学习出版社、人民出版社2016年版，第127页。

26 夏锦文：《共建共治共享的社会治理格局：理论构建与实践探索》，载《江苏社会科学》2018年第3期。

司法审判权，而是强调社会力量在司法专门化进程中享有一定的权利，并从程序上对其权利进行设定，以期对司法审判形成监督。司法专门化实质上是纠纷处理的一种方式，这种方式与之前处理方式的区别在于，司法专门化是将同类案件交付到具有专业知识的审判人员手里进行裁判。精细化治理虽是通向善治的一条通途，但精细化治理本身就存在一定的知识盲区，若没有其他社会力量的参与，精细化治理有可能误入歧途。为此，在司法专门化进程中必须重视、强化和推动社会力量的参与。

最后，司法专门化的成果由社会共享，其效果要接受社会的检验。司法专门化的成果不仅是合理解决双方当事人之间的纠纷，让双方关系（尤指财产关系）恢复到损坏结果未出现之前。更为重要的是，司法专门化的成果必然涉及公众以及全社会对司法专门化的一种整体认知。例如，司法专门化是否促进了社会正义的实现，是否能够更好地维护社会秩序等。从此意义看，司法专门化的根本目的也在于“不断促进社会公平正义，形成有效的社会治理、良好的社会秩序，使人民获得感、幸福感、安全感更加充实、更有保障、更可持续”。[27] 要让公众享受到司法专门化的成果，就要让司法专门化的成果接受公众的检验。通过让当事人以及公众对司法专门化效果进行检验，让他们具体感受到在案件审理结果的呈现、社会秩序的维护以及社会公正的获得方面，司法专门化所彰显出来的比较优势。

（二）结构失衡：“共建共治共享”理念下司法专门化的问题检视

作为一种新型的社会治理理念，“共建共治共享”提倡的是一种“构建以人民为中心，以均衡为导向，以提供公共服务为重点的社会治理模式”。[28] 国家（政府）、社会与个人之间是否达成良性互动是衡量该模式是否成功的重要维度。而在司法专门化领域，政府、社会与个人之间的互动结构也是衡量其效果的重要指标。从上文看，在以旅游法庭为代表的司法专门化实践过程中，政府、社会、个人之间并未形成良好的互动，结构失衡是三者之间现有关系的显著表征。

第一，“外部失衡”是各主体在司法专门化进程中现有关系的主要表现。在我国的社会治理格局中，政府无疑居于中心位置，在司法专门化进程中也是如此。通常是政府主导司法改革的发展方向，法院积极配合，妥善履行。法院在司法专门化进程中的作用多属执行者，而非提出者与主导者。法院在进行司法

---

27 习近平：《决胜全面建成小康社会，夺取新时代中国特色社会主义伟大胜利》，人民出版社2017年版，第45页。

28 江国华、刘文君：《习近平“共建共治共享”治理理念的理论解读》，载《求索》2018年第1期。

改革时，诸多细节均需征得政府的同意才能具体实施。在此背景下，无论是司法改革的发展方向，还是具体措施的展开，都由政府因素起主导作用，这就有可能减损法院在社会治理格局中的角色功能。如之前经常提及的法官和公安干警共同出现在拆迁第一线，就是法院背离其结构功能的明显例证。在司法专门化过程中，为完成政府安排的相关任务，迎合政府的相关需求，法院在角色定位方面就可能处于被动位置，出台一些与法院实际情况并不完全相符的司法改革措施，如设立不合理的专业性法庭等。法院在司法专门化进程中角色认定发生了偏差，其他社会力量在司法专门化进程中的角色定位也值得深思。

第二，“内部失衡”是法院内部机构在司法专门化进程中现有关系的真实写照。司法专业化必须对司法机构的内部资源进行重新衡量和重新配置。在司法资源极为有限的情况下，内部资源的配置对案件审理、法官队伍建设以及法院整体功能的实现具有重要意义。尤其在全国法院均在推行法官员额制的背景下，如何合理配置本来就捉襟见肘的司法资源就显得更为重要。试想，如设立一些不合理的专业性审判机构，导致一部分审判机构审理案件数量畸高，另外一部分审判机构审理案件数量畸低，由此就可能造成法院审判机制的内部失衡。这不仅会对案件的审理质量产生较大影响，还可能在法院内部形成非良性生态，危及法院整体机制的正常运转。如上文提及的部分旅游法庭，一年只审理个位数的案件，其余时间均在辖区内作旅游宣传和法制宣传，这让案牍劳形、压力缠身的其他法庭的法官情何以堪？

（三）结构调整：“共建共治共享”理念下司法专门化的推进路径

“共建共治共享社会治理格局的提出正是新时代条件下，应对社会问题的复杂性以及中国特定的社会治理所面临的困难的必然要求。”[29]“共建共治共享”理论在司法专门化领域的引入，将从原理上对司法专门化领域目前存在的“内外失衡”的结构予以纠偏，并从推进路径上对其改革提出新的要求。

第一，推动“单一主导”结构向“多元协同”结构调整。党的十九大报告正式指出“党委领导、政府负责、社会协同、公众参与”的共建共治共享社会治理格局。该理念实际已明确了治理格局中各个治理主体的主次顺序，也确立了社会治理主体多元协同的基本蓝图。在司法专门化领域，党委始终作为社会治理或司法改革的核心地位，但党委不再对司法改革的具体细节作大包大揽的统领，而是在与政府、法院、社会组织以及公众的互动过程中，提高党对司法

29 江必新、王红霞：《论现代社会治理格局——共建共治共享的意蕴、基础与关键》，载《法学杂志》2019 年第 2 期。

改革的领导能力。政府也不再居于社会治理的核心地位，其主导地位逐渐被弱化，成为与其他社会治理主体相平行的结构单元，主要承担调控和引导职能。法院作为司法改革的实施主体，应在明确其角色定位的情况下，将司法专门化置于司法改革的总体框架下进行设计与思考，并因势、因地、因时地统筹司法专门化的总体布局。社会组织与公众应获得司法专门化进程中的参与权、知情权、建议权与监督权，成为司法专门化进程中的参与主体，而非接受主体。上述参与主体各司其职，协同共进，推动司法专门化朝着健康合理有序的格局发展。

第二，推动“利益分化”结构向“利益分享”结构调整。在司法专门化进程当中，由于缺乏各主体的协同参与，相关主体的利益主张无法在同一个平台得到合理有序表达，若该现象不予以及时纠正，有可能导致利益分化越加固化，从而影响司法改革的顺利进行。为此，要推动“利益分化”结构向“利益分享”结构的调整。在司法专门化领域，首先，要从治理格局上重视社会公平。党委和政府在指导司法专门化改革的进程中，要充分考虑法院、社会组织以及公众在此进程中的利益，并在进行顶层设计时予以考虑，搭建群体利益协商与集体行动平台，保证他们的利益能够在制度层面得以实现。其次，法院在统筹司法专门化总体布局时，也应兼顾社会利益与个人利益，短期利益与长远利益，尤其要关注法院内部各审判机构利益之平衡，做到因势、因地、因时地推进司法专门化进程。最后，社会组织和公众要积极、有效地参与到司法专门化进程中。作为“多元协同”的重要环节，社会组织和公众是否参与以及是否有效参与决定了司法专门化的最终效果，也是利益共享得以实现的关键保证。

结语

司法专门化的实践的确给检视司法改革的效果提供了一个透视窗口。本文从旅游法庭的实践出发，对司法专门化的进程提出一定的质疑，但就司法改革的发展方向而言，司法专门化的提倡既符合世界潮流，也与审判业务越来越强调精细分工的本质特征相互契合，只是在何时应推进司法专门化的进程以及在何种领域应设立司法专门化审判机构，值得改革决策者仔细斟酌。“共建共治共享”理念的适时提出，能给司法专门化进程提供理论支撑，从制度设计的源头提升其他参与主体的地位，解决司法专门化目前发展道路上的障碍。面对司法专门化进程中效果不佳甚至产生负面效果的改革措施，改革决策者也应酌情判断，适时调整改革思路。

涉众型经济犯罪实证分析与风险防范

陈玉璜*

【内容提要】 稳定公平透明、可预期的营商环境是吸引高端资源要素聚集的重要因素，法治化在营商环境建设中起着至关重要的规范、引领和保障作用。在经济发展新常态下，推进法治化营商环境建设，旨在打击惩治各类影响投资安全和营商环境的经济犯罪，规范政府和市场行为，为各类市场主体营造高效、规范、公平、安全的投资创业环境。本文结合G市涉众型经济犯罪的案件特点和犯罪趋势进行调研分析，指出涉众型经济犯罪的严重社会危害性和当前司法机关对该类犯罪的打击难点，提出加大打击力度、加强整治监管、建立长效机制、强化服务保障等对策建议，以期对防范化解重大风险、提供营商环境法治保障有所裨益。

【关键词】 涉众型经济犯罪　非法集资　非法吸收公众存款　网络传销　整治监管

全面推进市场化、国际化、法治化营商环境建设，是贯彻落实习近平总书记系列重要讲话精神和党的十九大精神的重要举措。近年来，涉众型经济犯罪增幅明显且大要案频发，严重危害了国家经济安全和人民财产安全，影响了法治化营商环境的建设。本文拟从检察视角出发，通过对涉众型经济犯罪的实证分析，为防范化解重大风险建言献策。

* 陈玉璜——武汉大学法学院刑法学博士研究生，广州市人民检察院四级高级检察官。

一、当前涉众型经济犯罪的案件特点和犯罪趋势

（一）涉众型经济犯罪案件特点

随着新型经济的蓬勃发展，涉众型经济犯罪大幅增多。2017年以来，G市检察机关共批捕涉众型经济犯罪案件1831件4199人，起诉1568件3953人，涉案金额超3000亿元。2019年以来，该类案件更是呈井喷态势，仅2019年2月至4月间，G市检察院连续受理一批涉众型经济犯罪案件10件46人，涉案金额合计达1764亿元。透过办案分析，该类案件呈现四大特点：一是犯罪方式紧随社会热点，包装形式多样化。犯罪分子利用国家政策和金融市场热点，打着“区块链”“慈善互助”“养老床位”等幌子，精心设立各种虚假投资模式、经济概念和市场招牌，以“合法”外衣诱骗投资人。如王某等人组织、领导传销案，犯罪分子以“扶贫济困”为“噱头”，通过权威媒体包装、主动参与慈善公益活动等方式，使其非法发起的“善心汇”具有“合法”外衣，在一年多的时间里吸收会员598万名，涉案金额1046亿余元。以肖某为首的传销组织则依托实体公司设立“双创帮扶”官网平台和APP，借“大众创业、万众创新”之名，虚构“国家支持”背景，发展会员43.4万人，涉案金额15.4亿元。二是犯罪手法转型升级，推广渠道网络化。犯罪分子利用互联网平台大张旗鼓宣传，推广方式逐渐“公开透明”。如某集资诈骗案，行为人以“互联网+金融+实体”“OTO、BTB、BTC的农副产品网上商城”为主打，鼓吹推广绿色农业，发展安全、健康、绿色的OTO、BTB、BTC的农副产品网上商城，5个月吸收约500人投资其所谓的新型农业，涉案金额1000万余元。陈某等人非法吸收公众存款案中，陈某作为善林公司某分公司的负责人，通过数千家线下营业部以及“善林财富”“善林宝”等线上平台，承诺6%至13%不等的高额利息回报，向全国各地销售“月月盈”“鑫季丰”“双季盈”等投资理财产品，涉案金额达4亿余元。某非法吸收公众存款案中，行为人开设互联网平台“天贝宝电子商城”，通过虚假销售货物方式吸收平台“商家”“客户”的资金，以投资1.2万元可获得10万元返利为饵，涉案金额4.5亿余元，受害人1.7万人，遍及全国各地。张某诈骗案中，其通过QQ、呱呱等直播软件对客户进行投资现货交易指导，采用虚假数据和“T+0”恶意诱导受害人频繁交易，骗取高额手续费，涉案金额900万元。三是犯罪组织分工严密，运作模式公司化。当前涉众型经济犯罪呈现出有组织、有预谋、有分工的“集团化”模式。涉案公司、企业有着完备的营业执照、税务登记证等合法经营证件，租用高档写字楼办公，部门设置齐全，招聘大量人员进行系统化运作，专业化、职业化明显。如李某非法吸

收公众存款案，李某成立投资管理有限公司。该公司下属有五个分公司，其中一个区属分公司员工约300人，内部划分层级管理，设立业务经理团队、资深经理团队和营业总监团队，以购买理财产品为由吸引投资人购买“华盈一号”理财产品，累计吸收公众存款1.2亿元。又如刘某等人非法吸收公众存款案，刘某在运营管理中聘请了9个片区的销售经理管理营业部，营业部下设销售大团队，大团队又分设5个小团队，每个小团队下面有1—10人的业务员。四是犯罪目标精准定位，受害群体多元化。针对不同领域定位受骗人群，涵盖退休老人、企业白领和家庭主妇等，人数往往多达上万人，甚至数十万人。如赵某等人涉嫌非法吸收公众存款和集资诈骗案，赵某等在未经金融部门许可的情况下，向313名老年人售卖养老床位使用权再收回进行代管代租，承诺投资人三年返本、每年约8%至12%的高收益，非法吸收公众存款3000万余元。又如董某等人组织、领导传销活动案，董某等迎合“电子货币”的买卖热潮，研发建立“五化联盟”网络平台，制定计酬返利规则对虚拟货币进行结算。该网络平台在全国31个省、市以及马来西亚、新加坡等8个国家发展会员21万人，涉案金额5.2亿元。

（二）集资类犯罪新趋势

在涉众型经济犯罪中，主要涉及集资类犯罪，包括非法吸收公众存款罪和集资诈骗罪等，该类犯罪目前呈现“三个新转变”的趋势：一是推广方式由线下“口口相传”向线上“互联网+”转变，影响范围更广。传统的非法集资通过举办讲座、组织聚会等熟人拉熟人的线下方式推广。随着互联网的快速发展以及互联网金融的应运而生，越来越多的非法集资犯罪依托“互联网+”模式，在大型网站、微信、微博等平台发布集资信息，利用网络平台非法集资，传播速度更快，影响范围更广。二是项目包装由低端的“种植养殖产品”“保健产品”向高端的“环保产品”“金融创新产品”等转变，迷惑性更大。犯罪分子假借迎合国家政策和热点，打着“金融创新”“绿色环保”等幌子，编造出形形色色的高科技产品项目、理财产品项目，营造高额利润前景，迷惑群众，骗取资金。三是运营模式由传统的“作坊式”向现代的“公司化”转变，欺骗性更强。传统的非法集资大多数采取个体化或者家庭化的模式。近年来，非法集资逐渐走向现代化、规模化，借助“网络公司”“科技公司”“金融投资公司”“理财咨询公司”等合法形式包装，以公司名义对外宣传，非法集资。有的还借助媒体大肆宣传，营造出正规、实力强的假象，极具欺骗性。

（三）传销类犯罪新特点

近年来，传销犯罪由传统的“基地模式”传销向网络传销发展，隐蔽性更强，“杀伤力”更大。2018年8月以来，G市检察机关办理的传销犯罪案件主要为网络传销犯罪，办理了迄今为止我国查处的规模最大的网络传销组织“云联惠”系列案件52件180人。“云联惠”传销系列案件中传销层级达119级，会员共有896万余人，传销金额为人民币564亿余元。以“云联惠”案件为例，该类犯罪不仅符合传统的组织、领导传销活动罪中“入会费”“设层级”“拉人头”“骗取钱财”等特征，还出现以下四种新特点：一是建立电商服务平台大肆发展会员。如“云联惠”传销组织的发起、策划、操纵、组织者黄某先后注册成立云联惠网络科技有限公司（以下简称“云联惠”），设计开发云联惠云联商城，并以云联商业大系统作为云联惠的电商服务平台。该平台兼具积分记录、分配、返还、提现功能。云联商城以“消费全返”“消费乐返”“消费共享”为名诱使他人加入，成为会员。会员分为普通会员、金钻会员和铂钻会员。云联惠对会员实行推荐制度，会员注册后系统会根据会员的推荐关系锁定形成上、下级的层级关系，形成金字塔式的层级架构。至2018年5月，“云联惠”传销组织在全国共计吸纳会员8962017人，自上而下形成的会员推荐关系层级共有119层。二是设立代理制度宣传传销理念。为进一步扩大规模，吸纳更多会员，“云联惠”传销组织推行代理制度，规定铂钻会员可以向云联惠购买代理权成为代理，代理公司没有实质的经营活动，其主要职责是宣传和推广“云联惠”的理念、经营模式，发展及培训会员，发展新代理和联盟商家，管理与服务其代理区域内的各级代理公司。为开拓海外市场，还成立海外子公司，在美国、马来西亚等地推行“云联惠”模式。三是以“消费资本论”作为传销的理论基础。消费资本论目前已成为传销界时髦的支撑理论，它是十多年来国内众多非法集资、传销和各路骗局在宣传和给参与者洗脑时反复提及和引用的理论。“云联惠”同样也对“消费资本论”进行鼓吹，指出消费能产生资本，消费者能成为资本家。其以消费资本论为经济理论基础，将“云联惠”会员集消费者、投资者和推销员于一体，把消费者说成是消费商，消费者通过消费返利可以发财，诱导大量会员利用虚假消费、消费返利来进行投机，从而成为我国至今规模最大的传销组织。四是运用虚假交易的商业模式骗取钱财。“云联惠”商业模式诱导会员不通过真实的商品交易来获得积分，而通过虚假交易直接交纳虚假交易额16%的创业共享金来套取未来回报达116%的白积分。这种虚假交易根本不可能产生利润和价值，前面会员的返利来源于后面会员所交纳的创业共享金，这种行为表面上看是商品买卖、消费返利，其实已演变成了没有真实商品买卖的金字塔式的庞氏投机行为，即用后面投资者的钱来支付前面投资者的本息，欺骗性非常强。案发时云联惠已经积累的返利积分达4000亿元人民币，但“云联惠”账上的资金不到200亿元，返利难以实现。

二、涉众型经济犯罪的危害性和打击难点

（一）涉众型经济犯罪的社会危害性

一是涉案金额大、人数多、地域广，极易引发各种群体性事件。涉众型经济犯罪往往涉案金额巨大，受害者人数众多，涉及地域广、行业多，带来严重的社会不稳定因素。目前，社会领域与专业领域的经济犯罪叠加，多种风险并存，极易成为区域性、系统性风险的导火线。哪里有规模化的投资理财，哪里就有资金断裂、血本无归的隐患和群体闹事、上访静坐的危机。[1] 如某非法吸收公众存款案的投资人有组织地每周定期到检察机关、法院集体上访，少则几十人，多则过百人，持续时间长达一年多，造成众多群众围观，严重干扰了司法机关正常办公秩序。二是严重侵犯财产利益，极大破坏金融秩序。涉众型经济犯罪以非法获取公众资金为目的，募集的大量资金被犯罪分子以投资为名藏匿、转移甚至挥霍，致使群众财产利益受损。同时导致大量涉案资金游离于国家金融监管体系之外，影响国家货币政策的执行和金融宏观调控，极大地破坏了金融秩序，妨碍市场经济健康有序运行。[2] 三是诱发其他犯罪造成社会治安隐患。涉众型经济犯罪往往与虚假出资、金融诈骗、洗钱等经济犯罪活动交织，容易引发非法拘禁、敲诈勒索、绑架、故意伤害、抢劫、虚假诉讼、非法高利放贷、暴力讨债等不法行为，滋生各种刑事和治安案件，给群众人身、财产安全和社会治安带来重大隐患。四是损害党委政府公信力，影响营商环境。涉众型经济犯罪中涉案公司的设立和宣传造势、集资活动等往往与政府有关部门的不作为、滥作为有关。而该类犯罪的公司和行为人为创造条件往往想方设法拉拢腐蚀行政部门有关领导和工作人员，容易滋生贪污贿赂犯罪。群众在参与该类涉众型经济活动时在一定程度上是出于对政府的信任或是对有关政策的响应。该类犯罪的发生，势必严重影响党委政府的公信力和形象，从而造成一定的辐射效应，影响投资安全和投资者的信心、决心和投资策略，对营商环境将造成不可逆的不良影响。

（二）打击涉众型经济犯罪的难点

一是调查取证难。涉众型经济犯罪涉及资金数额大、人员多，在证据转化

1　包海勇：《涉众型经济犯罪引发群体性事件的网络平台防范》，载《山东警察学院学报》2018 年第 3 期。

2　刘涛：《北京市涉众型经济犯罪形势与对策》，载《北京警察学院学报》2015 年第 5 期。

过程中需耗费大量的人力、物力和财力，[3]而该类犯罪隐蔽性强，相关人员打着合法的幌子，其违法犯罪行为往往隐藏在大量的民事纠纷和治安案件中，涉案线索难以取得。且该类犯罪具体实施行为次数多，人员流动性大，相关犯罪事实难以全面查清。部分被害人因担心打击报复或本身违法，不愿揭发、举证，加之部分案件涉案时间长，跨度大，导致证据收集难度较大。二是案件定性数额认定难。该类案件作为新型犯罪，定性定罪的证据标准尚未完全明确，公、检、法机关对证据标准和证据要求存在一定分歧，导致定罪量刑不一，影响了打击力度。且集资诈骗和非法吸收公众存款罪的客观行为相似，如何认定是否具有非法占有的主观故意从而区分两罪具有一定的难度。加之该类犯罪虽然有时存在大量书证，但并不能准确反映真实的犯罪数额，给案件数额认定带来很大困难。三是损失挽回少善后处理难。该类案件对于投资人而言，挽回损失为其首要目的。而实际上，多数案件在押金额少，难以弥补投资人的损失。由于损失缺口大，难以完全覆盖，诸多利益诉求各不相同，投资人的利益难以得到满足，后续财产分配也容易存在重大纠纷，给案件善后处理工作增加了难度。四是维稳压力大。涉众型经济犯罪通常会引发集体信访，而集体信访波及人数多、涉及面广、社会影响大，如不及时处置或处置不当，极易造成缠访、闹访和到市进京访。由于集体访人员文化程度和法律诉求不一，多分批多次到访，增加了接访工作量和难度。且该类集体访案情错综复杂，被害人被骗取财物、投资人投入资金多数已被犯罪分子转移或挥霍，信访人可挽回的财产少，容易情绪激动，重复来访或来电，或产生极端想法，采取不理性措施和过激行为向司法机关施压。[4]如某集资诈骗案的投资人在多次集体上访中要求释放被告人，企图通过让被告人获得自由来追回财产损失。这些信访人互相煽动不满情绪，不听劝解，长时间滞留在党委、政府及司法机关，造成恶劣影响。与此同时，一些犯罪团伙还利用网络的力量不断制造舆情事端，干扰办案，给司法机关办案施压，混淆民众视听，营造不利于公正司法的舆情环境。

三、防范化解涉众型经济犯罪风险的对策建议

（一）加大打击力度，形成统一认知

涉众型经济犯罪波及人数多，涉案金额大，覆盖地域广，牵涉利益深，社会关注度高，其案件的办理具有牵一发而动全身的效应。各地司法机关应对案

3 陶遵臣、崔建伟：《打防涉众型经济犯罪的思考》，载《人民法治》2016年第11期。

4 邢婧：《涉众型经济犯罪引发的集体访问题研究》，载《天津检察》2018年第3期。

件的办理和相关工作达成共识。一是统一思想。该类案件工作量很大，考虑被告人本身认罪态度和律师、专家的参与，审查起诉和出庭支持公诉工作具有一定的艰巨性。同时，各地办理的相关案件并非简单孤立，而是相互联系的整体，各地司法机关作出的处理决定会直接影响该类案件的处理，必须从全局性进行考虑。二是统一法律标准。围绕事实证据、定罪、量刑三个方面统一标准，进一步梳理证据和事实，对证据查漏补缺，及时补充完善。对于该类犯罪起诉的事实和罪名，要有明确清晰的基础认定，量刑建议也需要在基础事实之上，提出与事实基本一致的建议。三是统一责任认定。对在案犯罪嫌疑人要统一作规范分级处理，区分主从犯。对负主要责任，起组织、领导、决策作用的认定为主犯，从严打击；对起次要作用且积极退赃、认罪悔罪的认定为从犯作从宽处理。四是统一庭审回应。庭前需要对于证据和事实做深入分析研究，重点研究辩护律师的法律意见。对于同一类问题，应在充分研究法律条文的基础上做统一回应。

（二）加强整治监管，形成工作合力

公安（网监）、银监会、工商等行政机关在全省、全市范围内联合开展打击涉众型经济犯罪专项整治行动，加强对有关网站和网页内容的审查、登记、取缔工作。公安网监部门发挥现代科技作用，对犯罪集团的骨干进行精准定位，实时掌握犯罪集团主要头目行踪，雷霆出击实施抓捕。对涉案网站进行跟踪，掌握传播的基本途径，有针对性地进行阻断。对网络资本运作、基金投资、网络营销等网站进行监控，调查摸清涉案资金流转脉络，采取账户冻结、资金追缴等措施摧毁涉案组织经济基础。司法机关根据该类犯罪的新特点，准确把握其犯罪性质和危害性，依法对该类犯罪和组织予以打击取缔，遏制其蔓延势头。金融监管部门要加强对大宗交易和大额资金流向、动态的及时监控，对短期内资金膨胀过快的企业强化监管。加强对投资平台、互联网金融公司、网络传销等涉众型经济犯罪活动的情报信息收集，对收集到的苗头性线索，强化研判分析、联合相关职能部门提前介入。检察机关应加强与证监会、银监会等部门的协作，建立具有预警预报功能的信息情报交流机制。公安、检察院、法院等单位建立健全联席会议机制，保持对涉众型经济犯罪案件的高压打击态势。同时针对经济、金融监管漏洞及风险点，及时向有关部门发出司法建议，提供风险研判报告，参与社会治理，形成预防、管理合力，从源头控制涉众型经济犯罪蔓延。[5]

5　杨昊：《检察机关预防涉众型经济犯罪方略》，载《人民检察》2016年第11期。

（三）建立长效机制，提升打击效能

加强机制建设，对涉众型经济犯罪的打击形成长效的工作机制。一是完善提前介入引导侦查工作机制。重点引导公安机关及时固定证人证言、厘清可疑账户、明确财产冻结范围，排查涉案公司组织框架结构、管理人员职责分工及参与程度等问题，确保取证及时、有效。二是完善退回补充侦查工作机制。对于涉众型经济犯罪案件中关键证据的补充侦查，构建经办人、部门负责人、分管领导的三层次沟通联络渠道，同时做好补充侦查事项的跟踪落实，防止“退而不查、查而不清”情况的出现。适时邀请侦查人员参加检察官联席会议，侦查人员在会议上可以发表自己的观点，补充介绍案件侦办和证据情况。在正确引导取证的同时，让侦查人员切身感受侦查活动不规范、取证不到位对此类案件所带来的影响，提升证据意识。三是完善认罪认罚从宽工作机制。充分利用提审讯问、驻所检察官谈话、检察官协同律师释法说理等方式，引导犯罪嫌疑人自愿认罪认罚。合理运用认罪认罚从宽措施，对签署认罪认罚从宽具结书的犯罪嫌疑人，建议从宽处理。基层检察机关对大部分自愿认罪认罚的涉众型经济犯罪案件犯罪嫌疑人，根据其犯罪地位、犯罪金额等因素分别适用速裁、简易程序处理，对不认罪的犯罪嫌疑人适用普通程序审理。通过繁简分流、分案处理，提高办案效率和质量。四是完善追赃挽损机制。认真清查有关账册、凭证，做到审计报告先行，积极追赃不放松。将犯罪财富调查、跟踪、处置贯穿刑事诉讼活动全过程，在侦查环节即提前介入引导公安机关及时查封、冻结涉案账户，在审查起诉环节将犯罪嫌疑人的赔偿能力、赔偿意愿，作为案件必审事项，综合运用法制教育、量刑建议、刑事和解、财产刑等手段促使犯罪嫌疑人退赃，努力将受害人的经济损失降到最低。五是完善释法说理机制。办案过程中与被害人保持密切联系，随时关注其思想动态，对相关诉求予以耐心解答和回应，在接待信访过程中做到：不怕、不急、不怒、不躲、不让、不退。积极配合相关部门做好维稳工作，及时公布案件调查、处理结果，适时稳定和平复涉案当事人情绪。进一步加强排查预警，做到早发现、早报告、早控制，对排查出可能引发群体事件的隐患及企图煽动闹事的重点对象，做到抓早、抓小、抓苗头，为制定有针对性的工作对策、及时消除隐患、防患未然赢得主动权。同时积极引导化解，引导被害人采用合法方式表达利益诉求，鼓励投资人走民事诉讼途径，转移案件焦点和投资人的追索目标，有效减少投资人的损失，缓解政府和司法机关的压力，为日后的处理善后做良好的铺垫。

（四）强化服务保障，优化营商环境

正视融资需求，完善金融服务。坚持市场主导与政府引导相结合，完善基础金融服务与改进重点领域金融服务相结合，优化金融资源配置，构建更具包容性的金融服务体系，有效提高金融服务的覆盖率和满意度。银保监部门、金融机构要加强对民间资金的引导，为社会闲散资金拓展投资渠道，推出适合普通大众、多层次、多形式的金融产品。提高小额信贷公司的准入门槛，强化管理投资公司对社会闲散资金的吸纳程度。鼓励担保机构为中小企业提供低费率担保服务，满足中小企业融资需求。通过联合工商联、商会组织召开座谈会等形式，了解企业的最新发展动态和经营诉求，做好服务优化营商环境的方法、经验的总结、吸收。[6] 加强优化营商环境的法治宣传，宣传部门要通过地铁广告、抖音、微信等形式开展多维度、全方位的宣传，以案说法，引导民众理性投资，正确认识参与投资可能带来的风险与危害，增强民众风险防范意识和自身防范“免疫力”。对已经发生的涉众型经济犯罪案件，办案机关要及时发声，防止发生因谣言传播引发影响社会和谐稳定的群体性事件，为防范化解重大风险做好法治保障，进一步营造良好的营商环境。

6　林徽：《基层检察视角下服务营商环境的路径》，载《辽宁公安司法管理干部学院学报》2017 年第 6 期。

"发展眼光"刑事政策下民营经济违规行为的刑法规制

——以最高人民法院再审改判张文中无罪案为例

商玉玺　刘三洋*

【内容提要】最高人民法院再审改判张文中无罪案是"以发展眼光客观看待和依法妥善处理改革开放以来各类企业特别是民营企业经营过程中存在的不规范问题"论断的具体应用。在罪刑法定主义下，"发展眼光"论断传导至刑事司法过程之中，首要的是界定该论断的刑事政策定位，并将其与刑法教义贯通，贯通路径应是：将"发展眼光"刑事政策具体为"经济发展眼光""历史发展眼光""企业自身合理发展眼光"三类，使其分别与刑法谦抑主义相贯通，对民营企业（家）所实施的违规但不符合刑法规范目的的行为排除刑法规制范围；与道义论上的刑法溯及力相贯通，当对刑事实体事实成立的国家政策发生了有利于民营企业（家）的调整后，应当排除以该政策为基础的刑法适用；与有条件认可的期待可能性理论相贯通，当民营企业（家）所实施的违规行为不损害其他主体合法权益且不能对其作出实施合法行为的期待时，免除或者减轻其刑事责任。

【关键词】"发展眼光"刑事政策　张文中案　民营经济违规行为　刑法规制

---

*　商玉玺——山东师范大学法学院讲师，法学博士，主要研究方向：金融刑法；刘三洋——南京师范大学刑法学博士研究生。本文系2019年度山东省社会科学规划审判研究专项"民营经济违规行为刑事审判路径研究"（19CSPJ07）的阶段性成果。

一、问题提出

2008年，物美控股集团有限公司创始人、董事长张文中被河北省衡水市中级人民法院以诈骗罪、单位行贿罪和挪用资金罪数罪并罚，判处有期徒刑十八年，并处罚金50万元。张文中在一审宣判后上诉。2009年，河北省高级人民法院二审以上述罪名判决张文中有期徒刑十二年，并处罚金50万元。2016年，张文中向最高人民法院提出申诉。2018年5月31日，最高人民法院对该案进行公开宣判，撤销原审判决，改判张文中无罪，返还已执行的罚金及追缴的财产。[1]

2016年11月，中共中央、国务院发布《关于完善产权保护制度依法保护产权的意见》，提出："严格遵循法不溯及既往、罪刑法定、在新旧法之间从旧兼从轻等原则，以发展眼光客观看待和依法妥善处理改革开放以来各类企业特别是民营企业经营过程中存在的不规范问题。"（"发展眼光"的论断或者政策）最高人民法院再审改判张文中无罪案正是在加强产权和企业家权益保护的大背景下，落实"发展眼光"论断的标杆。

"发展眼光"的论断立足于平等保护各类所有制经济产权，特别是保护民营企业产权，力求将民营经济一般性违规、违法行为与犯罪行为进行严格区分，使刑法"谨慎"介入民营经济违规行为的规制。该论断是对已往经济违规行为（民营经济违规行为）"重刑罚处罚、轻非刑罚处罚……重刑事打击、轻综合治理"的严苛刑事政策的鼎革。而"发展眼光"作为党和国家的一项政策，如何传导到刑事司法过程之中？在方法论上则体现刑事政策与刑法教义学之间的关系。

刑事政策与刑法教义学之间的关系为何，许遒曼曾回顾过三种对该问题的认识进路。第一种是"实存化的刑法体系学路径"。"刑法学命题正是因为其认知的结构而与刑事政策之根本要求与目标设定有所区别，所以任何刑事政策对刑法体系的干涉都应该严格禁止。"第二种是"纯粹实用主义路径"。乔治·费莱彻就曾言："刑法完全是制定法和实体法的产物，还是由一个有着自己传统内涵和内在结构的原则体所构成？关于刑法的实证主义见解，在过去几代英美人的思想中一直势头强劲，这一见解有助于解释为什么他们不关心甚至仇视'刑法有其固有结构'的观点。"[2]不同于上述两种极端的进路，是建立在一种谨慎而温和的进路上的，即许遒曼于20世纪70年代所提倡的"贯通"。一方面，这种刑法教义学进路充分肯定教义学体系的意义，而从不将其作为实用主义或者

1　张文中诈骗、单位行贿、挪用资金再审刑事判决书，最高人民法院（2018）最高法刑再3号。

2　［美］乔治·费莱彻：《反思刑法》，邓子滨译，华夏出版社2008年版，第297页。

社会实证主义的产物。因为尊重这一体系，可以使追求一般意义的理性与平等的司法判决在严密的犯罪概念特征的基础上成为可能。[3]另一方面，如果忽视刑事政策刑法体系的功能性的引导作用，那么将由于交易体系的机械化运作引发许多问题。

“发展眼光”的论断是我国党中央、国务院在新的发展阶段提出的明确民营企业经济活动罪与非罪的新的政策主张。在经济发展政策发生重大变迁的现实背景下，在刑事政策与刑法体系相互贯通的学理共识下，我们应当探寻一条刑事政策目的导向的刑法教义学路径，从而使这一政策主张的目标借助司法适用的具体案例成为现实。而为了实现这一点，不得不探寻“发展眼光”背后的刑事政策目标，并借助对刑法教义学理论的功能设定，从而建构起刑事政策的价值主张与刑法体系规范表达之间达成共识的“桥梁”。本文将“发展眼光”刑事政策具体化为“经济发展眼光”“历史发展眼光”与“企业自身合理发展眼光”三类，并使其分别与刑法谦抑主义、从旧兼从轻主义、有条件认可的期待可能性理论相贯通，对照最高人民法院在张文中案中再审释理，划定刑法对民营经济违规行为的规制边界。

二、谦抑主义：以经济发展的眼光看待民营企业违规行为

谦抑主义是一种审慎适用刑罚手段的学理准则。为了使民营企业家获得更有利的创新与创业环境，卸下“原罪”追加的枷锁，对民营企业的违规活动应当采取谦抑主义的立场，将民营企业（家）所实施的虽然违规但不符合刑法规范目的的行为排除刑罚适用的范围。张文中案挪用资金部分即为如此。

（一）以谦抑主义审视民营企业违规行为的一般化标准：以挪用资金罪为例

我国《刑法》分则规定了大量的经济犯罪罪名。这些罪名严密地规制着企业活动的资金、设立、税务、商务等行为。与国有企业的发展相比，民营企业在经济制度体系中面临着经营资质、经营资金、经营能力的重大考验，一项项法律条款将其生存、延续置于高风险的境地。因此，为了给民营企业家更加良善的发展环境，体现对民营企业的发展权益的尊重，不可不使民营企业卸下“原罪”的枷锁。其中最为重要的，即以谦抑主义的原则审视民营企业的违规活动。

谦抑主义，是一种考察刑事制裁效果的、审慎适用刑法规范的准则或原理。

3　［德］克劳斯·罗克辛：《刑事政策与刑法体系》，蔡桂生译，中国人民大学出版社2011年版，第6页。

谦抑主义具有非犯罪化意义。非犯罪化层面上，可细化为三点。一是刑事处罚的实效性考量。当考虑是否以刑事制裁应付某一不法活动时，应当通过刑法规范的目的与机能，考察这一制裁是否具有刑事政策上的重要性。二是刑事处罚的必需性。应当将刑事制裁作为保障行为规范得以实施的最后手段，并且当存在其他的、能够替代刑事制裁的侵害性较小的制裁手段时，应当使用这一制裁而不是刑事处罚。三是狭义的相当性原则。刑事制裁应当与犯罪活动的严重性程度相适应。

以谦抑主义审视民营企业的违规行为，就是指在认定民营企业的不法活动是否构成犯罪时，结合所要适用的刑法规范的目的进行价值判断，确定对这一不法活动的处罚是否合乎刑法规范的立法用意；若确实符合用意，再结合其他制裁途径的治理效果，如民法、行政法等途径，考察刑事处罚的必要性问题；若确有必要，再根据处罚的均衡性、适用主体的平等性原则进行狭义的相当性的考量。否则，对这一行为的刑事处罚是不适当的。总之，谦抑主义要求，应当将对刑法规范的目的与机能的考察贯穿于犯罪认定的整个过程，尤其是对违法活动进行形式评价之后的实质性认定。

（二）谦抑主义下挪用资金罪的刑事认定

关于挪用资金罪的保护法益，学界存在四种认识。第一种认识是，单位对其资金的占有权、使用权与收益权。第二种认识是，单位对其资金的占有权、使用权。第三种认识是，单位对其资金的支配权。第四种认识是，国家的金融管理秩序。[4]其中，第三种认识较为多见，认为单位对其资金的支配权是挪用资金罪的保护法益，且资金的使用权、收益权均以支配权为基础。可见，单位对资金的所有权并非挪用资金罪的保护法益。实务领域也将单位对资金的使用权、收益权作为该罪的法益。故在认定某一行为人的违规活动是否成立挪用资金罪时，应当考虑这一行为是否侵犯了所在单位对资金的支配权。何种违规运作单位资金的行为应当被实质地认定为侵害了单位对资金的支配权呢？这取决于两点因素。一是挪用资金的主体界定。二是挪用资金是否为个人谋取利益。

对于挪用资金主体的界定。既然挪用资金罪的法益是单位对自有资金的支配权，那么当资金转移的行为可以被视为单位行为，则自始不存在成立挪用资金罪的可能。所谓单位行为，实务领域常常解释为经过单位章程或法律规定的程序所作的资金转移的行为。所谓个人主体实施的资金转移，是未经单位依照

---

4 安文录、程兰兰：《论挪用资金罪“借贷给他人”构罪之转变》，载《河南师范大学学报（哲学社会科学版）》2011 年第 5 期。

内部规定或法律规定进行表决而擅自转移单位账户资金或本应属于单位所有的资金的行为。这一理解具有统一性，即便对家族企业而言亦是如此。[5]

对于是否为个人谋取利益。这是认定单位人员转移资金行为是否侵害单位对资金的支配权的关键因素。实务领域，单位人员从单位账户违规转移资金具有多种目的。是否违规将单位资金转移于单位账户以外的账户的行为均成立挪用资金呢？学界对这一问题关注不多。实务领域对此存在两种认识。一种认识是，凡是违规转移单位资金的，不论用于何种目的，均成立挪用资金罪。只要单位资金被转入他人账户，违法事实即为形成。[6]第二种认识是，不仅要具备单位人员违规转移资金的行为，还要考察行为人转移单位资金的动机、用途，方能认定其是否系谋取个人利益。后一种认识更为合理。2017年1月6日，最高人民检察院发布《关于充分履行检察职能加强产权司法保护的意见》，其中第三条规定："各级检察机关办理有关产权刑事案件，要严格区分经济纠纷与经济犯罪的界限，……坚持主客观相一致原则，避免客观归罪。"因此，谦抑主义视野下，挪用资金罪的认定，不能不考察单位人员违规转移资金背后为个人谋取利益的主观意图的存在。

（三）谦抑主义在张文中案件中的体现

张文中案挪用资金罪部分的再审认定体现了谦抑主义。原审被告人实施了2次转移单位资金的行为。第一次是1997年3月27日，张文中经与陈某1、田某1商定，将泰康公司4000万元资金转移至卡斯特投资咨询中心所控制的账户，再转移至国泰证券公司北京方庄营业部卡斯特投资咨询中心股票交易账户；第二次是为掩盖4000万元资金的违规行为，张文中从泰康公司转出5000万元资金，经河南国投公司过账，用以归还先前挪用的4000万元。由于张文中系与他人共谋实施了转移单位资金的行为，故该行为不能认定为单位行为。在认定张文中是否成立挪用资金罪的问题上，最高人民法院主要围绕张文中是否为个人谋取利益的问题展开论证。客观层面上，张文中将泰康公司资金转移至国泰证券公司系以公司名义而非个人名义；主观层面上，现有证据无法证明张文中具

5　例如徐永忠挪用资金案，人民法院判决指出："永华公司系由徐永忠及其妻子、父亲等家庭成员作为股东组成的家族企业式的有限责任公司，徐永忠作为永华公司的法定代表人和实际控制人，其所作出的相关决策理应按照公司法的基本原则，履行相关职权和义务，谋划永华公司长久地经营和发展，但其却于2010年3月至2011年1月间，以其个人或夫妻或其父亲名义，共从永华公司账户直接或间接转走资金2845.496205万元……显已构成了挪用资金罪。"参见安徽省黄山市中级人民法院（2017）皖10刑终56号刑事判决书。

6　周迎庆挪用资金案即为如此。参见四川省成都市中级人民法院（2017）川01刑终1174号刑事判决书。

有谋取个人利益的主观目的。故认定张文中没有谋取个人利益。这实际上是将谋取个人利益置于一种主客观相统一的认定进路上，使民营企业领导人员为单位利益违规运作资金的行为获得了非犯罪化的处置。这是一种尊重挪用资金罪立法目的的认定进路，它使为解决单位一时所需而转移资金的企业家提供了无罪化的“司法屏障”，体现了谦抑主义慎刑、宽刑的价值、精神。

三、从旧兼从轻：以历史发展的眼光看待民营企业的违规行为

从旧兼从轻主义是关于刑法规范溯及力的适用准则。对于民营企业（家）所实施的违规行为的刑事判断应当坚持从旧兼从轻主义，按照有利于被告人的原则处理。从旧兼从轻主义的适用不能仅限于刑法规范内部，还应包括对刑事实体事实的成立具有实质意义的国家政策。当国家政策发生了有利于民营企业（家）的调整后，应当排除以该政策为基础的刑法规范的适用。张文中案诈骗罪部分即是如此。

（一）学理视域下的从旧兼从轻主义：争议、适用、局限

从立法规定及理论精神来看，从旧兼从轻主义虽然在表述上“从旧”处于优先的位置，但实质上从轻具有更高的意义。从罪刑法定主义的立场出发，从旧兼从轻原则的本意是寻求对被告人更为有利的处置结论。况且，当旧法对被告人不利，而新法对其有利时，仍应适用新法，因为旧法的处罚根据已经不复存在。

关于从轻主义适用的对象，学界存在多种观点。其中第一种观点主张，从旧兼从轻主义应整体上适用对被告人有利的刑事法律而非刑法规范本身。[7]第二种观点主张，从旧兼从轻主义可适用对被告人有利的刑法规范的条文本身。[8]第三种观点主张，从旧兼从轻主义应适用关于犯罪与刑罚的实体性规定。[9]此外，围绕刑事司法解释的溯及力问题，学界也存在讨论。

尽管学界对从旧兼从轻主义的适用对象存在争议，但是这种适用被限于刑法规范内部，至于能否对刑法规范以外的法律规范、国家政策的变动适用从旧兼从轻主义却缺乏探讨。但这一反思不无意义。就民营企业而言，其所触犯的刑法规范多带有行政刑法的色彩。对其行为属性的界定，并不仅仅取决于刑法

7 林维、王明达：《论从旧兼从轻原则的适用——以晚近司法解释为中心》，载《法商研究》2001 年第 1 期。

8 刘仁文：《关于刑法溯及力的两个问题》，载《现代法学》2007 年第 4 期。

9 曲新久：《论从旧兼从轻原则》，载《人民检察》2012 年第 1 期。

规范本身的规定，而是不能避免地关联于刑法规范以外的秩序系统。例如非法吸收公众存款罪，对该罪名的适用名义上属于刑法规范的内容，但判别该罪犯罪属性、立法目的的因素却源于金融法律秩序系统、国家金融管理政策等刑法规范以外的事项。对经济犯罪行为类型的把握不可能离开其所规制的相应领域的刑事政策的影响。因此，当某一领域的国家政策发生变动时，有必要重新审视某一刑法规范的规制是否尚有必要。

（二）从旧兼从轻主义与民营企业违规活动的性质界定

当国家经济政策发生更替，并使国家在某一领域规制的必要性不复存在时，应当遵循从旧兼从轻主义，对因触犯原有的管理法规而面临刑事处罚的民营企业审慎适用刑罚。

以张文中案诈骗罪部分为例。2002年初，张文中经与张某商议，经诚通公司董事长田某同意，物美公司以诚通公司下属企业的名义向原国家经贸委申报了第三方物流改造和信息现代化建设两个国债技改项目。经原国家经贸委等部门审批同意后，物美集团与和康友联公司签订虚假设备采购合同，开具虚假发票，获得信息化项目贷款1.3亿元，后用于公司经营。2003年11月，物美集团通过诚通公司取得物流项目和信息化项目的国债技改贴息资金共计3190万元，后用于归还公司其他贷款。后张文中因涉嫌诈骗国家项目资金被提起公诉。

所谓诈骗罪，是指犯罪人以非法占有为目的，以虚构事实、隐瞒真相的手段骗取数额较大的公私财物的行为。张文中虚构材料是实，但申报所得的资金均用于公司经营活动，其本意与国家提供项目资金的用途完全吻合。故将仅具有欺诈外观的行为界定为诈骗，诚为不妥。学界围绕张文中案诈骗罪部分提出了几种出罪化的路径。徐文文博士主张完善民营企业经济违法活动认定的刑事政策，以明确经济活动中罪与非罪的边界。[10]可是，仅仅提出平等保护、疑罪从无等指导原则的论述并不能为具体个案的适用提供明确的标准。车浩教授主张从“有意识的自我损害”的理论出发，按照“社会目的落空”理论的路径，推导出虚假行为未必意味着诈骗成立的观点。[11]虽然这一主张切中了诈骗罪认定的要害，但是其理论表述的内涵是：在张文中案前后，民营企业不得申报国家项目资金，这是国家政策自始、一贯的态度。本文对这一点持不同看法。尽管这些观点各具特色，体现了倡导者们独特的理论智慧，不过，这些路径也并

---

10 徐文文：《企业家涉产权犯罪刑事司法政策探讨》，载《法律适用》2018年第12期。

11 车浩：《最高法院改判张文中案：遗憾与贡献》，载搜狐网，http：//www.sohu.com/a/234748959_650721，最后访问于2019年5月1日。

非不可商榷。

本文认为，将从旧兼从轻主义的适用对象扩大至足以对民营企业违规活动的定性具有实质影响力的国家政策，能够对张文中案诈骗罪部分的出罪化产生“釜底抽薪”的效果。原审法院认定张文中构成诈骗罪的认定思路是：物美等民营企业不具有申报国家项目资金的资格→国家项目资金自始不能由民营企业支配→物美企业实施了诈骗活动→骗取了其本不应当获得的国家项目资金→国家项目资金遭受损失。因此，潜藏于诈骗罪的法律适用纠纷背后的，是司法机关对国家经济政策的基本态度的把握。根据《国家重点技术改造项目管理办法》《关于组织申报2002年国债技术改造项目的通知》等政策性文件，物美公司作为非国有大型企业，不具有申报国家项目资金的资格，这对于物美公司申报项目资金行为的法律性质具有根源性的意义。然而，尽管依据申报行为发生时的国家经济政策，物美公司不具有申报国家项目资金的主体地位，但是，这种政策并不是一以贯之的。正如最高人民法院在再审判决书中所言，自加入世界贸易组织以后，国家对非国有企业的政策态度早已发生了变化，从偏重于保护国有企业转向于对民营企业与国有企业平等保护。例如2002年10月16日，原国家经贸委印发《“十五”商品流通行业结构调整规划纲要》，提出：“处理好发展大企业与扶持中小企业之间的关系。根据商品流通行业的性质及特点，在整体结构上应以中小企业为主，大企业为辅。”在该表述中，不仅没有将中小企业置于国家支持发展的主体范围以外，反而将对中小企业的扶持提升至与发展大企业并列的态度，并提出“以中小企业为主，大企业为辅”。因此，截至2009年张文中案被提起公诉之时，国家经济发展的政策早已发生显著变化。这意味着，张文中为了物美公司的发展，向国家有关部门申报项目资金并用于企业经营的行为，不仅不再是政策上禁止的事项，反而是受到政策鼓励、支持的事项。换句话说，自2002年之后，张文中申报国家项目资金的行为的刑事处罚根据已经不复存在，依照从旧兼从轻主义，应当对张文中的这一举动作无罪处理。

四、期待可能性：以企业自身合理发展的眼光看待民营企业违规行为

期待可能性是从平均人的标准出发，对行为者进行规范谴责的重要理论。在认定民营企业违规行为的行为性质时，应当坚持期待可能性理论。当民营企业（家）所实施的违规行为不损害其他主体合法权益，且不能对其作出实施合法行为的期待时，应当免除其刑事责任。张文中案单位行贿部分的裁判就是如此。

（一）期待可能性：平均人视角下的非难可能性

期待可能性是对行为人进行规范的责难的核心因素。“所谓期待可能性，即使行为人存在故意或者过失，当依照行为人当时的情况不能对该行为作出规范的非难时，他的所谓的责任就被否定了。换言之，对行为人而言，当存在不能期待他不会实施该当（构成要件的）行为的情由的场合时，当然不能认为存在所谓的刑事责任了。”[12]

至于应当采取何种标准判断期待可能性的存在，历史上存在行为人标准说、平均人标准说和国家标准说之争。首先，单纯的行为人标准说不值得提倡。完全以行为人的自身情况为判断标准，那么期待可能性的判断就成为一种完全主观化的认定标准。其次，国家标准说也值得商榷。国家标准说脱离行为人的情况，与期待可能性的根本主张相违背。因此，将期待可能性的标准采取行为人境况下的平均人标准，这是值得提倡的。一是，该标准缓解了国家法规范期待与个人主体能力之间的紧张关系；二是，以行为者的能力、地位、立场和所考虑的具体事情为资料，结合一般人的标准，[13]这就使得期待可能性的标准客观化。

期待可能性的理论精神与其判断标准应当一致。这意味着，当某一违规活动是通常人们在行为人的情境下必然会实施的，那么这一活动就不应当被刑法规范所干预。这又可以分为两点：一方面，国家刑法规范或多或少地存在被违背的风险，但这些风险并非总是由行为人所主导。故不宜将国家本应承担或容许的风险交由行为人自身承担。另一方面，国家不可能通过刑罚手段遏制所有的违背刑法规范的活动，当刑罚手段在通常情境下不能遏制所谓的犯罪发生时，就不应过于苛刻地进行追责。

（二）期待可能性视域下民营企业违规行为的责任分担：以单位行贿罪为例

《刑法》第三百九十三条规定，单位为谋取不正当利益而行贿，或者违反国家规定，对国家工作人员给予回扣、手续费，情节严重的，以单位行贿罪论处。一定时期内，因与国有企业相比受到国家经济政策上的不平等待遇，民营企业为了谋求更好的发展前景，向国家工作人员行贿的现象时有发生。不过，仅仅是利益输送本身并未构成行贿，“谋取不正当利益”的要素对单位行贿罪的成立具有关键作用。

12 ［日］下村康正：《犯罪論の基本的思想》，东京成文堂1960年版，第135—136页。

13 ［日］堀内捷三：《刑法総論》，东京有斐閣2000年版，第210页。

传统意义上，学界对“不正当利益”存在四种认识，分别是“非法利益说”“不应得利益说”“受贿人违背职务说”“手段不正当说”。在现实领域，民营企业向国家工作人员行贿，其必然需要谋取一定利益。不过，这种利益并不能一概而论。对不会影响行贿人、受贿人之外第三方主体的实体性利益的行贿行为应当按无罪处置。近年来，这一点日益获得学界的认可。例如，有学者将这种利益分为实体性利益、程序性利益。其中，程序性利益作为实体性利益的保障前提，一旦行为主体实施了行贿行为，程序性利益即已获得。至于实体利益分为“可得利益”与“必得利益”，又可以分为“增加正当利益”与“不减少正当利益”。其中，对于不谋求“不减少（本人）不可减少之正当利益”不具有期待可能性，应当阻却刑事责任。[14] 此外，司法领域早在2012年就对“谋取不正当利益”采取了一种实体化的认定思路。《最高人民法院、最高人民检察院关于办理行贿刑事案件具体应用法律若干问题的解释》第十二条规定，所谓“谋取不正当利益”是指行为人谋取的利益本身违反法律、法规、规章、政策的规定，或是要求国家工作人员违反法律、法规、规章、政策、行业规范的规定，为其提供帮助或便利。该条第二款又进一步规定，经济、组织人事管理中的“不正当利益”是指国家工作人员违背公平、公正原则为行贿主体提供的竞争优势。

对民营企业所实施的单位行贿行为的刑事认定更应采取谨慎的态度。一定时期内，民营企业无法享有与国有企业同等的发展待遇，因而出于自身合理发展的需要向国家工作人员进行利益输送，这不能一概认定为犯罪，而应当结合其行为的客观意义与主观目的进行判断。在张文中案中的单位行贿部分，原审被告人张文中被指控实施了两笔单位行贿的事实。一是2002年张文中为收购国旅总社所持5000万泰康公司股份，而安排张某1向国旅总社总经理办公室主任赵某支付30万元好处费的事实。二是张文中为收购粤财公司所持5000万泰康公司股份而按照泰康公司董事长陈某的要求，向李某3中转500万元好处费付给粤财公司总经理梁某（但李某3的公司一直占有该款）的事实。

关于第一笔行贿事实，尽管张文中向赵某利益输送30万元费用，但是基于以下要件，应当认为该行为不具有期待可能性：（1）张文中所谋取的利益合法，没有损害第三方的合法权益。在物美公司收购国旅总社所持股份的过程中，并无第三方参与收购事项，不存在平等竞争权受损的事实。（2）张文中所在物美公司与国旅总社的股份收购过程系经两家公司多次协商，合理交易，既不存在

14　王政勋：《贿赂犯罪中“谋取不正当利益”的法教义学分析——基于语义解释方法的考察》，载《法学家》2018年第5期。

侵害公司主体双方利益的事实，也没有违反股份收购的正当程序。(3) 作为民营企业董事长的张文中，向身为国家工作人员、国旅总社总经理办公室主任的赵某支付好处费，其意图是“融通”物美公司向国旅总社股权收购的事实，基于地位上的政策差异以及物美公司的发展前景，日常意义上，对张文中不实施这一行为的期待是不合理的。因此，第一笔行贿事实不具有期待可能性，应当免除刑事责任。

同理，在第二笔行贿事实中，(1) 张文中就物美公司收购泰康公司股份的活动早已与陈某达成一致，故自始不存在侵害第三方公平竞争权的可能性。(2) 物美公司与泰康公司股份收购的过程系经两个公司多次协商确定，不侵害公司主体双方的利益，也没有违反合理的收购程序，故该款项如果构成利益输送，也仅具有“融通”的性质。(3) 关于张文中向梁某转账款项的行为，张文中与梁某既没有就此事达成一致，梁某事后也没有收受该笔款项，其汇款的行为仅系经陈某的要求而引起。故一方面，在国家工作人员陈某的教唆、授意下，张文中的汇款行为不具有期待可能性；另一方面，在张文中与梁某没有共谋的情形下，也不能认定其具有行贿目的。因此，最高人民法院认定张文中案单位行贿部分不构成犯罪的认定理由及结论，符合期待可能性的理论精神，具有维护民营企业合理发展的借鉴意义。

网络平台知识产权替代侵权责任下“控制能力”问题及其认定展开

李小草*

【内容提要】 网络平台基于“控制能力”而承担知识产权替代侵权责任问题，成为目前网络经济时代知识产权侵权责任法律理论和实务关注的一个焦点问题。我国法律目前确立了网络平台对用户侵权的知识产权间接侵权责任制度，但是其规定的具体性、明确性还远远不够，对于网络平台知识产权间接侵权责任类型区分特别是平台利用控制能力的责任问题思考尤其欠缺，导致实践中对于其法律定位的理解以及具体如何认定等问题存在较大的模糊性和歧义性。因此，深入研究这一议题极具现实必要性和重要性。

【关键词】 网络平台　知识产权　间接侵权责任　替代侵权责任　控制能力　实质性影响　监控措施

一、研究网络平台“控制能力”问题的意义

网络平台基于控制能力的责任机制问题，正在成为国际范围内网络平台知识产权间接侵权责任理论和实务关注的一个焦点，也是中国目前网络平台间接承担知识产权侵权责任理论和司法实践中一个凸显的难题。互联网法律在初始阶段，基于对网络发展的鼓励，确立了所谓互联网服务技术中立原则，并且

---

* 李小草——北京航空航天大学法学院博士生，中国法制出版社编辑三部副主任，加州大学伯克利分校法学院访问学者（国家公派），主要研究方向：国际知识产权法、平台责任、互联网治理。本成果得到国家留学基金资助。感谢伯克利法学院莫利·凡·霍威林（Molly Van Houweling）、罗伯特·莫杰思（Robert Merges）、帕梅拉·萨缪尔森（Pamela Samuelson）教授的指导和启发。

在平台服务兴起之后要求平台也要严格恪守中立地位。[1] 互联网平台中立原则，延伸到责任领域应当体现基于中立的责任豁免，所以要求严格区分平台直接责任和间接责任，并就后者予以严格限制，避免平台过度卷入用户侵权责任。[2] 由此，为网络平台创新发展形成极其特殊的保障。

但是，随着互联网技术和网络社会的发展，网络平台的中立原则不断受到挑战，产生加大和扩展平台间接侵权责任特别是知识产权间接侵权责任范围的呼声。其中，平台实际“控制能力”不断细分和加强的发展事实，成为争议关注和规范应对的焦点。网络平台随着技术和应用的迭代，自身细分产生了各种具有不同功能和控制能力的类型。不同网络平台根据其功能以及技术手段的不同，对于用户的活动往往具备不同的控制能力。此外，在新的信息科技技术特别是大数据和人工智能的应用支持下，平台“控制能力”总体上还呈现不断加强的趋势。上述平台“控制能力”细分化和加强化的事实，引发出关于网络平台中立原则是否不宜简单单一化甚至应适度松动的困惑。平台基于控制能力的细分和加强，是否应当影响平台对于用户侵权的间接责任承担呢？笔者注意到，国际上网络平台发达国家已经就平台形成控制能力的特定事实，对普通侵权法的替代侵权责任进行引入和转化，独立形成相应的一类平台知识产权间接侵权责任类型，而不是像我国在立法不清晰的情况下司法实践往往简单放在帮助侵权名下混同处理，进而更加有利于对平台控制能力问题作出更加合理的定位和应对。

总体而言，我国目前立法和相关司法解释对于网络平台知识产权间接侵权责任的相关规定的具体性、明确性还远远不够，特别是在类型上只明确了帮助侵权和教唆侵权责任类型，而没有明确规定替代侵权责任类型，导致司法实践中偏于保守，往往限于引用帮助侵权责任、引诱侵权责任来处理网络平台对用

---

1 网络中立原则，指基于技术中立的思想，要求互联网服务提供商（ISP）必须同等对待来自各方的所有内容。从法律上来说，美国1934年通过的《通信法》在通信领域确立了所谓电信中立原则，要求公共通信服务者应当为所有用户提供无差别服务，例如电话公司不得因为电话内容可能损害公司利益而掐断客户电话。随着互联网与通信结合的发展，网络中立原则也被提了出来。经过政策争辩，2014年奥巴马政府决定通过扩展《通信法》的电信中立原则为包括网络中立来适应新的发展，给美国联邦通信委员会（FCC）明确建议了五条更加严格的网络中立原则，包括禁止运营商封锁网站、禁止减慢加载速度、禁止为加速额外付费、应当增强服务数据透明度以及监管无宽带的无线网络，如果运营商违反这些中立要求可以作为违法行为予以约束和惩戒。但是，美国电信运营商在21世纪以来一直想改变行业惯例，希望对不同网络流量实行相应的分级服务并且收取不同费用，所以一直在谋求废除相关限制，2017年在特朗普的支持下，美国FCC举行投票，废除了奥巴马建议的严格网络中立规则。

2 See Barbara Van Schewick, Network Neutrality and Quality of Service：What A Nondiscrimination Rule Should Look Like, 67 Stan. L. Rev. 1, 1 (2015)；Barbara Van Schewick, The FCC is about to repeal net neutrality. Here's why Congress should stop them, available at https：//cyberlaw. stanford. edu/publications/fcc – about – repeal – net – neutrality – here's – why – congress – should – stop – them (2019/6/13).

户侵害知识产权的责任承担问题，导致对平台自身利用或放任控制能力问题的重要性的不应有忽视。特别是在当前平台控制能力不断强化和细分的趋势下，这种规范现状对于由其触发和加剧的知识产权侵权风险明显欠缺规范针对性和合理性，导致实践中出现很多矛盾和无奈。因此，深入研究这一议题极具现实必要性和重要性。本文认为，首先，理论上有必要正本清源，澄清讨论平台"控制能力"问题的正确语境。其次，从实务操作的可行性和合理性出发，对"控制能力"要件的认定标准以及自愿采取主动监测措施是否成立"基于控制能力"等问题进行研究，提出合适化思考和建议。

二、网络平台"控制能力"问题的正确讨论语境

（一）比较法上网络平台"控制能力"的处理方式

目前，网络知识产权保护和规制相对成熟的欧美国家，关于网络平台"控制能力"问题的讨论语境是与平台责任中的替代责任独立类型紧密联系在一起的。以美国为例，网络平台兴起和发展，便立即面对网络知识产权特殊保护需要，重点针对平台具有控制能力并可能加以利用的实际，在很短的时间里便转化确立了替代侵权责任类型在此领域的独立适用，并将控制能力作为其重要要件对待，此后借助这种类型化的机制，对网络控制能力问题作出相应合理应对。

首先，美国司法实践针对网络平台知识产权特殊保护需要及时作出回应，并将此前普通侵权法和知识产权领域形成间接侵权责任类型，创制性地转化为网络平台的知识产权侵权间接责任类型，先后转化确立帮助侵权责任、替代侵权责任和引诱侵权责任三种形态。

美国司法实践转化形成网络平台替代侵权责任独立类型并非一朝之功，而是随着知识产权、网络知识产权梯次发展，经历了从一般领域的规则到具体领域再到更加具体领域的规则的转化过程。美国普通法替代侵权制度出自公平理念，最早起源于监护人责任、雇主和使用人责任。后来又发展出委托人对代理人行为、场地所有人对表演者行为的责任。[3]

在知识产权事业兴起之后，美国判例在知识产权保护问题上转化引入替代侵权责任，并不断形成相应具体化规则。第二巡回法院 1963 年的 Shapiro，Bernstein & Co. v. H. L. Green Co. 案是版权侵权领域适用替代责任并确立两个要件测试的开创性案例。[4] 该案认为强加给出版商、印刷商和受版权保护材料的供应商

3 See Julie E. Cohen, Lydia Pallas Loren, Ruth L. Okediji, Maureen A. O' Rourke, Copyright in A Global Information Economy, Wolters Kluwer Law and Business; 4 edition (April 13, 2015), p580.

4 See Shapiro, Bernstein & Co. v. H. L. Green Co., 316 F. 2d 304 (2d Cir. 1963).

的替代责任是适当的；并认为承担替代侵权责任的条件是，当具有控制权利和能力但没有做到真正控制与利用受版权保护的材料明显和直接的经济利益相结合时，即使在没有实际知道的情况下，若版权垄断利益受到损害，可以对进行这种开发的受益人施加责任。[5]

美国司法在网络平台兴起之后，又立即着手考虑和应对网络平台知识产权的特殊保护问题。特别是在平衡网络发展和知识产权合理保护的基础上，如何将普通法和知识产权法立法和判例所确立的替代侵权责任规则合理转化到网络平台实践之中。加州北区法院1995年的Religious Technology Center v. Netcom On – Line Communication Service案，被认为是美国第一个考虑互联网服务提供商版权替代责任的案件。在该案中，明确支持了替代侵权责任的独立转化。判决认为，用户上传侵权内容到某个论坛，该论坛通过网络服务提供商美国网通公司访问互联网，原告指控美国网通公司应为用户未经授权使用他们的作品承担替代责任。[6]

其次，美国鉴于网络知识产权侵权保护的复杂性，专门制定相关法律加以明确和固化，以便更好引领和指导司法实践。1998年美国国会制定的《数字千禧版权法》（简称DMCA），是其互联网发展历史上的一个重要立法事件。当时正是互联网发展初期，美国社会认为互联网发展需要扶持，因此立法者认为需要从支持的角度重新平衡网络服务提供者和版权保护的关系。该法明确建立了对于网络服务者来说十分重要的避风港制度，第512条规定，网络服务者在接入、暂存、信息存储和链接搜索技术服务范围内，享有避风港的保护，遵守一定规则免于承担责任。但该条同时也正式吸纳判例成果，明确了网络服务提供者需要承担帮助侵权、替代侵权两种间接侵权责任。这是一种重要的平衡。其中，替代侵权责任独立类型，体现在第512条（c）（1）（B）等规定。根据该项规定，提供用户存储的网络服务者，在"没有直接归因于侵权活动的经济利益，在服务提供商有权利和能力控制此类活动的情况下"才可能享受避风港。[7]美国相关立法解释认为，DMCA实际上是通过明确立法语言将过去判例中的Shapiro替代责任测试规则适用于版权侵权，突出了DMCA试图调解技术变革与既定司法原则之间冲突的尝试。[8]其设定逻辑是，网络交易平台大都从其平台化经营活动中获取了某种形式的经济利益（销售利润分成或广告收益等），因此应使

---

5 See Shapiro, Bernstein & Co. v. H. L. Green Co., 316 F. 2d 304, 308 (2d Cir. 1963).

6 SeeReligious Technology Center v. Netcom On – Line Communications Services, Inc., 907 F. Supp. 1361 (N. D. Cal. 1995)。转引自万柯：《如何判定著作权侵权替代责任中的直接获利》，载《中国知识产权报》2014年8月8日。

7 See 17 U. S. C. § 512 (c) (1) (B).

8 See H. R. Rep. 105 – 551, pt. 1, at 11 (1998); S. Rep. 105 – 190, at 2 (1998).

网络交易平台在具有控制此类活动的权利和能力的条件下对用户侵犯他人知识产权的行为承担替代责任；反之，它可以通过证明没有控制能力来使自己无须担责。值得强调的是，需要同时满足这两项要件才能够否定避风港的适用。[9] 此后，美国的法院很快就全面适用了该法条。例如，第九巡回法院在2001年著名的Napster案，根据网络服务提供商有权利和能力监控侵权活动并且与侵权活动有直接的经济利益的双重理由，认定了它应当为用户的直接侵权行为承担替代侵权责任。[10]

（二）我国网络平台“控制能力”问题的规范困惑

我国立法在平台基于控制能力的责任机制问题上，迄今为止并没有明确确立网络平台知识产权替代责任类型。我国民法从1986年《民法通则》到2017年《民法总则》，以及2003年《最高人民法院关于审理人身损害赔偿案件适用法律若干问题的解释》等，通过不断完善，规定了侵权领域的一些替代责任类型，比如监护人对被监护人行为的责任等。但是这些替代责任类型一直没有通过明确的法律规定，在知识产权、网络知识产权等特殊间接侵权责任领域进行转化，从而导致对于该问题应如何合理适用规范的困惑。

1984年《专利法》、1982年《商标法》以及1990年《著作权法》没有明确区分直接侵权和间接侵权，更谈不上对间接侵权责任加以清晰的类型规定。此后，司法实践中时有分歧，但很快承认间接侵权责任的存在，通常的做法都引入了相关司法解释确立的帮助侵权、教唆侵权责任，但对于知识产权领域出现的特定主体基于控制关系从他人侵权中牟利的情形，并没有像当时其他国家那样单独确立为替代侵权责任，而是往往纳入帮助侵权责任来处理。

2009年《侵权责任法》出台，针对互联网事业和经济发展，第四章“关于责任主体的特殊规定”第三十六条规定了网络平台侵权责任，区分平台直接责任和间接责任，第一款规定直接侵权责任，第二款被解释为对网络服务者引入了避风港保护，第三款被解释为确立了网络服务者的间接侵权责任，但通常被理解为仅包括帮助侵权责任和教唆侵权责任。[11] 虽然该规定是针对侵权一般领

---

9 See The DMCA Safe Harbors, 5 E－Commerce and Internet Law 49.05［2］(2019 update).

10 See A&M Records, Inc. v. Napster, Inc., 239 F. 3d 1004 (9th Cir. 2001). 国内学者的相关研究，可参见姚鹤徽：《论著作权法替代责任制度——兼评我国立法相关条款的完善》，载《华中科学技术大学学报（社会科学版）》2013年第5期。

11 参见《侵权责任法》第三十六条规定。注意，该规定并未区别网络服务提供者类型，在网络平台对用户侵权的责任承担上也没有区分帮助侵权、引诱侵权、替代侵权等不同类型，而是仅概括性规定了避风港规则和红旗规则。

域的，但理论上认为也可适用于网络知识产权侵权领域，当然需要根据实际情况具体化适用。

2013年修订的《信息网络传播权保护条例》，针对网络版权传播加强保护，明显借鉴美国1998年《数字千禧版权法》第512条规定，通过第二十条至第二十三条确立了网络服务者版权避风港保护规则，但同时隐含确立网络平台对用户侵权的间接责任。[12]其中第二十二条整体规定旨在提供信息存储空间的网络服务提供商不承担赔偿责任的免责条款。[13]第二十二条由行文可知，五项条件为并列关系，如果要获得第二十二条的赔偿免责，就必须同时满足全部五项免责要件。[14]但如果反过来理解，不满足任何一项，则仍可能导致网络服务提供者的责任。但第四项表述上比较微妙，所以有观点认为，该表述就引入网络平台替代侵权独立类型存在解释空间，可以考虑解释为转化确立了替代侵权责任类型。[15]当然，该表述本身也容易引发一种望文生义的理解，即网络平台承担责任似乎只需要"直接获得经济利益"一项要件，而不需要像美国那样对网络平台承担替代责任还要求网络平台具有控制直接侵权活动的权利和能力（以下简称具有"控制能力"）。甚至有观点认为，直接获利即可推定过错责任，无须考虑"基于控制能力"要件。[16]但是，最高人民法院相关司法解释，却只明确了帮助侵权责任和教唆侵权责任，而没有明确是否包括替代侵权责任，并对该

12　该法类似于美国《数字千禧版权法》对网络服务提供者进行了类型区分，即第二十条至第二十三条列举了"提供自动接入（传输）服务""提供自动存储服务""提供信息存储空间"和"提供搜索、链接服务"四种类型的网络服务提供者，分别针对其驶入避风港规定了不同的免责要件。

13　参见《信息网络传播权保护条例》第二十二条规定。

14　参见姚鹤徽：《论著作权法替代责任制度——兼评我国立法相关条款的完善》，载《华中科学技术大学学报（社会科学版）》2013年第5期。

15　参见陈阳：《视频分享网站直接经济利益认定》，载《中国版权》2014年第2期；万柯：《如何判定著作权侵权替代责任中的直接获利》，载《中国知识产权报》2014年8月8日；姚鹤徽：《论著作权法替代责任制度——兼评我国立法相关条款的完善》，载《华中科学技术大学学报（社会科学版）》2013年第5期；周沈辉：《视频分享网站著作权侵权替代责任研究》，华东政法大学2012年硕士学位论文。

16　参见陈阳：《视频分享网站直接经济利益认定》，载《中国版权》2014年第2期；万柯：《如何判定著作权侵权替代责任中的直接获利》，载《中国知识产权报》2014年8月8日。《审理信息网络传播权案件若干规定》在征求意见稿中曾采用了"提供信息存储空间服务的网络服务提供者从其网络用户提供的作品、表演、录音录像制品中直接获得经济利益的，人民法院可以推定其对该网络用户侵害信息网络传播权的行为具有过错"的意见。参见王艳芳：《〈最高人民法院关于审理侵害信息网络传播权民事纠纷案件适用法律若干问题的规定〉的理解与适用》，载《人民司法（应用）》2013年第9期。但是，笔者认为，如果以此理解和实践，就会对网络平台科以比美国DMCA规则更重的责任，将会对网络产业的商业模式产生较大的负面影响。

条例第二十二条第四项适用解释添加“较高注意义务”的要求。[17]这使得司法实践倾向于认为，应当将第二十二条第四项纳入帮助侵权的构成要素理解。[18]

2018年，我国出台了《电子商务法》，其中第四十一条至第四十五条，系统规定了电子商务平台承担保护知识产权的义务和责任，其中包括间接侵权责任，但在类型问题上似乎更加模糊。[19]主要是在“避风港规则”和“红旗规则”等方面更明确，但没有触及间接责任类型划分，难以确定是否引入替代侵权责任来专门规定“控制能力”问题。[20]

目前，从司法实践来看，对于网络平台基于控制能力的放任或利用而导致用户侵害知识产权的责任问题，主要处理方式确实都是纳入帮助侵权来权衡是否应当加之责任，具体来说是仅将网络平台“控制能力”视为帮助侵权架构下的过错要件中“应知”问题的一个考虑因素。例如，我国最高人民法院在2015年苹果公司系列案件中的裁判认为：应当根据网络服务提供者的过错，确定其是否承担教唆、帮助侵权责任；网络服务提供者的过错，包括对于网络用户侵害作品信息网络传播权行为的明知或者应知；应根据侵权的具体事实是否明显，综合考虑网络服务提供者提供服务应当具备的管理信息的能力、网络服务提供者是否主动对作品进行了选择、编辑、推荐等各种因素，综合认定是否构

17　根据《最高人民法院关于审理侵害信息网络传播权民事纠纷案件适用法律若干问题的规定》(以下简称《审理信息网络传播权案件若干规定》）第十一条的规定，该司法解释对《信息网络传播权保护条例》第二十二条第四项的具体适用专门增加了较高的注意义务的要求，即规定网络服务提供者从网络用户提供的作品、表演、录音录像制品中直接获得经济利益的，人民法院应当认定其对该网络用户侵害信息网络传播权的行为负有较高的注意义务。学者解读认为，这里实际上是考虑到权利与义务相适应及权利人与网络服务提供者之间的利益平衡，规定了一种“较高的注意义务”，从而以此为出发点对网络服务提供者是否具有过错，由审理具体案件的法院根据具体案情中网络服务提供者的具体商业模式或者直接获利情况等因素在个案中进行判定。参见王艳芳：《〈最高人民法院关于审理侵害信息网络传播权民事纠纷案件适用法律若干问题的规定〉的理解与适用》，载《人民司法（应用）》2013年第9期。

18　参见《最高人民法院关于审理侵害信息网络传播权民事纠纷案件适用法律若干问题的规定》第七条、第八条和第十一条。相关司法实践的情况，参见北京海淀区人民法院“上海数龙科技有限公司诉苹果公司等侵害著作权、不正当竞争纠纷”一审判决，即（2015）海民（知）初字第25704号民事判决书；以及最高人民法院2015年对苹果公司系列案件裁定书：最高人民法院（2015）民申字第1296号民事裁定书；最高人民法院（2015）民申字第1297号民事裁定书；最高人民法院（2015）民申字第1298号民事裁定书；最高人民法院（2015）民申字第1299号民事裁定书；最高人民法院（2015）民申字第2198号民事裁定书等。

19　参见周学峰：《“通知—移除”规则的应然定位与相关制度构造》，载《比较法研究》2019年第6期。

20　重点参见《电子商务法》第四十二条至第四十五条。

成应知。[21]

但是，当现实中出现越来越多的网络平台基于技术和应用的发展，能够形成对用户的实际控制，且已经实际控制并由此获得直接经济利益的时候，这种情况下，仅仅通过扩张适用帮助侵权或引诱侵权责任来处理，确实很不合理。因为基于简单思考就可以发现：这种情形下，如果仍然让用户来负责而不让平台来负责，等于将加大的侵权风险不公平地抛给了知识产权人；但是也无法简单套用帮助侵权责任或引诱侵权责任就能达到合理的处理效果。前者在很大程度上可以通过不作为就达到诱发用户侵权的可能，后者具有实施某种行为来参与或促使侵权发生的积极要求。可见二者之间存在行为形态上的根本差异。这种情况下通过帮助侵权或引诱侵权的适用来处理，并不容易覆盖到网络平台基于控制能力的那些单纯放任行为。可见，转化引入独立的替代侵权责任应该更加恰当，由获利的平台基于控制能力（控制实际侵权）的事实替用户侵权负责，显然更加公平。

三、网络平台“控制能力”要件实践认定标准

（一）网络平台“控制能力”作为基础要件

替代侵权责任作为平台知识产权间接侵权责任的一种类型，虽然是由侵权法传统中形成的替代侵权责任转化而来，但这种转化本身是以互联网平台发展中基于控制能力而导致知识产权侵权特殊风险作为面向的。传统侵权法的替代侵权责任是以特定主体与他人之间存在控制性的特殊法律地位或者法律关系为前提的，监护人与被监护人、雇主（使用人）对雇员（被使用人）、委托人与代理人等都是如此。反之，在民法中存在的绝大多数法律关系不具有控制性，比如承揽关系、中介关系等，自然就没有替代侵权责任的适用需要。

网络发展起来以后，实践中很快就发现网络服务者即使在纯粹提供服务的领域，网络服务者与用户之间也可能形成实际控制关系，并利用它来打破所谓技术服务中立，对后者行为施加不正当影响，以此达到自己获得特殊经济利益或者达到其他效果，例如捆绑效果。美国 1998 年为此通过正式立法明确转化引入替代侵权责任，以便有效阻遏现实中网络服务者基于控制能力而影响用户行为关系的情况。2005 年之后，随着网络平台化趋势出现和不断加强，网络明显取得更加显著的控制地位，而且还在不断增进，现实中打破既有理论预设服务中介也就更加容易和频繁，这就使得替代侵权责任的适用会更加频繁，具体样

21 最高人民法院（2015）民申字第 1296 号民事裁定书；最高人民法院（2015）民申字第 1297 号民事裁定书；最高人民法院（2015）民申字第 1298 号民事裁定书；最高人民法院（2015）民申字第 1299 号民事裁定书；最高人民法院（2015）民申字第 2198 号民事裁定书等。

态也会更加繁复。

美国1998年《数字千禧版权法》等立法和相关判例法，对于网络平台知识产权替代侵权责任的适用确立的要件是“具有控制权利和能力”和“获得直接经济利益”两项并存条件。显然这两个条件中第一个才是关键的基础条件，第二个属于调控器。也就是说，这是类比一般侵权法领域替代侵权责任的基本原理建立的标准，关键看有无控制能力且在法律关系中利用了这种控制能力，例如通过合同取得了可以控制用户侵权行为的权利且在实际运行中能够控制该行为。但是考虑到对于网络发展的倾斜支持，添加了一个对于网络平台有利的责任限制条件，就是网络服务提供者（平台）必须从用户侵权获得直接经济利益。[22]

可见，在网络平台知识产权替代侵权责任的构成中，“控制能力”要件最为关键，它决定了这种间接侵权类型把握的基本走向，也因此在实践中成为最为基础和复杂的争辩点。但实践中，网络平台“控制能力”的认定实在不易，不仅涉及新型技术和行为的交集的复杂性，而且还会涉及平台因为技术和商业模式发展而发生迭代变化的发展性。因此网络平台“控制能力”的认定，迄今为止很难说十分明确。[23] 因此，有必要进行梳理和研究相关实践做法，形成一种总体把握，以便更好地启发对其中规律性和趋势发展的理解。

（二）美国网络平台“控制能力”认定标准实践

我国目前立法不明确，网络平台知识产权间接侵权责任司法实践中，由于存在语境的偏离，将“控制能力”要素简单与帮助侵权构成中的“应知”的认定问题联系在一起，在认定标准上会显得模糊不清。但即使如此，也有学者认为，仍然可以从中发现一条实践规则，那就是在网络服务类型因子中，网络服务提供者对内容的识别和控制能力越强，其注意义务就越高。[24] 笔者认为，他山之石可以攻玉，不妨借鉴美国较为成熟的司法实践，梳理和分析其相关网络平台知识产权替代侵权责任中“控制能力”的认定标准，以便从中获益。

美国在网络平台替代责任的框架下，特别是在1998年DMCA出台之后，对于平台“控制能力”认定标准问题作出了大量的实践探索。理论上讲，判断网

22　这个“获得直接经济利益”的限制条件要求在某种意义上过于简陋，因为网络平台可以实现的好处当然不限于经济利益。今天，随着网络平台化趋势的加强，对于网络发展倾斜支持必要性逐渐减弱，反之保护用户和知识产权人孤立的弱势地位的必要性越来越迫切，导致总的趋势是，关于获得直接经济利益的限制要件在实践中的认定越来越放宽，几乎在很多情况下都可以认为构成“获得直接经济利益”。

23　周沈辉：《视频分享网站著作权侵权替代责任研究》，华东政法大学2012年硕士学位论文。

24　司晓：《网络服务提供者知识产权注意义务的设定》，载《法律科学（西北政法大学学报）》2018年第1期。

络平台是否具有对侵权活动必要的“控制能力”首先应取决于法规中相关术语的含义，但是美国立法也没有给出详尽的定义，这就带来适用解释的难题。[25]美国在DMCA立法语言的基本框架下，只是笼统设定了网络服务者承担替代侵权责任需要在“控制能力”（即具有控制权利和能力）之下的基础要件，因此需要由司法实践进一步明确。[26]这种立法“调解的成功”很快导致了司法对关于“控制能力”的成文法、普通法和技术定义的解释需求。[27]一方面，此后的司法实践一直希望尊重这一立法表述，同时也要求尊重源于替代责任的普通法标准，DMCA下的这些要素被认为应与普通法的解释保持一致。[28]但是，另一方面，还没有任何法院称得上准确澄清“控制能力”要件在互联网环境中的适用问题。[29]例如，在平台版权替代侵权诉讼中，被告是否有权控制直接侵权者通常成为替代责任测试中最受争议的问题。[30]

美国知识产权相关司法实践呈现出多元化的态势，不同巡回法院之间存在差异性，但也因为这一领域属于联邦立法事项范围，所以也存在较为明显的互动性和趋同努力，特别是最高法院创制判例法发挥作用非常明显。归纳起来，关于“控制能力”要件的具体实践：早期重点辨析控制能力依据问题，提出实际能力论；制定法出台之后初期关注控制对象、控制程度等问题，提出控制对象应该是侵权行为而不是系统，控制程度应该达到实质性或高度性标准；到了平台化崛起之后更加关注平台自身的结构特点和细分性，形成综合多要素论；现在开始关注平台生态系统化特点，倾向基于此便推定存在实际控制。[31]

---

25 即使美国《数字千禧版权法》直接使用了“控制权利和能力”一词，也没有对控制能力给出明确的界定。

26 See Jennifer E. Markiewicz, Comment, Seeking Shelter from the MP3 Storm: How Far Does the Digital Millennium Copyright Act On-line Service Provider Liability Limitation Reach?, 7 CommLaw Conspectus 423, 427 (1999).

27 Charles S. Wright, Actual Versus Legal Control: Reading Vicarious Liability for Copyright Infringement into the Digital Millennium Copyright Act of 1998, 75 Wash. L. Rev. 1005, 1025 (2000).

28 See Perfect 10, Inc. v. CCBill LLC, 488 F. 3d 1102, 1117 (9th Cir. 2007).

29 Charles S. Wright, Actual Versus Legal Control: Reading Vicarious Liability for Copyright Infringement into the Digital Millennium Copyright Act of 1998, 75 Wash. L. Rev. 1005, 1021 (2000).

30 Right and Ability to Control and the Potential Applicability of the Sony Safe Harbor, 1 E-Commerce and Internet Law 4. 11 [4] [C] (2019 update).

31 美国不少学者对此进行了专门研究，特别是针对控制能力要件的认定标准和依据进行了详细阐述。See Charles S. Wright, Actual Versus Legal Control: Reading Vicarious Liability for Copyright Infringement into the Digital Millennium Copyright Act of 1998, 75 Wash. L. Rev. 1005 (2000); Actual vs. Potential Control: Revisiting Netcom's Vicarious Liability Analysis in the Context of Legitimate Service Providers and Those That Primarily Enable Piracy, 1 E-Commerce and Internet Law 4. 11 [8] [C] (2019 update).

1. 网络发展初期：关于控制能力依据的解释实践

在网络发展初期，网络服务者自身尚处于技术服务开发初期，对于用户基本上还处在没有什么特殊优势可以依赖的阶段，相反主要是靠免费和各种吸引眼球、招徕兴趣的方式建立与用户的关系。因为用户还没有达到依赖的程度，控制能力问题其实是很微弱的，在实际中真正能够形成并利用这种控制能力的情形几乎微乎其微。但是网络用户知识产权侵权却不少，甚至有蔓延的趋势，很多是基于网络服务者放任或有意诱导的结果，目的是聚集人气，主要是零散的、具体化的。所以这一时期治理网络知识产权侵权，仅仅靠打击用户肯定是不够的，法院虽然想通过引入基于控制关系的替代侵权责任来对网络服务者施加威慑，但是发现很难证明控制关系。所以，这一时期，司法首先关注的是如何认定控制关系的有无问题。这就导致早期判例主要聚焦于“控制能力”判断依据问题。

美国对于平台控制能力的早期判例，借鉴了此前极具相关性的知识产权间接侵权案件有关控制能力的判断依据的观点。在美国司法实践中，知识产权案件中的替代侵权责任规则和网络领域的替代侵权责任规则具有很大的互鉴性。美国法院在著作权替代侵权责任实践中，关于特定主体的控制能力理解，存在着广义的“法律控制能力”说（legal control ability）和狭义的“实际控制能力”说（actual control ability）的争论。早期，相关司法实践提出应支持法律控制能力说，判断特定主体有无控制能力应当从法律权利入手，如果其存在具有可控制的合法授权或地位，就应认为属于有控制能力。在认定“控制能力”要件时，不要求实际监督（actual supervision）。[32]但是，这种广义观点很快就遭到怀疑，被认为过于宽泛而不适应，容易泛化替代责任。因为，任何通过合同、代理，甚至与侵权无关的其他控制，都属于这种法律控制，都会为诉诸平台替代责任打开大门。[33]于是很快地，美国关于版权侵权替代责任的学理和司法实践逐渐转向“实际控制能力说”。判断替代责任者的控制能力，不在于是否具有制止或限制直接侵权行为的合法权利这么简单，而需要考察其是否具有针对用户侵权行为的实际控制能力。例如，1971 年的 Gershwin Publishing Corp. v. Columbia Artists Manage-

---

32 See Broadcast Music, Inc. v. Meadowlake, Ltd., 754 F. 3d 353, 354, 110 U. S. P. Q. 2d 1958 (6th Cir. 2014). 该案介绍了早期的观点：菲利普，而不是罗伊，每天都在管理餐厅，这没什么区别。重要的是，罗伊拥有监督侵权行为的“权利和能力”，而不论他是否实际监督过侵权行为。

33 See Charles S. Wright, Actual Versus Legal Control: Reading Vicarious Liability for Copyright Infringement into the Digital Millennium Copyright Act of 1998, 75 Wash. L. Rev. 1005, 1016 (2000).

ment, Inc. 案；[34] 1989年的Frank Music Corp. v. Metro – Goldwyn – Mayer Inc. 案；[35] 1994年的Banff Ltd. v. Ltd. , Inc. 案。[36]

美国司法实践在1998年《数字千禧版权法》出台之前的网络知识产权替代侵权案件，通常都采取了实际控制能力说来认定是否存在控制关系，仅仅有法律权利意义的控制是不够的，而要有实际控制的发生。例如，伊利诺伊州北区法院在Marobie – FL, Inc. v. National Assoc. of Fire Equipment Distributors（NAFED）案中，原告创建了被告NAFED在网页上使用的剪贴画，由被告互联网接入提供商西北航空公司托管。但在对控制权的简要考虑中，法院没有审查西北航空公司与NAFED的合同是否有权终止NAFED的服务，而是强调，认定"控制"，应当是针对违规网页的内容，而不仅仅是服务访问。[37]

1998年《数字千禧版权法》出台，互联网事业仍然处在初期。按照其立法语言，对于网络服务者的版权替代侵权责任的"控制能力"要件，仍然只是笼统地说是对侵权活动的"控制权利和能力"，而没有说这是一种法律形式上的还是实际存在的控制能力。所以从立法上来说，这个问题似乎也没有明确。不过，结合DMCA的立法材料来看，可以发现在一处明确提到Shapiro测试的控制权时否定了形式主义的控制方法，可以推出该立法解释实际倾向于将司法实践已经成为主流的实际控制论作为判断标准。众议院司法委员会指出："（B）项中的'控制权利和能力'立法语言明确了替代责任的第二个要素。其目的不是将这一要素纯粹限制在正式的控制标记上，例如是否存在合同条款。相反，（B）项旨在保留现有的判例法，这些法例仔细审查了直接和间接侵权者之间关系的所有相关方面。"[38] 按照这个立法解释来理解，网络平台是否具有控制能力的判断依据，在解释上应当要求网络服务提供者具有控制侵权行为的现实可能性和实践行为，而拒绝仅基于存在法律关系的任何控制推定。换言之，不仅应当具有制止或限制直接侵权行为的合法权利，还应当具有这样做的实际能力或者说在实际控制着直接侵权人。[39] 这种实际控制标准更为严格，在早期网络服务者并不

---

34 See Gershwin Pub. Corp. v. Columbia Artists Mgmt. , Inc. , 443 F. 2d 1159 (2d Cir. 1971).

35 See Frank Music Corp. v. Metro – Goldwyn – Mayer Inc. , 886 F. 2d 1545 (9th Cir. 1989).

36 See Banff Ltd. v. Ltd. , Inc. , 869 F. Supp. 1103, 1109 (S. D. N. Y. 1994).

37 See Marobie – FL, Inc. v. Nat'l Ass'n of Fire Equip. Distributors, 983 F. Supp. 1167 (N. D. Ill. 1997). 不过这个案件是通过适用简易程序处理的，即鉴于被告缺乏直接经济利益要素，对替代责任索赔直接作出否定的简易判决。所以，案件并没有聚焦关于控制能力的讨论，但提出了认定重在实际控制的基本思想。

38 See H. R. Rep. No. 105 – 551, pt. 1, at 26 (1998).

39 See Williams v. Gaye, 895 F. 3d 1106, 1132 (9th Cir. 2018) (quoting Amazon. com, 508 F. 3d at 1173).

占据优势的情况下显然更能体现平台替代承担用户侵权活动后果的关系本质，有利于从鼓励网络发展的角度保持网络服务提供商与知识产权权利人的利益平衡。

2. 美国《数字千禧版权法》出台后：关于控制对象和控制程度的解释实践

美国1998年《数字千禧版权法》出台后，虽然笼统使用表面上看来模糊的“控制权利和能力”的表述，但根据立法解释材料可以确立应当立足实际控制进行适用，因此控制能力依据问题成为相对明确的问题。在接下来的一个阶段，关于网络服务者控制能力的探讨，开始转向新的思考，法院逐渐引入对控制对象、控制程度等因素的考察和解释要求。

（1）关于控制对象的解释实践：是侵权行为而非系统

《数字千禧版权法》出台后，法院关于网络平台控制能力认定，经常会考虑测试控制对象问题，并提出了控制对象应该是“侵权行为”（infringing activity）而非“系统”（system）的解释标准。

美国相关法规预先假定了服务提供商对其系统或网络的控制。避风港将仅对具备特定程度“控制能力”的服务提供商关闭。[40] 由此推论，网站所有者或服务提供商达到何种程度会被视为拥有控制网络空间中第三方侵权行为的权利和能力，这一点还要取决于特定网站或服务和指称的行为的性质。[41] 可见，服务提供商除了控制其系统或网络之外，还必须具有“控制”“侵权活动”的权利和能力，这才是基于控制能力的真正指向。[42] 前面提到的 Marobie – FL, Inc. v. National Assoc. of Fire Equipment Distributors（NAFED）案件，虽然对“控制”要件的证据未展开阐述，但强调“控制”是针对违规网页的内容，而不仅仅是服务访问，这里已经隐含区分侵权行为和系统的味道。[43]

平台控制的控制能力是限于自身系统，还是可以达到用户的侵权行为，存在一个平台控制系统的功能设置前提问题，那么，是否应当区别封闭系统和开放系统的不同网络环境呢？接下来，2001年的 A&M Records, Inc. v. Napster 案便回答了这个问题。美国第九巡回法院认为，Napster 的控制系统属于封闭系统，因此同时具备控制侵权行为的权利和能力，可以形成对用户侵权行为的

---

40 See 17 U. S. C. §512（c）（1）.（将避风港应用于“由服务提供者控制或运营的系统或网络上的材料”。）

41 See Right and Ability to Control and the Potential Applicability of the Sony Safe Harbor, 1 E – Commerce and Internet Law 4. 11［4］［C］(2019 update).

42 See 17 U. S. C. §512（c）（1）（B）.

43 See Marobie – FL, Inc. v. Nat'l Ass'n of Fire Equip. Distributors, 983 F. Supp. 1167（N. D. Ill. 1997）.

控制。[44] Napster 的架构具有专有的封闭系统性，不是一种开放的基于 Web 的服务，其所作所为确实控制了其文件共享服务运行的“特定环境”，即如果 Napster 删除侵权内容的链接，则 Napster 的整个文件共享网络上的该内容将不再可用。由此，认定达到对侵权行为的控制，“无论出于何种原因阻止侵权者进入特定环境（to a particular environment）的能力都是监控权力和能力的证据”。

应当注意的是，加州中区法院在后来的 Perfect 10 v. Google 案（2006）中发现了不同情况，认为被告 Google 的控制系统具有开放服务的特点，属于开放式搜索，服务提供者，仅能控制其搜索系统列表，对第三方网站“侵权行为”没有控制权利和能力。因此，不应认为具有对用户侵权行为的可控制性。[45] 原告 Perfect 10 认为，Google 的 AdSense 政策保留监控和终止与侵犯他人版权的实体的合作伙伴关系的权利，证明了谷歌具有控制 AdSense 合作伙伴侵权行为的权利和能力。但是法院认为，Google 开放的基于 WEB 的服务，使得其并未能对其运营所在的环境（如网站）进行控制，因为谷歌有能力删除来自其搜索索引的链接，并不会使链接到的站点无法访问，相反那些网站仍然可以直接或间接访问（即通过其他搜索引擎，以及通过链接到它的网站网络）。[46] 为此认定，虽然谷歌“有权监控和终止与侵犯他人版权的（参与 AdSense 的第三方网站）的合作关系”，但“（不能）阻止任何第三方网站（直接侵权）Perfect 10 的图像，因为侵权行为发生在第三方网站”。[47] 该法院还在 2008 年 Io Grp.，Inc. v. Veoh Networks，Inc. 案中再次明确说，《数字千禧版权法》第 512 条（c）节的简明语言表明，控制能力相关的调查不是 Veoh 是否有权利和能力控制它的“系统”，而是它是否有权控制“侵权活动”。根据这里提供的事实和情况，两者不是同一个概念。[48]

（2）关于控制程度的解释实践：“实质性影响”标准

《数字千禧版权法》出台后，网络发展仍然处于初期，网络平台尚未形成气象，所以主要是在网络服务者提供技术服务语境下探讨“控制能力”的认定。法院的立场当然是更多体现技术中立，更加倾向于保护网络服务者。这种情况下，一些法院提出应当关注控制程度问题，将其纳入考察或测试重点，以便将较为轻微的控制排除在责任承担之外，给网络服务者提供更大的活动空间。

判例首先确立了平台控制能力要求应当高于通知删除能力的规则。这种控

44 See A&M Records，Inc. v. Napster，Inc.，239 F. 3d 1004（9th Cir. 2001）.

45 See Perfect 10 v. Google，Inc.，416 F. Supp. 2d 828（C. D. Cal. 2006）.

46 See Perfect 10 v. Google，Inc.，416 F. Supp. 2d 828，857（C. D. Cal. 2006）.

47 See Perfect 10，Inc. v. Amazon. com，Inc.，508 F. 3d 1146（9th Cir. 2007）.

48 See Io Grp.，Inc. v. Veoh Networks，Inc.，586 F. Supp. 2d 1132（N. D. Cal. 2008）.

制能力在程度上是一种高于（something more）通知删除的一种法律和事实控制能力，而不仅仅是网络服务提供商删除或阻止访问其网站上发布或存储在它的系统中的材料的能力。例如加州中区法院2001年在Hendrickson v. eBay, Inc. 案（2001）中驳回了原告的论点，即关于eBay的“控制能力”源于其删除侵权拍卖列表的能力的主张。理由是国会立法意图不是因为网络服务提供者从事DMCA特别要求的通知删除行为以获得避风港保护，而让法院认定服务提供者丧失DMCA避风港豁免权；控制侵权活动的权利和能力，不能简单地理解为服务提供商删除或阻止访问其网站或系统发布或存储的材料的能力。[49]法院提出，如果服务提供者“积极参与销售物品的上市、招标、销售和交付”，那么就应认定构成控制能力。[50]

之后，判例接着对于“高于通知删除的控制能力”应该达到何种程度进行讨论，逐渐形成了“高度控制”或“实质性影响标准”。2002年，加州中区法院在Cyber net案中提出对用户活动的高度控制（high levels of control）的认定标准。[51] 2002年，纽约南区法院著名的刘易斯·卡普兰法官（Judge Lewis Kaplan）在Faulkner v. National Geographic Society案件中明确提出，平台服务提供商必须达到“对用户的活动施加实质性影响（substantial influence）”。他认为，尽管在涉及数字技术的案件中，机械适用物理世界标准可能并不合适，但“控制必须具有实质性并具有实际效力的观念……仍然是合理的”[52]。此后，实质性控制程度标准产生较大传播效应，被后来的许多判例援引。

2003年加州中区法院在Hendrickson v. Amazon. Com, Inc. 案件中，较好地阐述了关于“实质性影响标准”正反方面的立场。[53]法院明确探讨了亚马逊对第三方供应商平台的侵权活动是否有控制权利和能力的问题，最终通过否认构成实质性影响，作出有利于亚马逊的判决。法院认为，在该案中，侵权行为应是指销售未获得授权作品的行为，而不是发布销售列表的行为。[54]亚马逊的证据证明：它从未实际占有DVD，也从未有机会检查该物品；它仅为独立的第三方卖家提供场所，以列出和出售其商品，而没有积极参与DVD的上市、竞价、销

49 See Hendrickson v. eBay, Inc., 165 F. Supp. 2d 1082, 1093 - 94 (C. D. Cal. 2001).

50 See Hendrickson v. eBay, Inc., 165 F. Supp. 2d 1082 (C. D. Cal. 2001).

51 See Perfect 10, Inc. v. Cybernet Ventures, Inc., 213 F. Supp. 2d 1146 (C. D. Cal. 2002). 法院认为，Cybernet与Fonovisa的交易平台一样，不仅有权随意终止网站管理员账户，还控制消费者访问，并促进其服务。结合其对网站的详细监管，这些活动足以确定Perfect 10的论证成功的可能性，即Cybernet拥有控制参与网站的权利和能力。

52 See Faulkner v. National Geographic Society, 211 F. Supp. 2d 450, 473 (S. D. N. Y. 2002).

53 See Hendrickson v. Amazon. Com, Inc., 298 F. Supp. 2d 914 (C. D. Cal. 2003).

54 See 17 U. S. C. § 106 (3).

售或交付；亚马逊在DVD上架时以及在销售时再次自动生成电子邮件回复的事实并不意味着亚马逊积极参与此次销售，因为一旦第三方卖家决定上架列出商品后，负责完成销售的责任在于卖家；此外，虽然亚马逊确实为使用信用卡购物提供交易处理程序，但该附加服务并未让亚马逊控制销售。总而言之，亚马逊的证据显示它无法控制DVD的销售。[55] 2004年，华盛顿西区法院在Corbis Corp. v. Amazon. com, Inc. 案中接受这种论证方式，但结果不同，认为“在列出产品之前预览产品、编辑产品描述或建议价格”控制供应商销售，可导致控制能力的认定。[56]

3. 网络平台化崛起之后：综合多要素的解释实践

2005年起，网络发展出现平台化崛起趋势，导致平台开始形成明显的结构优势地位，其实际利用控制地位的方式和情形也变得复杂化。这种背景下，美国司法实践也悄然发生相应变化，对于平台控制能力的认定，注重实际控制的同时，也关注平台自身结构特点和细分性，逐渐形成“综合多要素的分析方法”，除了判定依据、控制对象、控制程度之外，还增加考虑其他因素，例如控制类型、控制方式、与“知道”的关系等。

我们可以明显地注意到，很多案件涉及关于控制类型、控制方式的理解。例如，美国最高法院在2005年著名的Grokster案中认为，控制行为还应包括有目的的行为（purposeful conduct）。[57] 第九巡回法院则在2007年Perfect 10, Inc. v. Amazon. com, Inc. 的上诉案中，涉及控制方式问题的探讨，判决认为亚马逊平台服务不同于谷歌，其除提供zShops平台外，没有权利或能力控制卖家的销售行为。[58]

另外一些案件则讨论了替代侵权责任的主观要素问题，即网络平台对用户侵权活动具有实际控制，是客观的还是应该主观认定呢？换言之，对于平台“控制能力”的认定，是否应当要求平台“知道”用户特定侵权行为。按照传统替代侵权责任理论，特定主体承担替代侵权责任，一般需要知道他人从事侵权活动要素，但可以根据情况推论。那么在网络平台知识产权替代侵权责任领

---

55 See Hendrickson v. Amazon. Com, Inc. , 298 F. Supp. 2d 914 (C. D. Cal. 2003).

56 See Corbis Corp. v. Amazon. com, Inc. , 351 F. Supp. 2d 1090 (W. D. Wash. 2004).

57 See Metro – Goldwyn – Mayer Studios Inc. v. Grokster, Ltd. , 545 U. S. 913, 125 S. Ct. 2764, 162 L. Ed. 2d 781 (2005). 该案并没有支持适用替代侵权责任，而是在网络版权领域创制引入了引诱侵权，但在论证中认为，其中“有目的、有侵权意图的表达和行为”，也可能达到第512条（C）（1）（B）的控制水平。

58 亚马逊从来不曾占有zShops卖家销售的产品。此外，亚马逊不会在上架前预览产品，不会编辑产品说明，不会建议价格或以其他方式参与销售。由于亚马逊没有权利和能力控制侵权材料，因此法院无需查询亚马逊是否从上述直接侵权行为中获取经济利益。

域，在认定基础要件中是否要考虑知道与否呢？[59]关于平台“控制能力”要件认定是否要求“知道”特定侵权行为的问题，美国司法中实际存在不同的观点，但目前倾向于否定。

第九巡回法院2011年在UMG Recordings, Inc. v. Shelter Capital Partners LLC案中，采取了肯定的态度。该案判决认为，除非网络运营商知道特定的侵权行为，否则无法认定为其实际控制侵权行为。即除非（服务提供商）知道特定的未经授权的材料，它才能被视为对特定的侵权项目行使其权利或职权，而实际上它没有那种立法所认定的控制侵权行为的能力。[60]然而，这种分析思路遭到广泛批评，被认为实际上消除了“经济利益”要件的任何作用，因为运营商只要知道特定的侵权行为并且不采取行动，就会因满足“知道”要件从而被排除避风港。

2016年，第二巡回法院在Viacom International, Inc. v. YouTube, Inc. 案中再次处理这个议题，但明确拒绝了Shelter Capital案的分析适用。判决认为，Shelter Capital案解释的问题在于，将对特定侵权的“知道”要求导入DMCA第512条（c）（1）（B）规定，实际造成“控制”条款与第512条（c）（1）（A）款重复。任何“知道”特定侵权活动并因此获得经济利益的网络服务提供者已经从第512条（c）（1）（A）的避风港中排除，因为他们具有对特定侵权材料的“知道”并且未能迅速移除。[61]那么第512条（c）（1）（B）将不会再排除第512条（c）（1）（A）款尚未排除的任何其他服务提供者。对法规的解释不应将其某一独立部分排除适用。[62]所以，关于“控制能力”要件的认定，只需要客观上涉及服务提供商对用户的活动施加重大影响，不要求其主观上“知道”特定侵权活动。[63]

最近，网络平台化发展基于大数据和算法等支持，在技术结构和运行模式重大变革的支持下，进入平台巨型化和超控制能力时代。无论是美国的亚马逊、谷歌、脸书（Facebook）还是中国的阿里巴巴（Alibaba）、腾讯等，莫不

---

59 类比这一点，前已述及，我国司法实践关于平台“控制能力”的适用也存在一个考察“应知”问题，但不是这种含义。我们是整个将“控制能力”问题纳入平台帮助侵权类型架构下的过错要件中，并作为其中“应知”的因素加以考虑，而不是像美国这样在平台替代责任独立类型框架下讨论是否要将“知道”纳入“控制能力”加以考虑。

60 See UMG Recordings, Inc. v. Shelter Capital Partners LLC, 667 F. 3d 1022, 101 U. S. P. Q. 2d 1001, 81 Fed. R. Serv. 3d 671 (9th Cir. 2011).

61 See Viacom Int'l, Inc. v. YouTube, Inc., 676 F. 3d 19, 32 (2d Cir. 2012).

62 See Safe harbors: DMCA service provider protections—Direct financial benefit and the right and ability to control, 1 Information Law § 4: 78. 50.

63 See Viacom Int'l, Inc. v. YouTube, Inc., 676 F. 3d 19, 38 (2d Cir. 2012).

如此。在这种情况下，司法实践关于控制能力的认定又有新的变化，开始高度关注巨型化平台结构中存在超级控制的事实。例如，加州北区法院2019年2月就Keck v. Alibaba. com Hong Kong Ltd. 案作出最新的初审裁判，体现了这种趋势变化。[64]判决虽然认为，中国阿里巴巴香港有限公司作为网站运营商对商家的直接侵权行为实施了实质性影响程度的“控制”，从而支持了艺术家对网站运营商的替代版权侵权索赔。但是在具体论证中，法院引入了全新的“大型生态系统论”。法院认为，被告与平台上的商家的关系构成“对其进行高度控制”（exercise high levels of control），不同于2007的Perfect 10, Inc. v. Amazon. com, Inc. 案，[65]被诉的直接侵权行为不是“在互联网上”，而是在被告的网站/市场上。被告的网站是在线市场，构成“在线和移动商务的大型生态系统”，被告“参与（市场）的日常运营、控制、营销和设计”。特别是，被告阿里巴巴为经营的商户提供营销服务，为商家虚拟商店的布局提供指导，促进商家与买家之间的交易。被告有权利和有能力终止重复侵权的商家的会员资格，有权删除、修改或拒绝网站/市场上的非法内容，以及有权酌情暂停访问网站/市场。相对于Google，被告与交易平台运营商以及Napster的类型更为相似。谷歌有权终止AdSense合作伙伴关系——这并不会阻止第三方直接侵权——但是本案中，被告可以通过终止或暂停商家的会员资格来终止被诉的在他们自己的网站/市场上的直接侵权行为。[66]所以，法院认定原告提出了充分理由主张被告“有权终止或限制直接侵权行为，以及这样做的实际能力”。[67]当然，这个案件确立的认定规则，往下会如何发展，让人拭目以待。

四、网络平台自愿采取主动监控措施下相关问题

（一）网络平台并无主动监控义务的国际惯例

网络服务提供者在提供单纯技术服务前提下，对网络上的海量信息是否侵害权利人信息网络传播权没有主动监控的义务，已经成为国际上普遍的认识和

---

64 See Keck v. Alibaba. com Hong Kong Ltd. , No. 17 - CV - 05672 - BLF, 2019 WL 827636 (N. D. Cal. Feb. 21, 2019).

65 See Perfect 10, Inc. v. Amazon. com, Inc. , 508 F. 3d 1146 (9th Cir. 2007). 本案中，法院认为Amazon. com只是基于与谷歌的合作，向用户提供与谷歌服务器上的缩略图和第三方网站的全尺寸图像提供联机链接。

66 See Amazon. com, 508F. 3d, at1174; see also Routt v. Amazon. com, Inc. , 584 Fed. Appx. 713, 714 - 15 (9th Cir. 2014). （“当被告可以直接终止该行为时，被告可以控制第三方的侵权行为”。）

67 See Williams v. Gaye, 885 F. 3d 1150, 1177 (9th Cir. 2018).

做法。[68]国际社会在互联网发展中确立一种观念，认为网络技术发展的基本目标和价值趋向应该是便于信息的交流与传播，所以法律通常并不强加网络平台主动监控义务。

欧盟2000年《电子商务指令》第15条规定了“成员国不得规定网络服务提供者负有监视其传输或存储信息的义务，以及积极发现相关侵权事实的义务”。此后Scarlet Extended和Netlog判决执行该指令，表明对网络中介商施加采取积极措施的义务将与《电子商务指令》第15条相冲突。[69]美国立法和司法实践也持这种态度。1996年《通信正派法案》规定了著名的第230条，免除了网络服务提供者对于第三方发布的违法内容的法律责任。[70]此后，在1997年Zeran v. America On－line, Inc. 案中，法院认可网络服务提供商不可能针对可能出现的问题筛选数百万个帖子中的每一个；[71]在Lockheed Martin Corp. v. Network Solutions, Inc. 案中，法院明确网络服务提供者不会因未能监控用户帖子的内容而承担替代侵权责任。[72]

我国也采取了近似立场。首先是在司法上，2012年《最高人民法院关于审理侵害信息网络传播权民事纠纷案件适用法律若干问题的规定》明确规定了网络服务提供者未对网络用户侵害信息网络传播权的行为主动进行审查的，人民法院不据此认定其具有过错；其次是在立法上，目前正在审议的《著作权法》(修订草案送审稿）特别新增第七十三条第一款，规定“网络服务提供者为网络用户提供存储、搜索或者链接等单纯网络技术服务时，不承担与著作权或者相关权有关的审查义务”。

（二）网络平台自愿采取主动监控措施不应推定成立“控制能力”要件

网络平台在提供单纯网络技术服务条件下没有主动监控义务的法律设定，从逻辑上可以推论出以下三点：一是这种情况下平台没有主动监控的义务，因此可以不实施主动监控；二是如果其要采取主动监控措施，并不意味没有障碍，实际从用户安全、便利和利益等出发，需要一定程度的控制；三是如果其采取了主动监控措施，涉及“控制能力”认定问题上，不能因为平台自愿采取了主

68 参见王艳芳：《〈最高人民法院关于审理侵害信息网络传播权民事纠纷案件适用法律若干问题的规定〉的理解与适用》，载《人民司法（应用)》2013年第9期。

69 See Thomas Riis & Sebastian Felix Schwemer, Leaving the European Safe Harbor, Sailing Toward Algorithmic Content Regulation, 22 J. Internet L. 1, 18 (2019).

70 参见《通信正派法案》(*Communications Decency Act*) 第230条（c)（1）规定：“互动式计算机服务的提供者或使用者，不应当被看作其他信息内容提供者所提供的信息的出版社或发布者。”

71 See Zeran v. Am. Online, Inc., 129 F. 3d 327, 331 (4th Cir. 1997).

72 See Lockheed Martin Corp. v. Network Sols., Inc., 194 F. 3d 980, 985 (9th Cir. 1999).

动监控措施就直接推定成立“控制能力”要件。所以，平台自愿采取主动监控措施不应推定成立“控制能力”要件而担责。实际上，将“实际控制”作为认定替代侵权丧失责任限制的标准，就不会因此阻碍主动监控。[73]

欧盟委员会在这方面的立场极为清晰，明确宣示采取这种自愿主动措施并不会自动导致托管服务提供者担心失去《电子商务指令》第14条规定的责任豁免利益。[74] 美国众议院大会委员会1998年报告（The Report of the House Conference Committee）也明确表示，“法院不应仅仅因其采用检测程序而断定服务提供者失去根据第512条规定的责任限制的资格”。[75] 换言之，一定程度的积极控制不会危及服务提供商的避风港，虽然主动监控需要一定程度的控制，但监控本身不应视为“与侵权活动的持续关联”。[76] 这份报告表明，服务提供者某种程度的控制不应排除对责任的限制，可以推断服务提供商不会仅仅因为它在线监控内容而被认为具有对侵权行为的“控制能力”。但是，对于监控加上直接经济利益是否等于排除避风港还是不明确的。[77] 美国法院在Ventura Content, Ltd. v. Motherless, Inc. 案（2018）中，认为Motherless仅仅是筛选出儿童色情、兽性色情和明显的侵权材料，本身无法控制上传非显而易见的侵权材料，并且上传的视频片段中没有任何内容可以识别其侵权性质，因此应当认定Motherless进行的这种审查虽然是主动监控，但是是上传者，而不是Motherless控制着上传的内容。[78]

遗憾的是，我国司法实践没有从这个角度来处理这个问题。目前，法院在将“控制能力”纳入平台帮助侵权“应知”考量因素的前提下，没有明确平台采取主动监控不应推定为具有“控制能力”，相反有关判决似乎加强了采取主动监控和认定控制能力之间的关联。例如，最高人民法院在2015年的苹果公司系列案件中，便明确提出，除了考虑提供服务应当具备管理信息的能力，也可以结合网络服务提供者主动对作品进行选择、编辑、推荐等各种因素，来综合认定网络服务提供者是否构成应知。[79]

---

73 See Charles S. Wright, Actual Versus Legal Control: Reading Vicarious Liability for Copyright Infringement into the Digital Millennium Copyright Act of 1998, 75 Wash. L. Rev. 1005, 1033 (2000).

74 See Recommendation (EU) 2018/334, Recital 26.

75 See H. R. Conf. Rep. No. 105 – 796, at 73 (1998), reprinted in 1998 U. S. C. C. A. N. 649.

76 See Banff, Ltd. v. Limited, Inc., 869 F. Supp. 1103, 1110 (S. D. N. Y. 1994).

77 See Ian C. Ballon, E – Commerce and Internet Law §8. 12 [6] [C] (manuscript at 8 – 141).

78 See Ventura Content, Ltd. v. Motherless, Inc., No. 2: 11 – CV – 5912 – SVW – FMO, 2013 WL 11237204, at *13 (C. D. Cal. July 3, 2013), aff'd, 885 F. 3d 597 (9th Cir. 2018).

79 参见最高人民法院（2015）民申字第1296号民事裁定书。

（三）网络平台保留监控权和措施情形下的违反责任

国际立法上不要求网络服务提供者承担主动监控义务，但是通常会鼓励其采取主动监控措施。例如，2018 年 11 个国家签署《全面与进步跨太平洋伙伴关系协定》（CPTPP），其中第 18.82 条法律救济与避风港（Legal Remedies and Safe Harbours）[80]，专门规定了一项法律激励原则，鼓励网络服务提供者对侵权行为进行监督与防范。这就要求，应当鼓励网络服务提供者自愿采取主动监控措施，且不应就此简单推定成立“控制能力”，避免替代责任泛滥，维护互联网有效治理与知识产权保护之间的平衡。

但是，如果网络平台采取主动监控措施，就会伴生新的注意义务问题。目前国际兴起的趋势是：网络平台如果主动采取监控或者说保留了监控权和相关措施，就应当最大限度地有效行使，否则可能产生责任。美国加州北区法院在前述 2019 年 Keck v. Alibaba. com Hong Kong Ltd. 案中，认定有足够的证据表明，被告虽然有实际能力（practical ability）阻止或限制侵权行为，但未能对其网站/市场进行最大限度的监管。本案中，被告认可原告的主张，被告已经主动采取了技术措施来识别和删除“数百万侵犯第三方知识产权的帖子”，但认为这些措施“并不反映出阻止卖家在一开始上传侵权列表的能力”。法院认为，阻止或限制侵权的“实际能力”不要求先行预防，只要求被告具有“监控第三方侵权活动的实际能力”。[81] 既然本案被告采取了主动措施，那么为避免承担替代责任，“保留的监控权利（police right）必须得到最大限度地行使”，否则“为了追求利润而对可监测到的侵权行为视而不见，将导致承担责任”。[82]

我国最高人民法院在前述 2015 年“苹果公司与中文在线数字出版集团股份有限公司等侵害作品信息网络传播权纠纷案”[83] 中采取了近似立场，认为苹果公司虽然在其《iOS 开发商计划许可协议》《App Store 审核指南》中，记载有“不得开发任何可能用来进行或帮助侵权的应用程序，不得违反、盗用或侵犯任何第三方版权或合法权利”“使用受保护的第三方资料（商标、版权、商业秘密，其他的专利内容）时需要一个文件式的权利证明书，此证明书必须按要求

---

80 参见 CPTPP 第 18.82 条“法律救济与避风港”（Legal Remedies and Safe Harbours）：第 1（a）条提供法律激励措施，促进互联网服务提供商与版权所有者合作，以阻止未经授权存储和传播受版权保护的材料，或者采取其他行动以阻止未经授权存储和传播受版权保护的材料；和第 1（b）条在法律中进行责任限制，免除互联网服务提供商控制或运营的系统或网络上发生的，不由其控制（control）、发起（initiate）或主导（direct）的版权侵权行为的金钱赔偿。

81 See Keck v. Alibaba. com Hong Kong Ltd. , 369 F. Supp. 3d 932, 936 (N. D. Cal. 2019).

82 See A&M Records, Inc. v. Napster, Inc. , 239 F. 3d 1004, 1023 (9th Cir. 2001).

83 参见最高人民法院（2015）民申字第 2198 号民事裁定书。

提供”等内容，但在协议履行的实际过程中，并没有要求开发商提供相关的文件式的证明，这就导致了行使不力。所以，最高人民法院最终认定苹果公司承担侵权责任。

总之，网络平台主动采取监控，虽然不能直接由此推定其具有控制能力，但在某些情况下可能因为行使不力而导致此种效果，进而导致失去避风港保护和发生替代责任。这里存在理论原则与现实风险的冲突和平衡问题。网络平台自愿采取积极措施，本身从法律理论上说不会限制避风港的适用，但是，这些措施的实施在实际上却可能会导致一些平台被剥夺避风港保护，进而承担替代侵权责任。这在一定程度上取决于措施的有效性。[84] 首先，网络平台因主动采取积极措施，明显超出了中立中介范畴，可能因此被认定为“主动”角色排除避风港的适用。其次，他们将获得有关其平台或网络中发生的活动的更多的信息，这种情况下经常会被认为构成“知道”（be aware）非法活动，从而导致承担责任。[85] 当然，实际上平台在主动采取监控措施的情况下，什么情况应被认定为行使不力并且导致替代侵权责任，判断起来并不容易。美国法院目前也并没有形成太多的明确指导规则。至少有一个法院认为，具备必要“控制权利和能力”，是指“预先假定了一些限制或过滤受版权保护材料的先行能力”。[86] 还有一些法院将“控制能力”要件称为防范或监督涉嫌侵权活动的权利。[87] 例如，在 Perfect 10，Inc. v. Cybernet Ventures，Inc. 案中，法院就认为本案“控制能力”要件得到满足，部分应归因于被告对各种网站的监管。[88]

结语

互联网发展带来了“控制能力”问题，网络服务者基于功能类型需要，或多或少对用户活动可能形成法律上的或者实际上的控制。随着互联网技术和网络社会经济的不断升级，网络服务呈现平台化趋势并不断强化，导致网络平台、

---

84 See Thomas Riis & Sebastian Felix Schwemer, Leaving the European Safe Harbor, Sailing Toward Algorithmic Content Regulation, 22 J. Internet L. 1, 19 (2019).

85 See A. Kuczerawy, “The EU Commission on voluntary monitoring: Good Samaritan 2.0 or Good Samaritan 0.5?” (KU Leuven, CITIP Blog, April 24, 2018), available at https: //www. law. kuleu - ven. be/citip/blog/the - eu - commission - on - voluntary - monitoring - good - samaritan - 2 - 0 - or - good - samaritan - 0 - 5/.

86 See Tur v. YouTube, Inc., No. CV064436 FMC AJWX, 2007 WL 1893635, at * 3 (C. D. Cal. June 20, 2007).

87 See Broad. Music, Inc. v. Hartmarx Corp., No. 88 C 2856, 1988 WL 128691, at * 3 (N. D. Ill. Nov. 17, 1988).

88 See Perfect 10, Inc. v. Cybernet Ventures, Inc., 213 F. Supp. 2d 1146, 1174 (C. D. Cal. 2002).

用户、知识产权人等主体关系越来越复杂化。在这种情况下，如何合理确定网络平台基于“控制能力”的法律效果，成为当今网络平台法律制度的一个前沿问题和难题。

通过上述研究，我们注意到，比较法上早就在网络平台承担知识产权间接侵权责任这一问题上，将网络平台基于“控制能力”而产生的用户知识产权侵权问题纳入思考，已经转化和构建起一套具体化替代侵权责任规则，并在持续的司法实践中，就平台“控制能力”这一基础要件的认定形成了许多经验，值得我们研究。其中一个重要趋势是，随着平台自身不断发展和控制能力不断增强，相关实践也在呈现一种不断明确替代侵权责任适用的态势，使其演化为间接侵权责任范畴的重要部分。

我国互联网发展迅猛，在产业上已跻身平台经济大国，正在向平台经济强国迈进。基于此，网络法律保障和治理特别迫切和重要。我们已经出台了不少网络相关立法，尤其在网络侵权、网络知识产权治理上都有重要制度建树。其中，无论是2009年《侵权责任法》第三十六条、2013年《信息网络传播权保护条例》、2018年《电子商务法》相关规定，还是《民法典》“侵权责任编”相关规定和即将作出有关知识产权法的修改，都对于网络平台上日益加剧的知识产权侵权乱局，具有明显规制作用。但是，由于并没有对平台控制能力作出足够重视，导致没有及时转化引入替代侵权责任独立类型，形成了规制上的较大空白。尽管《信息网络传播权保护条例》第二十二条第四项可以为这种替代侵权找到一定的解释空间，但由于并没有明确提到“控制能力”要件，其适用具有很大的不确定性。实际上，目前该项规定在司法实践中通常被湮没于帮助侵权类型的适用，且仅仅处理为“过错”项下认定“应知”的权衡因素而已。这种情况显然不利于网络平台时代知识产权保护，也不利于督促平台加强相关自主监管。这不能不说是巨大的遗憾。笔者建议尽快在立法修改中加以明确和完善。

图书在版编目（CIP）数据

法治论坛．第56辑／广州市法学会编．—北京：中国法制出版社，2020.4

ISBN 978-7-5216-0979-0

Ⅰ．①法… Ⅱ．①广… Ⅲ．①法学-丛刊 Ⅳ．①D90-55

中国版本图书馆CIP数据核字（2020）第050044号

责任编辑：王佩琳 秦智贤　　　　封面设计：周黎明

法治论坛·第56辑

FAZHI LUNTAN · DI 56 JI

编者/广州市法学会

经销/新华书店

印刷/三河市紫恒印装有限公司

开本/710毫米×1000毫米 16开　　　　印张/25.25 字数/425千字

版次/2020年4月第1版　　　　2020年4月第1次印刷

中国法制出版社出版

书号 ISBN 978-7-5216-0979-0　　　　定价：88.00元

北京西单横二条2号

邮政编码 100031　　　　传真：010-66031119

网址：http：//www. zgfzs. com　　　　**编辑部电话：010-66038139**

市场营销部电话：010-66033393　　　　**邮购部电话：010-66033288**

（如有印装质量问题，请与本社印务部联系调换。电话：010-66032926）

编辑部版权声明

《法治论坛》格式规范

1. 《法治论坛》文章以质量过硬为刊用标准，来稿要求是原创作品，未在正式刊物公开发表。

2. 《法治论坛》侧重以法律实践问题为切入点进行理论探讨，文章要求观点鲜明、论述缜密、论据充分、格式规范。

3. 所有来稿请注明论文题目、作者简介（包括法律职称）、联系电话、通讯地址、邮政编码、电子邮箱等。

4. 投稿请用电子邮件方式，邮件主题：×××（作者姓名）投稿。我们将尽快通知作者刊用情况。

5. 提倡文责自负，反对抄袭剽窃。本出版物已获中国知网授权使用“学术不端文献检测系统”。

6. 论文格式规范如下：

（1）来稿要有内容提要和关键词；

（2）脚注：注解一律采用脚注形式，并用横线与正文隔开；序号左顶格，以数字1、2、3……标示，全文连续编排。引用杂志的文章、引用的专著和引用的网络文章均用书名号。

例：

范愉著：《纠纷解决的理论与实践》，清华大学出版社2007年版，第565页。

章武生：《ADR与我国大调解的产生和发展》，载《纠纷解决——多元调解的方法与策略》，中国法制出版社2008年版，第3页。

王利明：《审判方式改革中的民事证据立法问题探讨》，载《中国法学》2000年第4期（引用期刊文章不需注明页码）。

援引自学位论文集的文章也用书名号。引用时应当标明作者毕业的学术单位、年份和学位层级，引用论文特定部分的内容应当标明页码或者章节，例如：李小明：《准政府组织的行政法定位及其权利规制》，吉林大学2016年博士学位论文，第139页。

（3）参考文献

引用的文章和引用的专著用书名号，均不需注明页码。

例：

王卫国著：《破产法》，人民法院出版社1999年版。

【英】施米托夫著：《国际贸易法文选》，赵秀文译，中国大百科全书出版社1993年版。

杨兴培：《论刑事和解制度在中国的命运选择》，载《法学杂志》2006年第6期。

有纸质产品的情况下，不建议引用网站内容。如果引用网站内容，请标明网站名字和频道、网址、最后访问时间。

例如：王利明：《标准合同的若干问题》，载中国民商法律网民事法学频道，http：//www. civillaw. com. cn/weizhang/default. asp？id＝22250，最后访问于2017年1月26日。

《法治论坛》2017年1月起入选南京大学CSSCI集刊目录，文章将同时被中国知网（www. cnki. net）署名转载，如不同意转载，请在投稿时作出声明。

地址：广州市越秀区小北路113号8楼广州市法学会

邮编：510046

电话：020－83527753 83525279

投稿邮箱：gzfzlt@126. com（不区分大小写）